호텔 정보시스템에 대한 이해와 현장실무

호텔경영정보론

Management Information System in Hotel

고석면 · 봉미희 · 황성식 공저

백산출판사

머리말

현대사회를 지식에 기반을 둔 지식 정보화 사회라고 한다. 정보통신의 발달과 소프트웨어의 개발로 인하여 산업사회의 새로운 변화가 시작되었으며, 다양한 정보를 활용하여 문제를 해결하고 응용하는 시대로 급속하게 변화되고 있다. 이러한 시대적인 변화로 인문학과 공학이 상생 발전하기 위한 융합 학문적 개념이 교육 현장에도 도입되었다.

관광은 이동과 체재가 필요하다. 호텔업은 체재 경영이며, 관광객의 숙박 및 이용 여부에 따라서 사업 발전에 지대한 영향을 끼친다. 일반적으로 호텔업은 서비스 산업이라는 인식하에 정보기술의 도입이 다른 산업에 비해서 늦은 편이라고 이야기한다. 그러나 경영자는 점차 증가하는 비용 부담을 낮추고, 노동 집약적 산업이 지식 정보화 산업으로 변화하는 시대적인 흐름에서 정보 가치의 중요성을 인지하고 정보를 활용한다면 효율적인 경영을 할 수 있다는 인식이 팽배해졌다.

호텔도 정보화 시대에 부응하여 고객에게 신속한 서비스를 제공하고 경영자에게 신속한 의사결정을 지원하기 위해서 정보시스템의 도입은 필수가 되었으며 정보시스템의 구축은 기업 경쟁의 핵심 요소로 등장하였다.

본 교재를 출간하게 된 동기는 HIS(Hotel Information System)의 교육을 연수하였고 대학에서 오랫동안 강의하면서 나름대로 생각하고 느낀 점을 정리하여 교재에 반영하고자 하는 마음이었다. 특히 호텔에서 사용하고 있는 프로그램들이 상이하여 그 내용을 충분히 반영하기가 어려웠으며, 현실적인 접근을 하지 못한 부분도 있어서 아쉬움이 크기도 하다.

그러나 교육적 차원에서 이론은 물론 실무교육의 중요성을 인식하고, 현장 적응력을 높여 직무를 수행할 수 있도록 하는 차원에서 접근하려고 하였으며, 이해를 돕고자 호텔 정보시스템의 운영체계를 프런트 오피스, 백오피스, 인터페이스 등으로 구분하여 사례를 수록하였다.

본 교재가 호텔 정보시스템에 대한 중요성을 인식하고 시스템 활용에 도움이 되었으면 하는 바람이며, 특히 호텔에 관심이 있는 분들에게 이론 및 실무적으로 조그마한 힘이 되었으면 좋겠다는 생각이다. 호텔 정보시스템에 대한 이해를 높이고 무엇인가 도움을 줄 수 있다는 것이 행복하지만 부족한 부분들은 향후 지속적인 연구와 노력으로 좋은 교재가 될 수 있도록 해야 한다는 사명감도 느끼게 되었다. 지속적인 관심과 많은 조언을 부탁드린다.

이 책이 출간될 수 있도록 오래전부터 도움을 주셨던 (주)오라클 코리아 전(前) 김동식 대표, (주)오라클 코리아 고성이 이사, (주)산하정보기술 손학기 대표 · 최원기 이사 등을 비롯하여 많은 분께 이 자리를 빌려 깊은 감사를 드린다.

2022년 12월

저자

차례

제3장 ● 호텔 경영관리와 영역

제4장 ● 호텔경영과 조직관리

제5장 ● 경영관리와 정보시스템

제6장 ● 호텔업과 정보시스템

제7장 ● 호텔 정보시스템의 구축과 통합

제8장 ● 프런트 오피스 시스템

제9장 ● 객실관리시스템

제11장 ● 영업관리시스템

제12장 ● 경영관리시스템

제14장 ● 백오피스 시스템 실무

제15장 ● 영업장 관리시스템 실무

제1장

호텔산업의 이해

호텔경영정보론

CHAPTER 1

호텔산업의 이해

제1절 호텔업의 의의와 기능

1 호텔업의 의의

사람들은 숙박시설의 역사를 여행의 역사와 병행 발전하였다고 한다. B.C. 500년경 기숙사(boarding house)의 출현과 그리스에서의 온천욕을 위한 최초의 리조트(resort) 출현[1] 등은 숙박시설의 역사성을 표현하는 대표적인 사례이다. 오늘날 호텔(hotel)이라고 하는 용어는 1800년경 영국에서 일반화되었다고 추측[2]하고 있다.

호텔의 역사는 200년이 넘으며, 영국에서는 현재에도 인(inn)이라고 하는 저렴한 대중 숙박시설이 있다. 고대 로마의 유스티아(Ostia)에서 발견된 숙박시설은 당시의 여행과 숙박시설의 한 형태로 추측하고 있으며,[3] 여행자들은 발달하지 못한 도로

1) W.A. Rutes and R.H. Penner, Hotel Planning and Design, Waston-Guptill Publication, 1985, p.33.
2) 原勉 · 岡本伸之, ホテル·旅館業界, 교육사, 1984, p.17.
3) 이항구, 관광학서설, 백산출판사, 1995, p.53.

사정과 불안한 치안 상태에서 여행해야 했던 시절에 피난처로서 숙소가 필요했고 그 당시에는 간이 숙소가 제공되었을 것이다. 로마 시대에는 도로와 교통수단의 발달이 여행 활성화에 중요한 역할을 하였으며, 이로 인하여 여행자들을 위한 숙박시설이 발전[4]하는 데에도 기여한 바 크다고 할 수 있다.

호텔에 대해서 정의를 내린다는 것은 학계는 물론 국가에서도 다양하게 표현하고 있어 명확한 정의를 내리기는 어렵다고 할 수 있다.

호텔은 여행자에게 따뜻하고 친절하게 봉사해야 하는 기업으로 가정을 떠난 손님에게 집처럼 아늑한 분위기를 조성해 주는 환대산업으로 표현하기도 한다.

호텔은 종래의 숙박과 음식을 제공하는 시설로서만 이해되었으나 오늘날에는 영리를 목적으로 하면서 사회공공에 기여(寄與)하는 공익적 사업의 성격이 있다.

오늘날 호텔의 개념도 하나의 사기업으로서의 숙박과 음식을 제공하는 시설이라는 기본적인 이해가 필요하며 더 나아가 영리를 목적으로 하면서 사회와 국제간의 문화 교류를 하는 사업으로 인식하는 것도 중요한 의의가 있다고 하겠다.

2 호텔업의 기능

숙박시설은 여행과 관광산업을 구성하는 필수적인 기반 시설이다. 현대 호텔산업의 발전 배경에는 전통적으로 등장하여 온 숙박시설이 오늘날의 호텔로 발전되어 온 것이다. 이는 자기 집을 떠나 다른 지방으로 이동하는 사람들에게 가장 필요한 것이 숙박시설이기 때문이다.[5]

전통적인 호텔은 여행자에게 수면, 음식, 생명과 재산의 보호 등의 기본적인 기능이 있으나, 관광객의 욕구가 다양해짐에 따라 호텔업의 기능도 소비자의 요구에 부응하기 위하여 다양한 역할을 하는 호텔(multi-role hotel)의 기능을 갖추게 되었다.

4) 최승이, 국제관광론, 대왕사, 1993, pp.62-63.
5) 이항구, 관광학서설, 백산출판사, 1995, p.62.

오늘날 호텔은 종래의 홈(home) 기능에서 호텔의 사회적, 문화적 역할을 강조하는 기능으로 확대 변화되어가고 있다. 결국 현대의 호텔은 단순한 개인 생활, 개인사무실의 공간개념보다는 국가 및 지역사회의 경제, 사회, 문화, 예술 등을 활용하는 공간적 기능의 역할도 하게 되었다.

현대적 의미의 호텔 기능은 시설의 규모나 운영방식 그리고 호텔의 위치 및 성격에 따라 다양한 기능을 수행하고 있으며, 作古貞義(さくこさたよし)는 다음과 같이 호텔의 기능을 구분하고 있다.[6)]

- 숙박(잠자는 것 · 휴식)
- 음식(먹는 것 · 마시는 것)
- 집회(모임 · 대화)
- 문화 서비스(교양 · 예술 · 공예 · 학습)
- 스포츠 · 레저(즐거움 · 심신 단련 · 놀이)
- 상업 서비스(생활정보의 수집 · 쇼핑 · 패션)
- 건강관리(건강 · 의료 · 헬스 · 미용)
- 비즈니스(상담 · 회의 · 전시회 · 비즈니스 정보교환 등)

호텔을 이용하는 고객층의 상품에 대한 가치 기준이 변화하고 욕구가 다양화함에 따라 오늘날 호텔은 대규모의 현대적 시설과 서비스가 상품화되었다는 인식을 하게 되었고 서비스의 기술혁신과 고도로 발전된 신규시설이 탄생함으로써 호텔업 본래의 기능이 변화되고 있다.

6) 作古貞義, ホテル 運營管理論, 紫田書店, 1990, pp.8-22.

③ 호텔업의 기능 변화

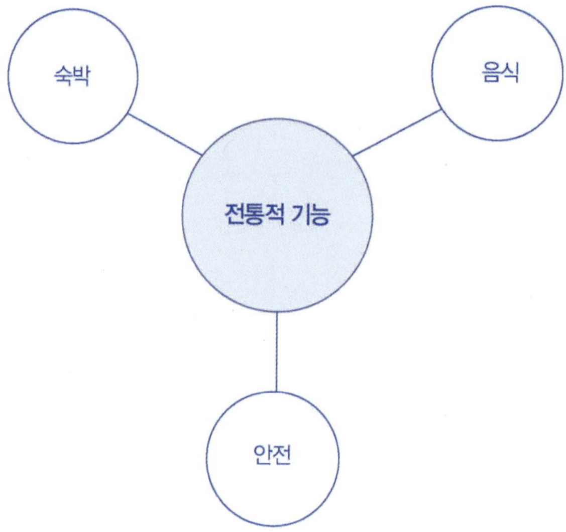

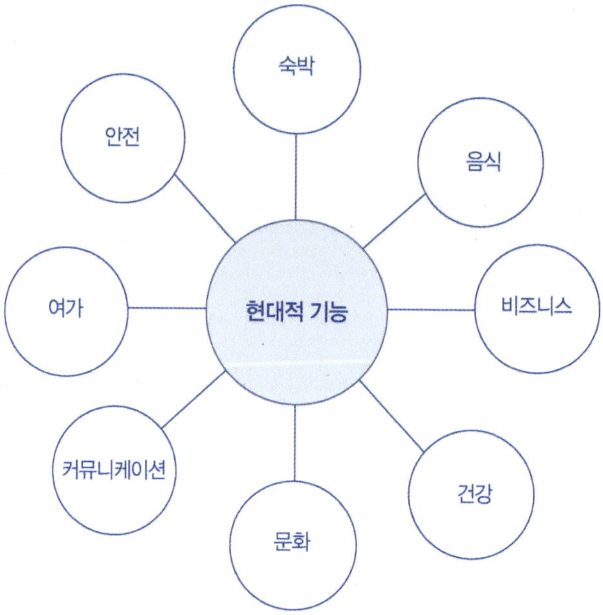

제2절 호텔업의 분류

1 입지에 의한 분류

1) 시티호텔

시티(city)호텔 또는 도시 중심(down town)호텔은 도시에 입지하고 있다. 일반적으로 비즈니스를 목적으로 하는 방문하는 고객을 대상으로 하며, 교통도 편리해야 할 뿐만 아니라 쇼핑 및 다양한 오락(entertainment)을 즐길 수 있다. 다양한 부대시설을 갖추고 있으며, 비즈니스 업무를 원활하게 수행할 수 있도록 하는 비즈니스 센터 등도 갖추고 있다.

2) 서버번 호텔

교외(suburban) 또는 지방(country) 호텔은 도시지역이 아닌 곳에 입지하고 있는 호텔이다. 다양한 운동 · 오락(recreation) 시설을 확충할 수 있고 공기가 맑으며 소음이 적은 한적한 곳에 위치하고, 넓은 주차시설을 보유하고 있는 것이 특징이다.

3) 에어포트 호텔

공항 호텔(airport hotel)은 공항 주변에 입지하고 있는 호텔을 말하며, 이용하는 고객들은 단기(短期) 체재 형태가 많다. 업무를 마친 후 다음 장소로 신속히 출발해야 하거나 비행편의 연결을 기다리는 고객층이 대부분이다.

4) 시포트 호텔

항구 호텔(seaport hotel)은 주로 선박을 이용하는 고객들을 위하여 항구 주변에 입지하고 있는 호텔이다. 항구 호텔은 선박을 이용하는 여행객들이나 선원이 많이 이용하는 호텔로서 교통이 편리한 항만(港灣, harbor) 근처에 인접해 있는 호텔이다.

5) 터미널 호텔

터미널 호텔(terminal hotel)은 버스와 같은 교통수단을 이용하는 고객들을 위하여 터미널 근처에 입지하고 있는 호텔이다. 터미널 호텔의 특징은 공항 또는 항구에서 시간과 경비를 절약하기 위해 숙박하는 고객이 대부분이다.

6) 역전 호텔

역전(驛前) 호텔(station hotel)은 철도역 근처에 입지하고 있는 호텔이며, 기차를 이용하여 여행할 수 있는 국가나 지역에서는 매우 보편화된 숙박시설이다. 교통수단의 이용에 따라서 주요 도시에 정차하여 운행하는 철도를 이용하는 고객을 위한 호텔이며, 철도산업이 발전한 국가의 경우에는 역전 호텔이 많은 편이다.

7) 하이웨이 호텔

하이웨이 호텔(highway hotel)은 자동차를 이용하여 여행하는 자에게 숙박시설을 제공하게 된 것이 그 기원이라고 할 수 있다. 입지 의존도가 높은 하이웨이 호텔은 새로운 도로가 확충되면 교통패턴의 변화가 생기면서 이용자의 증감여부에 민감하게 반응하게 되어 영업활동에도 영향을 줄 수 있는 호텔이다.

하이웨이 호텔(highway)은 사업목적과 레저 여행자에게 매우 매력적인 호텔이라고 할 수 있다.

② 숙박 목적에 의한 분류

1) 컨벤션 호텔

컨벤션 호텔(convention hotel)은 대규모 회의를 할 수 있는 공간을 확보하고 대형 연회행사와 미팅(meeting)과 회의를 할 수 있는 호텔이다. 이러한 호텔들은 국제회의가 중요한 산업으로 등장하면서 중요성이 부각되고 있으며, 대규모 식당과 칵테일 라운지(lounge) 시설 등을 갖추고 있다.

2) 커머셜 호텔

커머셜 호텔(commercial hotel)은 비즈니스 목적의 여행자들이 선호하는 호텔로서 일반적으로 도시 중심(down town)이나 상업지역에 입지하고 있다. 대부분이 도시 중심에 입지하고 있어 상용목적으로 이용하는 고객들을 위하여 업무에 지장이 없도록 팩스, 컴퓨터와 같은 시설을 갖춘 비즈니스 센터를 운영하기도 한다.

고객이 호텔에서 비즈니스 업무를 볼 수 있도록 하는 공간인 특별층(EFL: Executive Floor)을 운영하여 업무를 수행할 수 있도록 지원하고 있다. 커머셜 호텔은 교통이 편리한 도심에 위치하다 보니 단기 체재를 목적으로 하는 단체 여행객들도 이용하기도 한다.

3) 리조트 호텔

리조트(resort) 호텔은 주로 레저 위주의 회의 및 총회, 수요시장의 세분화를 통해 여행자들을 유치한다. 교외에 입지하고 있으며, 주로 휴가 기간을 이용해 가족여행의 고객들이 많은 편이며, 수영, 조깅(jogging), 테니스, 당구, 승마, 낚시 그리고 요트 등과 같은 여가 활동을 할 수 있는 시설을 제공한다. 이러한 호텔들은 운동 · 오락(recreation) 활동을 할 수 있는 환경에 입지하고 있으며, 객실 요금에 식사가 포함되는 미국식 요금제도 또는 수정된 미국식 요금제도를 채택하는 경향이 많다.

요금제도

- **미국식 요금제도**(AP: American Plan)
  미국식 요금제도는 객실 요금과 식사 요금을 포함하여 숙박 요금을 계산하는 제도
- **수정 미국식 요금제도**(MAP: Modified American Plan)
  수정 미국식 요금제도(MAP: Modified American Plan)는 미국식 요금제도(AP: American Plan)를 수정한 것으로서 일반적으로 조식과 석식(夕食)을 객실 요금에 포함하는 제도

4) 카지노 호텔

카지노(casino) 호텔은 고객과 방문객들에게 다양한 게임을 할 수 있는 시설을 제공한다. 카지노 호텔은 특별한 식당들과 다양한 부대시설 등을 갖추고 있다.

5) 아파트먼트 호텔

아파트먼트 호텔(apartment hotel)은 장기체재를 목적으로 하는 고객들을 위하여 객실을 장기간 빌려주는 호텔이다. 또한 가족이 휴가를 왔을 경우 콘도미니엄의 개념으로도 이용된다. 호텔에서 청소와 메일(mail) 관리 등과 같은 서비스를 제공하며, 가족들이 객실 안에서 취사 및 식사를 할 수 있도록 배려하는 호텔도 있다.

3 숙박 형태에 의한 분류

1) 스위트 호텔

스위트 호텔(suite hotel)은 침실(寢室)과 거실(居室) 또는 응접실(應接室)이 갖추어진 형

태의 호텔이다. 즉 사무 업무(執務)를 볼 수 있는 공간으로 활용 가능한 응접실과 독립된 침실을 갖춘 호텔이다. 특히 올 스위트(all suite) 호텔은 전체 객실의 유형(room type)이 스위트 룸(suite room)으로 구성된 호텔이며, 기본개념은 넓고 쾌적하며, 거주성이 높은 호텔이다.7)

2) 장기체재 호텔

장기체재(extended stay) 호텔은 새로운 숙박 형태로 장기 투숙객을 위한 아파트먼트 형태의 객실을 제공한다. 호텔은 생활공간, 거주 공간으로 분리되고, 주방, 외부 출입구와 운동 · 오락(recreation) 시설을 갖추고 있다.

3) 콘퍼런스 센터

콘퍼런스 센터(conference center)는 교육에 도움이 되는 환경을 갖추고 숙박과 대규모 회의 및 모임을 할 수 있는 시설을 보유하고 있다. 전통적으로 콘퍼런스 센터는 회의 기획, 행사 지원, 행사 서비스, 숙박과 식사, 오락시설 등을 제공하기도 한다.

4) 마이크로 호텔

마이크로 호텔(micro hotel, microtel)은 숙박산업에서 발전한 저렴한 숙박시설의 한 종류이며, 소규모의 객실을 보유하고 있고 전통적인 개념의 오래된 호텔이다. 미국의 숙박산업에서 많은 체인 호텔들이 출현하면서 저렴한 가격으로 고객에게 제공하기 위해 탄생하였으며, 중간요금(mid rate)의 상품을 제공하는 호텔로 발전하였다.

5) 베드 앤 브렉퍼스트

비앤비(B&B: Bed and Breakfast)는 일반적으로 아침 식사와 고풍적인 숙박시설을 제공

7) 오정환 · 이철호, 국제호텔경영전략, 가산출판사, 2000, p.80.

한다. 숙박객을 위해 간단한 침대(bed)와 최소한의 아침(breakfast) 식사를 제공하며, 주로 레저목적의 여행자들이 많이 이용한다.

6) 마 앤드 파 호텔

마 앤드 파 호텔(ma-and-pa hotel)은 오래된 형태(style)의 모텔(motel)에 붙여진 이름으로서 객실 수가 적고(50실 미만) 숙박에 필요한 최소한의 설비만을 보유하고 있다. 관광객을 위한 오두막(cabin)과 캠프(camp)가 이러한 범주에 속한다.

7) 부티크 호텔

부티크 호텔(boutique hotel)은 소규모의 숙박시설과 조용한 주위 환경을 원하는 고객에게 추천하는 호텔이다. 이러한 호텔은 대형호텔의 고급스러움과는 차별되는 감각을 강조하고 있으며, 개성이 있는 디자인, 독특한 특성을 선호하는 문화 코드(culture code)를 동반한다.[8)]

8) 온천 호텔

온천(spa) 호텔은 고객을 위해 건강(health)지향과 활동적인 서비스를 제공하는 호텔로서 다이어트(diet)를 할 수 있는 식사 구성을 비롯하여 의료, 건강교육과 훈련 등을 계획하기도 한다. 일부 리조트(resort) 호텔에서는 고객에게 온천 호텔과 유사한 프로그램을 제공하기도 하지만 온천 호텔은 건강지향을 추구하는 고객을 위해 다양한 프로그램을 개발하고, 실천할 수 있도록 하는 봉사를 한다는 관점에서 차이가 있다고 하겠다.

9) 보텔

보텔(boat hotel, botel)이란 보트(boat)를 이용하여 여행하는 관광객을 위한 숙박시설

---

8) 홍성용, 스페이스 마케팅, 삼성경제연구소, 2008, p.356.

의 개념으로 부두에 정박하거나 해변(海邊)에 입지한 호텔로서 해수면(海水面)과 가까운 곳에서 레저 활동을 원하는 여행자들에게 선호도가 높다. 객실을 비롯하여 식당, 라운지, 세탁물 서비스, 주차장과 같은 시설을 갖추기도 하며, 소형(小型)의 선박수리를 위한 설비를 갖추어 운영하기도 한다.

4 문화 특성에 의한 분류

1) 한옥 호텔

한옥(韓屋) 호텔이란 한국의 문화적 특색을 나타내는 숙박시설이다. 주요 구조에서 목조(木造) 형태인 한식(韓式) 기와 등을 사용한 건축물이다. 한국 고유의 전통미를 간직하고 있는 건축물과 그 부속시설을 말하며, 숙박과 체험에 적합한 시설을 갖추어 관광객에게 제공하는 업이다.

2) 토루

중국의 남부 지역에서는 강한 햇빛을 피하기 위해 벽을 높이 쌓아 집 내부에는 최소한의 햇빛만 들어오게 한 독특한 형태의 주택이 발전하였다. '토루(土樓)'라고 불리는 이 주택은 중국 남부 복건성(福建省)과 광동성(廣東省)에 주로 사는 객가(Hakka: 客家)족(族)의 전통가옥이다. 적들과의 싸움에 대비한 방어의 필요성이 토루라는 독특한 건축 문화를 만들어 냈다.

3) 파라도르

파라도르(Parador)는 스페인에서 휴양지라는 의미로 사용하고 있으며, 수도원, 성(城)이나 요새(要塞) 등의 역사적인 건물을 숙박시설로 개조하여 만들어진 호텔을 의미하고 있다. 스페인에서는 이러한 숙박시설을 체인화하여 파라도레스 데 투리스모

(Paradores de Turismo)라는 회사가 창업(1928년)하였다고 한다.

4) 게르

몽고(蒙古)의 유목민들이 생활하고 있는 집을 게르(Ger, 파오)라고 한다. 게르는 정착 생활을 하기 위한 시설이 아니라 유목 생활을 위한 주거 형태이다. 몽골 고원의 풍토와 이동을 목적으로 하는 유목 생활을 하기에 적합하게 되어 있다. 유목 생활에 맞게 이동도 간편하고 목재로 된 골조에 양털로 만든 펠트(felt)를 덮어씌운 집이다.

5) 료칸

료칸(Ryokan)은 에도시대(江戶時代; 1603-1868)부터 이어져 온 일본의 전통적인 숙박시설이며, 일본의 전통적인 숙박시설이다. 일본에서 료칸(旅館)의 의미는 일본식 정원이 있으며, 식사는 코스로 나오는 것이 일반적인 특징이다. 료칸은 일본식 돗자리인 다다미(たたみ)가 있는 방과 공동 욕실로 구성되어 있는데, 방문객들은 욕의(浴衣: ゆかた)를 입고 일본의 문화와 관습을 체험할 수 있다. 일본의 료칸은 단순히 여행객이 하룻밤 머물고 가는 숙박시설이라기보다 역사와 문화의 전통을 지키는 공간이라고 할 수 있다.

6) 리야드

리야드(Riad)는 정원(庭園)이라는 뜻의 아랍어에서 유래되었으며, 모로코(Morocco)의 전통가옥을 의미한다. 사각형 건물 가운데 마당이 있고 천장이 개방(open)되어 있는 형태의 숙박시설이다.

7) 템플 스테이

템플 스테이(Temple stay)는 관광객들이 사찰(寺刹)에서 숙박하며 사찰 생활을 체험할 수 있도록 하는 활동이다. 한국의 전통적인 불교문화를 사찰에서 체험해 봄으로써 한국 불교에 대한 이해를 넓히고, 한국 전통문화와 불교의 수행 정신을 체험할 수 있다.

5 운영 특성에 의한 분류

1) 콘도미니엄

콘도미니엄(Condominium)은 스페인(1957년)에서 기존(既存) 호텔에 개인의 소유권 개념을 도입하여 개발한 것이 시초이며, 관광객의 숙박과 취사에 적합한 시설을 갖추어 시설의 회원 공유자 및 기타 관광객이 이용할 수 있는 숙박시설을 의미한다.

소유주는 일정 기간 이용하고 나머지 기간에는 일반인들에게 임대하여 수익을 창출한다. 콘도미니엄은 객실에 주방 시설을 갖추고 있기도 하며, 레저 시설을 확보하여 가족 단위의 관광객에게 편의를 제공하는 경우가 많다.

콘도미니엄은 분양을 통해 개인이 공동 소유권을 가지고 있으나 경영관리와 서비스는 전문적인 회사에서 위탁 운영하고 있는 것이 일반적이다.

2) 펜션

펜션(Pension)은 고대 그리스의 여러 도시에서 여행자에게 빵(bread)과 포도주(wine)를 무료로 제공하는 '간이식당'이라는 뜻에서 생성되었고, 최초의 민박은 호혜를 베푸는 환대 정신에서 출발하였다.

펜션(pension)이란 연금 또는 하숙집이라는 의미로서 유럽지역에서는 노인들이 안락한 노후 생활을 위해 그동안 열심히 일했던 직장이나 사업을 떠나 한가롭고 조용한 곳에서 여행자에게 숙박 및 음식을 제공하는 일종의 하숙 운영을 통하여 경제적인 자립, 노후보장이라는 두 가지 측면을 만족시키는 것에서 시작되었다.

유럽에서 시작된 펜션은 서민적인 민박의 개념으로 주로 장기체재의 저렴한 숙박시설을 지칭하며, 가족적 분위기의 따뜻한 접대와 저렴한 요금이 특징으로 남부 유럽지역에서 많이 운영되고 있다.

프랑스에서는 자연풍광이 아름다운 지역이나 고성(古城) 등이 입지하고 있는 지역에 잘 개발되어 있으며, 영국에서는 침실과 아침 식사를 제공하는 숙박이라는 의미의 비앤비(B&B: Bed & Breakfast)라고 하며, 독일은 게스트하우스(guest house)라는 명칭을 사용한다. 일본은 1970년대부터 개발된 농어촌 펜션은 이제 각 지방 특색을 잘 나타내는 관광상품이 되었으며, 약 3,000채의 민박이 개발되어 운영되고 있다.

한국에서는 관광펜션업의 정의를 숙박시설을 운영하고 있는 자로서 자연 · 문화체험관광에 적합한 시설을 갖추어 관광객에게 이용하게 하는 업이라고 하고 있다.

3) 이글루 호텔

산타 마을로도 잘 알려진 이 지역은 자연으로 둘러싸인 핀란드(Finland)와 스웨덴 라플란드(Lappland) 지역의 사리셀카 펠(Saariselkä Fell)에 위치하며, 유리 이글루(Glass igloo)에서 밝은 별이 빛나는 화려한 하늘과 아름다운 북극광을 감상할 수 있는 이색적인 휴양 시설이 있다. 각 이글루에는 난방과 냉방을 조절할 수 있는 온도 장치가 설치되어 있으며, 전망이 중요한 만큼 돔 유리에 성에(window frost)를 방지하는 전기 보온 설계가 되어 있다고 한다.

〈표 1-1〉 숙박시설의 분류

구분	분류 내용	비고
입지	시티(city)호텔/다운타운(down town)호텔, 서버반(suburban)호텔/컨트리(country)호텔, 에어포트 호텔(airport hotel), 시포트 호텔(seaport hotel), 터미널 호텔(terminal hotel), 역전호텔(station hotel), 하이웨이 호텔(highway hotel), 컨벤션 센터(convention center), 리조트(resort) 호텔, 다목적 호텔(mixed-use)	

구분	분류 내용	비고
숙박 목적	컨벤션 호텔(convention hotel), 커머셜 호텔(commercial hotel), 리조트 호텔(resort hotel), 카지노 호텔(casino hotel), 아파트먼트 호텔(apartment hotel)	
숙박 형태	커머셜 호텔(commercial hotel), 컨벤션 호텔(convention hotel), 리조트 호텔(resort hotel), 스위트 호텔(suite hotel), 장기체재 호텔(extended stay), 콘퍼런스 센터(conference center), 마이크로텔(microtel), 카지노(casino) 호텔, 베드 앤 브렉퍼스트 인(bed and breakfast inn), 마 앤드 파 호텔(ma-and-pa hotel), 부티크 호텔(boutique hotel), 온천호텔(health spa), 보텔(boatel)	
문화 특성	한옥(韓屋) 호텔, 파라도르(paradore), 료칸(ryokan), 게르(ger), (유투루), 토루(土樓), 리야드(riad), 템플 스테이(temple stay)	
운영 특성	콘도미니엄(condominium), 펜션(pension), 이글루 호텔(glass igloo hotel)	
경영 형태	단독경영 호텔(independent hotel), 체인 경영(chain hotel)	
호텔 등급	5성급 호텔, 4성급 호텔, 3성급 호텔, 2성급 호텔, 1성급 호텔	
	최고급(luxury), 1급(first-class), 2급(standard, mid-rate), 3급(economy, budget), 4급(micro budget)	
체재 기간	단기체재(transient) 호텔, 장기체재 호텔(extended stay)	
서비스 수준	제한된 서비스(limited service hotel), 풀 서비스(full service hotel)	
기타	게스트하우스(guest house), B&B(Bed & Breakfast), 농장(farm house), 아파트먼트(apartments) 호텔, 빌라(villas), 코티지(cottages) 콘도미니엄(condominium), 시간 배분제 리조트(time share resorts), 휴가촌(vacation village, holiday centers), 회의 및 전시 센터(conference & exhibition centres), 카라반(touring caravan), 캠핑장(camping sites), 마리나(marinas)	
한국 (관광진흥법)	• 관광숙박업: 호텔업(관광호텔업, 수상 관광호텔업, 한국 전통호텔업, 가족호텔업, 호스텔업, 소형호텔업, 의료 관광호텔업), 휴양콘도미니엄업 • 관광객이용시설업(외국인관광도시민박업, 한옥(韓屋)체험업) • 관광편의시설업(관광펜션업)	

자료: Stephen Rushmore, Hotel Investment(A guide for Lenders and owners), Warren, Gopham & Lamont. pp.3-8. 고석면, 호텔경영론, 기문사, 2012, pp.15-22. 차길수 · 윤세목, 호텔경영학원론, 학림 출판사, 2011, pp.54-73.를 참고하여 작성함.

제3절 호텔업의 기준과 등급

① 호텔업의 기준

관광객이 결정하는 숙박시설은 관광 목적지를 선택하는 데 교통수단과 더불어 중요한 역할을 한다. 이용자들은 숙박시설의 종류, 입지, 등급, 서비스 수준 등의 적절성 여부를 확인하기도 하며, 더 나아가 가격도 숙박시설 선택에 중요한 요인으로 작용한다.

역사와 관련성이 높거나 문화가 독특한 국가 및 지역에서는 다양한 숙박시설이 존재하여 호텔과 숙박시설의 구분이 명확하지 않을 수 있고, 현실적으로 호텔의 기준이 무엇이며, 어디까지를 호텔로 구분할 것인가는 논란의 여지가 있다.

숙박시설은 분류하는 기준에는 여러 가지가 있으며, 형태, 입지, 경영의 형태 및 일반적인 이용 특성 등 여러 가지 조건에 따라 각각 다른 관점에서 논의되고 있다. 그러나 이러한 성격에 적합한 손님을 취급한다는 것은 정확한 의미라고 할 수 없으며, 호텔의 특성을 바탕으로 하여 일반적 유형을 결정하는 것에 불과하다고 하겠다.

소비자들은 호텔을 선택하는 데 다른 상품보다도 많은 어려움을 겪는다. 호텔 규모의 대소(大小), 시설의 구비 여부는 객관적으로 판단할 수 있는 기준은 되지만 절대적인 것은 아니기 때문이다.

한국에서는 관광진흥법에 “관광호텔업은 관광객의 숙박에 적합한 시설을 갖추어야 한다”는 규정이 있으며, 기준에 적법(適法)한 시설을 지칭하고 있다. 관광호텔업은 일반 숙박업과 서로 다른 의미에서 시설과 서비스의 기준을 정하여 구분하고 있다.

2 호텔업의 등급평가 제도

호텔업 등급은 소비자들이 호텔을 선택할 때 호텔이 소비자들에게 얼마나 다양한 서비스를 제공하는지 판단하는 데 도움을 준다. 즉 호텔이 어떠한 서비스를 제공하는가는 매우 중요한 의미가 있다. 호텔업의 상품은 형태가 없는 서비스상품으로 무형적인 특성이 강하기 때문이다. 유형적인 상품은 상품 견본(見本)에 의해서 상품을 선택할 수 있으나, 무형의 상품은 소비자들이 판단하여 선택할 수 있는 한계가 있기 때문이다.

따라서 호텔들이 소비자에게 제공하는 상품과 서비스를 제공하는 제공범위도 다양한 차이가 있어 대다수 국가는 소비자들에게 선택의 폭을 넓히고 선택권을 강화하며, 호텔 선택을 보완해 주기 위한 제도로서 채택하게 된 것이 호텔 등급 제도이다.

호텔업은 시설현황과 서비스 수준, 소비자의 만족도 등에 따라 등급을 정하게 되는데, 이는 이용자의 편의를 도모하고 시설 및 서비스의 수준을 효율적으로 관리[9]하며 이용자의 취향과 필요에 따라 호텔을 선택할 수 있는 객관적인 지표를 제시하기 위한 것이라고 할 수 있다.

호텔 등급은 소비자들에게 다양한 호텔에 대한 선택을 도와주는 유용한 지표가 되고 있고, 호텔 선택에 있어서 등급 제도를 적극적으로 참조하게 되는 대표적인 지표가 되었다고 하겠다.

호텔 등급 제도는 특정한 기준에 의하여 호텔들을 등급화하는 시스템을 의미한다.[10] 등급제도는 기본적으로 다양한 호텔들의 시설과 서비스에 대한 차이를 공식적인 시스템에 의해서 호텔을 차별화하고 호텔산업의 상품 개발을 유도하며 서비스 수준을 높여 호텔산업의 발전에 기여(寄與)할 수 있는 제도라고 할 수 있다.

9) 고석면 · 이재곤, 관광호텔의 관리환경에 대한 연구, 관광품질 시스템학회, 1996, p.29.
10) 차길수 · 윤세목, 호텔경영학원론, 현학사, 2006, p.53.

③ 호텔업의 등급평가 영역

호텔업의 등급평가는 평가 주관기관과 등급평가 기준의 차이는 있으나 국가별 특성에 맞는 평가 영역을 설정하여 운영하고 있다.

호텔업의 등급평가는 국가 또는 공적 위원회, 사업자 단체, 소비자 단체 등 다양한 기관에서 시행하고 있으며, 미국은 미국자동차협회(AAA: American Automobile Association)가 주관하고 있다. 호텔업은 등급별 평가 기준에 따라 평가된다.

〈표 1-2〉 외국의 호텔업 등급평가 영역

구분	등급평가 범위		비고
	숙박시설 및 서비스영역	기타 영역	
미국	객실(객실 분위기, housekeeping), 욕실	호텔 외관, 공용장소	6개 분야
영국	서비스, 식사 관련, 조식, 기타 식사, 객실, 욕실 및 개인공간	공통 적용기준, 공용장소	8개 분야
독일	객실, 가구 및 설비 장비, 서비스	레저(leisure) 시설, 제안에 대한 처리 방식, 회의 시설	6개 분야
덴마크	일반 사항, 객실 및 설비	공용 공간	3개 분야
캐나다	객실, 식당시설, 부대시설	주차시설, 공용장소	
오스트레일리아	객실, 호텔 서비스 및 리셉션	보안 · 안전, 주차 및 차도(車道), 부대시설	

자료: 이성태, 관광호텔 등급제도 개선방안, 한국문화관광연구원, 2003. pp.13~15, 김현주, 관광호텔 등급평가체계 및 관련법 개정방안, 한국문화관광연구원, 2010, p.46.을 참고하여 작성함.

호텔에 대한 등급평가는 일부 국가를 제외하고 대다수 국가가 등급평가[11]를 시행하고 있으며, 별(star)로서 호텔의 등급을 구분하고 있는 경우가 많다. 대만은 국화(國花)인 매화를 호텔의 등급에 따라서 4~5개 부여하고 있다.

11) 김현주, 관광호텔 등급평가제도 실효성 확보방안, 한국문화관광연구원, 2009, pp.58-65.

스웨덴의 경우에는 객실과 침대 수를 기준으로 분류[12]하고, 프랑스의 경우는 관광객이 이용하는 호텔의 가격을 기준으로 하여 등급을 구분하며, 별 5개의 등급을 채택[13]하고 있다.

한국에서는 평가기관의 검열관(inspector)이 평가 호텔을 대상으로 고객 관점(觀點)에서 전반적인 건물, 조경 및 외형적 요인들을 평가하기 위하여 호텔을 실사(實査)하여 점검[14]하고 있다.

〈표 1-3〉 한국의 호텔업 등급평가 영역

구분	부문	세부 평가 기준	비고
현장평가	공용 공간 및 서비스	호텔 안내 및 주차시설	
		현관 및 로비	
		프런트 데스크	
		복도 및 계단관리	
	객실 및 욕실	객실 수 및 면적	
		객실의 안락도 및 편의성	
		객실의 전기 · 통신 시설	
		욕실	
	식음료 및 부대시설	식음료 업장 시설 및 관리	
		주방 시설 및 관리	
		부대시설의 수준 및 서비스	
		회의 및 연회시설	
		비즈니스 센터 설치 · 운영상태	
		장애인 이용시설	
	부가 점수	에너지 절감을 위한 경영	가점(加點)
		전문 한식당 운영 여부	
		종사원 교육 및 유자격자 고용상태	

12) 한국관광협회중앙회, 스웨덴의 관광산업, 월간관협(9월호), 1994, pp.26-27.
13) 김현주, 관광호텔 등급평가체계 및 관련법 개정방안, 한국문화관광연구원, 2010, p.31.
14) 차길수 · 윤세목, 호텔경영학원론, 현학사, 2006, p.55.

구분	부문	세부 평가 기준	비고
현장평가	부가 점수	호텔 내 화재 발생 여부(최근 3년간)	감점(減點)
		호텔 내 범죄 발생 여부(최근 3년간)	
		고객 불편신고 처리 상태(최근 3년간)	
		대테러 예방 및 대비 관련	
암행(暗行)평가 (불시 평가)		예약 서비스	
		현관 및 주차 서비스	
		로비 환경 및 프런트 데스크 서비스(체크인)	
		객실 서비스	
		룸 서비스	
		비즈니스 센터	
		식당	
		체크아웃	
		배웅	

주: 문화체육관광부 · 한국관광협회중앙회, 호텔업 등급결정 자료(2021)를 참고하여 작성함.

제2장

호텔업의 특성과 환경경영

호텔경영정보론

CHAPTER 2

호텔업의 특성과 환경경영

제1절 호텔업의 특성

1 운영상의 특성

1) 인적 서비스 의존성

호텔업은 일반대중을 고객으로 하고 숙박과 음식을 제공하기 위한 물적 서비스와 인적 서비스로 구성된다. 호텔업의 상품은 객실 · 식사 · 음료 · 부대시설 등 다양하지만, 궁극적으로 호텔 서비스 품질의 척도는 물적인 시설도 중요하지만, 고객들이 인식하는 무형의 인적 서비스에 의해 영향을 받는다.

호텔 이용에 따른 고객의 상품 선택과 결정에 영향을 미치는 요인 중에는 서비스의 우월성이라는 인식이 있다. 이는 호텔업의 이미지와 직결되며, 고품질 서비스의 지속 여부는 호텔의 경영성과에 절대적인 영향을 미친다.

따라서 호텔업은 종업원이 제공하는 상품과 서비스에 대해 절대적인 책임 의식을 가져야 함은 물론 고객의 반응에 주의를 기울일 필요성이 있다.

다른 산업에서 반복적인 업무에 대해서는 대량생산 기술 등을 도입하고, 생산기능의 부분을 기계화, 자동화를 실시하여 인력을 감축하고 있다. 그러나 호텔업은 인적요소가 중요하다는 인식이 있고 서비스 산업은 생산과정을 자동화하는 것이 불가능하여 자동화에 한계가 있다는 것이다.

2) 협동의 특성

호텔업의 운영에서 협력의 필요성을 강조하는 것은 다양한 기능을 수행하고 있는 조직의 특수성에 기인한다.

호텔업은 객실, 식음료, 부대사업 등 다양한 부문의 조직으로 구성되어 있으며, 이러한 조직 활동을 통해서 객실 상품, 식음료 상품, 연회상품 등이 생산된다.

고객에게 상품과 서비스를 제공하기 위해서는 호텔조직의 부문별, 기능별 그리고 각 직무의 특성에 따라 협력과 통합, 조정이 긴밀하게 이루어져야 한다.

호텔업 운영에 따른 협동의 필요성이 중요한 이유는 고객에게 높은 만족도를 제공하기 위해서는 종사원들의 조직적인 협력이 필요하기 때문이다.

고객에게 최상의 서비스를 제공하기 위해서 종사원은 맡은 직무에 최선을 다해야 하며, 고객의 만족을 위해서 종사원 스스로가 우선 직무에 만족해야 한다는 인식 전환이 필요하다.

3) 연중무휴의 운영

호텔업은 사업목적으로 이용하거나 집을 떠난 여행자 또는 휴가 등을 즐기고자 하는 사람들을 대상으로 한다. 호텔은 손님이 숙박하고 있을 때 생명과 재산을 보호하기 위해 모든 기능이 운영된다.

호텔업은 다른 업종과 달리 연중무휴(無休)로 운영하여 매출을 증대시킬 수 있는 여건을 갖추고 있으나, 객실, 식음료 등 판매상품들이 시간, 장소에 제한을 많이 받는다. 고객의 서비스 향상을 위해 필요한 인력을 확보해야 하는 불가피성으로 인하여 비용지출이 많아질 수 있고 호텔경영에 어려움을 초래할 수도 있다.

4) 운영환경의 청결성

호텔업은 다른 어느 기업보다도 위생과 안전 등 청결이 우수해야 한다. 호텔업의 청결한 환경이 상품이며, 고객서비스 만족 여부에 중요한 변수가 된다.

따라서 호텔에서는 청결한 환경이 최대의 상품이며, 환경경영을 실천하는 호텔은 품질이 우수한 호텔로 인정받게 되는 것이다.

청결과 우수한 서비스는 가장 훌륭한 호텔이라는 평가를 받는 조건이 되며, 호텔 종사자(hotelier)의 자부심(自負心)과 긍지(矜持)이기도 하다. 따라서 호텔 종사원은 솔선수범해서 근무환경을 청결하게 해야 한다.

5) 호텔 상품의 비이동성

호텔의 주요 상품은 객실과 식음료, 부대시설 그리고 서비스로 구성된다. 서비스는 무형적인 상품이지만 객실과 식음료, 부대시설은 유형적인 상품으로 고객이 직접 방문하여 상품을 이용해야 한다.

일반 기업에서는 판매원들이 고객에게 상품을 제시하고 상품의 특성을 설명하여 판매할 수 있으나 호텔 상품은 고객이 직접 호텔을 방문하여 이용해야 상품의 가치를 평가할 수 있어 다른 유형의 상품과는 근본적인 차이가 있다.

6) 호텔 상품의 재고 불가능(비저장성)

일반 기업에서 판매하는 상품은 오늘 판매하지 못하면 상품을 저장하여 나중에 판매할 기회가 있으나, 호텔의 상품은 오늘 판매하지 못하면 이를 저장하여 다음에 판매할 수 없다. 즉 재고(在庫)를 판매할 수 없다는 의미이다. 호텔업에서 판매되는 상품은 저장이 안 되어 생산과 동시에 판매되어야 한다는 것을 의미한다.

초기 투자 비용이 많이 들어가는 객실 상품의 특성상 시설의 가동률을 높이지 못하면 생산성을 저해하는 요인이 되므로 가동률을 높이는 것이 호텔 운영의 중요한 과제이다.

7) 판매관리의 특성

호텔의 상품은 고객의 방문과 이용에 따라서 생산 · 판매되는데, 객실 상품을 비롯하여 식당, 연회장, 부대시설 등이 있다. 따라서 호텔의 영업활동은 다양한 영업장에서 진행하기 때문에 판매현황에 대한 기록과 작성, 계산(計算)관리가 필요하다.

호텔업은 고객에게 상품 및 서비스 판매를 준비하고, 상품을 제공하며, 고객은 신용(credit)으로 상품을 이용한 후에 비용을 지불하고 호텔은 수납하게 된다.

고객의 숙박 등록은 호텔시설의 이용을 위한 신용제공의 시작이며, 이용하는 시점에서 비용을 지불하는 경우는 많지 않다. 고객이 이용한 객실, 식당, 바(bar), 세탁비용 등을 퇴숙(check out)하는 기간까지 연기했다가 계산할 수 있도록 하는 것은 신용제공(line of credit) 한도를 인정하는 사례라고 할 수 있다.

따라서 고객이 숙박 등록을 할 때 고객원장(guest folio)을 준비하여 신용으로 제공한 거래 내역을 계정에 따라 정확히 계산하고 기록 · 유지하고 출발에 대비하여 청구할 수 있도록 준비하며,[1] 대금을 회수할 수 있어야 한다.

호텔업에서는 고객의 거래 내용에 대한 대금을 정확하게 회수하기 위해서 내부적인 회계시스템을 활용하고 있으며, 거래 내역에 대한 기록을 유지하고 보존하고 있다.

1) 유정남, 호텔경영론, 기문사, 1998, pp.161-162.

② 경영 · 재무적 특성

1) 호텔경영의 시스템화

호텔업은 고객에게 최상의 서비스를 수행하기 위한 업종으로 의사소통과 신속한 업무처리가 중요하다. 신속한 업무처리는 서비스업의 중요한 상품으로 호텔업도 비용을 감소시키기 위해 자동화를 촉진하여 반복적인 업무는 기계화로 대체하고 있다. 프런트 오피스(front office) 업무를 비롯하여 많은 업무를 시스템으로 대체하는 것이 대표적인 사례이다.

그러나 호텔업의 운영 특성상 다른 산업에 비해서 인적 서비스 의존도가 비교적 높고 자동화, 기계화 등이 인적 서비스를 대체할 수 있는지 여부는 호텔경영에서 중요한 판단 기준이 될 수 있다.

2) 수입의 불안정성

호텔업은 사업목적의 여행자를 비롯하여 순수 관광목적의 여행객을 대상으로 운영되는 특성이 있다. 여행 현상과 대내 · 외적인 환경변화에 비례하여 고객의 증가와 감소 현상이 나타나며, 이용하는 요일 · 계절에 따라서 직접적인 영향을 받는다.

호텔업은 입지적 특성이 높은 사업으로 일부 리조트(resort) 지역의 호텔은 성수기와 비수기의 격차로 인하여 수입의 불안정 요소를 탈피하지 못하는 경우가 발생한다.

호텔업은 요일 · 계절의 영향요인에 의한 비수기를 극복하는 것이 호텔경영의 중요한 과제가 되고 있으며, 비수기를 타개하기 위하여 다양한 호텔 패키지 상품을 출시하여 판매하는 것이 그 사례라고 할 수 있다.

3) 높은 비유동자산의 점유율

호텔업은 다른 산업에 비해서 비유동자산이 차지하는 비율이 높다고 할 수 있는데 호텔업의 시설 자체가 하나의 상품으로 판매되어야 하기 때문이다. 호텔업은 건물과 부대시설 등이 전체 자산에서 차지하는 비율(70%)이 높고 그 밖의 비품 · 가구 등을 합한 비유동자산의 비율이 높으며(80~85%), 신축호텔의 경우에는 비유동자산 비율이 더 상회(90% 이상)하는 것으로 조사되고 있다.[2)]

호텔업이 객실 · 식당 · 부대시설 등에 투자하여 설비하고 비품 등을 구비하는 이유는 고객이 상품 가치를 판단하는 기준이 되기 때문이다. 따라서 호텔업은 전체적인 시설을 비롯하여 객실 및 식음료 시설에 투자하는 비율이 높을 수밖에 없으며 시설 투자 비용이 높다는 것은 다른 호텔들과 차별화를 하여 호텔의 이미지를 부각하여 재방문을 유도하기 위한 전략이 될 수도 있다.

4) 낮은 자본회전율

회전율이란 자산을 포함하여 자기자본, 생산고(生産高) 또는 매출액과 비율의 정도를 나타내는 지표이다. 호텔업은 다른 산업에 비해서 비유동자산이 차지하는 비중이 높아 자산을 포함한 자기자본, 판매량의 회수, 매출액에 대한 회수 기간이 길다는 것을 의미한다.

호텔업은 비유동자산에 대한 투자 비중이 높아 도 · 소매업 및 제조업, 건설업 등에 비해서 총자본 회전율 및 비유동자산 회전율, 재고자산 회전율과 같은 자산의 활동성이 상대적으로 낮은 편이다. 따라서 회전율을 높이는 방안을 강구하는 것이 호텔경영의 과제가 된다고 하겠다.

회전율

- 총자본 회전율

  총자본 회전율(매출액/총자본)이란 총자본이 1년 동안 몇 회전을 하는가를 나타내는 비율로서 기업에 투하한 총자본의 운용 능력을 총괄적으로 표시하는 지표

2) 문화체육관광부, 관광호텔 경영분석 및 경영활성화 지원방안에 의한 조사, 2004년 9월.

- **비유동자산 회전율**

  비유동자산 회전율(매출액/비유동자산+투자와 이연자산)이란 고정자산의 이용 정도를 표시하는 지표로서 자본의 고정화 상태를 판단하는 수단이 되며 유동성 분석에 있어서 유용한 보조지표로 이용될 수 있다. 기업에 투하한 총자본의 운용 능력을 총괄적으로 표시하는 지표

- **재고자산 회전율**

  재고자산 회전율(매출액/재고자산)이란 재고자산의 회전속도 즉 재고자산이 당좌자산으로 변화하는 속도를 나타낸다. 일반적으로 이 비율이 높을수록 자본수익률이 높아지고 매입채무가 감소되며 상품의 재고 손실을 막을 수 있고 보험료, 보관료를 절약할 수 있게 된다. 그러나 과대하게 높을 경우는 원재료 및 제품 등의 부족으로 인하여 생산 및 판매 활동에 지장을 초래할 수도 있다.

5) 고정비 지출의 고율성

호텔업은 매출액 증진을 위해서 수익적 지출이 동반된다. 수익적 지출이란 수익을 올리기 위해서 필연적으로 지출되는 비용의 개념이라고 할 수 있다. 일반적으로 비용은 고정비와 변동비로 구분되는데, 고정비(固定費)란 생산하는 양과 관련 없이 항상 일정하게 지출되는 비용이고 변동비(變動費)란 상품을 생산하는 과정에서 발생하는 추가적인 비용이다.

호텔업은 다른 기업에 비해서 높은 고정비를 감수해야 한다고 한다. 인적 서비스 의존도가 높은 사업에서 나타나는 경영 현상으로 그 대표적인 사례가 인건비이며 고객의 숙박 여부와 상관없이 일정하게 지출된다.

호텔업은 업종의 특성상 고정비율이 높고 단기 지급 능력에서 현금을 동원하는 유동성 비율은 제조업(95.8%)과 건설업(119.3%)보다 낮은 것(44.5%)으로 조사되었으며, 모든 호텔의 유동비율이 매우 낮은 것으로 조사되었다.

호텔업에서는 호텔 운영에 기계화 · 자동화를 도입하여 고정비율을 낮추고 있으며

부채비율도 감소하고 있다고 조사되었는데, 호텔의 시설 투자에 부채(負債)인 타인 자본에 의존하기보다 자기자본에서 투자 비용을 충당하고 있는 것에 기인한다.

비율

- **고정비율**

  고정비율이란 설비 고정비를 측정하기 위한 것이며, (비유동자산/자기자본)×100으로 산출하는데 표준비율은 100% 이하, (자기자본/비유동자산)×100으로 산출하는 경우 100% 이상이 표준비율이다.

- **유동비율**

  유동비율은 기업의 지급 능력 측정과 신용성 측정의 목적으로(유동자산/유동부채)×100으로 산출하며 일반적인 표준비율은 200% 이상이다.

- **부채비율**

  부채비율이란 타인자본에 대한 안전도를 측정하는 것으로 (부채/자기자본)×100으로 산출하며 일반적인 표준비율은 100% 이하이다.

3 시설상의 특성

1) 자본투자의 대규모

호텔업은 초기의 투자 비용이 많기 때문에 대규모의 투자가 필요하다. 또한 일반 건물의 신축에 비해서 다양한 시설을 갖추어야 하는데 특히 실내·외의 장식은 필연적이기 때문에 건축비가 많이 소요되며, 건설하는 기간도 일반적으로 길다.

호텔업은 물적자원·인적자원 자체를 하나의 상품으로 판매하여야 하는 특성으로 인하여 물적 시설의 확보와 필요인력의 충원이 반드시 전제되어야 한다. 또한 다른 사업은 시설 확충을 위해 연차적으로 확장, 재투자를 할 수 있으나 호텔은 확장이 어렵고 단기적인 재투자가 불가능하다는 단점이 있다.

2) 시설 노후화의 문제

호텔업의 시설은 고객의 이용 여부에 따라서 부분적으로 훼손되고 마모(磨耗)되어 결과적으로 상품 가치가 떨어지게 되며, 호텔 이용자들도 이용을 기피하게 된다.

상품의 가치를 식별할 수 있는 다른 사업은 시설 자체를 부수적인 형태로 평가하고 상품의 효용성을 높게 평가하는 경우가 있으나 호텔은 시설 자체를 하나의 상품으로 인식하는 경향이 높기 때문이다.

호텔업의 시설은 설비와 같은 비유동자산의 비율이 높아 진부화(陳腐化)의 특성이 나타난다고 할 수 있다. 진부화란 고객의 이용 여부와 관계없이 자산의 수명이 줄어드는 현상으로 유행 등 외부요인에 의해 사용 가능 횟수가 감소하게 된다. 따라서 호텔의 상품성을 유지하기 위해서는 지속적인 유지보수를 해야 하며, 많은 재투자 비용을 지출해야 한다.

3) 비생산적 공공장소

호텔은 이용자가 비용을 지불하고 사용할 수 있는 시설에 대한 생산적 공간과 공공의 이용을 전제로 하는 비생산적 공간(public space)으로 구분할 수 있다.

생산적 공간이란 객실 · 식당 · 라운지 등 이용자가 선택해서 이용했을 경우 호텔에서 고객에게 비용을 청구, 회수(回收)하는 영업 공간이다.

비생산적 공간이란 공공의 이용을 전제로 하고 호텔업의 영업활동을 지원하기 위한 장소로 호텔 운영에 필수적인 공간이 되고 있다. 비생산적 공공장소의 대표적인 공간은 로비(lobby), 복도 등과 같은 곳이다.

호텔업은 투자된 비용의 회수를 위해 비생산적 공간의 활용하여 수익성을 증대시키는 방안을 강구하여 적극, 활용하는 경향이 많아지고 있다.

④ 환경상의 특성

1) 일반 환경

기업 경영을 둘러싼 환경 가운데 기업이 직접 관여하기 어렵고 포괄적 의미를 갖는 것이 일반(一般) 환경(general environment)이다. 호텔업도 다른 기업과 마찬가지로 경영환경에 직접적인 영향을 받는다. 기업을 둘러싼 경영환경은 매우 복잡하고 다양하며 그 범위도 확대되는 추세이다. 이러한 변화는 신속하고 복잡하게 진행되고 있어 경영활동에 큰 영향을 끼치고 있다.

어느 기업이든지 간에 환경의 변화에 영향을 받지 않는 기업은 없겠지만 호텔업은 관광객의 체재에 필요한 사업으로 환경적 영향을 받게 되며, 환경변화에 민감한 사업이다.

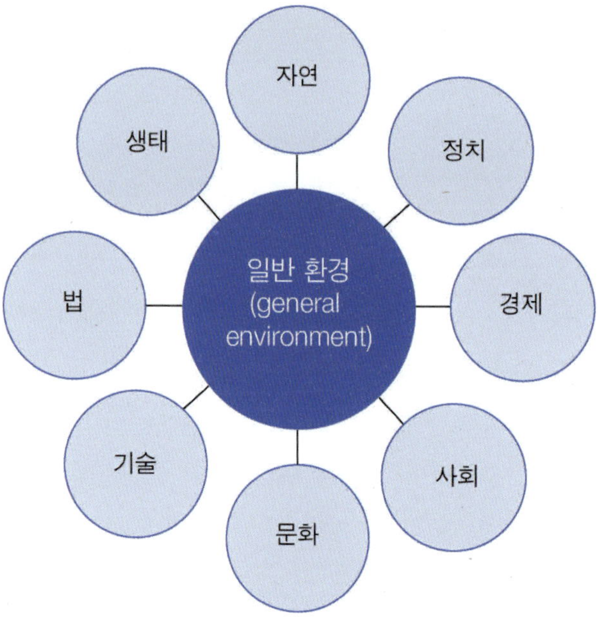

〈그림 2-1〉 일반 환경

호텔경영에 직접적인 영향을 미치는 환경은 자연, 정치, 경제, 사회, 문화, 기술, 법·제도, 생태환경 등이다. 이러한 환경들은 서로 간에 연결되어 상호작용을 하고 있어 어느 한 부문에 변화가 일어나면 다른 부문에도 연쇄적 영향을 미치게 된다. 자연환경과 같은 천재지변을 비롯하여 테러, 경제 불황 등은 호텔 이용객을 급속히 감소시킬 수 있고 이러한 변화는 돌발적이고 우발적으로 발생하기 때문에 경영활동에 영향을 미치게 되며, 통제가 불가능하기도 하다.

2) 과업 환경

과업(課業) 환경이란 호텔을 운영하기 위해서는 호텔 상품을 생산하여 소비자에게 판매하는 것이 중요하다. 호텔은 소비자에게 판매하는 과정에서 경영활동에 직접적인 영향을 미치는 요소들이 있는데 이를 과업 환경(task environment)이라 한다.

호텔경영에 영향을 미치는 과업 환경은 경쟁업체, 소비자, 노동조합, 종업원, 공급업체, 언론기관, 금융업체, 주주 등[3]과 같은 이해자 집단들이다.

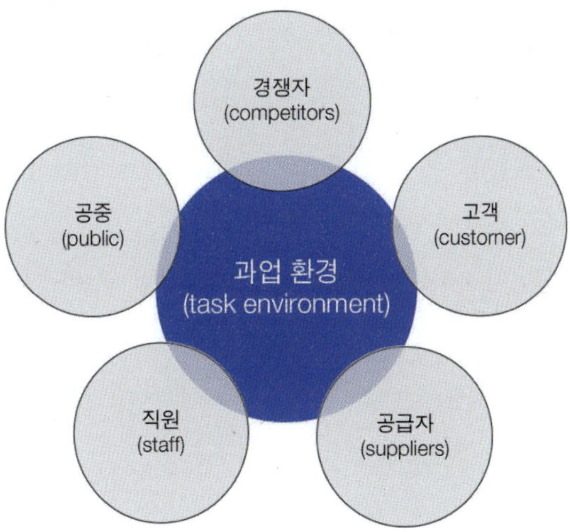

〈그림 2-2〉 과업 환경

3) 조희영, 경영학원론, 민영사, 1998, p.144-147.

특히 호텔업은 특성상 대량판매가 불가능하고 경쟁호텔의 등장, 대체 숙박업의 출현, 호텔 상품에 대한 소비자 기호의 변화, 소비자 운동의 출현 및 강화, 노동시장의 변화, 근로자의 인식변화와 같은 환경변화 요인이 나타나고 있다. 이러한 환경변화에 대처하는 것이 호텔경영에서 중요하다. 과업 환경은 일반적으로 통제가 가능한 환경이라고 하고 있으며, 위험 요소를 사전에 파악하고 대비하여 경영에 반영함으로써 변화에 대처할 수 있는 환경이라고 할 수 있다.

3) 글로벌 환경

정보기술과 통신망의 발달로 국가 및 지역의 경계가 사라지고 있는 글로벌 환경(global environment) 시대가 되었다. 세계적 기업의 등장과 자유무역의 확대, 투자의 자유화와 같은 환경변화와 기업의 가치와 지속 가능성에 영향을 주는 환경 · 사회 · 지배구조(ESG: Environmental, Social and Corporate Governance)를 의미하는 요소들은 개별기업을 초월하여 자본시장과 국가의 성패를 좌우하는 중요한 지표가 되고 있다.

전 세계적으로 친환경에 대한 인식이 변화하면서 환경에 대한 중요성이 확대되고 있다. 특히 기후환경 변화에 대처하기 위한 움직임이 활발히 진행되고 있어 호텔업에도 환경규제를 강화하고, 일회용품 사용억제를 요구, 요청하는 친환경 정책을 실천해 옮기고 있어 호텔들도 이에 대처해야 할 중요한 시대가 되었다.

글로벌 고객의 등장, 고객의 트렌드(trends) 변화로 인하여 호텔업도 글로벌 환경에 부응하고 국제 경쟁력을 강화하기 위하여 세계적인 호텔 브랜드 등을 도입하게 되었다.

글로벌 환경 시대에 부응하고 경쟁에서 우위를 확보하기 위해서는 시장 세분화(segmentation), 목표시장 선정(targeting), 포지셔닝(positioning) 전략[4] 수립이 필요하며, 마케팅 활동을 강화할 필요가 있다.

4) Jay Barney, "Looking Inside for Competitive Advantage," Academy of Management Executive, 1995, Vol.9, No.4, p.153.

제2절 호텔업과 환경경영

1 환경경영의 의의

세계적으로 확대되고 있는 환경보호의 중요성은 기업 경영에도 많은 영향을 끼치고 있다. 환경표지 제도는 독일에서 시행(1979년)된 이래 유럽연합, 북유럽, 캐나다, 일본 등의 국가에서도 시행하고 있다.

일부 국가에서는 관광호텔의 등급평가 항목에서 에너지 절감 및 지속가능한 관광과 관련된 항목을 평가체계에 포함하여 국제사회의 현안이 되고 있는 저탄소 녹색성장을 실천하기 위한 의지를 반영[5]하기도 한다.

한국 정부에서도 제품 생산 및 소비 과정에서 오염 발생이 적고 자원을 절약하는 상품에 환경 마크를 인증하는 제도를 시행하고 있으며, 그동안 환경표지는 식품, 농산물, 약품 및 서비스를 제외한 공산품에 대해서만 시행되었다. 그러나 산업발전의 고도화와 환경에 대한 중요성을 인식하여 서비스 산업에 대한 비중의 증대와 친환경적인 생산과 소비 촉진을 위해서 서비스 부문에까지 환경표지 대상 품목을 확대하게 되었다. 주요 선진 국가들은 서비스 부문에 환경표지 인증제도를 시행하고 있으며, 해외의 주요 환경표지 운영 제도와 관련된 사례는 다음과 같다.

한국에서는 서비스 부문 최초 인증개발 품목으로 호텔 서비스를 선정(2010년)하여 시행하고 있다.[6] 이러한 제도를 도입하게 된 배경은 환경에 대한 중요성을 인식하게 하고 환경경영에 대한 새로운 인식을 확산시키기 위해서라고 하겠다.

5) 김현주, 관광호텔 등급평가제도 실효성 확보방안, 한국문화관광연구원, 2009, p.42.
6) 환경표지 인증제도와 관련된 사항은 환경표지 인증심사위원으로 활동하면서 한국환경산업기술원의 환경표지 인증신청 매뉴얼(호텔 서비스)의 자료를 인용하였으며, 환경경영의 중요성 및 필요성을 인식한다는 의미에서 정리하여 수록하게 되었음.

〈표 2-1〉 외국의 주요 환경표지 운영 제도 사례

국가	북유럽 (Nordic Swan)	유럽연합 (EU)	미국 (Green Seal)	캐나다 (Terra Choice)
제품군	69개	26개	34개	91개
서비스 관련 제품군	• 호텔 및 유스호스텔 • 클리닝 서비스 • 레스토랑 서비스 • 세탁 서비스 • 사진 인화 서비스 • 인쇄회사 • 세차장 • 식료품/슈퍼마켓 • 유치원(개발 중) • 자동차보험(개발 중)	• 숙박서비스 • 캠핑장	• 상업 및 공공건물 청소 서비스 • 주거 청소 서비스 • 숙박 서비스 • 레스토랑 서비스	• 숙박시설 • 디지털 프린팅 서비스 • 잔디관리 서비스

자료: 한국환경산업기술원

② 환경경영의 기준

호텔 서비스의 인증기준 및 인증제도는 호텔업 등급 결정에 관한 요령에 의거하여 등급심사를 받아 등급을 취득한 관광호텔이 대상이 된다.

〈표 2-2〉 호텔 서비스 인증 부문별 기준

부문		에너지	물	폐기물	유해 화학물질	녹색구매	환경경영	부대시설	소계
기준 수		14	8	12	8	8	14	2	66
구분	필수	2	2	2	2	1	1	1	11
	선택	10	5	8	6	6	12	1	48
	추가	2	1	2	-	1	1	-	7
점수		20	14	15	12	14	20	5	100
최소 요구점수		8	6	6	5	5	10	0	40

주: 실천 난이도가 높은 항목은 추가 점수 기준으로 구성되어 있으나, 선택기준의 합은 각 기준별 총점을 초과할 수 없음.
자료: 한국환경산업기술원

호텔 서비스 부문의 기준은 서비스 제공과정에서 발생하는 소모품 구입부터 에너지, 물, 화학물질 사용 및 폐기물까지 전 과정에 걸쳐 발생하는 환경부하(負荷)에 대하여 설정하였으며, 필수 기준을 모두 충족하고 선택항목의 총점을 기준으로 하여 각 부문의 최소 요구를 만족해야 하는 기준(7개 부문과 66개)을 설정하고 있다.

3 호텔업의 부문별 환경기준

1) 에너지 분야

호텔에서 사용하는 에너지 사용량을 주기적으로 측정하고 구체적인 목표를 설정하고 달성 정도를 점검하여 지속적으로 에너지를 절감하고자 하는 목적이 있다. 호텔의 운영과정에서 고객 방문 등 많은 활동이 발생하는 객실의 냉·난방을 비롯하여 수도, 세탁, 사우나, 수영장, 식당의 부문별 에너지 사용현황을 파악하고 분석하여 개선하고자 하는 것이다.

호텔의 에너지 절감을 위해서 고효율 기자재 및 설비 도입을 촉진하고자 하는 정책이다. 호텔에서 배출하는 직접 온실가스와 간접 온실가스 배출량을 계산하여 총 온실가스 배출량을 월별로 나타내고 증감 현황을 분석하도록 하고 있다.

온실가스 배출량의 계산

신축 건물 등 인증신청 시점 이전 3개년도 평균값을 제출할 수 없는 경우에는 1개년도 평균값으로 대체하여 설정한다. 3개월 이상의 대규모 리모델링(remodeling)을 한 경우, 해당 공사 기간을 자료 수집 범위에서 제외할 수 있으며, 이 경우 적정성 여부는 환경표지 인증심의위원회의 검토를 거쳐 판단한다.

구체적으로는 정부에서 실시하고 있는 탄소 상쇄(相殺) 프로그램의 참여 여부, 영업장(객실, 식당, 부대시설)에서는 전력 사용량 및 가스 사용량의 측정을 위한 측정계를 설치하고, 각 영업장의 에너지 사용량 측정이 가능한 설비의 운영 여부이다. 또한 컴퓨터에 의한 자동 제어 시스템 또는 네트워킹 가능한 현장 제어장치 등을 채택한 시스템을 설치, 운영 여부(與否)이다.

탄소 상쇄 프로그램 참여

정부에서 실시하고 있는 탄소 상쇄 프로그램의 탄소 포인트 제도(환경부), 탄소중립 프로그램(지식경제부) 등의 프로그램을 비롯하여 이 밖의 프로그램에 참여하고 있는 경우 적정성 여부는 환경표지 인증심의위원회의 검토를 거쳐 판단한다.

호텔에서 보유하고 있는 보일러가 환경표지 인증 또는 고효율 기자재 인증을 받았거나 동등(同等)한 수준 이상의 제품 사용과 호텔의 장소별 고효율 조명기기의 설치를 권장하여 조명의 절약기능을 요구하고 있다. 객실 전체에 키 태그(key tag) 홀더(holder)를 설치하고 있거나 고객의 입·퇴실에 맞추어 자동으로 조명을 조절하는 시스템을 운영하여 에너지 절감에 기여하고 있는지가 판단 기준이 된다.

고효율 조명기기의 설치

제품 비율은 장소별로 고(高)효율 조명기기의 설치 수량을 조명기기의 총설치 수량으로 나누어 백분율로 계산한 값을 말한다.

2) 수자원 분야

호텔의 용수(用水) 사용량을 저감(低減)하기 위하여 기초 자료를 구축하고 구체적인 목표를 설정하여 실천하는 것이 목적이다. 호텔의 물 사용량을 주기적(일별 또는 월별)

으로 측정한 연간 자료를 가지고 있고, 구체적인 물 사용량에 대한 절감 목표가 설정되어 있어야 하며, 절감 달성 현황을 주기적으로 점검하도록 하고 있다.

객실의 수건(towel)과 침대 시트(sheet)는 고객이 요구하는 경우에만 교체하도록 한다는 교체(交替) 방법을 알리는 안내문을 비치하도록 하고 있으며, 호텔의 객실과 공용화장실에 설치된 수도법에 따른 절수설비의 기준에 적합한 제품이거나 환경표지 인증을 받은 제품을 사용하도록 하고 있다.

특히 물(水)을 재이용하는 시설(중수도 설비 또는 재활용 설비)을 설치하여 사용하도록 하고 있고, 정원 등 외부 식생(植生)에 물을 공급할 때는 최대 일조시간을 피하도록 함으로써 용수 사용량을 절감하고 비용을 줄이는 목적이 있다.

3) 폐기물 분야

호텔에서 폐기물의 배출량을 측정하여 데이터로 관리하고 저감(低減)목표를 달성하고자 하는 데 목적이 있다. 호텔의 폐기물 배출량을 주기적(일별 또는 월별)으로 측정한 연간(年間) 자료를 보관하며 폐기물의 종류에 따른 구체적인 배출량 저감목표를 설정하고, 저감(低減) 달성 현황을 주기적으로 점검하도록 하고 있다.

호텔의 연회행사 및 개최, 식당의 운영으로 발생하는 음식물 쓰레기의 배출량 저감을 위하여 프로그램을 운영하고 있어야 하며, 음식물 쓰레기를 줄이기 위하여 환경 관련 정부 및 기관과 자발적 협약을 체결하여 운영하고, 음식물 쓰레기의 자원화 실적을 제출하도록 하고 있다.

음식물 쓰레기의 자원화 실적

음식물 쓰레기의 자원화 활동에는 퇴비화, 건조 사료화 등이 있다.

또한 폐유(廢油) 및 폐식용유를 수거하여 비누, 바이오(bio) 디젤(diesel) 등으로 재활용하거나 용역회사를 고용하고 있으며, 행사장 및 식음료 영업장에서 판매되지 않은 식료품을 기부(寄附) 식품으로 제공하도록 규정하고 실천하고 있는지 여부는 중요한 평가 기준이 된다.

모든 공용화장실에는 전기 손 건조기가 설치되어 있거나 환경표지 인증을 받은 종이 수건(paper towel)을 이용하게 하고 있으며, 호텔에서 사용이 끝난 리넨(linen) 용품은 청소용품으로 재사용하거나 사회에 기부하도록 권장하고 있다.

또한 호텔에서 사용이 끝난 가구와 전자제품의 제품 또는 판매한 대금 중 일부를 사회에 기부하도록 하고 있다. 특히 고객이 서류 작성 없이 체크인(check-in)이나 체크아웃(check-out)이 가능한 시스템을 구축하도록 권장(勸奬)하고 있다.

4) 유해 화학물질

호텔에서 사용하는 화학물질이 위생 규정과 제조회사의 지침에 따라 보유하고 있는 대장과 관리하는 장부 등을 만들어서 안전하게 관리를 하는 것에 목적이 있다. 호텔에서 사용하는 청소용품, 세제(洗劑), 접착제, 페인트, 소독약품 등에 대한 보유대장을 만들고 지속(持續)하여 제품의 목록을 관리(연 1회 이상)해야 하며, 종사자에게 사용상 주의가 필요한 제품에 대하여 사용 방법 등 관리 교육(연 1회 이상)을 하도록 하고 있다.

호텔에서 사용하는 세제 및 세정제는 친환경 상품의 구매를 촉진하기 위하여 기준을 설정하고 있으며, 세탁 세제 및 식기 세척기용 세제는 자동으로 투입량을 조절하는 시스템을 구축하여 관리하도록 하고 있다.

실내 공기의 질 관리를 건축물의 실내 장식 교체 또는 리모델링(remodeling) 공사를 하는 경우 유해 물질, 대기 오염물질, 실내 공기오염을 저감(低減)하는 친환경 건축 자재를 사용하도록 요구하며, 사용현황을 감독하고 있는지에 대한 여부(與否)가 평가 기준이다.

친환경 건축 자재

친환경 건축자재의 범위는『환경표지 대상 제품 및 인증기준』에 기재된 건축자재 중 인증 사유가 '유해 물질 저감', '대기 오염물질 저감', '실내 공기 오염 저감' 중 하나 또는 그 이상에 해당하는 환경표지 인증제품에 한한다.

또한 호텔은 객실과 식당에서 금연 지역을 설정하고, 금연 비율을 높이기 위하여 노력하고 있는지를 확인하는 것도 중요한 기준이 된다.

5) 녹색구매

호텔에서 사용하는 기기, 사무용품, 소모품 및 식자재 등에 관한 녹색(綠色)구매 정책 또는 지침을 수립하도록 하는 것에 목적이 있다.

녹색구매 정책 또는 지침을 수립

녹색구매 지침에는 제도의 목적, 부서별 역할, 녹색(綠色)구매의 범위 및 요령 등이 포함되어 있어야 한다.

호텔에서 사용하는 물품에서 사무용지, 사무용품, 리넨 용품, 화장지, 비누, 샴푸, 린스(rinse), 바디워시(body wash) 등 품목이 교체 가능한지를 조사하고 교체계획을 수립하는 등 친환경 구매지침을 수립함으로써 친환경 상품의 생산과 소비를 촉진하고자 하는 데 있다.

호텔에서 객실에 설치하거나 비치하는 냉장고, 텔레비전, PC(Personal Computer), 전기 주전자 및 전기 커피 제조기, 침대(bed), 기타 가구류와 같은 제품에 대한 친(親)환경 상품의 활용과 에너지 소비효율(1등급 제품) 및 대기전력 저감 우수제품의 보유 비율을 높이도록 하고 있다.

호텔의 홍보물은 인쇄량이 환경표지 인증(50% 이상)을 받았거나 환경표지 인증을 받은 용지에 인쇄하여 제공하고 있는지, 호텔의 물품 구매시스템에 의해 제품의 친환경 상품 인증 여부와 관련된 정보를 입력하여 구매 시 친환경 상품을 쉽게 확인하여 구매할 수 있도록 해야 한다는 기준이다.

호텔의 홍보물

홍보물이란 객실 및 로비에 비치된 고객 안내문, 설문조사지, 책자(brochure) 등을 포함한다.

6) 환경경영

호텔 운영에서 환경경영이 전사(全社)적으로 이루어질 수 있도록 하는 방침의 확립과 법률의 준수, 사업장의 적합한 환경목표를 수립하여 지속적인 노력으로 개선해 나가겠다는 의지를 포함하여야 한다.

환경목표 수립

환경방침에는 환경 관련 법규에서 요구하는 사항을 준수하겠다는 선언을 포함한다.

기업은 환경보호를 포함하여 그 방침을 대내·외에 공표하고 종사원들에게 교육과 환경개선을 위한 지속적인 노력과 주기적인 모니터링(monitering)을 실시하여 개선점을 도출하는 한편, 환경방침과 목표, 추진계획을 이행하기 위한 전담 조직을 구성하는 것이다.

환경경영 보고서를 주기적으로 발간하여 고객과 투자자에게 제공해야 하며, 문서화된 절차를 제정하고 안내서(manual)를 활용하여 직원을 교육하고, 친환경 호텔경영을 위한 아이디어를 제안(提案)하는 경우 보상(incentive)을 실시하는 등 환경경영에 동참할 수 있는 프로그램을 운영하고 있어야 한다.

환경경영은 환경개선 프로그램의 참여 및 실시, 사회적 기여를 위한 봉사활동과 캠페인을 실시하는 것을 포함한다. 호텔에서 추진하고 있는 환경 프로그램에 대하여 고객의 의견을 설문조사를 통해 수렴할 수 있는 시스템을 갖추어야 하며, 결과를 추진계획에 반영해야 한다.

호텔에서는 고객에게 환경개선 프로그램에 참여하고 있고, 고객이 호텔을 이용하고 계산한 비용(費用) 일부를 환경 활동에 기부하여 환경개선에 기여하고 있는 프로그램을 운영하고 있다는 안내를 해야 한다. 또한 친환경 프로그램에 참여하는 고객에게 보상(incentive) 제도를 제공하고, 호텔의 교통유발 부담금을 감면(減免)이 가능한 방안을 수립하여 운영하는 계획도 필요하다.

환경개선 프로그램 및 봉사활동

환경개선 프로그램은 행사 참여 및 실시 현황, 봉사활동과 캠페인(campaign)을 실시하는 것이며, 사례로서 '지구의 날' 행사에 동참하여 1시간 조명 소등과 같은 캠페인을 실시한 실적 등이 있다.

7) 부대시설

호텔에서 운영하는 영업장의 식당, 커피숍 등에서 친환경 농축산물 인증(認證)을 받은 제품을 구매할 것 등을 촉진하고 관련 정보를 제공하여 친환경 식자재의 보급을 촉진하는 것에 목적이 있다. 이를 위해 호텔은 식음료업장(1개 이상)에서 친환경 농 · 축산물(農 · 畜産物) 인증을 받은 제품을 주(主)재료로 사용하는 메뉴(2가지 종류 이상)를 지속(持續)하여 제공하고 있어야 하며, 식음료 영업장(1개 이상)에서 채식주의(菜食主義) 자용 메뉴를 메뉴판에 표기하여 제공해야 한다.

친환경 농·축산물 인증 제품

주(主)재료는 조미료, 향신료 등을 제외한 음식의 주된 재료를 말한다.

호텔에서 운영하는 수영장은 환경관리를 위하여 소독약의 적정 사용 여부와 투여 방식은 자동 투여인지 아닌지, 소독 대체 시스템을 구축하고 있는지 여부와 물과 에너지의 소비량을 측정하여 관리한다.

호텔 수영장의 환경관리

호텔에서 수영장을 운영하고 있지 않은 경우에는 인증기준을 적용하지 않는다.

제3장

호텔 경영관리와 영역

호텔경영정보론

CHAPTER 3

호텔 경영관리와 영역

제1절 경영관리의 의의와 과정

1 경영관리의 의의

경영(經營)이라는 용어는 동양에서 2천 5백년 전부터 사용했다는 견해가 있으며, 경(經)은 계획(plan)하고, 영(營)은 실행(operation)한다는 의미이다. 목표를 세우고 계획하여 다양한 방법으로 실행에 옮긴다는 것이며, 기업의 경우 매출액과 목표를 세우고, 그 목표를 달성하기 위하여 다양한 방법을 모색하여 실천에 옮긴다는 의미라고 정의하고 있다.[1)]

호텔업은 사회에서 경영활동을 수행하는 중요한 산업으로 다른 산업과 마찬가지로 이윤을 추구하는 기업으로 목적을 달성하기 위하여 일련의 활동을 통하여 목표를 달성하게 된다. 즉 기업의 경영활동 또는 경영행위란 개방적인 시스템으로 조직이 변화하는 것이며, 기업 내 · 외부의 환경 시스템 내에서 기업 목표를 달성하기 위

1) 박재희, 경영의 동양철학적 의미, 인천상의(1월호), 2010, p.44.

한 다각적인 노력을 하는 활동이라고 할 수 있다.

현대사회에서는 정보화가 진행되면서 새로운 자원이 필요해졌다. 사람 · 자본 · 정보 · 전략 등이 중요한 경영자원으로 등장하게 되었다. 즉 이를 효과적으로 관리하고 추진하기 위한 다양한 경영관리 활동이 요구되고 있다. 종래의 호텔업은 서비스 산업으로서 인적 의존도가 높은 산업이었다. 그러나 경쟁 관계가 치열해지고 있으며, 사회 환경의 급속한 변화 등 기업환경이 급변하고 있어 이에 대처하고 기업의 목표를 달성하기 위해서는 실천하는 방법이 무엇인지를 결정해야 하는 것이 중요한 관건이 되고 있다.

기업을 경영하는 과정에서 경영관리의 각 기능에 대한 관리가 서로 적절한 관련성이 있어야 종합적인 효과가 나타나며 기업경영 목표를 달성할 수 있을 것이다.[2] 경영자가 의사결정을 어떻게 정확 · 신속하게 하느냐가 오늘날 기업의 경쟁 우위를 통한 고부가가치 창출, 즉 기업의 이윤으로서 나타난다고 하겠다.

2 경영관리의 과정

경영활동의 순환은 계획, 조직화, 충원, 지시 및 통제 등으로 이루어지는 경영과정을 통해서 나타나며, 이러한 일련의 과정을 통하여 기업에서의 경영활동이 시작된다. 가장 중요한 활동은 각 단계마다의 정확하고 신속한 의사결정이라 하겠다.

관리과정 학파인 쿤츠(H. Koontz)는 관리과정의 이론을 정립하였으며, 기업이 투입한 투입물을 변환시켜 산출하여 내보내는 하나의 시스템과 같은 변환과정에서 계획 · 조직 · 충원 · 지휘 · 통제와 같은 관리과정을 통하여 업무의 통합과 유기적인 접근이 필요하다고 하였다.[3] 본 내용에서는 경영관리의 활동을 계획, 조직, 지휘, 통제로 구분하여 보았다.

2) 최승이 · 한광종, 관광광고홍보론, 대왕사, 1993, p.15.
3) 강길환 · 김재문 · 서진욱 · 이상근, 현대경영학의 이해, 대왕사, 2002, p.137.

1) 계획

경영과정은 조직의 목표를 설정하고 이를 구체적인 행동 과정으로 변환시키는 계획(planning) 수립의 기능에서부터 시작된다. 계획화는 목표, 그리고 달성하기 위한 행동 방안을 선택하는 것을 포함하며, 의사결정, 즉 여러 가지의 다양한 대안(代案)에서 향후 추진해야 할 과정을 선택하는 것이 필요하다. 미래를 예측하는 것은 불확실성과 위험이 수반되지만 수립된 계획에 의해서 업무수행을 위한 환경을 조성하는 것은 중요한 기본요소가 된다.

2) 조직

조직(organizing)이란 어떠한 기능을 수행하기 위한 협동적 체계를 의미한다. 계획을 가장 효율적으로 수행할 수 있도록 각종 자원을 조직화해야 한다는 것이며, 조직화란 조직 구성원들이 담당할 역할을 의도적으로 설정하는 과정이다.

목표를 달성하기 위한 과업이 선정되면 조직화 기능에 의해 규명된 필요자원을 획득하는 행위를 말하며, 인원의 모집, 선발, 배치, 직무, 인사고과, 교육훈련 등과 같은 필요인력의 사항이 요구된다. 조직화는 조직의 하부구조, 즉 부(部)·과(課), 또는 팀(team) 등의 조직을 구성하는 형태가 되며, 행동을 구체화하기 위한 과정이다.

3) 지휘

지휘(commander)는 경영관리 과정의 핵심 부문이며, 조직이 목표를 효과적으로 달성할 수 있도록 해야 한다. 이를 위해서는 모든 종사원이 그들의 능력을 충분히 발휘하도록 관리 활동이 필요하게 된다.

따라서 수립된 계획이 실제로 수행되도록 실행하는 과정으로 조직의 목표를 달성하는 데 직접적인 영향을 미치게 된다. 관리 활동에서는 대인(對人)관계와 밀접한 연관이 있으며, 일반적으로 종사원들은 자신의 욕구와 욕망을 충족시켜 주는 사람을 추종하는 경향이 높고 리더십(leadership), 의견조정(coordinating), 동기부여(motivating) 또는 의사소통(communicating) 등 여러 가지 다른 용어로도 사용된다.

4) 통제

통제(controlling)는 계획과 실제로 얻어진 성과 또는 결과를 비교해서 어떤 차이가 발견되면 그 차이를 극복할 수 있는 조치를 함으로써 조직 내의 제반 활동을 통제하게 된다.

통제행위는 기업의 모든 활동의 진행 과정과 기업의 현 상태를 점검하고 그에 대한 기준을 설정하는 것이다. 이러한 평가 및 통제는 계획과 실행의 완료 후에만 가능한 것이 아니라 기업 활동의 전 과정을 지속적(持續的)으로 점검함으로써 기업 활동을 통제할 수 있다.

통제 활동은 목표 달성의 측정과 관련이 있다. 호텔업도 여러 가지 다양한 측정 결과에 대한 수치로 표시되며, 매출총액 등으로 표시된다. 이러한 측정 수단은 계획이 전반적으로 잘 수행되고 있는지에 대한 여부를 나타내며, 모든 성과는 인간의 행동을 통제함으로써 가능하다는 것이다.

호텔업의 목표 달성 측정

- 객실(rooms)은 객실 판매수익, 점유 객실 수, 객실 점유율, 평균 객실 요금, 단체고객의 객실 판매량, 객실 이용 전체 고객에서 단골 고객이 차지하는 비율, 시장 점유율 등이다.
- 식음료(food and beverage)는 식료 판매수익, 음료 판매수익, 고객지불계산서 평균치, 식사고객 인원 수, 주어진 시간에 일정 테이블(table)의 회전율과 식사고객의 회전율(고객이 1회 식사를 마치는 데 시간이 어느 정도 소요되는가), 전체 식사고객에서 반복적으로 찾아오는 단골 식사고객이 차지하는 비율, 시장 점유율, 일정 식사 시간에 판매되는 매출액 등이다.

제2절 호텔 경영관리의 기능

1 경영관리의 기능

경영활동을 하는 수행하는 과정에서 조직과 기능은 매우 중요하며, 기업의 성과에 절대적인 영향을 끼친다. 기업도 특성에 적합한 효과적인 경영이론을 도입, 적용하고 있으며, 다른 기업에 맞는다고 하여 자사(自社)에도 적합하고 효과적인 이론이 된다는 보장은 없는 것이다. 따라서 기업 스스로가 책임을 갖고 이론을 적용하여 실천함으로써 성과를 달성할 수 있으며, 결과에 책임을 지는 것이라고 할 수 있다.

많은 사람은 경영의 기본적인 목적을 수익성의 창출로 본다. 그러나 드러커(P.Drucker) 교수는 경영의 목적은 수익성을 창출하는 것이 아니라 고객을 창출하는 것이라고 하였으며, 더 나아가 이익은 마케팅 활동과 혁신, 그리고 생산성의 결과로 나타난 결과이지, 기업의 목적이 아니라고 하였다.[4] 기업을 운영하는 기업가는 새롭고 이질적인 것을 창조해야 하며, 변화와 혁신을 일으키고 새로운 가치를 창조해야 한다고 역설하였다.

경영관리는 초기에는 경영자의 경험과 감성적인 판단과 같은 직접적인 판단에 따라 관리가 이루어졌으나 산업사회의 변화와 경영 규모의 확대, 경영환경의 변화로 인하여 경영관리가 다양해지고 복잡해짐에 따라서 경영관리의 과학화가 필요하게 되었다.

고전적 경영학에서는 기업의 경영관리를 생산관리(machines: 기계), 인사관리(men: 인력관리), 재무관리(money: 운전자본), 시장관리(markets: 시장), 구매관리(material: 재료), 사무관리(methods: 방법) 기능의 영역으로 구분하는 경향이 높았다. 또한 경영학의 관리기능 측면에서 생산관리, 조직관리(인사), 회계학, 재무관리, 마케팅, 경영정보시스템(MIS)으로도

4) 안영진, 경영패러다임의 변화, 박영사, 2004, p.9.

분류하기도 한다.

경영관리의 기능을 생산 운영, 마케팅, 재무, 인력자원, 조직행동, 회계, 경영정보, 경영과학의 8개 분야로 구분하기도 하였다.[5] 그러나 기업의 활동이 복잡해지고 다양해져 더 많은 활동을 요구하고 있어 그 기능도 변화되고 있다. 특히 정보기술 및 컴퓨터의 발달로 인하여 기업에서는 컴퓨터 소프트웨어를 경영에 접목하여 정보기술을 학습하는 것이 경영정보시스템이라는 기능이며, 데이터를 정보, 지식화하여 경영자에게 의사결정을 지원하는 역할을 하게 된 것이다.

2 호텔 경영관리의 기능

호텔업은 산업별 분류에서 서비스 산업, 서비스 경영이라는 표현을 많이 하고 있으며, 관광산업 경영, 호텔경영과 같은 학문적 영역이 경영학과 융합되어 발전하였다고 할 수 있다.

호텔업은 많은 사람의 관심 대상이 되고 있다. 매스컴에서 표출된 호텔 관련 드라마 프로그램에서 알려진 바와 같이 호텔업에 종사하는 사람을 호텔리어(hotelier)라고 표현한다. 호텔경영은 이러한 시대적인 추세에 부응하여 관광 관련분야를 학습하여 호텔리어가 되기를 희망하는 사람들에게 높은 기대감을 조성했다.

그러나 많은 사람이 간과(看過)하고 있는 사실은 소비자가 소비하는 화려하고 환상적인 호텔에는 서비스를 생산하고 제공하는 종사자의 숨은 노력이 있으며 많은 호텔에서 다양한 직무를 수행하는 호텔리어는 최고의 서비스를 생산하기 위해서 끊임없이 노력하고 있다는 사실이다.[6]

호텔업은 최고의 서비스를 생산하는 기업으로서 경영목적을 달성하기 위해서는 다양한 활동이 요구되며 구체적인 목표를 달성하기 위해서는 자원을 계획하고, 조

5) 안영진, 경영패러다임의 변화, 박영사, 2004, p.22.
6) 차길수 · 윤세목, 호텔경영학원론, 현학사, 2006, p.4.

직화하며, 지휘하고 통제하는 과정이 요구된다고 할 수 있다.

호텔업도 일반기업과 마찬가지로 조직이 필요한데, 조직이란 어떤 역할이나 기능을 수행하도록 하는 협동적 체계를 의미한다.

호텔업의 경영관리 기능은 학자, 연구자의 관점에 따라 다양하게 분류하고 있다. 본 교재에서는 조직 구성원의 행동과 관련성이 있는 조직관리를 비롯하여, 상품을 생산하여 운영하기 위한 생산관리, 상품의 판매촉진을 위한 마케팅 관리, 호텔조직에 필요한 인력을 관리하는 인적자원관리, 기업의 매출 현황, 재무구조와 같은 기능을 수행하는 회계 · 재무관리, 경영자에게 의사결정을 지원하기 위한 경영정보 관리 기능으로 분류하고자 한다.

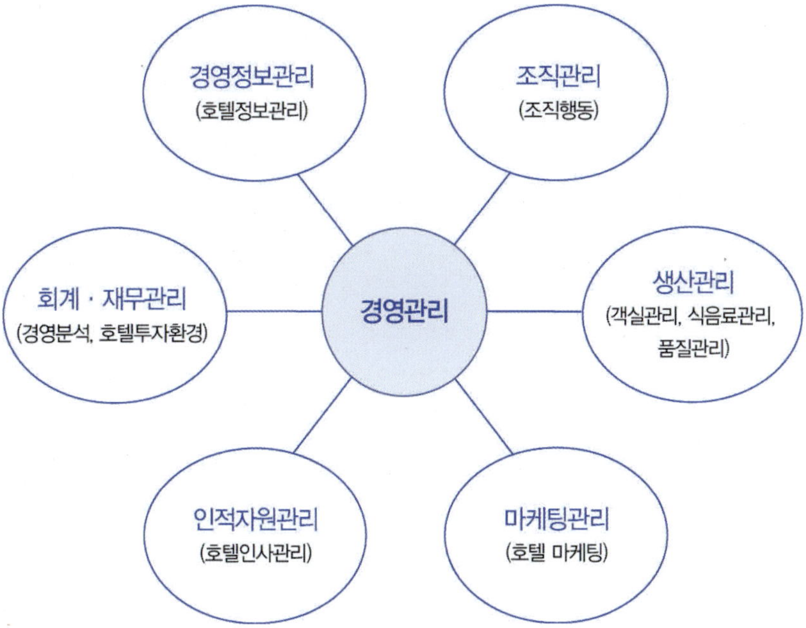

〈그림 3-1〉 호텔경영 관리의 영역과 기능

제3절 호텔 경영관리의 영역

1 조직관리

기업의 조직은 기업의 목표 또는 각 조직 단위의 목표를 능률적으로 달성하고 성장과 발전을 촉진하는 것이 목적이다.

기업경영의 핵심은 조직이고 경영의 실제가 인간의 활동 시스템이라는 것이다. 이러한 의미에서 조직이란 인간의 조직인 것이며, 조직관리는 호텔업이 추구하고자 하는 목표의 달성을 위해서 구성원이 실행하는 활동이다.

조직은 목표를 달성하기 위하여 체계가 필요하고 목적 달성에 필요한 역량을 갖추도록 유도하기 위해서는 구성원의 활동이 필요한데, 그 활동을 관리하기 위한 영역이 조직관리이다. 호텔 규모의 대형화 · 고급화, 사회 환경의 변화, 개인적인 욕구 등의 변화는 현대 기업의 조직관리에 새로운 과제를 제시하게 되었고 이러한 변화에 대처(對處)하기 위해서 조직활동을 능동적으로 적응시킴으로써 기업을 운영, 성장시킬 수 있다.

기업을 운영해 나가기 위해서는 여러 가지의 경영활동이 필요하다. 기업의 경영관리를 관리와 영업 기능으로 분류했을 때, 관리 기능은 기업 목적을 달성할 수 있도록 경영활동을 계획하고 조직화하여 조직 구성원이 직무를 수행할 수 있도록 동기를 부여하는 것은 물론, 경영활동을 조정하고 통제하는 것이며, 영업 기능은 상품의 생산목적을 구체적으로 실현하기 위한 기능으로서 특성이 있다.

호텔업은 공통된 목표를 달성하기 위해 조직을 구성하였으며, 효율적으로 운영하고 관리하는 것이 중요하다. 조직관리를 위한 규정은 적용 범위와 조직 구분, 업무분담과 같은 내용을 정확히 문서화하여 이를 준수하도록 하고 있다.

② 생산관리

1) 객실관리

호텔업의 생산관리에서 중요한 역할을 하는 것은 객실상품으로 호텔 수입에서 큰 비중을 차지하고 있다.

객실관리(room management)란 호텔에서 생산하는 객실 상품 및 서비스와 같은 생산 활동을 효과적으로 관리하고 통제하기 위한 활동이다. 객실관리에는 고객 영접(reception), 객실 판매(room sales), 객실 정비(housekeeping), 리넨(linen) 및 세탁물(laundry) 관리 등이 있다.

2) 식음료 관리

식음료 관리(food & beverage management)란 호텔이 생산하는 주요 상품으로 다양한 음식 및 음료의 생산 활동을 효과적이고 과학적으로 관리 · 통제하기 위한 활동이다.

호텔 식음료는 단순히 음식을 판매하는 곳이 아니라 식음료와 인적 서비스, 시설, 분위기 등이 유기적으로 잘 통합함으로써 완전한 상품이 되며, 호텔을 이용하는 고객이나 호텔 투숙객으로부터 호텔에 대한 전반적인 평가의 기준이 되기도 한다.

식음료 관리는 식당(restaurant), 음료(beverage), 연회(banquet), 조리(cuisine), 식품 안전관리(food safety), 원가관리(cost control) 등이 있다.

3) 품질관리

품질관리(quality management)란 호텔업에서 생산되어 소비자에게 제공되는 서비스의 품질 수준을 향상하기 위한 활동이다. 서비스 품질은 기업의 서비스 문화와 연관성이 있으며, 기업의 명성을 확보하여 시장경제에 적응하여 매출액과 수익성을 향상하기 위한 것이다.

호텔업은 고객의 요구사항을 듣고, 충족시킬 수 있는 기업만이 생존할 수 있다는 관점에서 전사적(全社的) 품질경영(TQM: Total Quality Management)을 중요하게 인식하고 있다.

3 호텔 마케팅 관리

호텔 마케팅(marketing management)이란 호텔기업이 수요시장에서 호텔 상품의 인지도를 높이고 호텔 상품의 판매를 촉진하기 위해 수행하는 시장 활동이다. 호텔 마케팅은 생산된 상품과 서비스가 생산자로부터 소비자 또는 사용자에게 유통되는 과정에서 다양한 수단과 매체 등을 활용하여 효과적인 판매 방법을 선택, 유지하기 위한 체계적인 관리활동이다.

호텔 마케팅은 상품분석(product analysis)을 비롯하여 시장분석(market analysis), 경쟁분석(competition analysis), 판매 계획(sales program), 시설 정비계획(maintenance plan), 영업 예측(operating projections), 마케팅 예산(marketing budget), 마케팅 정책(statement of policy), 통제 및 평가(monitoring & evaluating)와 같은 관리과정이 필요하다.

정보기술의 발전으로 인하여 마케팅 활동도 시대적 흐름과 변화에 부응하는 다양한 마케팅 수단을 활용하고 있으며, SNS(Social Networking Service) 마케팅과 플랫폼(platform)을 구축한 업체와의 협업을 통한 마케팅 활동을 강화하고 있다.

4 호텔 인적자원 관리

인사관리(personnel management)란 사람을 대상으로 한 관리이며, 사람을 관리한다는 것은 개개인의 개성 존중과 능력개발 그리고 종사원의 인간적 만족이라는 점에서 여타(餘他)의 관리제도와 다른 특징이 있다. 인사관리의 체계는 인적자원의 채용 및 배치관리, 평가관리, 보상관리, 교육훈련 관리, 인간관계와 노사(勞使)관리, 안전 및 보건관리의 영역으로 구분할 수 있다.

호텔업은 인적 서비스의 의존도가 높고, 호텔이 생산하는 서비스의 품질에 직접적인 영향을 미치게 되어 호텔의 인적자원 관리(human resource management) 기능은 다른 기업에 비해서 중요성이 높다. 따라서 필요인력을 채용하고, 종사원이 자신의 능력을 최대한 발휘할 수 있도록 직무 능력 위주로 배치하여 조직화(組織化)를 하기 위한 것이다. 또한 인적자원의 처우를 개선하여 근로의욕을 고취하거나, 인적자원의 능력을 향상하기 위하여 지속적인 교육훈련 등과 관련된 활동 영역이라고 할 수 있다.

호텔은 인적자원을 효과적으로 운영, 관리하기 위한 활동으로 종사원 채용 및 배치를 비롯하여 종업원의 업무수행 능력 향상, 종업원의 성과에 관한 평가, 종업원의 교육 및 훈련에 관한 정보, 입사 예정자에 대한 정보, 노동생산성에 관한 정보 등이 필요하고 이는 곧바로 현장에서 활용된다.

5 호텔회계 · 재무관리

호텔업은 숙박객과 이용객에게 다양한 상품을 제공하여 판매하는 기업이라고 할 수 있다.[7] 따라서 호텔업은 객실 · 식음료 · 부대사업에서 발생이 되는 재화를 판매하고 회수하기 위한 일련의 절차가 필요하게 되며, 이러한 과정은 반복되고 순환이 되는데, 이것은 호텔회계(hotel accounting)의 기반이 된다. 호텔회계란 상품판매에 따른 영업회계를 비롯하여 회수과정을 관리하는 여신(credit, 與信)회계도 중요한 관리활동이 된다.

호텔 재무관리(financial management)에서는 호텔업을 둘러싸고 있는 외부의 이해집단에 대해서 주기적으로 보고하게 된다. 호텔업의 경영성과는 경영실적, 현금흐름 등 기업의 경제적 활동이 최종적으로 요약되는 것이며, 호텔업의 재무적 기능을 계획적으로 관리하기 위한 활동이다.

7) 이윤구, 호텔회계 정보의 유용성 제고 방안, 관광경영학연구, 관광경영학회, 2000, p.136.

1) 경영분석

경영분석(business analysis)이란 손익 계산서(P/L: Profit and Loss statement), 대차대조표(B/S: Balance Sheet), 이익잉여금(statement of retained earning) 처분계산서, 현금 흐름표(statement of cash flows) 등 재무제표를 비롯한 각종의 회계자료를 상호 비교 관찰하여 기업의 실태를 파악하고 나아가 경영에 필요한 여러 가지 유익한 정보를 얻는 방법을 말한다.

따라서 경영분석은 미래의 발전적인 경영을 위해 기업경영의 합리성 여부를 사후적으로 검토하여 필요한 정보를 얻는 수단이라 할 수 있다.

2) 호텔 투자 환경분석

투자란 부동산, 증권, 기계장치, 공장 또는 그림들과 같은 자산을 매입하는 활동을 말하며, 그 목적은 장래에 많은 이익을 획득하고자 함이다. 투자하기 위해서는 투자환경을 평가해야 하는데 투자에는 다양한 상황이 발생하며 불확실성이 존재하기 때문에 제시된 지표를 활용하여 타당성과 객관성을 분석한다.

호텔 투자 환경분석(hotel investment environment analysis)이란 투자에 따른 수익성의 확보와 만족할 만한 성과 그리고 회수를 위하여 투자는 물론 경영과 관련된 범주와 경영환경에 영향을 주는 변수들에 대한 정보를 획득하고 분석하는 것이다.[8)]

투자환경의 요소를 측정하고 분석함으로써 위험을 최소화하고 투자의 위험 요소를 제거하는 전략을 수립하거나 투자위험의 요소를 통제함으로써 효율적인 투자를 할 수 있도록 하는 것이 목적이다.

8) 고석면, 호텔경영론, 기문사, 2010, p.389.

⑥ 호텔 경영정보 관리

호텔 경영정보(hotel management information)란 호텔경영과 관련하여 필요한 정보를 획득하고, 처리하며, 저장하여 관리함으로써 필요시 활용하기 위한 일련의 활동 시스템이다.

정보기술의 발전은 호텔경영에도 획기적인 변화를 가져오게 되었으며, 고객과 종업원, 호텔 상품의 판매 등과 활동을 체계적으로 구축하고, 경영자의 의사결정을 지원하기도 한다.

정보시스템은 비용, 시간 절감 및 생산성 향상은 물론 호텔 서비스의 품질 향상에도 크게 기여하고 있으며, 다양한 프로그램의 출현으로 프런트 오피스(front office), 백 오피스(back office), 인터페이스(interface) 등과 같은 호텔 운영체계를 구축함으로써 급변하는 경영환경에서 경쟁 우위를 창출하기 위한 노력을 하고 있다.

특히 정보의 자원화라는 차원에서 혁신적인 관리를 위한 중요성이 증가하고 있고, 정보의 흐름과 내용을 경영자가 데이터를 활용하여 분석함으로써 의사결정을 지원하는 역할을 하고 있다.

경영정보시스템의 구축은 영업 분석, 손익 분석, 현황 분석 등을 할 수 있도록 하여 관리자들에게 유용하고 효과적인 자료를 실시간으로 제공할 수 있는 데이터를 축적함으로써 가장 중요한 경영정보의 요소가 되고 있다.

제4장

호텔경영과 조직관리

호텔경영정보론

CHAPTER 4

호텔경영과 조직관리

제1절 호텔조직의 의의와 목표

1 호텔조직의 의의

호텔업의 조직은 경영목적을 달성하기 위한 관리과정의 일부분(一部分)으로 인식하고 있으며, 경영자는 관리기능(managerial function)의 관점에서 조직을 어떻게 형성하며 유지해야 하는가가 문제로 등장하게 되었다. 이러한 경영조직의 형성과 유지를 위한 과정을 조직화(organizing)라고 하며, 경영조직의 실제는 사람의 활동 시스템이다. 이러한 의미에서 조직이란 '인간의 조직'인 것이다.

인적자원의 의존도가 높은 호텔업에서는 종사원이 제공하는 서비스가 핵심적인 상품으로 판매되고 있고, 품질의 우수성이 호텔업의 경영성과에 직접적인 영향을 미치는 점을 고려할 때, 호텔 종사원에 대한 관리는 경영목표 달성에 중요한 역할을 하며, 기업의 성패와도 직결된다.

호텔업의 운영 측면에서 물적자원과 인적자원의 체계적인 조직 구성은 호텔경영에 많은 영향을 끼쳐왔다. 그동안 호텔업은 인적자원 관리보다는 주로 생산 지향적인 관점에서 물적자원 관리를 중요하게 인식하였으나 점차 인간으로서의 종사원이라는 관점에서 인적자원 관리도 중요시하게 되었다.[1)]

인적자원의 서비스 품질이 경영성과에 영향을 초래하자, 호텔업의 조직관리도 인적자원에 초점을 맞추게 되었다. 이는 인적자원 관리의 중요성에 대한 인식을 전환시키는 계기가 되었다.

호텔업의 조직은 종사원 개개인의 생산 활동 부문, 그리고 이를 조정하고 통제하는 관리 부문 관점의 이원화된 구성 체제가 필요하다.

종사원의 직무능력이 결합하여 매출이 발생한다는 인식하에 개인 또는 집단의 과업으로 할당되는 분업이 필요하다. 또한 목표 달성을 위하여 권한의 위임과 책임 부여, 업무를 위임받아 조정하고 통제하는 관리적 기능이 요구된다.

조직은 민주적인 인간관계에서 형성된 합리적 · 기능적인 업무 본위인 질서를 의미하며, 호텔업의 조직도 합리적인 인간관계에 의해서 질서가 확립된다고 할 수 있다.[2)]

조직이란 경영목적을 효율적으로 달성하기 위해서 각 구성원의 직무를 규정하고 직무 수행에 필요한 권한과 책임을 부여하여 각 직무의 상호관계를 정하고 구성원의 활동을 조정하는 것이라고 할 수 있으며, 경영활동에서 조직구조가 중요하다는 인식과 효율적 운영을 위한 개선[3)]이 필요하다.

2 호텔조직의 목표

호텔업도 다른 기업과 같이 마찬가지로 목표 달성을 위해서 여러 가지 활동이 필요하다.

1) 김봉규, 한국관광호텔의 인사고과제도 평가에 관한 실증적 연구, 한국관광학회(관광학연구 제17호), 1993, p.7.
2) 원융희, 호텔사업경영론, 대왕사, 1987, p.104.
3) 이재실, 기업경영, 산문출판, 2009, p.68.

호텔업은 경영 목표를 달성하기 위해서 조직계층을 설정해야 하고 계층에 따라 목표를 정하게 되는데, 계층별 목표는 차이가 있으나 궁극적으로는 상호 연결된 목표체계를 형성하고 있다. 이러한 목표를 달성하기 위한 계층 설정은 다음과 같다.

첫째, 조직의 목적에 따라 구조를 구성하게 된다.
둘째, 조직의 계층별 의사결정은 전체 목적에 따라 조정되어야 한다.
셋째, 조직의 계층별 성과측정을 위한 기준을 설정하는 데 자료를 제공한다.[4)]

조직의 목표는 일반적으로 공식적 목표와 업무적 목표로 구분할 수 있으며, 조직의 특성에 맞는 각각의 목표가 설정되고 조직의 궁극적인 목적을 달성하기 위해서는 어떠한 역할을 수행하는가에 따라 달라진다.[5)]

1) 공식적 목표

공식(公式)적 목표란 회사의 정관 및 공식적 문서에 기술된 목표를 말한다. 이 목표는 조직의 목적을 확인시켜 주며, 업무적 목표를 통합시키고 조직원 상호(相互) 간의 협력을 유도한다. 또한 급변하는 환경에 적응하도록 유도하며, 조직에 활력을 불어넣어 조직으로서 그 역할을 하도록 하는 것이다.

2) 업무적 목표

업무(業務)적 목표란 조직 구성원을 대상으로 실제 업무를 부여하여 목적을 달성하기 위한 구체적인 목표이다. 업무적 목표는 공식적인 목표보다 더 실질적이며, 조직이 일상적 활동에서 추구하고자 하는 구체적인 목표이고 목표의 달성을 중요하게 인식한다. 호텔업의 업무적 목표는 생산성과 밀접한 관계가 있으며, 수익성, 시장점유율의 확대, 물적자원의 획득 · 혁신, 사회적 책임과 역할이 있다.

4) 양영근 · 한광종 · 문성종, 관광호텔조직관리론, 백산출판사, 1994, p.38.
5) 임익순 · 소령일, 경영관리론, 박영사, 1998, p.112.

제2절 호텔조직의 분류와 특성

1 호텔조직의 분류

호텔은 소유자, 경영자, 종사원이 하나가 되어 움직이는 기업이다. 호텔업의 조직은 상품의 생산 및 판매 등의 특수성과 호텔의 입지(location) 조건, 판매하는 상품의 조건, 건축양식 및 구조, 지배인(manager)의 경험과 교육, 경영층의 경영 능력, 기업의 소유 형태 등에 따라서 다양한 조직 형태를 취하고 있다.

호텔업은 경영목적을 달성하기 위해서 조직의 특성을 강화하고 있는데, 호텔조직의 부문화, 관리자(지배인) 제도에 따른 조직, 판매부서 조직의 강화, 기획관리 조직의 강화, 작업의 표준화, 업무의 분장 등이다. 호텔업의 조직은 다음과 같은 기준에 의해서 분류된다.[6]

1) 직위에 의한 조직

호텔 운영에서 직위를 기준으로 구성된 조직이며, 조직 구성원의 활동을 통해서 전체적인 호텔 운영의 흐름을 파악할 수 있다. 직위에 의한 조직은 일종의 권위주의적인 수직 조직으로서 우리가 많이 접하고 있는 조직 형태이며, 비교적 중·소규모 호텔에서 많이 사용하고 있다.

2) 기능에 의한 조직

호텔 운영 측면에서 호텔의 다양한 조직들이 수행하는 기능적인 역할을 중심으로 하여 구성된 조직이다. 호텔업의 업무수행에 있어서 각 부서(부문)의 기능을 기준으

6) 양영근 · 한광종 · 문성종, 관광호텔조직관리론, 백산출판사, 1994, pp.45-46.

로 분류하고 업무별 특성을 고려하여 그 초점을 맞춘 조직이다. 많은 호텔들이 기능에 따라 조직을 구성하고 있다. 그러나 비슷한 역할을 하는 조직구성으로 인하여 업무의 중복이 발생한다는 단점이 있다.

3) 고객과의 접촉에 따른 조직

호텔에서 사용하는 용어 중에서 프런트 오브 더 하우스(front of the house)와 백 오브 더 하우스(back of the house)가 있다. 프런트 오브 더 하우스는 고객과 직접적인 접촉을 하고 접촉 빈도(頻度)가 높은 부문이며, 백 오브 더 하우스는 고객과 접촉 빈도가 낮은 부문을 말한다.

4) 수입 발생과 지출 발생에 따른 조직

수입(收入) 발생은 실제적인 호텔 운영에 참여하여 수익(收益)을 발생시킬 수 있는 영업 부문들이다. 수입을 발생시키는 모든 조직들의 공통적인 특징은 고객에게 서비스를 담당하고 생산의 주도적인 역할을 하고 있다는 점이다. 반면에 지출 발생은 호텔의 조직에서 수입을 창출할 수 있도록 지원하는 역할을 하는 조직이라고 할 수 있다.

5) 업무 책임에 의한 조직

업무수행을 중심으로 종업원의 직무와 적성, 능력을 고려하여 책임감과 의무를 부여하여 조직에 배속시키는 형태이다. 많은 호텔에서 활용하는 조직구성은 아니지만 일단 종업원이 어떤 부서에 속하게 되면 쉽게 적응할 수 있다는 것과 종업원 관리가 비교적 쉬우며, 업무성과에 대한 평가를 용이하게 할 수 있다는 장점이 있다.

② 호텔조직의 특성

호텔업에서 상품의 생산이 고객에게 서비스를 제공하기 위한 목적이라면 구성원들도 고객을 위한 활동에 적합한 조직 형태를 갖추어야 한다. 호텔업은 다른 기업에서 제공하는 일반상품과 달리 주로 무형의 상품을 판매하면서 발생하는 서비스가 제공[7]되면서 상품에 대한 이미지가 결정된다.

관리자는 조직의 목적을 달성하기 위해서 작업의 표준화, 부문화, 권한의 형태, 통제의 범위, 조정의 5가지 방법을 조직특성에 반영해야 하며,[8] 기업의 목표를 달성하기 위해서 의사결정이 체계적으로 이루어져야만 효과성을 가지게 된다. 따라서 책임경영이라는 관점에서 의사결정이 각 부문에서 결정하고 업무를 수행할 수 있도록 권한의 위임이 효과적으로 이루어져야 한다.

호텔업은 목적을 달성하기 위해서 가장 효과적인 방법으로 협력할 수 있도록 업무의 특성을 명확히 하여 편성한다. 달성하려는 목표 또는 각 부문별 조직에서 추구하는 목적을 능률적으로 달성하기 위하여 책임과 권한의 부여와 이양(移讓) 등 여러 가지 관계를 정하고 있다.

호텔의 조직은 호텔의 규모, 입지, 경영자의 관리능력, 호텔기업의 관리 형태에 따라서 다양한 형태를 나타내고 있고, 일반관리(general management), 객실(room), 식음료(food and beverage), 부대시설(附帶施設, business facilities) 부문으로 구분할 수 있다.

대규모 호텔은 관리와 영업의 효율성을 기하기 위하여 이를 다시 세분화하는 경향이 있다. 총무(general affairs), 인사(personnel), 시설(facilities), 회계(accounting), 재무(financial), 현관(front office), 객실관리(house keeping), 식당(restaurant), 음료(beverage), 연회(banquet), 주방(kitchen), 부대시설(business facilities), 마케팅(sales and marketing)으로 조직을 세분화하여 운영하기도 한다.

---

7) 김성혁, 서비스경영론, 대왕사, 1992, p.129.

8) Eddystone C. Nebel, Managing Hotels Effectively(Lesson From Outstanding General Manager), Van Nostrand Reinhold, 1991, p.112.

본 내용에서는 관리, 객실, 식음료, 부대시설을 일반적 부문으로 구분하고 고객관리를 공통적 특성으로 분류하고자 한다.

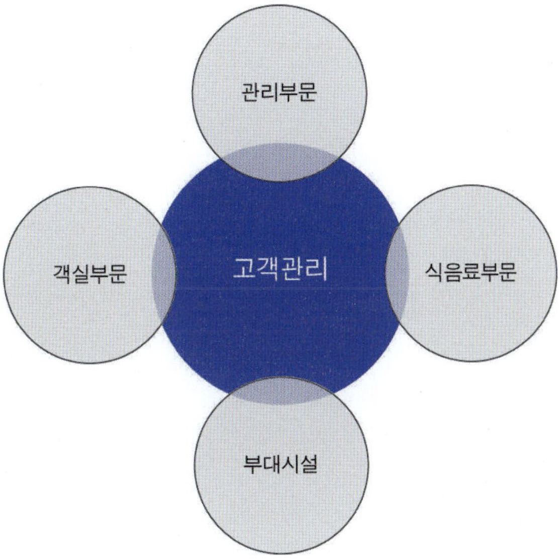

〈그림 4-1〉 호텔조직의 부문별 분류

제3절 호텔조직의 부문별 분류

1 관리 부문

호텔기업의 관리 부문은 최고 경영층의 의사결정에 필요한 경영 정보나 경영 자료를 제공하는 참모(參謀) 역할을 하며 호텔을 효율적으로 운영하기 위한 경영 합리화와 경영성과의 극대화를 추구하는 부문이다.

1) 기획

기업의 장·단기적인 계획을 수립하는 부문으로 수요시장의 상황변화를 지속적으로 조사·분석한다. 상품 판매를 위한 시장의 개척, 활동 영역의 확대, 공동연계 판촉 활동을 기획하기도 하고 운영하면서 판촉 활동의 효과분석과 효율성 제고 및 미래의 전략을 제시하며, 그 기능을 점검하는 기능을 수행한다.

2) 총무

총무는 문서관리를 비롯하여 사무용품(집기 비품) 관리, 보험관리, 부동산 관리, 입금표 관리, 인장(印章) 관리, 차량 운영관리, 통신시스템 관리, 비상사태 관리, 경비실 운영, 마을금고 관리와 같은 업무가 있다.

3) 인사

인적자원의 의존도가 높은 호텔업에서 인적자원을 효율적으로 관리, 운영하기 위한 부문으로서 종사원 채용과 선발, 배치, 교육훈련과 같은 업무이다. 인사는 신입사원을 모집하며, 직원을 선발해서 필요한 각 부문으로 배치한다.

대규모 호텔의 경우에는 종사원의 채용과 관련되는 인사업무를 담당하는 인사 기능이 있으며, 종사원의 직무교육이나 재교육, 신입사원의 교육을 담당하는 교육 기능을 조직으로 구성하여 운영하기도 한다.

4) 시설

호텔업은 시설 자체가 상품으로 제공되는 중요한 역할을 한다. 시설관리의 업무는 관리능력의 배양 및 통제, 시설투자의 합리성, 시설의 배치에 따르는 효율성, 시설의 보수 계획에 관한 관리 기술 등이 있다. 호텔 시설을 이용하는 고객에게 최고의 쾌적한 환경을 제공하고 시설을 안전하게 이용할 수 있도록 하는 것이 목적이며, 건축, 조경, 기계, 전기, 통신·전자·방송, 주차장, 엘리베이터, 소방 관리 등의 기능을 수행한다.

시설관리는 환경을 고려하여 관리함으로써 영업비용을 절감할 수 있으며, 특히 호텔의 환경적인 측정은 소비자원인 에너지, 물, 사무비용, 각종 소모품 등을 줄이고 비용을 절감하는 중요한 역할을 할 수 있다.[9] 호텔에 관한 연구에서 하우스 키핑의 좋은 환경을 조성하여 운영 · 활용함으로써 에너지를 절감(5%)할 수 있었으며, 이것은 원가절감(10%)의 효과[10]에도 기여한다는 결과 보고도 있다.

5) 구매

구매란 호텔에서 필요한 식자재를 구매하는 조직이다. 각 영업장에서 요청한 물품의 품질, 규격, 성능, 수량 등이 해당 식자재와 일치하는가를 검사하는 활동이다. 물품의 검수(檢水)관리를 비롯하여, 입고(入庫)관리, 재고(在庫)관리, 저장(貯藏)관리, 출고(出庫)를 관리하는 중요한 업무이다. 또한 구매과정에서 식자재 부문의 문제점을 확인하고 개선에 대한 관리, 식자재를 외주에 발주하는 경우 외주(外注)업체를 관리하는 활동도 있다.

6) 회계 · 재무

회계란 고객의 상품구매 및 이용과 관련하여 고객으로부터 대금을 회수하는 수납기능과 요금계산서를 발행하고 집계 · 분석하는 기능으로 객실, 식음료, 연회, 기타 영업장에서 활동을 관리하는 회계가 있다.

영업활동을 위한 식자재의 구매관리를 비롯하여, 재료비를 계산하는 원가관리, 외상매출금을 관리하는 여신(與信)관리를 비롯하여 경영자에게 경영관리를 위한 회계정보를 제공하기도 한다.

재무관리는 재무상태의 정보를 이해관계자에게 제공함으로써 합리적인 의사결정

9) 고석면, 한국관광호텔의 내부관리에 관한 연구, 관광경영학연구, 관광경영학회, 1997, p.70.
10) IHA · UNEP, Environment Action Pack, 1996, p.6.

을 할 수 있도록 자금흐름을 파악하여 분석하고, 자금의 조달과 운영을 효율적으로 관리하기 위한 것이다.

7) 판촉

판촉은 호텔 상호 간의 경쟁이 치열해지고 있는 상황에서 계획적인 판매활동을 수행하기 위한 부문으로서 국내 · 외 판촉으로 구분한다. 국내 · 외 시장조사, 판촉요원의 양성, 경쟁업체의 영업전략 조사 및 분석, 거래처 판매계약, 판매목표 및 판매전략 수립, 판매조직 강화 및 유지, 다른 부문과의 긴밀한 협조 관계를 유지하는 것이 주요한 업무이다.

8) 홍보

홍보는 호텔을 대내 · 외에 홍보하는 조직으로서 상품과 이미지를 매스컴 또는 광고물을 활용하여 이미지를 강화하기 위한 활동이다. 호텔의 이미지 광고를 비롯한 광고 기획, 광고의 효율성 연구, 각 언론 매체를 통한 활동 강화, 판촉물 제작을 위한 품목의 선정과 판촉물의 제작과 배포, 판촉 행사의 개최, 고객 유치를 위한 D/M(Direct Mail)의 활용, 인터넷을 활용한 홍보 강화 등이 있다.

9) 전산

호텔 업무를 효율적으로 운영, 유지하기 위해서 전산화는 필수이다. 전산은 업무의 전산화 작업, 고객 데이터베이스 구축, 첨단기기를 활용한 호텔홍보 및 영업 지원, 경영정보 제공 등과 같은 기능을 수행하며, 정보화 시대의 중요한 부문이 되고 있다.

② 객실 부문

객실 부문의 기능은 프런트 오피스(front office)와 객실 정비(housekeeping), 리넨(linen) 및 세탁물(laundry) 관리로 구분할 수 있으며, 고객의 숙박 기능을 수행하는 곳이다. 프런트 오피스는 객실 예약을 접수하고 고객의 영접 및 환송 업무를 수행하며, 객실 판매 현황을 파악, 분석하고 전화 및 우편물 서비스를 제공하는 곳이다.

호텔의 고객 유치경쟁이 치열해지고 있어 객실 부문의 차별화를 도모하고 서비스 향상을 위한 품질개선 노력은 계속되고 있으며, 고객 만족의 향상, 품질의 우위를 확보하는 것이 기업의 전략적 차원에서 중요하게 인식하고 있는 부문이다.[11]

1) 프런트 오피스

프런트 오피스(front office)는 호텔에 투숙하고자 하는 고객을 예약하고 접대하는 곳으로 수입에 직접적인 영향을 미치는 조직으로 고객에게 불신감이나 불쾌감을 주지 않도록 해야 한다.

프런트 오피스에서는 항상 미소와 정중하고 깨끗한 용모, 공손하고 예의 바른 언어와 행동이 필요하다. 호텔 관리자(manager)는 프런트 오피스를 비롯하여 예약, 벨 서비스, 전화 교환 조직[12]을 관리하며, 객실판매, 정보제공 서비스(information service), 고객서비스(guest service), 객실 이용현황 파악, 숙박객 계정(guest folio)의 작성 및 정산과 같은 업무가 있다.

2) 객실 예약

객실 예약(room reservation)이란 고객과 호텔과의 사이에서 이루어지는 첫 번째 접촉이자 고객이 주문한 상품이다. 예약의 목표는 호텔을 찾아오는 고객들의 인원을

11) 표성수, 전략적 관광품질계획에 관한 연구, 호텔경영논총(제2호), 경기대학교 호텔경영연구소, 1993, p.23.
12) Gary K. vallen and Jerome J. Vallen, Check-in Check-out, Times Mirror Higher Education Group, 1996, p.61.

효율적으로 조정하여 수입을 극대화하는 것이며, 고객이 호텔 도착 후 객실에 대한 이용을 보장하는 것이다.

객실을 이용하고자 하는 고객 또는 중개자에 의해서 객실이 판매될 때는 객실의 종류, 이용자 성명, 숙박 기간, 지불 조건, 필요 객실 수 등을 잠정적으로 결정하는 절차라고 할 수 있다.

3) 객실 정비

객실 정비(housekeeping)는 객실이라는 상품을 생산하는 곳이며, 호텔업은 비유동자산의 투자가 많으며, 투자 비율도 높아 자산을 관리하는 것은 중요하다. 객실 정비는 설비자원의 효율적 활용, 품질의 향상 등이 중요한 요인이며,[13] 경쟁기업들의 출현으로 고객에 대한 서비스의 차별적 인식이 어려워짐에 따라서 품질의 차별화를 통한 서비스의 혁신이 필요하게 되었다.

객실 정비는 고객에게 양질의 서비스를 제공하기 위해서는 관련 부서와 업무협조의 체계 구축이 필요하고 어떠한 업무보다도 고도로 숙련된 업무에 의해서 운영, 관리되어야 하는 곳이다.

4) 리넨 및 세탁물 관리

객실 조직에서는 호텔영업에 필요한 각종 리넨(linen)의 조달 및 세탁, 투숙고객이 의뢰하는 의류 및 세탁물을 비롯하여 직원의 유니폼을 세탁하고 이와 관련된 업무를 수행한다. 세탁물(laundry) 서비스는 오랜 경험과 숙련된 판단력으로 세탁물을 청결하고 위생적으로 처리하는 과정이며, 세탁물 서비스는 세탁물의 종류에 따른 자동 및 수동의 세탁기 공정을 통해서 이루어지고 있다.

고객이 의뢰한 세탁물은 귀중품 및 메모지 등의 확인과 세탁물의 이상 여부의 확인, 세탁과정을 통해서 고객에게 지정된 시간에 전달이 될 수 있도록 해야 한다.

---

13) 삼일회계법인, 서비스기업의 성공조건, 1993, p.406.

③ 식음료 부문

식음료 부문의 조직 원칙은 음식과 음료를 가장 효율적으로 조리하고 종사원들의 효과적인 서비스가 고객에게 제공되어야 한다. 음식(food)과 음료(beverage) 및 서비스를 판매하며 음식물을 조달한다는 의미에서 케이터링(catering)이라고도 한다.

사회의 발전에 따라 호텔업의 기능도 숙박에서 사회활동을 하는 장소로서 변화하면서 식음료 부문의 중요성이 증가하고 있으며, 호텔영업에서 중요한 수입원이 되고 있고 차지하고 있는 비중도 증가하고 있다.

식 · 음료 부문은 식당, 음료, 연회와 같은 조직으로 구성되어 있으며, 식 · 음료의 상품관리, 고객관리, 영업장 운영관리, 종사원 관리, 마케팅 관리를 주요 업무로 하고 있다.

1) 식당관리

식당(restaurant)관리는 식당의 효율적 관리 및 다양한 상품개발을 통하여 이윤을 극대화하는 것이 목표이다. 이를 위해서는 시간 운영의 효율성 도모 및 고객관리, 집기 비품 시설의 보존 및 유지관리, 판매 메뉴 및 가격결정, 종사원의 교육관리 등이 있다.

2) 음료관리

음료(beverage)라고 하는 범주에는 알콜성 음료와 비알콜성 음료로 분류하고 있지만 통상적으로 마시는 것을 통칭하여 음료라고 하며, 어떤 의미에서는 알코올성 음료를 더 짙게 표현하기도 한다. 호텔업에서 음료관리란 음료 판매방안의 수립과 적정가격의 판매를 위한 원가관리, 계절에 맞는 음료 상품의 개발 등의 업무가 있다.

소믈리에(sommelier)

소믈리에는 고객에게 적합한 포도주(wine)를 추천하고 서빙(serving)하는 업무를 담당하며, 와인(wine)관리, 판매관리, 재고관리, 저장관리, 고객 서비스, 이벤트 개발을 통한 판매기획 수립과 같은 직무를 수행한다.

3) 연회관리

연회(banquet)는 기준에 따라 기능별(식사의 판매, 장소, 판매 목적 등), 장소별, 목적별(가족 모임, 회사의 행사, 정부 행사, 기타 행사 등), 요리별, 시간별 등으로 분류하고 있다.[14)]

연회관리는 서비스의 차별화와 영업의 전략적 차원이 병행되어야 하고 각 연회장의 행사예약 및 진행, 행사 진행에 필요한 시설 집기에 대한 운영관리, 메뉴 및 가격조정을 위한 업무, 고객 안전관리, 출장연회 관리, 종사원의 교육훈련 관리 등이 있다.

4) 조리관리

호텔에서 식당 분야가 차지하고 있는 비중이 높아지고 있어 조리(cuisine)업무도 그 중요성이 증가하고 있다. 식생활의 변화추세와 함께 다양한 계층의 고객 기호에 맞는 음식을 제공하기 위해서는 고도의 기술과 풍부한 요리지식 그리고 경험이 필요하다. 조리는 시설과 서비스와 더불어 호텔의 3대 요소라고 할 만큼 중요한 요인이 되었으며, 다른 어느 부문보다도 장기적인 노력과 시간이 필요한 분야이다.

조리업무의 과정은 고객의 선호도와 메뉴 엔지니어링(engineering) 기법에 의한 식자재의 선정에서부터 청구 및 수령, 보관하는 관리, 적정 원가를 유지하기 위한 원가관리, 식품위생 및 공중위생 등의 위생관리, 각종 설비의 시설관리, 인력조정 및 근

14) 최동렬, 호텔연회관리, 백산출판사, 1995, pp.32-33.

태 파악, 메인 주방을 비롯한 각종 주방의 효율적 운영 및 지원업무 등이 복합적으로 이루어지는 관리이다.

엔지니어링

- **메뉴 엔지니어링(Menu engineering)**
  일정 기간의 영업 성과와 메뉴상에 있는 품목들을 바탕으로 고객 선호도와 관련하여 판매 수량, 판매 비율 공헌 이익 등을 분석하여 평가하는 기법이다.
- **리엔지니어링(Reengineering)**
  리엔지니어링은 이상을 비전으로 하여 출발하는데, 현상을 무시하고 이렇게 했으면 좋겠다고 생각되는 부분을 설정하고 거기에 접근해가기 위해서 백지로부터 재설계한다는 것이었다. 리엔지니어링이란 말이 오늘날과 같은 형태로 발전되기 시작한 것은 1990년이며, 사업 과정(business process)을 근본으로 하며, 밑부분에서 재설계하여 혁신적인 성과를 거두기 위해서 최신 정보기술을 사용한다는 의미이다.

5) 식품안전관리

식음료의 안전과 위생관리를 위해서 식품 위해(危害)요소 중점관리(HACCP: Hazard Analysis Critical Control Point)제도를 도입하여 시행하고 있다.

이 제도는 식품과 관련된 위해요소를 중점적으로 관리하기 위한 제도이며, 원료 생산에서부터 유통 및 저장의 단계, 최종 제품의 위생 안전 확보에 필요한 계획을 설정하고, 적절히 관리함으로써 식품의 위생 안전성을 확보하는 예방적 차원의 식품위생관리 방식이다.

위해요소 분석(hazard analysis)이란 생산, 가공, 유통 단계에서 발생할 수 있는 위해요소에 대하여 위해의 정도와 관리 방법 등을 분석하는 것이며, 중요 관리점(critical control point)이란 각 단계에서 확인된 위해를 적절히 관리함으로써 최종 식품의 위생 및 안전을 보장할 수 있는 공정 또는 단계를 지칭한다.

6) 원가관리

원가관리(cost control) 업무를 수행하기 위해서는 회계에 관한 지식이 있어야 한다. 원가관리의 기본은 식자재의 흐름을 사전에 설정된 절차와 방법에 따라서 관리 및 통제하는 것이지만 사전에 설정된 절차와 방법으로 모든 것을 통제해서는 안 된다.[15)]

식자재를 직 · 간접적으로 취급하는 곳에서는 통제와 분석이 중요하며, 영업장에서는 원가 개념(concept)의 정립, 표준 구매명세서의 작성, 메뉴 계획, 세부적인 생산방법, 식자재의 구매관리, 검수(檢受)관리, 입고(入庫)관리, 저장관리, 출고(出庫)관리, 재고관리 등을 포함한 실행관리 그리고 판매 분석, 메뉴 분석, 원가 분석과 재무 분석 등에서 얻어지는 정보를 사후관리 하는 것으로 구분할 수가 있다.

원가관리의 과정에서 과다한 양식의 사용, 융통성과 신속성의 결여, 부서 간 불화, 구성원의 원가에 대한 의식 결여는 원가절감이라는 경영방침에 역효과를 초래할 수도 있다.

4 부대시설 부문

부대시설이란 호텔에서 제공하는 객실과 식당 등을 제외한 시설이라고 할 수 있다. 호텔은 고객에게 제공할 수 있는 객실, 식사, 음료뿐만이 아니라 오락과 회의 등의 부수적인 상품[16)]도 갖추고 있어 부대시설의 운영 활용은 매우 중요하다고 할 수 있다.

1) 피트니스 센터

건강은 인생을 살아갈 수 있도록 해 주는 방법 중 한 가지이며, 사회의 이념과 복지 증진에 기여할 수 있다. 피트니스 센터(fitness center)는 정신적 · 육체적 건강을 유

15) 나정기, 호텔식음료 원가관리, 백산출판사, 1994, p.21.
16) 오정환, 호텔 마케팅 전략, 기문사, 1996, p.93.

지, 관리할 수 있는 복합적인 시설이며, 규칙적인 운동을 할 수 있는 공간이다. 이러한 센터는 호텔이 건설되면서 사우나(sauna) 위주의 시설에서 수영장, 테니스장, 골프, 체련장, 에어로빅 등을 할 수 있는 공간으로 확대되었다.

피트니스 센터는 운영과 활용에 따라 호텔의 수익을 증대시킬 수 있고, 고객에게 이미지를 높이고 브랜드 이름(brand naming)을 기억하게 하는 중요한 역할도 한다. 또한 지역사회에서 문화교류와 소통(communication)의 공간기능을 담당하며, 여가 선용의 활용을 위한 공간을 제공하는 기능도 수행한다.

2) 오락 · 유흥시설

여가활동을 위한 기회가 증가하고 문화의 접촉을 통한 정신적인 만족을 추구하려는 노력이 확산되고 있다. 이러한 욕구는 호텔의 영업환경에도 많은 변화를 가져오고 있으며, 카지노(casino) 시설이나 나이트 클럽(night club) 등은 오락의 제공과 사교장으로서 역할을 하고 있다. 특히, 일부 시설들은 악천후에도 대체 관광상품으로서 기능하며, 식음료의 이용과 시설 활용을 증대시켜 수익을 향상시킬 수 있다.

3) 기타 편의시설

호텔에 입점(入店)한 상점가(arcade)를 비롯하여 면세점 · 기념품점, 이 · 미용실, 서점, 화원(花園), 스포츠 용품 등과 같은 시설들은 숙박객은 물론 일반인들에게도 이용 편의를 제공하기도 한다.

5 고객관리 부문

호텔업은 고객을 확보하고 유지하기 위한 노력으로 서비스의 질적인 향상을 도모하여 높은 만족감을 제공하려고 한다. 일반적으로 좋은 서비스란 신속한 서비스, 고객에 대한 깊은 배려, 객실과 시트(sheet)의 청결, TV 및 에어컨 · 난방기 등의 작동 상태, 그리고 맑은 공기와 훌륭한 식사, 계산의 용이성, 합리적인 가격 등 많은 기준이 있다. 따라서 고객관리의 기준을 설정할 필요성이 있으며,[17] 서비스 철학, 고객 만족 전략, 서비스 문화의 창출, 서비스 품질의 차별화는 고객관리를 위한 전략의 일환이 된다.

고객관리

- 서비스 철학 정립
- 고객 만족 전략 수립
- 서비스 문화의 창출
- 서비스 품질의 차별화

1) 고객 이력 관리

호텔업에서 추진하고 있는 고객의 관리는 회원에게 카드를 발급하여 각종 혜택을 부여함으로써 방문을 유도하고 있다. 고객 정보(guest history)를 효과적으로 관리하기 위하여 고객의 기호 · 습성 등을 정보화함으로써 재방문에 활용하는 서비스 체제를 구축해야 한다. 투숙한 경험이 있는 고객에 대해서는 설문 조사를 하여 서비스의 만족도를 평가, 분석하여 지속적인 사후관리를 해야 한다.

2) 고객 모니터링

고객과의 유대강화를 위해 투숙한 실적에 따른 경품(give-away)의 제공과 장기투숙객 관리, SNS를 활용한 유대관계를 유지한다는 메시지를 전달할 필요가 있다.

호텔 숙박객 및 이용객, 내 · 외국인을 대상으로 객실을 비롯하여 식음료 영업장의

17) 삼일회계법인, 서비스기업의 성공조건, 1993, pp.370-399.

환경 및 요리의 품질을 평가하는 일환으로서 모니터링(monitering)을 실시하는 것은 고객의 의견을 수렴 · 반영한 상품개발 및 서비스 증진을 위한 관리 방안이라고 할 수 있다.

3) 전사적 고객관리

호텔업이 사명감을 인식하고 책임을 다하여 고객에게 훌륭한 서비스를 제공하기 위해서는 훌륭한 인재를 채용 · 선발하고 현장에 배치하여 고객과의 신뢰 관계를 구축해야 한다. 고객 중심형 조직구조를 형성하는 것은 서비스를 강화하여 좋은 이미지를 고객에게 심어주기 위한 것이며, 고객과의 접촉(encounter) 빈도가 높은 영업 조직뿐만이 아니라 접촉 빈도가 낮은 관리 조직도 고객의 중요성을 인식하게 하는 계기가 되었다.

고객을 통합적 개념으로 이해하고 고객 관련 정보를 수집하고 집중적으로 관리하는 것은 수익을 창출하기 위한 고객관리의 일환으로 전사적(全社的) 고객관리(CRM: Customer Relationship Management)를 실행하기 위한 전략이라고 하겠다.

〈표 4-1〉 호텔경영조직 사례

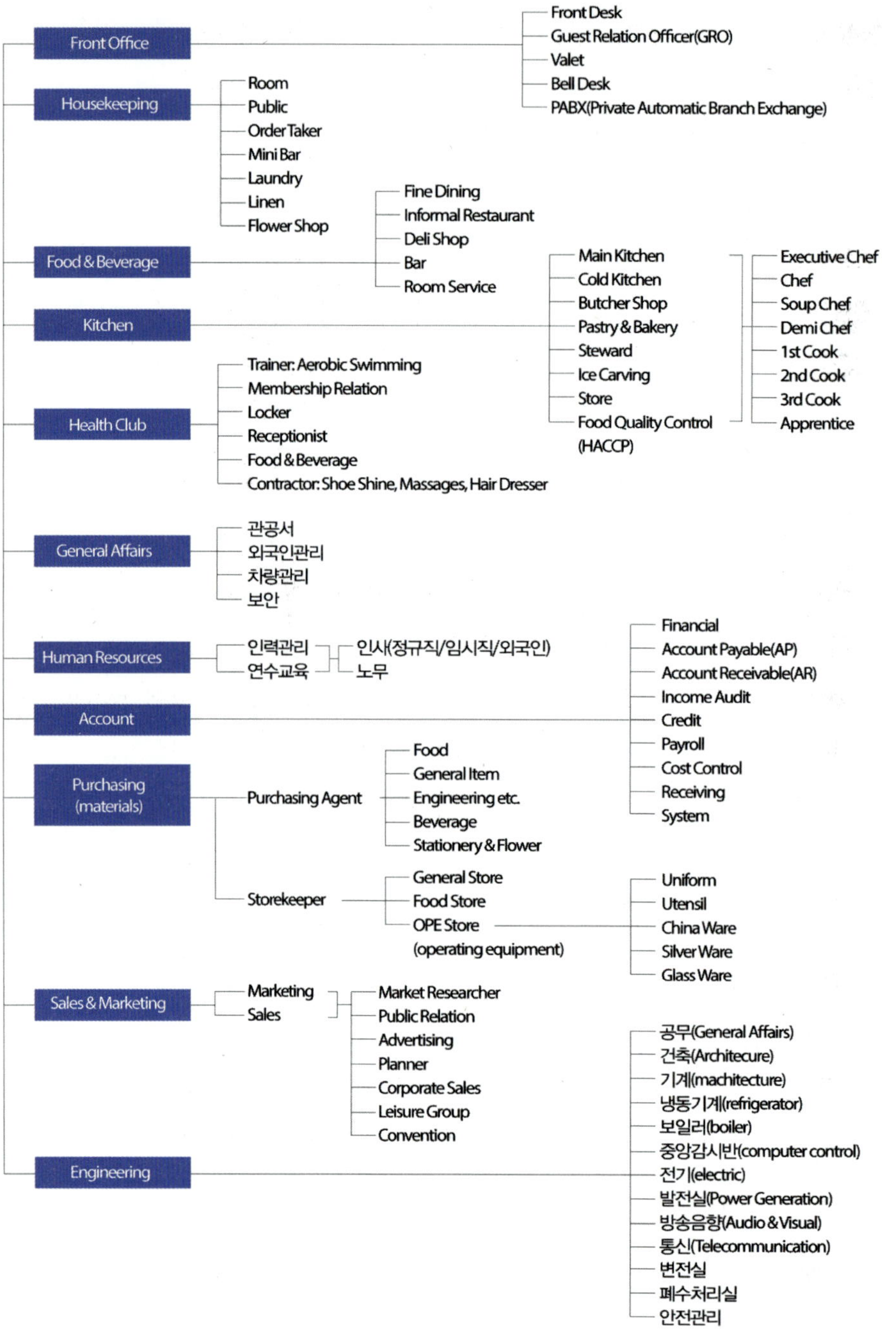

제5장

경영관리와 정보시스템

호텔경영정보론

CHAPTER 5

경영관리와 정보시스템

제1절 경영정보시스템의 의의

① 정보시스템의 개념

시스템(system)이란 필요한 기능을 실현하기 위하여 관련 요소를 어떠한 법칙에 따라 조합시킨 집합체를 의미한다. 집합체를 전체적으로 활용하기 위해서 관련성이 있는 요소들이 상호 작용을 할 수 있도록 하는 것이며, 기업의 운영에서 공통된 목표를 달성하기 위해서 투입(input)과 산출(output)의 관계에서 표출되는 관련 요소들의 집합을 의미한다.[1] 관련 요소란 사람, 절차, 물질적 개체를 의미하며, 기업은 고객과 종업원, 상품 등의 요소 및 활동을 유기적으로 체계화시킨 종합체라고 할 수 있으므로 하나의 시스템이라고 할 수 있다.

시스템 이론(system theory)의 연구는 초기에 국한적인 연구를 하였으나, 1950년대 들어와서 다양한 학문 분야로 급속하게 확대되었고, 시스템 이론을 체계적으로 정

1) 나승훈 · 서지한 · 김형준, ERP구축을 위한 경영정보시스템, 형설출판사, 2001, p.23.

립하였다.[2)]

정보시스템(information system)은 조직의 운영관리와 의사결정을 지원하기 위해서 정보를 수집하고, 처리하고 저장하고 전달하는 일련의 활동을 수행하기 위한 구성요소의 집합이라고 할 수 있다.[3)]

정보시스템은 데이터와 데이터를 절차에 따라서 처리하기 위한 자료를 받아서 데이터를 처리하며, 처리결과를 출력하는 '입력, 처리, 출력'의 과정을 가진 시스템이다. 정보시스템은 간단한 정보기술의 집합체가 아니라 하드웨어, 소프트웨어, 처리과정(process), 조직 구성원, 정보기술이 정보를 중심으로 연결된 집합체이다. 조직 내·외의 유·무형 자원을 활용하여 조직에 필요한 정보를 수집하고 목적에 맞게 처리하여 적시에 필요한 부문이나 사용자에게 배포하는 인간(작업자)과 기계(컴퓨터)의 통합 시스템으로서 역할을 한다.

정보시스템에 인터넷이 도입되면서 사업자들은 시간적·공간적 제약의 극복, 유통 채널의 단축, 별도의 판매거점이 불필요해졌으며 마케팅 활동의 효율성 제고(提高), 고객 요구에 대한 신속한 대응, 소자본 한계를 극복하는 기회의 제공 등과 같은 여러 가지 가능성을 제공하게 되었다.

2 경영정보시스템의 개념

경영정보시스템(MIS: management information system)이란 모라벡(Moravec)에 따르면 기업의 효율적 운영과 관리에 필요한 자료를 저장·검색하기 위한 여러 가지 절차, 방법, 조직, 소프트웨어, 하드웨어 등의 구성요소로 이루어진 하나의 전산처리 시스템이라고 정의하였다.

또한 캐너벤(Kennevan)은 경영정보시스템(MIS)을 조직의 운영과 환경에 관련된 과거

2) 손병모, 관광정보시스템의 사용자 만족에 관한 연구, 경기대학교 석사학위 논문, 2000, p.6.
3) 홍일유, 디지털기업을 위한 경영정보시스템, 법문사, 2005, p.29.

와 현재, 그리고 미래에 예상되는 정보를 제공해 주기 위해 조직화한 방법이며, 의사 결정자에게 적절한 시기에 정보를 제공해 줌으로써 조직의 계획, 운영 및 통제기능을 지원해 주는 시스템이라고 정의하였다.[4] 일반적으로 경영정보시스템은 다음과 같은 의미를 내포한다고 할 수 있다.

첫째, 인간과 기계(컴퓨터 하드웨어)가 상호 보완적으로 결합하여 과업을 수행하는 것을 의미한다.

둘째, 경영정보시스템은 통합 시스템(integrated system)으로 여러 하위 시스템과 응용 프로그램의 일관성 또는 호환성을 가진 시스템이다.

셋째, 경영정보시스템의 궁극적 목표는 조직의 목표와 일치되어야 한다. 즉 경영정보시스템은 조직이 목표에 효율적이고 효과적으로 도달할 수 있도록 지원하는 하위 시스템이다.

넷째, 정보가 필요한 의사 결정자에게 유용한 정보를 적절한 시기에 제공하여야 하며, 정보 제공 방법도 적절성이 함께 고려되어야 한다.

다섯째, 경영정보시스템은 조직의 계획, 운영 및 통제 등 경영과정 전반에 걸친 활동을 포함해야 한다. 거래처리 시스템을 비롯하여 정보 보고시스템, 의사결정 지원시스템, 사무자동화 시스템 등 모두를 포함해야 한다.

경영정보시스템은 물리적 요소와 각각의 시스템들과 구성요소를 이해하는 것이 중요하며, 기능의 실행 결과로 얻어지는 산출물이 무엇인지를 파악해야 한다. 정보시스템의 운용(運用) 요소는 물리적 요소, 처리기능, 사용자 출력으로 구분할 수가 있다.

4) 나승훈 · 서지한 · 김형준, ERP 구축을 위한 경영정보시스템, 형설출판사, 2001, p.11.

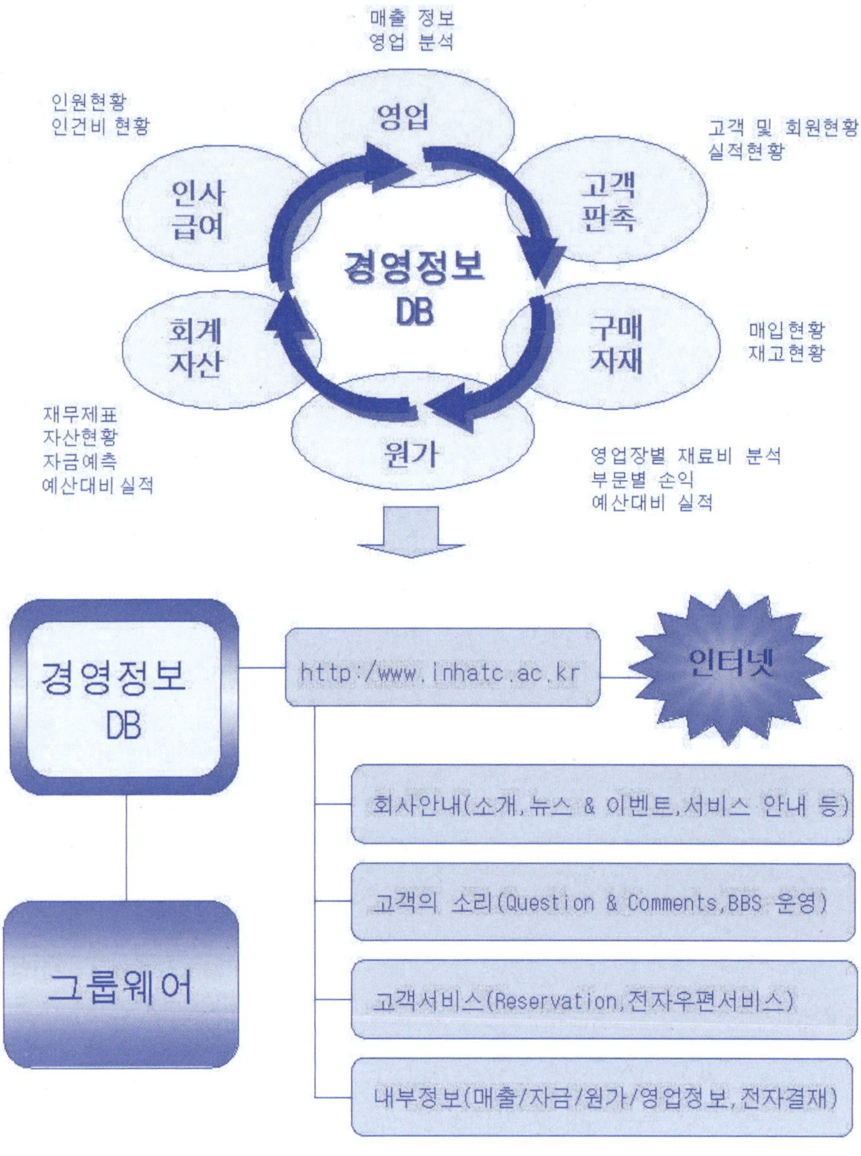

〈그림 5-1〉 경영정보시스템

제2절 경영정보시스템의 운용

1 물리적 요소

1) 하드웨어

하드웨어(hardware)는 컴퓨터와 관련 장치를 의미하며, 입력(entry)장치, 출력장치, 중앙 처리장치(연산, 통제, 주기억장치) 및 데이터나 프로그램을 위한 보조 기억 장치, 통신 장치와 같은 주요 기능을 제공해야 한다.

2) 소프트웨어

하드웨어 작동을 지시하는 제반 형태의 명령어를 의미하는 것으로 크게 시스템 소프트웨어(system software)와 응용 소프트웨어(application software)로 구분할 수 있다.

3) 데이터베이스

데이터베이스(database)는 응용 소프트웨어에서 이용되는 모든 데이터를 포함하며, 축적된 데이터의 개별집합을 파일이라고 한다. 데이터베이스 또는 파일의 물리적 존재는 데이터가 저장되어 대량의 정보를 보관해 둘 수 있는 매체이다.

4) 운영 절차

시스템의 운영에 필요한 제반 절차는 안내서(manual)나 지침서와 같은 물리적인 형태로 정리되며, 경영정보시스템을 구성하는 요소의 하나이다. 운영 절차는 다음의 유형으로 세분화할 수 있다.

첫째, 사용자(user)들이 시스템 이용을 위한 사용자 지침서
둘째, 데이터 입력요원이 입력 준비를 위한 지침서
셋째, 컴퓨터 운용요원을 위한 운영지침서

5) 운영요원

운영요원이란 시스템 분석가, 프로그래머, 데이터 입력요원, 컴퓨터 조작요원, 정보시스템 관리요원, 데이터베이스 관리자 등을 말한다.

2 처리기능

어떤 시스템의 특성을 파악하기 위한 유용한 접근방법은 그 시스템의 목적과 시스템이 수행하는 주요 기능이 무엇인지를 살펴보는 방법이다.

1) 거래처리

거래(transaction)란 구매, 판매, 또는 생산하는 행위로서 기업의 기본적인 업무 활동을 의미한다. 거래처리는 조직 내부에서 이루어질 수도 있고 외부와의 지속적인 거래와 관계되어 발생할 수도 있다. 거래행위의 실행은 다음과 같다.

첫째, 거래행위가 일어나도록 지시한다.
둘째, 그 성과를 보고·확인한 후 설명해야 한다.
셋째, 배경정보 및 추후 참조를 위해 필요로 하는 사람들과 통신하기 위한 기록이 필요하다.

따라서 거래행위가 진행될 경우, 목적의 달성을 위해 어떠한 형태가 되었든지 모든 거래 기록(transaction records)을 유지할 필요가 있다.

2) 마스터 파일의 유지

처리행위는 조직 내의 여러 실체(實體)에 대하여 비교적 영구적이고 역사적인 자료를 저장한 것으로서 대부분의 거래처리 활동에는 이러한 마스터 파일(master file)의 생성 및 유지기능이 필요하게 된다. 거래가 처리되었을 때 마스터 파일 데이터 항목은 가장 최근의 정보로 반영되는 형태를 취하게 된다.

3) 보고서 작성

보고서(report)는 정보시스템의 중요한 산출물이다. 또한 예정되지 않았던 특별보고서를 신속하게 산출해야 하고, 각종 거래처리의 결과는 적절한 수준에서 관리자에게 보고되어야 한다. 보고서에는 미리 정해진 일정에 따라 작성되는 정기 보고서(scheduled reports)와 관리자의 사후 요청에 따라 작성되는 특별 보고서(special reports)가 있다.

4) 자료 조회처리

조회(inquiry)란 데이터베이스에 있는 자료를 사용자가 요구하는 행위를 의미하는데, 이러한 요구에 응답하는 것을 조회처리라 한다. 조회처리는 그 형태가 이미 정해진 정규 조회(regular inquiry)와 사후(事後) 조회로 구분할 수 있다. 조회처리의 주요 기능은 승인된 자에게 데이터베이스의 파일이나 항목에 접근하도록 도움을 준다.

5) 대화식 업무지원

정보시스템은 계획 수립을 비롯하여 분석, 그리고 의사결정을 지원하기 위해 설계된 응용시스템이 포함되어 업무지원이 가능하다. 따라서 사용자는 컴퓨터 시스템의 요구에 따라 적절한 자료와 응답을 제공해 주면 시스템은 그 결과를 즉시 알려주고, 필요한 경우는 추가 자료나 자료 수정을 요구하는 방식으로 운영되는데, 제반 과정은 만족할 만한 결과가 도달할 때까지 계속 수행된다.

③ 사용자를 위한 출력

경영정보시스템의 사용자는 자신이 제공한 입력내용에 따라 출력이 가능하며, 다양한 자료 및 정보를 제공받을 수 있다. 출력내용의 차이는 입력의 용이성, 사용자가 받아보는 출력의 효용에 따라 다양한 형태로 나타나며, 출력의 주요 형태는 다음과 같다.

첫째, 거래처리에 따른 서류 또는 화면(screen)의 출력(주문서, 대금 청구서, 명세서의 출력)
둘째, 사전에 계획된 보고서 출력 및 조회 응답(應答)
셋째, 특별보고서의 출력 및 조회 응답

제3절 경영정보시스템의 분류와 유형

① 경영정보시스템의 분류

경영정보시스템의 분류는 통합 기능적 관점, 의사결정 지원, 정보기술(IT)의 발전 등에 따라서 분류가 가능하지만, 경영정보시스템(Management Information System)을 언급할 때는 일반적으로 광의의 경영정보시스템과 협의의 경영정보시스템으로 분류할 수가 있다.5)

1) 광의의 경영정보시스템

광의(廣義)의 경영정보시스템은 거래처리 시스템(TPS: Transaction Process System), 정보 보고 시스템(IRS: Information Reporting System), 의사결정 지원 시스템(DSS: Decision Support System) 및 사무자동화 시스템(OAS: Office Automation System) 등 모두를 포함하는 넓은 의미의 개념이다.

5) 나승훈 · 서지한 · 김형준, ERP 구축을 위한 경영정보시스템, 형설출판사, 2001, p.12.

2) 협의의 경영정보시스템

협의(狹義)의 경영정보시스템은 왓슨(Watson, 1984)이 정의한 정보 보고시스템에 관점을 둔 견해로서 일반적으로 거래처리 시스템(TPS)과 정보 보고시스템(IRP)의 통합 정도를 가정한 의미로 해석하는 것이 일반적이다.

〈표 5-1〉 경영정보시스템의 분류

구분	시스템
통합 정도	• 전사적 자원관리(ERP: Enterprise Resource Planning) • 부문별 정보시스템(DIS: Department Information System) • 조직 상호 간 정보시스템(IOIS: Inter Organizational Information System)
기능 영역	• 생산정보시스템(MIS: Manufacturing Information System) • 회계정보시스템(AIS: Accounting Information System) • 재무정보시스템(FIS: Financial Information System) • 마케팅정보시스템(MIS: Marketing Information System) • 인적자원 정보시스템(HRIS: Human Resources Information System)
의사결정 지원	• 의사결정 지원시스템(DSS: Decision support System) • 중역정보시스템(EIS: Executive Information System)
제공되는 지원	• 운영지원시스템(OSS: Operations Support System) • 거래처리시스템(TPS: Transaction Processing System) • 공정통제시스템(PCS: Process Control System) • 업무협력시스템(ECS: Enterprise Collaboration System) • 경영지원시스템(MSS: Management Support System) • 지식경영시스템(KMS: Knowledge Management System)
고객관리	• 고객관리시스템(CRM: Customer Relation Management)
IT 발전	• 전문가시스템(ES: Expert System) • 인공 지능(AI: Artificial Intelligence)
공급망	• 공급망 관리시스템(SCM: Supply Chain System)
지원되는 활동	• 운영시스템(OS: Operational System) • 관리시스템(MS: Management System) • 전략정보시스템(SIS: Strategic Information System)

자료: 천면중 · 이민화 · 남기찬, 경영정보시스템, 대영사, 2002, pp.35-52를 참고하여 구성함.

2 경영정보시스템의 유형

기업의 정보시스템은 초기에 단순한 외부 환경의 변화에 대처하고 업무처리를 신속하게 지원하는 방안으로 컴퓨터를 도입하였으며, 기업의 운영과 업무를 지원하는 전자자료 처리시스템(EDPS: Electronic Data Processing System)과 거래처리 시스템(TPS: Transaction Process System)을 활용하기 위한 시스템으로서 역할을 하였으며, 주로 하위 경영층에서 사용하였다.

그러나 기업 규모의 확대와 사회 환경의 변화, 정보화 시대의 확산으로 인하여 경영정보시스템에도 많은 변화와 발전을 가져오게 되었으며, 사용자 활용에 적합한 환경조성, 다양한 정보시스템의 개발, 정보시스템 운영의 효율성 측면에 많은 변화를 주고 있다.

기업의 내·외부 환경의 급격한 변화로 인하여 기업 조직에도 많은 변화를 가져오게 되면서 시스템 도입이 확대되었으며, 기업 경영의 의사결정 사항을 지원할 수 있는 의사결정 지원시스템(DSS: Decision Support System)을 비롯하여 중역정보시스템(EIS: Executive Information System), 전략정보시스템(SIS: Strategic Information System) 및 사무자동화 시스템(OAS: Office Automation System) 등으로 확대·발전되었다.[6)]

1) 거래처리시스템

거래처리시스템(TPS: Transaction Processing System)은 1950년대 초기의 정보시스템으로서 계량적으로 측정이 가능한 기업의 기본적인 상거래 활동에 대한 정보시스템을 말한다. 상거래 활동을 주로 중앙처리 장치(main frame)를 사용하였고, 오늘날은 많은 기업에서 거래처리시스템의 기반을 활용하여 전략정보시스템(SIS: Strategic Information System)으로도 사용한다.

6) 나승훈·서지한·김형준, ERP 구축을 위한 경영정보시스템, 형설출판사, 2001, p.6.

2) 생산정보시스템

생산관리란 광의의 의미로는 경영에서의 모든 생산을 의미하고, 협의는 구매 활동, 제조 활동, 재무 활동, 기획 활동 등에서 특히, 제조나 생산 현장에서 발생하는 활동을 의미한다.[7]

일반적인 생산정보시스템(MIS: Manufacturing Information System)이란 생산기능을 구성하고 있는 생산기획, 작업관리, 공정의 운영과 통제, 그리고 생산실적 등과 관련된 활동을 지원하는 정보시스템을 말한다.[8] 그러나 접근방법에 따라서 기업 자동화(automation)는 기업 사무 및 경영관리의 분야에서 발생하는 자료 및 정보관리의 일부 또는 전부를 자동화하는 것을 지칭하는데, 이를 사무자동화 시스템(OAS: Office Automation System)이라고도 한다.

3) 인사정보시스템

기업의 성장과 환경변화에 따라서 일부 조직의 구조적인 팽창과 변화, 그리고 업무의 다양성과 복잡성에 대처해야 하는데, 이를 위해서도 인력과 조직에 대한 정확한 정보가 기업 경쟁력을 좌우하는 중요 요소로 부각이 되고 있다. 인사정보시스템(HRIS: Human Resources Information System)은 인력계획, 인사기록의 저장 및 관리 등을 지원하는 정보시스템으로서 종합적이고 효율적인 인적자원을 관리하는 시스템으로 발전하고 있다.

4) 경영보고서 시스템

의사결정을 하는 데 정보는 유용한 형태의 자료라고 정의할 수 있다. 즉 개인이나 조직이 의사결정을 하고자 할 때 올바른 판단과 의사결정을 할 수 있도록 도움을 주는 참고자료를 의미한다. 경영보고서 시스템(MRS: Management Report System)은 지식의 축

7) 조희영, 경영학원론, 민영사, 1998, p.363.
8) 나승훈 · 서지한 · 김형준, ERP 구축을 위한 경영정보시스템, 형설출판사, 2001, p.116.

적에 도움을 주며, 또한 현재 상황을 종합적으로 판단할 수 있도록 할 필요성이 있다. 정보화 사회의 도래는 사회적 변화를 한층 가속화했고, 즉 기업 경영의 체계가 사람에 의해서 보고되는 체제에서 시스템에 의해서 보고되는 체제로 이동하고 있다.

5) 의사결정 지원시스템

현대사회에 들어와 기업의 관리와 통제를 위한 도구(道具)로 컴퓨터의 활용은 단순한 업무의 자동화나 정보의 제공이라는 관념에서 탈피하여 경영 관리자가 의사결정을 명확히 할 수 있도록 도와주는 영역으로 확대되었다. 이에 의사결정을 신속하게 판단할 수 있는 기능이 필요하게 되었고, 이를 의사결정 지원시스템(DSS: Decision Support System)이라고 한다.

기업에서 의사결정을 하는 데 다수의 관리자나 실무자들이 회의에 참석함으로써 시간을 소비하는 경향이 있으나, 그룹 의사결정 지원시스템(GDSS: Group Decision Support System)은 그룹 회의에서 의사결정을 신속하게 할 수 있도록 지원하는 역할을 한다.

6) 회계 · 재무 정보시스템

회계 정보시스템(AIS: Account Information System)은 기업 경영에서 가장 기본적인 정보시스템이며, 역사적으로 가장 먼저 도입된 정보시스템이라고 할 수 있다. 기업의 재무에 관한 자료를 수집, 분류, 기록, 정리하여 경영자 및 외부 이용자들이 의사결정을 하는 데 유용한 회계정보를 제공하는 정보시스템이다.

재무 정보시스템(FIS: Financial Information System)은 자금의 조달 및 재무자원의 운용 및 평가에 관한 정보를 제공하여 이와 관련된 의사결정을 지원하는 정보시스템이다.

7) 마케팅 정보시스템

기업은 변화하는 환경 속에서 다양하고 많은 의사결정을 내리게 된다. 법률적 변화, 경쟁자의 새로운 가격전략, 그리고 소비자의 생활양식(life style) 및 구매패턴의 변화와 같은 다양한 환경변화에 대처하기 위해 마케팅 담당자는 수시로 의사결정을 내려야 한다. 이런 상황에서 마케팅 담당자가 직면하는 문제점은 의사결정에 따른 위험(risk)과 많은 불확실성(uncertainty)이 존재하여 의사결정을 하기가 어려울 수 있다.

마케팅 정보시스템(MIS: marketing Information System)은 마케팅 활동을 하는 과정에서 의사결정의 위험과 불확실성을 감소시키기 위해 객관적 자료를 수집 · 분석하고, 이를 의사결정에 유용한 정보로 활용하게 하는 활동을 의미한다. 마케팅 조사는 마케팅 담당자들에게 마케팅 의사결정에 필요한 제반 정보를 정확하고 체계적으로 제공함으로써 의사결정의 성공확률을 높여준다.

8) 전략정보시스템

기업들은 변화하는 환경하에서 장기적인 기업목표와 사업영역을 결정하며, 조직 내부의 다양한 기능들의 조정과 통제를 목적으로 경영전략 개념을 도입, 활용하고 있다.[9)]

전략정보시스템(SIS: Strategic Information System)이란 기업이 전략을 수립하는 데 요구되는 정보를 적시에 제공하기 위한 정보시스템이다. 전략이라는 표현은 군사를 지휘하는 병법(兵法)에서 사용되는 용어로서, 전쟁에서 승리하기 위한 계획을 의미한다. 윌리엄 란체스터(F. W Lanchester)[10)]가 자신보다 강력한 적군(敵軍)을 이기기 위해 고안한 전쟁전략에서 유래하여 오늘날 열세한 기업이 강한 기업과 경쟁하기 위해서 적용할 수 있는 기업 전략이 되었다.

호텔업이 경영환경을 분석 · 예측하고 시장, 상품, 품질 등 고객의 구매행위에 기준이 되는 부문과 기업의 내부 경영에서 경쟁기업보다 경쟁 우위를 유지[11)]할 수 있는 주요한 의사결정 수단이 되고 있다.

9) 권익현 · 임병훈 · 안광호, 마케팅(관리적 접근), 경문사, 1999, p.136.
10) 이선희, 관광마케팅개론, 대왕사, 1998, p.81.
11) 서범석, 관광경영전략론(이론과 사례), 기문사, 1998, p.19.

9) 중역정보시스템

기업의 경영과정에서 경영자는 조직을 관리해야 하며, 관리업무를 수행하기 위해서 의사결정을 해야 한다. 그러나 관리자들은 계층별(최고경영, 중간관리, 하위관리) 달성 목표와 관리하는 영역에 따라 추구하는 목적에 차이가 있다. 최고 경영층이라고 할 수 있는 경영자는 계획과 관련된 관리기능을 수행하기 위해서 정보에 기반하여 의사결정을 내려야 한다. 중역정보시스템(EIS: Executive Information System)은 기업의 내·외부정보, 대인(對人)관계를 위한 정보를 토대로 의사결정에 활용하는 정보지원 시스템이라고 할 수 있다.

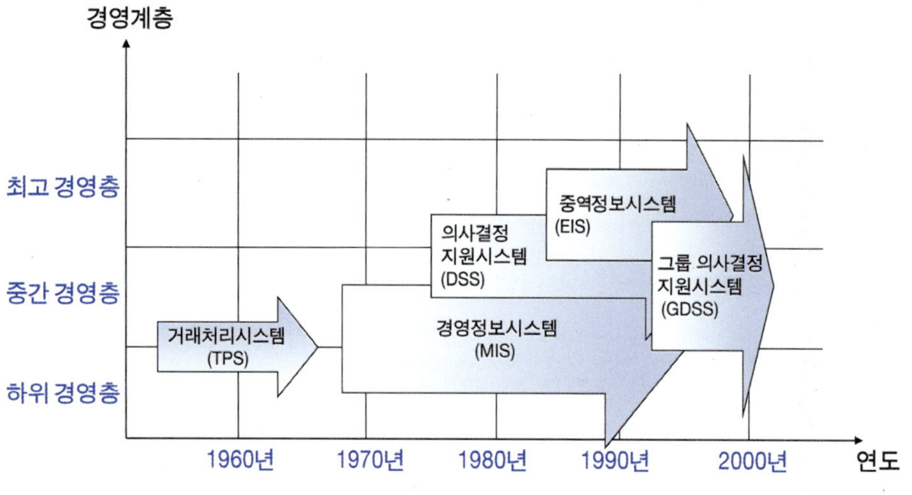

주: 시스템 도입 및 변천시기에 대해서 학자들에 의하면 다소의 차이가 있으나 경영정보시스템(MIS)에 전략정보(SIS), 경영보고서(MRS), 마케팅정보(MIS), 생산정보(MIS), 인사정보(HRIS), 회계·재무정보(AIS·FIS) 시스템의 도입 시기를 포괄적으로 포함하고 있다.

자료: 나승훈·서지한·김형준, ERP 구축을 위한 경영정보시스템, 형설출판사, 2001, p.16.

〈그림 5-2〉 경영계층과 시스템의 변천

제6장

호텔업과 정보시스템

호텔경영정보론

CHAPTER 6

호텔업과 정보시스템

제1절 호텔 정보시스템의 발전과정

1 호텔 전산시스템의 역사

미래의 호텔산업에서 가장 중요한 요소 중의 하나는 새로운 과학기술의 도입에 관한 문제일 것이다. 전통적으로 서비스업은 과학기술의 발전에도 불구하고 상당히 보수적(保守的)인 측면을 고수해 왔다.

국제적으로 호텔 운영을 위해 전산화 시스템이 개발되기 시작한 것은 불과 20년 전의 일이었으나, 오늘에 와서는 컴퓨터의 하드웨어(hardware)와 소프트웨어(software)가 혁신적으로 발전하고, 가격의 하락 현상으로 비용 부담이 적어지면서[1] 국제 호텔산업들이 전산시스템을 도입하여 활용하게 되었다.

호텔에서 사용하는 컴퓨터는 1955년 말 IBM이 호텔용 컴퓨터를 발매하여 대규모

1) 오정환, 호텔관광사연구, 가산출판사, 2002, p.294.

호텔에서 도입하기 시작(1965년)하였으며,[2] 호텔경영자들이 호텔 전산화에 관심을 기울인 것은 1960년대 이후의 일이라고 할 수 있다.

호텔업은 다른 제조업에 비해 업무 성격이 비정형화되어 있고 사업 규모가 소규모로 이루어져 있었기 때문에 호텔경영자들은 전산화에 대한 필요성을 느끼지 못했다. 그러나 제조업을 중심으로 한 산업에서 적용하고 있는 업무 프로그램을 호텔에서 사용하면서 효과성 및 채산성 측면에서 긍정적인 평가를 하기 시작하면서 전산화에 대하여 새로운 인식을 하게 되었다.

호텔업은 다른 산업에 비해서 거래의 다양성이 존재하고 거래가 많이 발생하다 보니 오류 발생 빈도가 높아 업무의 표준화를 통한 효율적 경영의 필요성이 대두되었다. 호텔 규모의 대형화 및 관광객 증가추세에 부응하여 호텔업은 전산시스템을 구축하여 서비스의 질을 높이고 호텔을 합리적으로 운영하기 위한 것이다.

현재에도 호텔업의 특성에 맞는 시스템들이 개발되어 널리 이용되고 있으며, 이러한 시스템은 더욱더 확대, 발전하게 될 것이다.

2 호텔 정보시스템의 발전

1) 1950년대

호텔에 전산시스템이 도입된 것은 컴퓨터의 발전 역사와 관련성이 높으며, 1950년대 처음으로 상업용 컴퓨터가 등장하였으나 구입에 따르는 많은 투자와 이를 유지하기 위한 비용으로 인하여 국가기관이나 일부 기업에서만 활용하였다.

호텔의 전산화는 1950년대에는 나타나지 않았으며,[3] 경제성장으로 호텔 및 관광산업의 성장으로 관광객이 증가하였으나 프런트 오피스 및 백오피스의 업무처리는

2) 이갑조 역, 숙박시설, 화영사, 1993, p.46.
3) 박수형, 호텔정보시스템 실무, 대왕사, 2001, p.73.

수(手)작업으로 할 수밖에 없었고 호텔의 거래 내역을 장부(帳簿)나 색인 카드 파일(file)에 기록하였다.

호텔은 다른 산업에 비해서 컴퓨터 시스템의 도입이 늦었는데, 당시 컴퓨터의 필요성에 대한 인식이 부족했기 때문이다.

2) 1960년대

기업에 정보시스템의 개념이 도입된 것은 1960년대 초라고 할 수 있다.[4] 기술의 발전으로 인한 컴퓨터의 보급은 환경변화에 적응하기 위한 필수 불가결한 조건이 되면서 컴퓨터의 활용은 기업의 생존과 직결되었다. 다른 기업에서는 컴퓨터를 주로 활용하거나 컴퓨터에 의존하여 업무처리를 하는데도 불구하고 호텔 기업에서는 서비스업이라는 특성과 수동적인 운용이 편리하다는 인식으로 컴퓨터의 활용도가 매우 낮았다.

호텔업도 1960년대에 접어들면서 컴퓨터시스템을 도입하였다. 호텔은 고객에게 항상 신속하고 정확한 서비스를 제공해야 한다는 사명감과 업무자료의 기록과 처리가 중요하다는 인식 때문이었고, 업무처리를 위해 시스템을 이용하고 정보를 입력하게 되면서 정보 활용이 가능해진 것이 배경이 되었다.

호텔업의 시스템은 반복적인 작업을 요구하는 백오피스 부문을 중심으로 활용되었으며, 비싼 컴퓨터를 구입하여 사용하는 것보다는 시스템 판매를 대행하는 회사의 제품을 임대하여 사용하였다.

3) 1970년대

컴퓨터의 발전으로 인하여 컴퓨터의 처리 속도 및 능력이 향상되어 종래의 복잡한 기술이 필요 없는 패키지 프로그램(package program)을 도입하여 활용하였다. 특히 소형 컴퓨터의 생산으로 객실 규모(250~750실)가 있는 호텔의 시스템 활용에 공헌하였

4) 주장건, 관광정보시스템(Hotel Information System), 일신사, 1992, p.190.

다.[5] 마이크로컴퓨터(micro computer)와 개인용 컴퓨터(personal computer)의 발달로 규모가 작은 호텔업도 업무를 자동화하게 되었고 호텔경영자들도 컴퓨터를 활용함으로써 자동화의 장점을 인식하게 되었다.

호텔업의 전산시스템 도입은 백오피스 부문에서 프런트 오피스 부문으로 확대되는 경향이 나타났고, 새로운 기술로 인하여 기능이 향상되고 저렴한 비용을 갖춘 소프트 패키지를 이용할 수 있게 되었다.

한국의 호텔에서 전산화가 시작되면서 객실 부문의 회계기(NCR: National Cash Registor)가 사용되었고, 많은 호텔이 개관(1979년)하면서 활용도가 높아졌다.

4) 1980년대

호텔경영에서 업무의 효율성을 도모하고 고객 서비스를 향상하기 위하여 많은 장비를 도입하면서 자동화 시스템 체제를 구축하였으며, 별도로 운영하던 프런트 오피스 부문 및 백오피스 부문과 인터페이스(interface)를 부분적으로 통합하는 시스템의 효과를 얻었다.

호텔경영자는 시스템을 활용하여 정보자원의 흐름을 분석하고 경영의 능률성을 증진하기 위한 영업체계를 구축하는 계기가 되었다.

한국에서 1980년대 대규모 국제행사가 개최되면서 기업의 운영에 맞는 시스템을 도입 · 활용하게 되었으며, 호텔 패키지 시스템(package system)은 프런트 오피스(front office)와 백오피스(back office)의 통합 시스템으로 발전하였다.

특히, 전화 교환(PBX: Private Branch Exchange, PABX: Private Automatic Branch Exchange)과 판매시점관리(POS: Point of Sales) 시스템은 물론, 유료 영화(in room movie), 에너지관리(energy saving system), 미니 바(mini bar)까지 접속할 수 있는 인터페이스(inter face)가 강화되었다.

체인(chain)호텔은 본부에서 개발한 패키지 프로그램을 사용함으로써 각종 처리를 단순화하고 정보관리 업무를 표준화하는 것이 어느 정도 가능하였으나, 국내(local)호

5) 박수형, 호텔정보시스템 실무, 대왕사, 2001, p.74.

텔은 여러 가지의 비용, 규모, 운영환경과 같은 제반 문제로 인하여 통합이 어려웠고 소기의 성과를 달성하지 못했다.

5) 1990년대

호텔업은 컴퓨터시스템의 도입으로 고객과의 거래(transaction) 업무를 신속하게 처리하고 정확한 정산이 가능한 체계를 구축하여 고객 서비스 향상에 기여(寄與)하였다.

프런트 오피스 부문과 백오피스 부문의 인터페이스(inter face)는 물론, 하위 업무까지 자료가 연동되고 회계처리를 위한 업무까지 자동화시킴으로서 통합된 호텔 정보시스템으로 발전하게 되었다.[6] 정보시스템의 통합으로 경영정보시스템(MIS: Management Information System)을 활용한 체제로 전환되면서 데이터베이스(DB)의 자료를 최고 경영층에 전달하여 의사결정을 지원하는 의사결정 지원시스템(DSS: Decision Support System)으로 발전하게 되었다.

호텔업은 외부 연락망을 통한 접속, 인터넷(internet)망을 활용하여 여행자들은 구축된 시스템을 이용하여 예약을 간편하게 할 수 있게 되었다.

6) 2000년도~

정보화 사회의 기술 발전은 사회 전반에 직접적인 영향을 미쳤으며, 호텔업은 환경에 적응하고 미래의 환경변화에 적절히 대처하기 위해서는 그에 맞게 변해야 한다는 인식을 하게 되었다.

미래를 예측한다는 것은 어려운 일이지만 정보시스템의 구축은 미래의 호텔경영에 영향을 줄 수 있는 중요한 경쟁력이 되었다. 정보시스템의 도입과 활용은 호텔경영의 국제화·현대화 추세에 부응하고, 과학적인 경영기법을 도입하여 조직의 효율성을 높여왔다.

그러나 인적자원의 의존도가 높고 고객서비스를 중요하게 인식하는 호텔업에서

6) 박수형, 호텔정보시스템 실무, 대왕사, 2001, p.75.

는 완전 자동화가 불가능(不可能)할 수 있으며, 정보시스템을 도입함으로써 노동력을 획기적으로 개선하고 비용 절감의 효과를 가져올 수 있을지에 대한 의문은 아직도 요원한 과제로 남아 있다고 할 수 있다.

고도 정보화 사회에서 기술 변화에 적응하고 호텔 정보시스템 구축을 위한 경영자의 인식과 인구 감소라는 사회적 현상에서 호텔업의 인력 확보와 정보를 분석하여 경영에 활용할 수 있는 인재 육성이 필요하다.

호텔 운영에 적합한 다양한 패키지 시스템이 개발되어야 한다. 그러나 이러한 시스템들은 항상 위험에 노출될 수 있고 자료가 유출되는 위험 요인이 존재하여 효과적인 관리를 위해 방어벽(firewall) 설치와 해킹(hacking) 방지 시스템, 호텔 내부와 외부 네트워크 통신 사항 기록 및 감시 시스템 구축도 요구된다.

〈표 6-1〉 호텔 전산화의 시대적 발전과정

구분	내용
1950년대	• 일반산업 부문에서 제1세대 컴퓨터 하드웨어 및 소프트웨어를 시험적으로 사용 • 컴퓨터 설치에 많은 비용투자로 인하여 소수의 대기업만이 컴퓨터를 사용 • 호텔들은 규모 경제라는 이유로 필요성에 관심도 부족했고, 비용 감당이 곤란하였음 • 프런트 오피스(front office) 업무는 수작업으로 처리되었으며, 모든 호텔의 거래를 장부나 색인 카드 파일(file)에 기록
1960년대	• 제2세대 및 제3세대 컴퓨터가 사용되면서, 호텔업은 외부의 컴퓨터를 빌려서 사용하기 시작 • 백오피스(back office) 부문의 기능에 사용 • 외상 매출, 재고관리, 구매 및 임금관리 등 호텔의 백오피스(back office) 기능이 다른 산업과 비슷하여 호텔은 단지 데이터를 수집하고 입력 자료를 준비하여 컴퓨터 서비스 회사에 보내어 처리 • 다른 산업에서 사용했던 하드웨어 및 소프트웨어를 호텔에 적용하면서 많은 시행착오를 초래 • 복잡한 프런트 오피스(front office)의 기능과 관련된 본질적인 문제를 파악하지 못하여 호텔 전산시스템 개발에 실패 • 호텔 규모의 대형화로 인하여 많은 서류의 취급이 불가피 • 호텔 전산화는 프런트 오피스(front office)보다 백오피스(back office)에서 진행

1970년대	• 제3세대 말과 제4세대 컴퓨터 사용 초기에 호텔업은 통합 관리시스템의 구축에 비교적 무관심 • 미니컴퓨터(mini computer)와 마이크로컴퓨터(micro computer)가 출현한 70년대 중반 컴퓨터의 수행 능력과 가격의 저렴화로 호텔경영에 관심 증대 • 대형호텔들은 프런트 오피스(front office)의 시스템에 관심 증대 • 컴퓨터 제조업체들은 호텔이 고객 회계, 야간 결산과 객실 운영 적용을 위한 업무 프로그램이 필요하다는 것에 대한 인식 증대 • 호텔 전산시스템의 본격적인 가동 시대로 전환 • 야간 결산의 작업 시간이 11~12시간에서 2시간 이내로 단축
1980년대	• 호텔 시스템 패키지(system package)는 프런트 오피스(front office)와 백오피스(back office)의 통합 시스템으로 발전 • 전화 교환(PBX)과 판매시점(POS) 시스템은 물론, 유료영화(in room movie), 에너지 관리(energy saving system), 미니 바(mini bar)까지 접속이 가능한 인터페이스(interface) 강화 • 단체의 자동 체크인(check-in) 기능으로 신속한 객실 배정의 완료 가능 • 야간 결산도 신속하게 처리하고, 야간 고객의 체크인(check-in)도 가능
1990년대	• 시스템 패키지(system package)는 프런트 오피스(front office)와 백오피스(back office), 인터페이스(interface) 등의 통합 시스템으로 발전 • 예약시스템의 발전으로 외부 및 호텔 예약망과의 접속, 인터넷 통한 예약의 확대 • 항공사 예약망, 여행사 예약망과 연결되면서 예약업무의 자동 처리 기능 확대
2000년~	• 호텔 운용의 효율성 차원에서의 다양한 시스템의 확대 사용과 패키지 시스템을 개발하여 자체 운영에 맞도록 적극 활용 • 호텔 정보의 위험관리를 위해 방어벽(firewall) 설치 및 해킹(hacking) 방지 시스템 구축 • 호텔 내부와 외부 네트워크 통신 사항 기록 및 감시 시스템 구축

제2절 호텔 정보시스템의 의의와 도입 배경

1 호텔 정보시스템의 의의

정보는 이용하고자 하는 사람에게 의미 있는 형태로 처리된 데이터이며, 현재 또는 미래를 예측하고 실제적인 행동을 하는 데 중요한 가치를 제공해 주는 것이라고 할 수 있다.

정보는 일반적으로 복잡한 자료를 간단하고 명료하게 처리하기 위하여 사용자가 필요한 자료를 분석하고 이를 유용한 형태로 변형하여 직접적으로 활용하기 위한 수단으로 이용된다. 따라서 필요한 정보를 창출하기 위해서는 정보를 창출하기 위한 기본적인 자료(data)가 먼저 확보되어 있어야 한다.[7] 정보가 존재하기 위해서는 실질적인 가치를 가져야 하고 의사결정에 유용한 가치를 제공할 수 있어야 한다.

호텔업의 경쟁력은 그동안 가격과 품질이라는 시각에서 접근해 왔다. 그러나 정보화시대에는 고객이 제품이나 서비스의 가치를 판단하는 데 시간이 승부를 좌우하게 되었다. 따라서 경쟁력 차원에서 시간의 지체 여부는 고객의 상품 선택에 중요한 요인이 되고 있다.

호텔업은 서비스 사업으로 인적자원을 활용하여 고객 만족을 최대화하는 것이 목적이다. 따라서 정보기술(IT: Information Technology)의 사용은 때때로 서비스 사업의 목적에 부합되지 않는 것으로 인식하였다.[8] 이로 인하여 호텔업은 정보기술을 활용하는 것이 다른 산업보다 늦게 도입되었는데, 정보기술의 적용이 오히려 고객 서비스를 방해하는 요인이 된다는 인식 때문이었다. 그러나 호텔업에서는 정보의 활용을 통해 고객의 시간 낭비를 줄이고 시스템을 활용하여 불필요한 비용을 절감할 수 있

7) 남태희, 컴퓨터과학총론, 21세기사, 2001, p.13.
8) 김천중, 관광정보시스템, 대왕사, 2000, p.160.

다는 인식을 하게 되었다.

호텔 정보시스템(HIS: Hotel Information System)은 호텔의 가장 중요한 자원인 정보의 흐름과 자료를 효과적으로 관리하기 위한 종합적인 활동이며, 이를 활용하여 경영 활동에 반영하고 지속적인 관리를 수행하기 위한 과정이라고 정의하고자 한다.

2 호텔 정보시스템의 도입 배경

1) 운영환경

호텔업은 입지, 시설, 규모에 따라 경영방식에 다양한 차이가 있으나 정보시스템의 도입 배경은 운영상의 특성에 기인한다. 호텔은 초기 투자 비용이 많고, 인적자원에 의존하며 객실과 같은 시설들은 가동률이 상한선(上限線)에 도달하면 영업 매출이 정체되어 이익확보가 불투명하기 때문이다.

따라서 호텔업은 업무처리의 신속화와 경영의 효율성을 도모하기 위해서 정보 활용을 위한 방법으로 컴퓨터를 이용하는 경향이 증가하였다. 정보기술의 발전으로 단순 업무에 대해서 미숙련 노동력, 비상근(part timer) 인력을 대체 활용하면서 인건비의 절감과 같은 효과를 보았다. 정보시스템의 도입 배경은 다음과 같다.

- 인건비의 상승에 따른 대체 수단으로 시스템 도입 및 활용이 촉진되었다.
- 호텔 사무량의 증대와 신속한 업무처리를 위해 도입되었다.
- 호텔 체인화가 급속도로 확대되어 예약망의 활용이 가능해졌다.
- 기술 혁신으로 호텔 업무용 기기가 급속히 확대, 보급되었다.
- 신기술로 인해 저렴한 가격의 시스템이 등장하여 설비투자가 가능해졌다.
- 기술적인 측면에서 간편하고 쉽게 조작할 수 있는 기기가 개발되었다.

정보기술의 활용으로 고객의 대기시간 감소, 서비스의 신속성은 확보되었으나 최일선에서 서비스를 제공하는 숙련된 노동력이 감소되어 서비스의 품질을 떨어뜨린다는 우려의 목소리도 제기되고 있다.

정보시스템의 활용으로 비용을 절감하는 효과는 가져왔으나, 전문 인력의 채용이 감소하고 업무에 대한 감시가 강화되었다. 호텔의 정보시스템 도입, 활용은 시대적인 추세이지만 그에 따른 프로그램을 관리하고 정보를 운영하는 전문 인력의 육성도 향후 과제가 되었다.

2) 경영자의 인식

경영자는 호텔의 사업을 설계하고 경쟁력을 유지하는 과정에서 시장 조사와 연구의 필요성을 중요한 과제로 인식하게 되었는데, 호텔경영에 미치는 미래의 환경변화 요인은 무엇인지, 환경변화가 조직에 어떠한 영향을 초래할 것인지에 대한 것은 물론 국제적인 호텔 그룹들의 호텔 운영과 관련하여 새로운 경영 모델의 출현(出現)[9] 여부에 관한 것이었다.

정보의 사용자인 최고 경영자, 중역진, 실무진들은 경영정보시스템(MIS: Management Information System)의 활용 여부가 경영활동에 전반에 영향을 미치는 전략적 무기(information as a strategic weapon)[10]가 된다고 판단하게 되었다.

경영자는 다양한 정보를 활용하여 경쟁 우위 전략을 수립할 수 있게 되었다. 비교할 범주 설정과 경쟁업체 선정이 가능하여 신속한 목표를 설정해서 성취 정도를 분석, 평가할 수 있으며, 설정한 국가, 기업, 개인의 직접적인 상대와 확실한 변별력이 있을 때 비교우위를 극대화[11]할 수 있다고 인식하게 되었다.

정보기술은 호텔업의 고객 서비스 증진을 위한 기본적인 경영방식이 되었고, 노동 집약적 산업에서 자본 집약적 산업으로 전환을 의미한다. 정보시스템은 스피드

9) 오정환 · 이철호 편저, 국제호텔경영전략, 가산출판사, 2000, p.15.
10) 나승훈 · 서지한 · 김형준, ERP 구축을 위한 경영정보시스템, 형설출판사, 2001, p.11.
11) 스테판 가릴라 지음 · 서소을 옮김, 경쟁의 역설, (사)한국물가정보, 2008, p.38.

경영, 타이밍(timing) 경영, 기회 선점 경영을 충족시키는 방식으로 정착되고 있다는 것을 의미한다.

3) 정보 경쟁력

전통적으로 재화와 서비스를 생산할 때 투입하는 요소를 생산요소라고 하며, 자본(capital), 노동(labor), 토지(land)를 중요하게 취급하였으나[12] 정보화 사회에서는 정보도 중요한 생산요소가 된다고 인식하기 시작하였다.

생산품 개발을 위한 원자재 구매, 생산, 판매, 유통, 사후관리(after service) 등 전 과정에서 정보를 활용하면 시간을 단축할 수 있다는 인식이 확대되면서 스피드 경영이 경영관리 과정의 일부분으로 자리 잡았다.

통신 기술과 정보처리 기술의 발전은 정보화 사회로의 전환을 의미하며, 정보와 기술의 융합(融合)은 산업사회의 혁명을 일으켜 정치, 경제, 사회, 문화 환경 등이 기업경영에 직접적인 영향을 미치고 있다. 인간의 기억 능력은 한계가 있어, 서적 · 사진 · 안내서(pamphlet) 등을 홍보 매체로 이용하였으나 정보화 사회는 다양한 정보매체를 활용하여 신속하고 정확한 판단과 의사결정을 할 수 있도록 지원하고 있다.[13]

정보는 관광객이 호텔 선택에 필요한 의사결정을 지원하는 기능으로만 인식하였으나 최근 들어 정보의 기능은 확대되고 있다. 이러한 기능을 수행할 수 있도록 한 원천은 정보기술의 혁신이다.

호텔업에서도 정보기술을 활용한 객실 예약이 가능하고 숙박고객의 대기시간을 단축하면서 정보를 활용하는 것이 호텔경영에서 필요하고, 고객의 정보를 체계화하기 위한 시스템을 구축하는 것이 경쟁력 강화에 도움이 된다는 인식이 확대되고 있다.

호텔업의 정보 경쟁력은 수익성에 영향을 미치며, 수익성 향상을 위해서는 회전율을 높이는 것이 중요하다. 객실 이용률 현황, 매출액 현황, 수익성 분석, 자금의

12) 남태희, 컴퓨터과학총론, 21세기사, 2001, p.18.
13) 김천중, 관광정보시스템(관광사업과 정보통신), 대왕사, 2000, p.32.

흐름, 인적자원 구성 현황과 같은 정보를 활용함으로써 호텔경영에 도움이 될 수 있다는 것이다.

4) 고객관리 환경

인터넷 등 각종 정보통신 기술의 발달로 개인의 활동 영역이 확장되었고 인터넷을 이용한 상거래는 지역, 국경을 초월하여 전 세계적으로 확대되고 있다. 또한 국제적으로 교통수단이 발달하여 국가 간 이동이 활발해지면서 비즈니스, 순수 관광 목적의 여행자들이 증가하게 되었다.

호텔업은 숙박과 식음료를 제공하는 장소적 개념이며 소비자들의 욕구를 충족시키기 위해서는 고객이 원하는 맞춤형 서비스를 제공하는 것이 중요한 과제가 되었다. 고객이 만족하는 상품과 서비스를 제공하기 위해서는 고객 정보의 활용이 필요해졌으며, 고객 정보를 기반으로 신속한 서비스를 제공하는 것이 수요시장에 부응하는 원동력이며, 경쟁력이 되고 있다.

고객의 욕구를 파악하고 만족시키기 위해서는 고객 이력(guest history) 카드의 정보를 지속적으로 관리해야 할 필요성이 제기되었고 효과적인 고객관리(CRM: Customer Relationship Management)를 위한 체계를 구축하는 것은 호텔경영에서 매우 중요한 요인이 되었다.

고객관리 체제는 전사적(全社的) 관점에서 고객 관련 정보를 집중적으로 관리하고 고객 중심의 특성을 이해하여 마케팅 활동을 계획 · 지원 · 평가하는 과정으로 변화하였다.

고객관리를 위한 정보의 공유 및 시스템 통합은 국제 호텔산업에서 경쟁력을 확보하고 새로운 경영방식을 적용하여 활용할 수 있다는 사고방식으로 전환하는 계기가 되었고 호텔경영의 기회와 도전이 된다는 인식을 하게 되었다.

제3절 호텔 정보시스템의 목적과 기능

1 호텔 정보시스템의 목적

환대산업에서는 고객과의 거래를 위해서 안내서(manual)를 활용하는 것이 상품판매 활동이라고 인식하였다. 그러나 호텔 정보시스템의 도입은 비용을 절감하고, 신속하고 정확한 업무처리가 가능해지면서 자료(data)처리 과정을 단순화시킨 획기적인 시도였다.

특히 통신시스템과 소프트웨어가 개발되면서 온라인 시스템(on-line system)을 활용한 상품판매가 가능해졌으며, 판매증진을 위해 자체 예약시스템을 개발하여 구축하였다.

국제적인 호텔기업들은 호텔경영 전략의 일환으로 컴퓨터 예약시스템(1985년), 데이터베이스 시스템(1991년) 등을 도입[14]하여 업무 효율화, 수용규모 예측이 가능하게 되어 호텔운영에 크게 기여(寄與)하였다. 호텔업은 이러한 시스템을 활용하여 고객서비스 향상에 공헌하게 되었으며, 신속한 업무처리를 위한 기반을 조성하는 경쟁력을 갖추게 되었다.

호텔 정보시스템은 경영자에게 필요한 경영정보의 제공을 비롯하여 사무업무 처리의 신속화, 경쟁 우위, 고객의 효율적인 관리, 비용의 절감 목적과 같은 효과를 가져오게 되었으며, 목적은 다음과 같다.

14) 한국관광협회중앙회, 국제호텔산업의 신경영정책, 월간 관협(1월호), 1998, p.14.

- 시기적절하고 이해하기 쉬운 정보를 경영자에게 제공
- 불필요한 문서의 감소 또는 제거
- 시스템 활용에 따른 운영환경의 향상과 가시성(可視性)을 제공
- 경영 측면에서 고객 사이클을 활용한 마케팅이 가능
- 고객에 대한 서비스 강화로 만족도 향상
- 비용의 절감 효과

② 호텔 정보시스템의 기능

일반적으로 호텔업은 각 부문의 특성과 업무영역에 따라 차이가 발생한다. 호텔 경영에서 각 부문에 산재해 있는 자료를 시스템에 집계하여 경영자에게 핵심적인 정보와 유용한 의사결정을 하기 위한 다양한 자료를 제공하는 것이 필요하다.

호텔 정보시스템의 주요 핵심은 영업 분석, 손익 분석, 현황 분석 등을 기본으로 하며, 자료(data)의 축적은 관리자들에게 유용하고 효과적인 자료를 실시간으로 제공할 수 있어 경영정보의 가장 중요한 요소이다. 이는 경영자가 효과적인 의사결정을 하여 호텔의 운영방안을 결정하고 미래의 영업활동 등을 예측하는 데 중요한 역할을 한다.

〈표 6-2〉 호텔 정보시스템의 기능

분야별	시스템 분석	분석내용
영업 분석	영업 관리시스템	■ 객실 판매 분석 • 판매 가능 객실 • 객실 점유율

분야별	시스템 분석	분석내용
영업 분석	영업관리시스템	• 일별 · 월별 객실 매출 추이 분석 • 목표 대비 실적 분석 • 전년 동기 대비 분석
		■ 영업장별 매출 분석 • 영업장별 식음 매출 • 일별 · 월별 식음 매출 추이 분석 • 목표 대비 실적 분석 • 전년 동기 대비 분석
	연회관리시스템	■ 연회 매출 분석 • 기간별 • 행사장별 • 행사분류별 점유율 등
손익 분석	회계관리시스템	• 월간 추정 손익 • 손익 계산서(총괄) • 부문 · 영업장별 손익 • 부서별 예산 대비(對比) 실적
현황분석	재무관리시스템	• 재무제표 • 재무 분석 • 자금 수지(收支) 계획
	구매자재시스템	• 월별 구매현황 • 재고 현황표(창고 · 현장재고 총괄)
	고객관리시스템	• 회원 종류별 가입현황 • 지역 · 연령 · 성별 · 직업 · 학력별 분포 • 회원 실적 추이 분석 • 회원 종류별 매출 점유율
	인사관리시스템	• 조직도 • 부서별 인원 • 개인정보(사진) • 인원 현황(인사 구분, 직위별 · 연령별 등) • 정원계획 대비 현(現) 인원 현황
	비유동자산 시스템	• 자산 보유(자산 형태별 보유액 집계) 현황

제4절 호텔 정보시스템의 운영

1 호텔 정보시스템의 운영형태

호텔 정보시스템의 운영형태로는 인 하우스 시스템(in-house system), 패키지 시스템(package system), 아웃 소스 시스템(out-source system)으로 구분하고 있다.15)

1) 인 하우스 시스템

인 하우스 시스템(in-house system)이란 체인호텔이 자체적으로 개발하여 운영하는 시스템이다. 호텔 체인이 시스템을 소유하고, 개발한 시스템 일부를 다른 호텔 그리고 관련 산업체에 판매하는 것이다. 이러한 시스템은 각각의 체인호텔 시스템에 맞게 변형·발전시켜 왔으며, 효율적인 운영과 유통 능력에 기인한다. 그러나 최근 들어 호텔들이 자체의 시스템을 만들지 않고 있는데 이러한 이유는 개발비에 대한 부담과 시스템을 자체적으로 소유하는 것에 많은 위험 부담을 느끼기 때문이다.

2) 패키지 시스템

패키지 시스템(package system)은 소프트웨어 회사에서 구매하는 것이다. 중·소규모의 호텔들도 자체의 시스템을 개발할 수 있으나 시간과 비용의 문제가 발생하므로 기업들이 개발한 소프트웨어를 구매하는 경향이 높다. 현재에는 호텔에서 이용하고 특별한 기능을 제공하는 패키지(package)화된 시스템이 많이 있다.

3) 아웃 소스 시스템

아웃 소스 시스템(out-source system)은 외부의 전문 업체 도움으로 호텔 전체 또는

15) 김천중, 관광정보론, 대왕사, 2000, pp.168-169.

부분을 관리하는 시스템이다. 소수의 호텔은 매우 효과가 크다고 판단하여 아웃소싱(out sourcing) 조건을 적용하고 있으며, 호텔의 효과적인 관리를 위해 특별한 부분을 자동화하고 있으며, 호텔에 적합한 시스템들이 개발되어 호텔 운영에 기여하고 있다.

② 호텔 정보시스템의 운영사례

1) OPERA

오페라(Opera)16)의 자산관리시스템(Property Management System)은 단일 호텔에서 체인 호텔, 리조트호텔에 이르기까지 규모에 상관없이 최상의 호텔 운영을 지원하기 위해 설계된 웹(web) 베이스 프로그램이다. 모든 업무를 실시간으로 신속하고 효율적으로 처리하여 고객에 대한 서비스를 향상할 수 있도록 도와준다. 프런트 오피스 시스템은 다음과 같다.

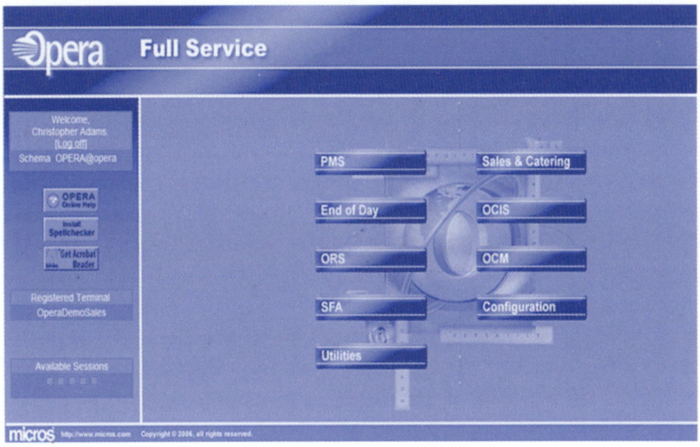

〈그림 6-1〉 오페라 시스템

16) 오페라 시스템과 관련된 자료는 (주)오라클의 자료 승인하에 인용되었음.

(1) 예약

손님의 요구사항을 빠르고 정확하게 처리할 수 있는 객실 예약 모듈(module)이다. 개인 손님과 회사 등의 정보를 관리하는 프로파일(profile) 그리고 예약에 관련된 예약 확인서(confirmation letter) 전송, 메시지 입력, 등록카드 출력, 지불 관계 구분 등 객실 예약에 필요한 다양한 기능을 제공한다.

(2) 프런트 데스크

손님의 요구에 맞추어 객실 배정(room assignment) 및 체크인(check-in)을 할 수 있으며, 호텔 체재 고객(In-house guest)의 요청사항을 효율적으로 관리할 수 있는 모듈이다.

(3) 캐셔링

숙박한 손님의 빌링(billing)을 처리할 수 있는 모듈로 호텔에 체재하고 있는 고객(In house guest)의 계산 내역 확인뿐만 아니라 중간 정산(high balance), 지불 관계 적용, 체크아웃(check out) 등을 처리하며, 이미 계산 완료된 폴리오 내역(folio history), 환전(money exchange), 단체 체크아웃(group check out), 신속한 체크아웃(express check-out)에 대한 다양한 기능을 수행할 수 있다.

(4) 객실 관리

객실을 청소하고 관리하는 하우스 키핑(housekeeping)의 기능을 위한 모듈로 각 객실의 정비상태를 확인할 수 있다. 고장 난 객실(Out of Order), 객실을 수리하여 판매 가능한 객실(Out of Service) 관리, 프런트 데스크(front desk)와 공유되는 객실(room share), 청소 대기 객실 및 타입 확인(queue reservation), 청소 시트(sheet)의 생성 등 객실관리를 위한 다양한 기능이 있으며, 이러한 업무를 신속하게 처리하도록 도와준다.

(5) 여신관리

호텔을 이용한 고객의 후불 관리를 위한 모듈로서 후불(後拂) 계정의 생성, 관리, 지불 관계 적용, 미입금(aging) 관리, 리포트 생성 등 정확하고 신속한 후불 관리를 할 수 있도록 도와준다.

(6) 나이트 오디터

호텔의 일일 업무 마감을 위한 모듈이며, 시스템을 이용할 수 없는 시간, 즉 다운타임(down time) 없이 원하는 리포트의 저장 및 출력, 출력(export) 파일 생성 등을 실행할 수 있는 모듈이다.

(7) 보고서 및 기타

다양한 리포트는 예약, 호텔 체재 고객(In-house guest), 빌링(billing), 실적, 예측(forecast) 등의 자료들을 제공하며, 오페라(Opera)에 포함된 보고서(simple report builder)를 통해서 호텔에서 필요한 보고서(report)를 직접 생성 사용할 수도 있다. 보고서는 기본적으로 PDF(Portable Document Format)로 제공되며, 엑셀(EXCEL), 워드(Word) 등으로의 전환도 손쉽게 이루어진다.

2) WINGS[17)]

환대(hospitality)산업은 다른 어떤 산업보다도 문화와 관습의 차이에 많은 영향을 받는다. 한국은 1980년대 서울올림픽(1988년)을 기점으로 환대산업이 활성화되기 시작했지만, 호텔 운영을 뒷받침할 수 있는 소프트웨어가 없어 외국에서 개발한 회사의 소프트웨어에 의존(依存)하는 수밖에 없었다.

1990년대 들어서 국내에서 자체적으로 개발한 호텔 정보시스템이 출현하기 시작하였다. 외국의 시스템들은 우리나라의 실정에 맞지 않는 경우가 많았으며, 수정하기도 어려웠고 비용이 많이 소요되어 국내 호텔산업에서 시스템을 도입하는 데 많은 부담이 되었다. 따라서 (주)산하정보기술은 국산화를 시도하게 되었다. 기술의 독자성을 확보하고 수입 대체 효과를 달성하여 관광산업과 정보산업 발전에 일익을 담당하고자 호텔, 외식업, 콘도, 리조트 업계의 전산화에 필요한 정보시스템을 보급

17) WINGS와 관련된 모든 자료는 산하정보기술의 승인하에 인용되었음.

할 목적으로 시스템을 설립하였다.

〈그림 6-2〉 WINGS 시스템

(주)산하정보기술은 1990년대에 우리나라 최초로 호텔 종합정보관리시스템인 WITH (Wise Information Technology for Hospitality)를 독자 개발하였다. 이는 운영 중심이던 호텔 관리시스템을 근간으로 사용의 편리성, 기능의 다양화, 개방 시스템의 추구, 사용의 편리성, 사업 발전의 기반 제공을 위해 윈도우(window), RDBMS, GUI, 컴퓨터와 통신 기술, 최신의 운영관리 기법을 조화시킨 것이다. 그리고 웹 기반 차세대 솔루션인 WINGS(Wise Innovation & Gifted Solution)를 구축(2014년)하였다.

RDBMS(Relational Database Management System)

관계형 데이터베이스를 만들거나, 수정하고 관리할 수 있게 해주는 프로그램이다. RDBMS는 사용자가 입력하거나, 응용프로그램 내에 포함된 SQL 문장을 취하여 데이터베이스의 생성, 수정 및 검색 등의 서비스를 제공한다. 잘 알려진 RDBMS로는 마이크로소프트의 액세스, 오라클의 오라클 7, Ardent의 Uni data 등이 있다. 신생 기업이나 소규모 비즈니스 그리고 개인적인 데이터베이스 대부분은 RDBMS를 이용하여 만들어지고 있다. 그러나 새로운 객체 지향형 데이터베이스 모델인 OODBMS(Object Oriented Database Management System)가 미래의 데이터베이스 관리시스템으로서의 자리를 놓고 RDBMS와 각축을 벌이기 시작했다.

GUI(Graphical User Interface)

기존의 문자 위주의 컴퓨터 운영방식이 아닌 그림 위주의 새로운 컴퓨터 운영방식이다. 1980년대 후반부터 IBM PC 및 워크스테이션에서도 GUI가 보급되어 현재의 컴퓨터는 GUI를 사용하고 있다.

WINGS는 투숙객과 직접 관련되는 예약, 등록, 수납, 마감, 여신, 연회, 부대업장 포스(POS: Point of Sales) 등을 처리하는 프런트 오피스(front-office) 시스템과 운영 지원을 위한 인사 및 급여, 경리 및 회계, 발주, 구매 및 자재, 비유동자산, 표준원가, 실적원가 등으로 구성된 백오피스(back-office) 시스템과 신용카드, 객실 관리, 객실 키, 전화자동교환(PABX), Pay TV, 메시지 서비스(SMS: Short Message Service) 등과 연동을 위한 인터페이스(interface)로 구성된 종합적인 소프트웨어 패키지이다.

WINGS는 표준 HTML 5 기반의 자바(JAVA) 웹 솔루션으로 PC 이외에도 스마트폰, 태블릿(tablet) 등 각종 모바일 기반에서도 운영 가능하며, 시간과 공간의 제약 없이 업무를 지원할 수 있도록 하고 있다.

HTML(Hyper Text Markup Language) 5

웹 문서를 만들기 위한 기본 프로그래밍 언어로 HTML(Hyper Text Markup Language) 5는 엑티브X(Active X)를 설치하지 않아도 동일한 기능 구현이 가능하고 특히 플래시(flash)나 실버라이트(silver light), 자바(JAVA) FX 없이도 웹 브라우저(web browser)에서 화려한 그래픽 효과를 낼 수 있다.

호텔 실무자의 업무를 지원하기 위하여 단순한 기능제공 수준의 역할에서 벗어나 주변 경쟁이 심화(深化)되고 있고 호텔의 수익 증대를 위한 역할이 필요하다는 인식하에 WINGS 온라인 마케팅 솔루션을 제공하게 되었다.

정보기술의 발전은 모바일 쇼핑 시장이 활성화되면서 소비자들은 언제 어디서든, 시간과 장소의 제약을 받지 않고 원하는 제품과 서비스를 구매할 수 있게 되었으며, 이러한 트렌드(trends) 변화는 숙박 · 여행 산업에서 변화가 나타나게 되었고 온라인 여행사(OTA: Online Travel Agency)를 통한 예약 비중이 날로 증가하고 있다는 인식을 하게 되었다.

WINGS 마케팅 솔루션은 다양한 유형의 온라인 예약 채널과 연동해 예약관리를 돕는 채널 관리시스템(CMS: Channel Management System)과 호텔 자체 홈페이지를 통한 부킹 엔진(BE: Booking Engine) 서비스를 제공하고 있다.

또한, WINGS-PMS 연동이 가능한 키오스크도 출시해 셀프 체크인 · 체크아웃 등 고객이 기다리지 않는 신속한 서비스를 제공하며, 모바일을 통한 예약, 셀프 체크인 · 체크아웃, 사물 인터넷(Iot)을 접목한 키리스(Keyless) 시스템, 룸서비스 오더(room service order), 객실 온도와 조명 등 객실 환경 조절이 가능한 솔루션인 WINGS-AYS(At Your Service)를 개발하여 고객이 원하는 새로운 서비스 트렌드를 주도해 가고 있다.

키오스크(Kiosk)

키오스크란 정보서비스와 업무의 무인 · 자동화를 통해 대중들이 쉽게 이용할 수 있도록 공공장소에 설치한 무인 단말기를 말한다. 공공시설, 대형서점, 백화점이나 전시장 또는 공항이나 철도역 등에 설치하여 행정절차나 상품정보, 시설물의 이용 방법, 인근지역의 관광 정보 등을 제공한다. 일반적으로 키보드를 사용하지 않고 손을 화면에 접촉하는 터치스크린(touch screen)을 채택하여 쉽게 검색할 수 있다. 이용자 편의를 제공한다는 장점 외에도 직접 안내하는 사람을 두지 않아도 되기 때문에 인력에 대한 비용 절감 효과가 있으며, 특히 인터넷을 장소와 시간에 구애받지 않고 활용할 수 있다.

키리스(Keyless) 시스템

예약별로 자동 생성되는 비밀번호를 고객(guest)의 문자 · 이메일로 전송하면 고객은 별도의 앱(app)을 다운로드(download)할 필요가 없어 더욱 편리하며 사용 후에는 자동으로 폐기된다.

3) 베니키아 예약 시스템

한국 최초의 중저가 관광호텔로서 탄생한 베니키아(BENIKEA: Best Night In Korea)는 한국의 토착 브랜드로 국내 · 외의 여행객들에게 합리적인 가격, 우수한 서비스와 시설로서 편안하고 안락한 숙박을 제공하기 위해 만들어진 호텔 브랜드 사업이다.[18]

베니키아 사업단에서는 표준화된 예약시스템을 구축하여 국내외 여행 관련 사이트 및 세계적 유통시스템(GDS: Global Distribution System)과 연계한 베니키아 중앙 예약시스템(BCRS: Benikea Central Reservation System)을 개발하여 운영하였으며, 여행자에게 숙박을 위한 예약 편의를 제공하는 계기를 마련하였다.

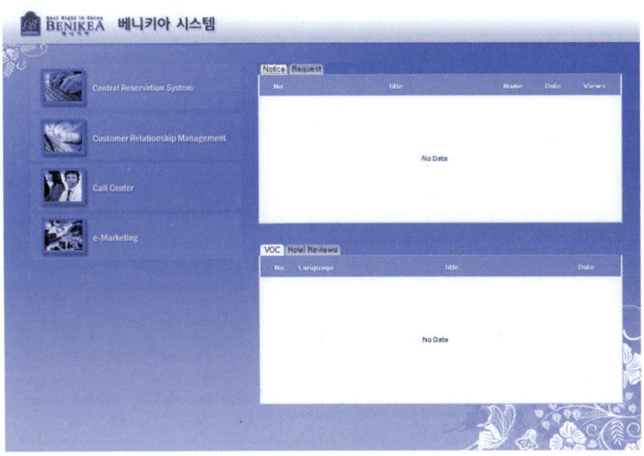

〈그림 6-3〉 베니키아 예약시스템

18) http://www. benikea.co.kr

제 7 장

호텔 정보시스템의 구축과 통합

호텔경영정보론

CHAPTER 7

호텔 정보시스템의 구축과 통합

제1절 호텔 정보시스템의 구축

1 호텔 정보시스템의 구축 방안

경영환경의 급격한 변화에 적응하고 고객을 창조[1]하는 것은 호텔업이 추구해야 할 경영목표와 방향이다. 호텔업은 객실, 식음료 부대사업 등 업무 특성상 다양한 영업장에서 거래가 발생하기 때문에 업무처리를 위한 기능이 필수적이며, 의존적이고 보완적인 시스템의 연계가 수반되어야 한다. 이러한 관계를 유지시켜 주는 것이 시스템이다.

호텔의 규모가 커지고 복잡해짐에 따라서 정보시스템의 기능과 역할도 확대되고 있다. 호텔 정보시스템의 구축으로 영업 부문의 기능을 활성화하였고 수작업(手作業)으로 진행되어온 업무를 자동화함으로써 필요인력을 적재적소에 배치할 수 있었다.

1) 이선희, 호텔서비스 마케팅론, 기문사, 1990, p.9.

호텔 정보시스템이 정보의 흐름을 파악하고 적절한 활용을 통해서 효율성을 증대시키는 데 중요한 역할을 했다는 것이 입증되었으며, 정보시스템을 구축한다는 것은 호텔경영에 필수적인 요소가 되었다.

호텔업의 정보시스템은 인프라(infra)를 구축하는 것이 중요하다. 고객관리, 객실관리, 영업장 관리와 같은 영업 기능과 자금, 인사, 회계, 구매 · 자산관리와 같은 경영지원 기능을 통합적으로 운영하여 사용자가 원하는 정보를 적시에 활용할 수 있는 시스템을 구축해야 한다. 통합을 위한 인프라 구축방안은 다음과 같다.

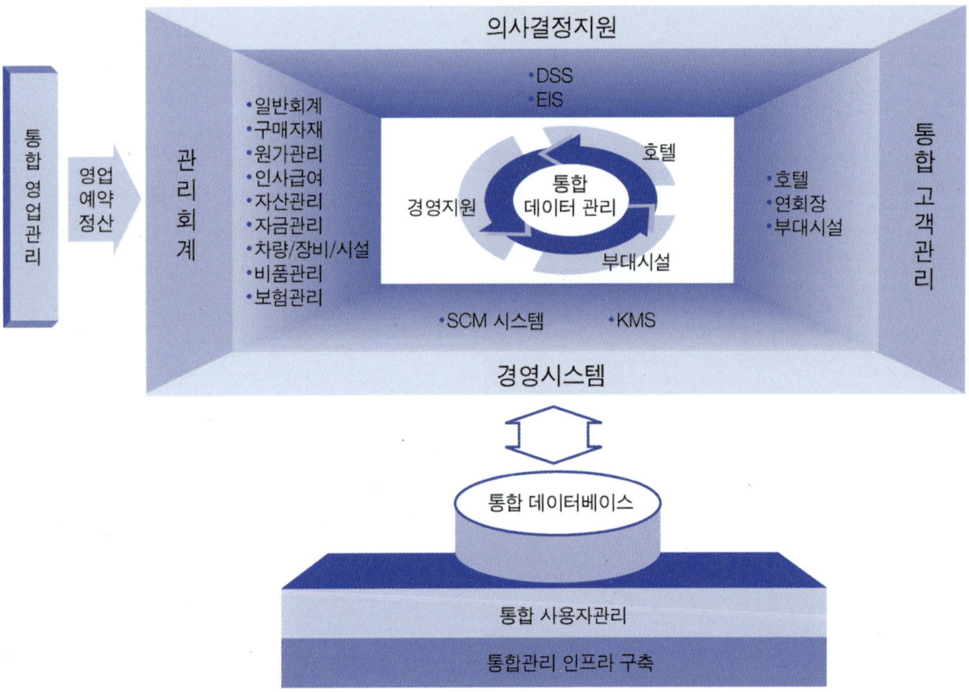

주: 의사결정 지원시스템(DSS: Decision Support System)
중역정보시스템(EIS: Executive Information System)
체인 공급망 관리(SCM: Supply Chain Management)
지식관리시스템(KMS: Knowledge Management System)

〈그림 7-1〉 통합관리 인프라 구축방안

② 호텔 정보시스템의 구축 체계

호텔 정보시스템은 호텔업의 규모와 운영 방법 및 특성에 따라서 통합적 환경 체계를 구축할 수 있다. 일반적으로 호텔업의 영업은 다양한 장소에서 거래가 발생하는 특성이 있는데 이러한 업무를 고려한 분석이 선행되어야 한다.

업무의 분석 결과에 의하면 고객관리, 객실 관리, 예약관리, 후불 관리, 코드 관리, 연회장 관리는 공통적인 관리라고 할 수 있으므로 통합하여 구축하는 과정에서 중복적인 업무를 배제하여 관리업무의 효율성을 높일 필요성이 있다.

〈표 7-1〉 업무 기능에 따른 구축 체계

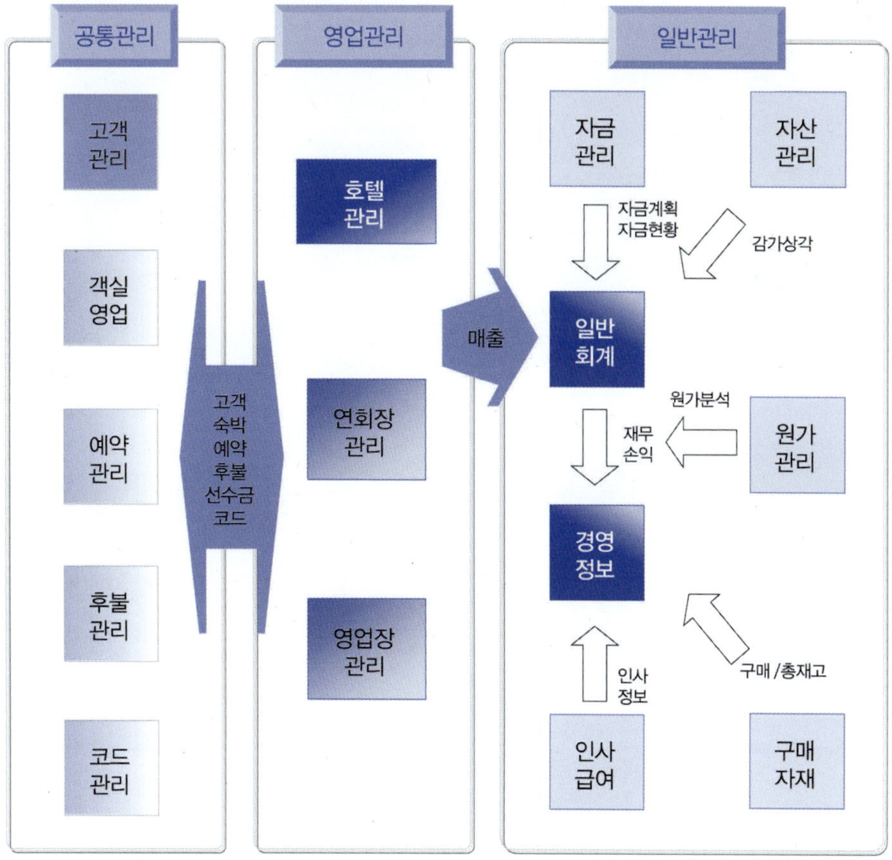

호텔 정보시스템의 구축은 호텔의 경영자, 호텔의 규모, 입지 특성 등에 따라서 많은 차이가 있다. 호텔업은 이윤을 창출해야 하는 사업으로서 경쟁업체의 급증과 시대적인 환경변화에 적응해야 하고 효율적인 고객관리와 신속한 업무처리 등을 위한 기능을 제대로 수행하지 않는다면 이익 창출과 성장은 물론 생존이 불투명한 시대가 되었다.

호텔 정보시스템의 기본적인 특징은 자원을 효율적으로 활용하는 것이며, 가장 중요한 통합의 목적은 전사적(全社的) 자원관리(ERP: Enterprise Resource Planning)를 구축하기 위한 것이다.

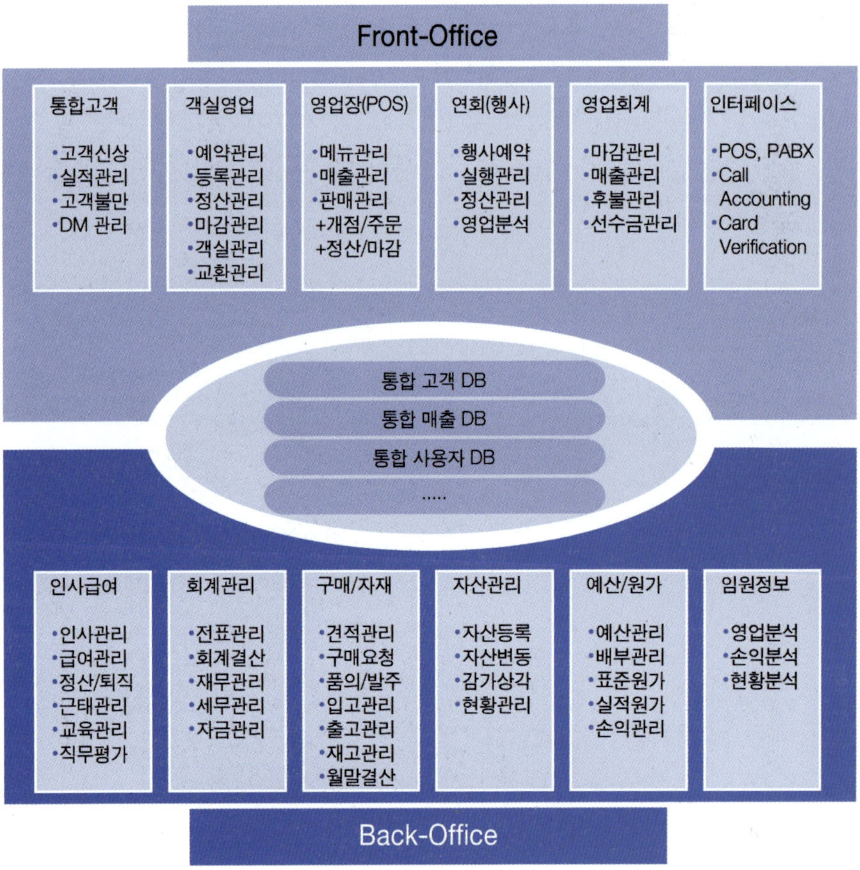

〈그림 7-2〉 호텔 정보시스템의 구축 체계

호텔 정보시스템은 호텔을 효율적으로 경영하기 위한 목적에 우선해서 설정되어야 하며, 정확한 데이터의 수집, 처리, 통제 활동을 기반으로 체계가 구축되어야 한다.

호텔 정보시스템의 구성에서 프런트 오피스 시스템, 백오피스 시스템, 인터페이스와 상호 연관 체계를 구축하는 것이 중요하며, 특히 명령 처리 장치를 갖추고 인터페이스(interface)가 원활하게 이루어져 중간 매체의 역할을 할 수 있도록 해야 한다. 호텔업 운영 특성상 다양한 모듈(module)을 활용해야 하는 측면에서 문제 발생이 없어야 하며, 발생한다면 최소화할 수 있도록 구축해야 한다.

제2절 호텔 정보시스템의 통합과 관리

1 호텔 정보시스템 통합의 의의

통합(統合)이란 다양한 기능을 특성과 목적에 맞게 조직하여 하나로 구성하는 것을 말하며, 시스템 통합이란 정보기술과 관련된 모든 정보 자산인 하드웨어(H/W: hardware), 응용 소프트웨어, 시스템 소프트웨어, 데이터, 네트워크(N/W: network)와 같은 분야의 기술을 통합하여 시스템이 최고의 기능을 발휘할 수 있도록 최적의 형태로 구축해 나가는 과정이다.

시스템(system) 통합은 호텔업의 목적 달성을 위해 필요하고 관련성이 있는 구성요소들을 일률적으로 질서 있게 배열하는 것이다. 호텔에서 운영하는 시스템은 규모, 입지, 인식의 정도에 따른 차이는 있으나 예약, 등록, 객실 관리(housekeeping), 회계 등은 호텔 운영에 있어서 가장 기본이 되는 시스템이며, 이러한 시스템은 호텔업의 운영환경에서 가동[2]할 수 있도록 해야 한다.

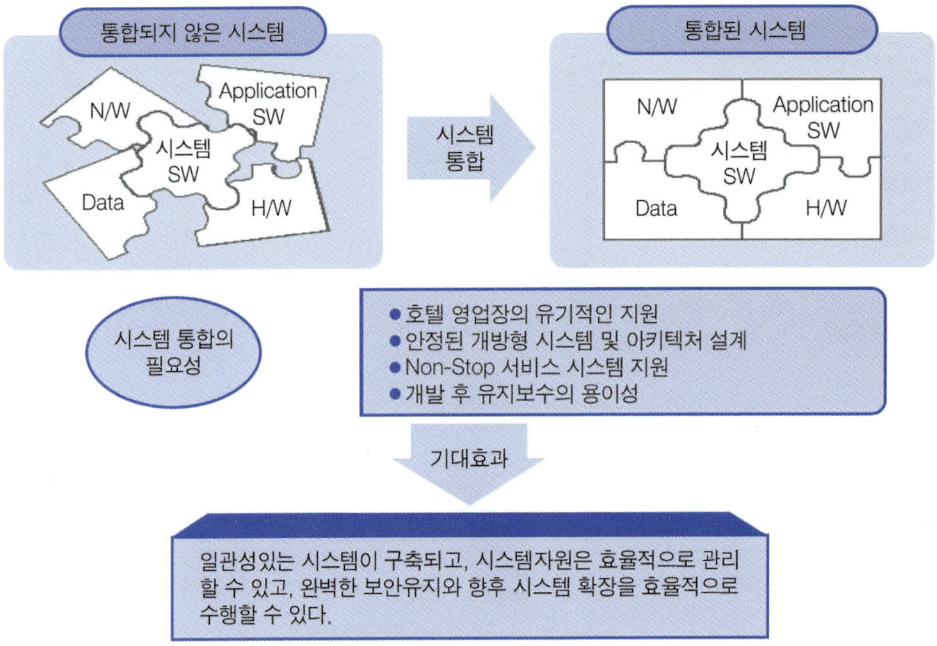

〈그림 7-3〉 시스템 통합

호텔업은 객실, 식당, 연회장, 부대사업과 같은 다양한 영업장을 비롯하여 백오피스와 같은 분야도 관리하고 운영해야 하는 특성이 있다. 호텔업을 경영하기 위해서는 다양한 시스템을 이해해야 하고, 통합 관점에서 향후 정보기술의 발전을 예측하여 운영성, 유연성, 시스템의 확장성, 효율성을 고려한 시스템을 통합하기 위한 방향 설정이 필요하다.

2) 김근종 · 박철호 · 박희석, 호텔정보시스템, 기문사, 1995, pp.213-214.

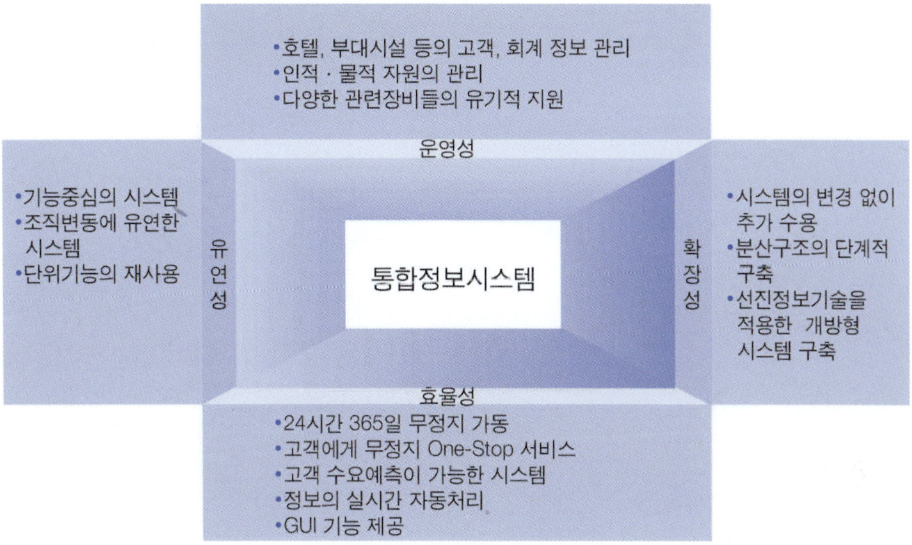

〈그림 7-4〉 통합 정보시스템

② 호텔 정보시스템의 통합관리

호텔업을 경영하기 위해서 정보시스템의 관리는 통일된 응용시스템을 개발하여 구축하는 것이 필수적인 요소가 되었으나, 가장 중요한 관건은 유지보수가 편리해야 한다는 것이다.

정보시스템의 구축은 호텔운영과 관련된 영업기능인 숙박 관리, 연회관리, 부대영업장 관리를 비롯하여 고객정보, 경영정보와 같은 기능을 통합적으로 관리해야 할 필요성이 있다. 특히 인프라 구축에 따른 효율적 관리, 관련기관과 원활하고 신속한 데이터의 교환이 필요하다. 그러나 정보시스템은 항상 위험에 노출될 수 있으며, 자료 유출의 발생 빈도가 방어벽 설치와 해킹 방지는 물론 네트워크에 대한 기록 감시 시스템을 구축하여 보안 문제를 해결하는 것도 중요한 과제라고 하겠다.

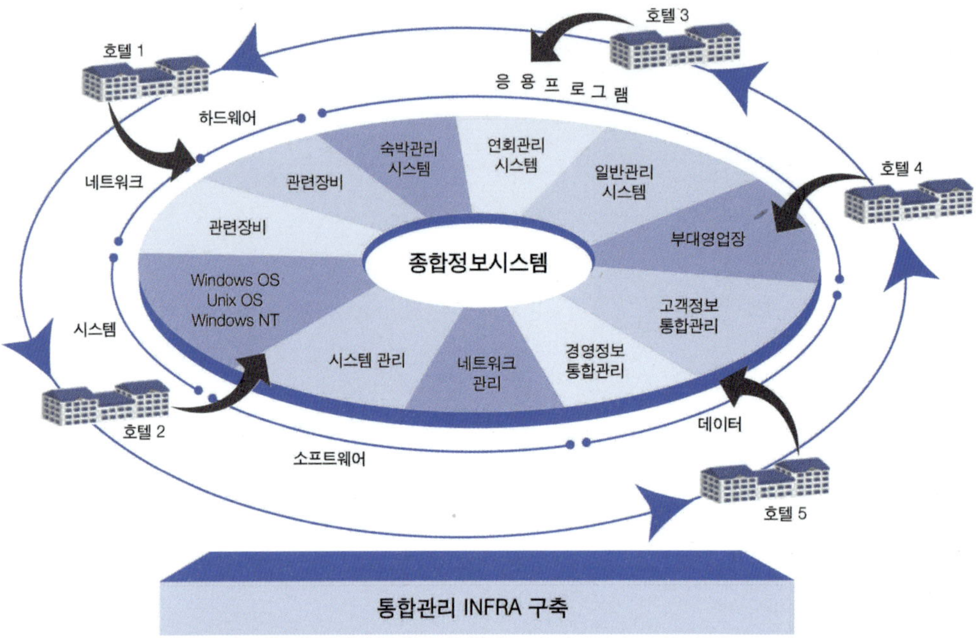

〈그림 7-5〉 시스템 통합 개념도

제3절 호텔 정보시스템의 운영체계

1 프런트 오피스 시스템

환대산업의 자동화를 지원하는 시스템을 서술하거나 표현하는 의미로 자주 사용하는 용어가 자산관리시스템(PMS : Property Management System)이다.[3] 자산관리시스템은 호텔 프런트와 백오피스의 여러 가지 업무를 수행하고 종업원들의 업무를 감독

3) 김천중, 관광정보론, 대왕사, 2000, p.169.

하고 통제함으로써 호텔경영의 효율적인 수단이 되어 왔다.

프런트 오피스 시스템(front office system)은 호텔 업무의 특성을 가장 잘 표현하고 있으며, 하드웨어와 소프트웨어의 결합을 기반으로 구축되어 매체를 통하여 송·수신한다. 개발된 소프트웨어는 기능이 매우 복잡하여 단기간에 완성된다기보다는 호텔경영자와 전산 부문의 전문가들이 장기간에 걸친 연구의 결과로 나온 것이다. 이러한 소프트웨어를 패키지[4]라 부르며, 이들 대부분은 호텔 문화가 발달한 국가에서 개발된 것이 많다.

프런트 오피스의 시스템은 고객을 중심으로 언제 어디서나 고객에게 일관된 서비스를 제공하며, 영업장의 매출을 유기적으로 연동하고 고객이 원하는 곳에서 서비스를 받을 수 있도록 업무 시스템을 구축하고 있다.

프런트 오피스(F/O: Front Office) 시스템은 호텔의 고객 접점(encounter)에서 발생하는 영업활동과 관련하여 업무를 지원하는 시스템으로 고객관리, 객실 관리, 영업장 관리, 연회(행사)관리, 식음 예약관리, 영업회계 관리, 판매수요예측 관리로 구분하고자 한다.

패키지(package)

패키지란 여러 개의 단위 프로그램이 유기적으로 엮어져 전체적인 기능을 수행하도록 한 프로그램의 집합이라고 정의한다.

1) 고객관리

고객관리는 호텔의 영업과 관련하여 회원·비회원 고객의 정보를 통합 관리하는 시스템으로 고객의 신상정보 및 회원의 계약정보, 연회비, 카드 발급, 양도·양수,

4) 박수형은 호텔정보시스템실무(대왕사, 2001, p.80.

실적 정보, 디렉트 메일(DM: Direct Mail) 등을 관리한다.

고객시스템 기능은 고객 신상 관리, 실적관리, 불평 및 불만사항의 관리, 디렉트 메일(DM) 관리로 구분할 수 있으며, 호텔을 이용한 고객정보는 시스템적으로 통합되고 영업장별 고객의 특성을 반영하여 데이터로 관리한다.

호텔은 영업장을 이용하는 고객의 정보를 기반으로 고객의 취향과 특성을 고려한 서비스를 제공할 수 있다. 특히 통합된 고객 데이터를 이용하여 실적에 따라 고객 우대 정책을 시행할 수 있으며, 고객의 선호도에 입각한 고(高)품질 서비스를 제공할 수 있다.

2) 객실 관리

객실 관리는 예약시스템을 활용하여 제공된 예약정보를 이용하거나, 통합 고객정보를 이용하여 신속한 등록업무가 가능하고, 고객에 대한 정보를 정확히 등록할 수 있다. 또한 고객에게 차원 높은 서비스를 제공하여 지속적인 방문을 유도할 수 있으며, 객실 관리는 객실 업무를 효과적으로 관리할 수 있는 시스템을 제공한다.

특히 고객관리시스템과 정보를 공유하여 회원 여부, 방문기록, 이용실적, 서비스 제공 내역, 기호(嗜好) 사항, 불만 사항 등을 미리 파악하여 고객에게 보다 나은 서비스를 제공할 수 있다. 객실 관리는 숙박객이 영업장을 이용하고 후불(後拂) 처리했을 때 정보를 공유하여 체크아웃 시 통합정산이 가능하다.

3) 영업장 관리

호텔업은 객실을 비롯하여 식음료를 판매하는 다양한 영업장을 운영하는 경우가 많다. 판매시점(POS: Point Of Sales) 관리시스템은 호텔 영업과 관련하여 중심이 되는 업무로 고객에 대한 판매, 정산, 마감 등을 관리한다. 호텔의 전체 영업장에서 고객 접점 시 화면을 통한 업무처리가 가능하고, 종업원들의 순환배치나 운영을 효율적으로 할 수 있다. 또한 판매시점(POS) 관리를 통해서 고객에게 다양한 서비스를 제공하고 통합된 고객관리를 지원하여 고객의 만족도를 높일 수 있다.

따라서 판매시점(POS) 관리시스템의 도입을 통해 시스템의 운영을 미래 지향적인 관점에서 설계하고 대(對) 고객서비스 향상과 수익의 극대화를 이룰 수 있다.

4) 연회 관리

연회(행사)관리는 마케팅, 판촉을 통해 고객을 유치하여 각종 행사에 대한 사전 계약, 준비사항을 관리하고 원활한 행사 진행을 위한 서비스와 시설을 제공한다.

연회(행사)와 관련된 정보를 고객관리, 객실 영업, 후불 관리(後拂管理) 시스템과 연계함으로써 업무 효율성과 고객서비스가 증대되고, 행사 예측이 가능하므로 마케팅 능력이 향상되어 운영의 효율성이 커진다.

연회(행사)관리는 상담 관리, 예약관리, 행사 확정 관리, 실행관리로 업무를 구분할 수 있으며, 프런트 오피스(F/O), 판매시점(POS) 관리시스템, 관련 부서와 온라인을 통해서 행사정보를 참고하고 활용하도록 구성되어 있다. 그리고 통합 고객관리와 연계된 실적관리를 체계화하고 정보를 공유하여 고객에 대한 통합 서비스 제공이 가능하다. 또한 특정 행사와 관련하여 손해와 이익(損益)을 사전에 산출할 수 있으며 다양한 형태의 연회행사와 관련된 영업 분석 자료를 제공한다.

5) 식음 예약관리

식·음료 영업장의 예약 및 테이블 관리(TMS: Table Management System), 접객 업무를 신속하고 효율적으로 처리할 수 있다. 자산관리시스템(PMS: Property Management System) 및 영업장 관리시스템(POS)과의 연동을 통해서 고객정보, 고객 실적, 고객 선호도 및 특성을 파악하여 고객 만족을 증대시키며, 각 영업장에 대한 매출 등 종합적인 정보를 제공한다. 또한 전사적인 차원에서 회원뿐 아니라 영업장별 단골고객, VIP도 개별적으로 관리할 수 있어 차별화된 서비스를 제공하도록 지원한다.

6) 영업회계 관리

영업회계 관리는 프런트 오피스(F/O: Front Office) 시스템의 모든 영업 관련 자료를 집계하여 여신관리, 계획 분석 관리 등을 거쳐 최종 확정 매출을 경리 · 회계시스템에 전달한다. 프런트 오피스(F/O) 시스템과의 연동은 물론 백오피스(B/O: Back Office) 시스템의 중추적인 역할을 하는 시스템이다. 영업회계시스템은 인터페이스를 기본으로 한 통합적 관점에서 고려되고 있다.

영업회계시스템은 고객과의 거래에서 상세 매출 내역이 영업장 관리시스템으로 통합되면, 그 내역을 집계 · 분석하여 경리 · 회계시스템으로 전달하는 인터페이스를 기본으로 개발하여 운영한다.

7) 판매수요예측 관리

판매수요예측 관리시스템(YMS: Yield Management System)은 일반적으로 객실 판매 현황을 분석한다. 객실 판매에 대한 과거 판매실적, 현재의 예약과 투숙 현황 및 객실 판매에 영향을 미치는 환경적인 요소를 고려하여 미래의 객실 수요 예측이 가능하다. 또한 경쟁사별, 예약 채널별 가격정책을 비교, 분석함으로써 마케팅 전략을 수립할 때 가치 있는 정보를 제공하여 객실 판매 수익을 극대화할 수 있도록 지원한다.

2 백오피스 시스템

백오피스(B/O: Back Office)는 수익이 발생할 수 있도록 영업활동을 지원하는 업무를 총칭하는데[5], 일반적으로 고객과 직접적인 접촉 빈도가 낮은 부문이라고 할 수 있다. 최근에는 새로운 고객을 창조하는 것보다 고정고객을 관리하는 것이 필요하다는 인식하에 백오피스 부문의 중요성이 증가하고 있다.

5) 박수형, 호텔정보시스템실무, 대왕사, 2001, p.143.

백오피스 시스템은 호텔에서 발생하는 경영관리 업무를 효과적으로 지원하며 조직 운영의 방향 설정 및 수행과 결과에 대한 정보를 수집하고 적용하기 위한 시스템으로 인사 · 급여, 경리 · 회계, 비유동자산, 구매 · 자재, 예산 · 원가, 임원 정보 등과 같은 기능을 한다.

백오피스(B/O: Back Office)의 다양한 시스템들은 조직 구성원들의 편의성을 위해 사용자 중심의 인터페이스(Interface)를 구성하며, 각 영업활동으로 발생하는 매출 및 고객정보는 프런트 오피스(F/O: Front Office) 시스템의 영업회계 관리와 유기적으로 연동하여 구성된다.

1) 인사 · 급여 관리

호텔의 조직이 효과적으로 운영되기 위해서는 각 업무를 담당하는 인력들을 효율적으로 관리할 수 있도록 하는 업무 시스템이 필요하다. 성수기와 비수기에 매출 및 고객변동이 심한 경우 관리 및 운영인력도 탄력적으로 운영할 필요가 있다. 이를 위하여 데이터 등록에 대한 업무 부하가 많이 발생하는 채용이나 근태관리 부분에는 자동 운영 시스템(self operation system)의 개념을 도입하여 불필요한 인력 투입을 억제할 수 있다.

인사 · 급여 관리는 조직에 필요한 인력을 적시에 채용해서 퇴직할 때까지 그 내역과 변동사항을 관리하며, 급여의 지급 규정을 기본으로 급여, 상여 및 정산, 퇴직금 계산의 업무를 수행한다.

또한 직무별 인력 채용계획, 교육계획을 수립하여 효율적인 조직 운영을 위한 기초자료를 제공하며, 인건비 계획을 수립하여 경영계획에 반영하고, 실적을 집계하여 원가관리 및 경영평가에 활용한다.

2) 경리 · 회계 관리

경리 · 회계 관리는 호텔 정보시스템의 핵심 기반이 되며, 재무 정보를 통합하는 업무를 지원한다.

호텔에서 발생하는 모든 거래 내역을 신속, 정확하게 처리하여 의사결정에 필요한 자료를 산출하고 경영성과와 재무 상태를 측정, 전달하는 시스템으로 회계 결산, 세무(稅務), 자금, 재무관리와 같은 기능이 있다.

회계 결산 기능은 데이터의 일관성 및 연계성 확보, 사용자 전표 처리의 용이성과 효율성을 제공한다. 세무(稅務)는 경리의 기초자료로서 세무 보고에 필요한 자료의 산출과 세법(稅法)관리 규정에 따라 발생하는 소득 및 비용에 대하여 세금을 계산하고 신고 및 납부, 증빙 관리를 목적으로 한다. 자금 기능은 자금의 소요 예측을 통해 필요한 자금을 최적의 조건으로 조달하고 효율적으로 배분하며, 자금 운영 실적을 분석하여 경영진 및 의사 결정자에게 다양한 정보를 제공한다.

3) 자산관리

자산의 분류 기준에 따른 유형 및 무형 고정자산의 등록, 자산 매각 · 폐기 · 재평가 등 변동정보, 감가상각(減價償却) 정보를 제공한다. 호텔의 자산을 관리하는 기능으로 감가상각(減價償却) 계산에는 정액법(定額法), 정율법(定率法)을 사용한다. 자산 취득에서 처분, 부서 간 이동, 자산 변동사항을 관리하며 등록관리, 변동관리, 감가상각 관리, 자산현황 관리로 구성된다.

자산 통합관리는 발생하는 감가상각비를 포함한 각종 비용 정보는 경리 · 회계, 관리회계시스템에 제공되며, 자산 운영 및 수선 관련 정보는 시설 · 장비 시스템으로 연계된다. 이때 연계되는 각 시스템 간 자료의 일치성을 유지하여 업무 편리성 및 정확성을 확보할 수 있는 시스템이 구축되어야 한다.

자산관리는 업무처리의 효율성 및 신속성이 요구된다. 특히 추정 감가상각비에 대한 정확한 정보를 신속하게 산출하여 제공할 수 있어 관리회계시스템의 영업장별 추정 손익 작성 시 정확성을 높이고 있다.

감가상각 계산 방법

- **정액법**(straight-line method)
  정액법이란 매 회계기간 일정액의 감가상각비를 계상하는 방법으로 상각 기간 내에 균등액을 감가상각하는 방법

- **정률법**(fixed-percentage-of-declining balance method)
  정률법이란 매년 일정률로 감가상각비가 감소하는 방법으로 각 연도의 감가상각비는 미상각 잔액에 일정한 상각률을 곱하여 계산하는 방법

4) 구매 · 자재관리

구매는 호텔 운영에 필요한 자산, 소모품, 비품에 대한 구매 요청 시 구매의뢰를 접수하여 매입처에 발주하고 그 진행 상황을 관리하며 검수 후 입고(入庫)처리 한다. 영업부서에서 필요한 식자재를 요청하면 출고, 처리하고 이에 대한 수불(受拂) 장부를 작성한 뒤 원가관리에 활용한다.

구매 및 자재의 흐름에 기본이 되는 품목에 대한 상세 항목들과 재고 수준을 관리하고, 환산 단위 및 매입처에 대한 정보들을 유기적으로 연동되도록 하고 있다.

구매 · 자재관리는 재료비 분석 시스템과 충분히 연동되어 실시간 식자재의 재고를 파악하기 위하여 양목표(量目表: recipe)를 이용한 재료비를 산출하고 이에 필요한 데이터를 제공한다.

5) 예산 · 원가관리

예산 · 원가관리는 매출목표 및 인원계획과 같은 자료와 비용예산 편성을 통해서 호텔이 달성하고자 하는 목표를 설정하고 실적을 관리, 평가할 필요성이 있으며, 경영목표 관리, 경영실적 관리, 경영평가 관리로 구분할 수 있다.

경영목표는 영업계획, 인원계획과 연계하여 예산편성을 통해 목표를 설정하는 것이다. 연간 기본 예산을 근거로 월별 실행예산 편성 및 예산 통제 기능의 유연성과 예산 운영 및 실적분석 기능, 다양한 의사결정 지원 자료 제공이 가능한 시스템을 구축한다. 필요한 소요 재원을 합리적으로 산출하여, 부서별 및 사업 단위별로 효율적으로 배분 · 집행하고 경영목표 자료로 배부기준에 의거 목표 손익을 제공한다.

경영 실적은 영업장별 목표 손익을 관리하는 것으로 목표 설정과 실적에 대한 정보를 관리하는 것이며, 경리 · 회계 등의 시스템과 연계하여 필요 자료를 활용하고 영업장별 적합한 간접비 배부기준 및 업무를 수행하여 실제원가 분석 및 영업장별 · 사업 부문별 손익현황을 제공한다.

경영평가는 목표 대비 실적을 평가하는 관리이며, 영업장별 손익현황이 제공되어 평가를 측정하기 위한 현황을 제공하는 시스템으로 경영자에게 정보 자료를 제공한다.

6) 임대시설 관리

호텔업의 시설 일부분을 다른 사람에게 빌려주어 운영하게 하여, 임대한 시설의 개별 정보와 이에 대한 임대 계약 및 이력을 기록 관리하는 업무이다. 임대 업무에는 계약자 정보 및 시설유지와 관련된 관리비를 산출하여 적정한 임대유지 비용을 부과하고 징수하는 절차를 관리한다. 임대수익을 극대화할 수 있는 각종 현황 및 예측자료를 제공할 수 있도록 하며 신속한 시설 유지보수 서비스와 결합하여 최적의 임대 환경을 제공한다.

7) 임원 정보

정보시스템은 경영자에게 정확한 정보를 제공하고 의사결정을 신속하게 할 수 있는 정보를 제공한다는 점에서 매우 중요하다고 하겠다.

중역정보시스템(EIS: Executive Information System)은 임원 또는 최고 경영자들이 조직

내·외부의 정보를 취합하여 정확한 의사결정을 할 수 있도록 지원하는 정보시스템이다. 따라서 다른 정보시스템과 구분되며, 정보의 정확성, 신속성, 일관성과 원활한 인터페이스가 요구되고 정보 기술적 관점에서 통제시스템 역할도 수행할 수 있어야 한다.

중역정보시스템은 고객이 호텔의 다양한 영업장에서 상품을 이용하면 그 현황에 대한 정보를 임원에게 신속하게 제공하여 경영자들이 의사결정을 하는 데 중요한 시스템으로 정착되고 있다.

③ 인터페이스

인터페이스(interface)란 시스템 상호 간(間)의 소통을 위해 구성되며, 통신 및 전송이 가능하도록 하는 매개체로서 중요한 역할을 하고 있으며, 호텔 시스템은 인터페이스에 의해서 구성된다고 해도 과언은 아니다.

호텔업은 다른 업종과 달리 고객들의 매출 활동이 다양한 영업장에서 발생되며, 호텔에서는 이러한 상황을 확인하고 전송시키기 위해서는 다양한 시스템과의 유기적인 기능이 요구된다.

인터페이스(interface)는 호텔 정보의 통합 및 자동화의 실현을 위하여 전화요금 관리, 객실 관리, 키(key) 관리, 판매시점(POS) 관리, 신용카드 조회 등과 연동하여 구축하여야 한다. 인터페이스와 관련된 소프트웨어는 운영 특성상 안정성, 신속성이 보장되어야 한다. 호텔업은 운영 특성상 영업활동이 연중무휴이며, 다양한 영업장에서 수익이 발생하기 때문에 시스템의 접속에서 데이터의 손실을 막아야 하며, 고장률이 없어야 한다.

호텔 정보시스템의 분류에서는 인식의 정도와 차이에 따라 연회예약 시스템(sales & catering system), 중앙예약시스템(central reservation system), 판매 예상 결정 시스템(yield management system) 등은 인터페이스에 포함하기도 하고 백오피스로 구분하는 경향도 있다.

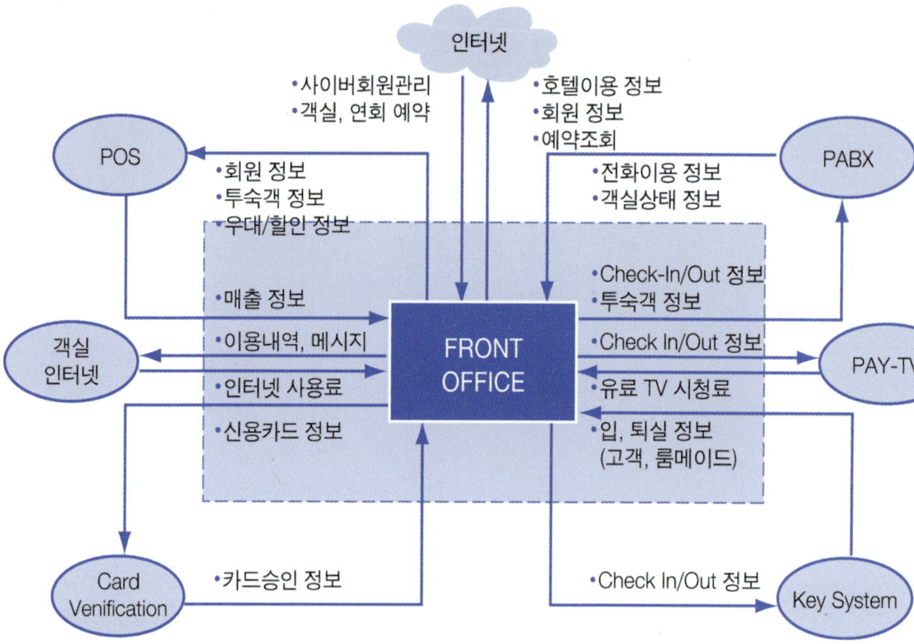

〈그림 7-6〉 시스템 연동

1) 판매시점 관리

판매시점 관리(POS: Point Of Sales) 시스템은 호텔의 영업에서 중심이 되는 업무로 고객에 대한 판매, 정산, 마감 등을 관리하며, 상품별 매상 금액을 고객에게 제시하고 전산을 하는 기능뿐만이 아니라, 호텔경영에서 필요한 각종 정보를 신속하고 정확하게 수집하고 처리하는 시스템이다.

호텔은 객실·식음료·부대사업에서 고객별·시간별 차이에 의해 다양한 거래가 발생되어 매출에 대한 종합적인 집계가 필요하다. 매출 내역의 실시간 전송, 각종 고객 관련 조회 및 신용카드의 결제 조회 등을 수행하며, 종업원들의 순환 배치 편성, 종사원의 운영을 효율적으로 관리할 수 있다.

2) 전화요금 관리

교환(operator)은 고객과 의사소통을 위한 서비스이다. 호텔 내 · 외부를 연결하는 기능을 하고 호텔의 이미지를 결정짓는 중요한 역할을 하는 관리로서 홍보 매체, 통신매체, 안내센터의 기능을 수행한다. 투숙고객에 대한 모닝 콜(morning call)서비스는 물론 고객에게 각종 정보제공 및 메시지의 접수 및 전달 업무를 수행하며. 대내적으로는 부서 간의 긴밀한 연락체계를 구성하고 유기적인 협력관계를 유지하는 역할을 한다.

전화 자동교환(PABX : Private Automatic Branch Exchange) 시스템은 호텔의 통신을 관리하고 전화요금을 부과하는 기능이 있으며, 전화요금은 고객이 객실에서 국제간의 전화를 사용할 때 부과되며, 고객 원장(guest folio)에 계산되어야 한다.

3) 미니 바 관리

미니 바(mini bar)란 호텔의 객실에 설치되어 있는 소형 냉장고로 각종 주류 · 음료 및 안주류를 주요 품목으로 한다. 미니 바는 다른 영업장과는 달리 객실에 품목을 비치하여 고객이 이용할 수 있도록 하고 고객이 체크아웃할 때 정산하고 있어 이용 내역 확인이 필요하고 정확한 관리가 요구된다.

고객이 미니 바를 사용하였을 경우 체크아웃할 때 계산서(bill)를 가지고 오는 경우가 있으나 사용 내역을 하우스키핑(housekeeping)에서 확인하는 것이 일반적이다. 프런트(front)에서는 사용금액을 고객원장(guest folio)에 정확히 집계하여 고객에게 청구하여야 한다.

호텔 시스템의 발전으로 고객이 객실에서 미니 바를 이용하였을 경우 금액이 자동으로 전송되는 벤더 시스템(vendor system)이 출현하기도 하였다.

4) 인 룸 무비

고객이 객실(in-room)에서 케이블 TV(CATV)를 이용하여 유료영화(pay TV)를 시청하는 경우 프런트로 전송되어 고객원장(guest folio)에 자동으로 계정된다.

고객이 호텔에서 체재하고 있는 동안에 사용한 금액을 객실의 TV 모니터(monitor)로 내역을 조회할 수 있으며, 프런트에서 고객에게 메시지를 전송하면 객실에서 메시지를 확인할 수 있는 기능도 있다.

5) 음성 사서함

음성 사서함(voice mail)은 전화 자동교환(PABX: Private Automatic Branch Exchange) 시스템 및 프런트 오피스 시스템과 상호 연계되어 다양한 기능을 수행하고 있다.

음성 사서함은 고객이 체크인하면 고객정보(profile)에 등록된 국적별 언어를 참고하여 자동으로 언어 기능을 수행하는데, 시스템의 성능과 기능에 따라 서비스가 제공되는 언어의 수가 차이가 있으며, 국적에 따라 고객이 원하는 언어로 음성을 기록하거나 삭제하기도 한다.

외부고객이 숙박 중인 고객과 전화 통화를 하기 위해 교환을 통해서 객실까지 연결되지만 고객이 부재(不在)중인 경우에는 사서함에 기록되며 음성 메시지를 보관, 저장할 수 있다.

6) 신용카드

신용카드는 카드 발행자가 일정한 자격을 갖추고 있는 사람에게 입회 신청을 받아서 카드를 발급해 주고 있으며, 카드를 이용하여 필요한 시기에 상품과 용역을 가맹점으로부터 현금 없이 사용할 수 있도록 하고 있다.

신용카드는 제3의 화폐라고 할 정도로 가입자 수가 많으며, 널리 보급되어 있다. 그러나 이와 못지않게 신용 불량자도 많이 발생하여 호텔 이용고객에게 신용카드 검증(credit card verification)을 실시한다. 즉 고객이 제시한 신용카드의 유효성 여부를 조회하고 사용 권한 및 부정사용을 확인한다.

7) 객실 키

고객이 호텔에 체크인할 때 투숙할 객실 사용에 대한 사용 권한(card authorization)을 부여한 카드(key service)를 만들어 제공한다.

객실에 입실할 때 키 센서(key sensor)에 키를 꽂으면 객실이 자동으로 점등되고 외출하거나 퇴숙(check-out)할 때 키(key)를 빼내면 자동으로 점멸되는 객실자동전멸장치(room key tag system, 客室自動全滅裝置) 시스템을 도입하여 환경보호 캠페인에 동참하고 에너지도 절약하려고 노력하고 있다.

숙박하고 있는 고객이 영업장을 이용한 후 객실 키를 제시하면 단말기에서 고객 정보가 확인되어 후불 처리가 가능하다. 객실(room) 키(key)는 일반적으로 체크아웃 시 반납을 해야 하지만, 일부 호텔에서는 고객에게 기념으로 제공하기도 하여 재투숙을 유도하는 마케팅 효과에도 기여하고 있다.

8) 에너지 관리

에너지관리시스템(EMS: Energy Management System)이란 에너지의 사용을 효율적으로 관리하고 통제함으로써 에너지 비용을 절감하기 위한 것이다.

호텔은 다른 산업에 비해서 에너지 소비율이 높은 사업이므로 에너지관리시스템은 고객이 사용하는 물(水)을 비롯하여 냉·난방장치, 전등, 수온 등의 자동제어를 통해서 에너지 소비를 효과적으로 조정, 관리하기 위한 시스템이다.

에너지관리시스템은 환경보호라는 범세계적인 추세에 부응하고 호텔 입장에서도 에너지를 절약하여 환경을 보호하고 원가절감 효과를 누릴 수 있다. 또한 해당 호텔이 에너지를 절약하고 환경을 보호한다고 소비자에게 인식시킬 수 있어 경쟁에서 유리한 위치를 차지하는 효과도 달성할 수 있다.

9) 안전 금고 관리

호텔에서는 투숙하는 고객에게 편의를 제공하기 위하여 고객의 귀중품을 일시적으로 보관을 하는 업무를 수행한다. 고객의 현금이나 귀중품을 보관하는 안전관리 시스템이다. 고객의 귀중품을 보관하는 방법에는 귀중품 자루를 사용하는 방법, 안전 금고(safety deposit box)를 활용하는 방법 등이 있다.

귀중품 보관은 고객이 체크인하면서 프런트의 안전 금고에 보관하는 방법이 일반적이다. 또한 고객이 객실의 대여금고를 사용하는 경우 고객원장(guest folio)에 계정을 해야 하는데, 호텔업은 고객에게 최대한의 서비스를 제공하면서 다른 한편으로는 이익을 창출하기 위한 노력을 하고 있다.

10) 중앙 예약관리

중앙 예약시스템(CRS: Central Reservation System)이란 유통(流通) 차원에서 컴퓨터를 이용한 통신 접수나 체인 본부를 통한 예약 및 정보를 교환하기 위한 시스템이라고 할 수 있다.

중앙 예약관리는 인터넷 예약 도구(internet booking tool)와 연결되어 호텔 예약을 할 수 있도록 하는 상호작용 시스템(integrated property system)이다.

고객의 취향과 고객이 원하는 객실 유형 등 고객의 모든 정보가 예약하고자 하는 호텔에 전송되어 고객의 정보를 공유하여 서비스할 수 있도록 해주고 있다.

체인 호텔들은 고객의 정보를 공유, 활용하여 고객의 취향을 사전에 파악하여 선호 객실을 추천할 수 있으며, 고객에게 만족을 줄 수 있는 서비스가 가능하여 이용률 증대에 기여할 수 있다.

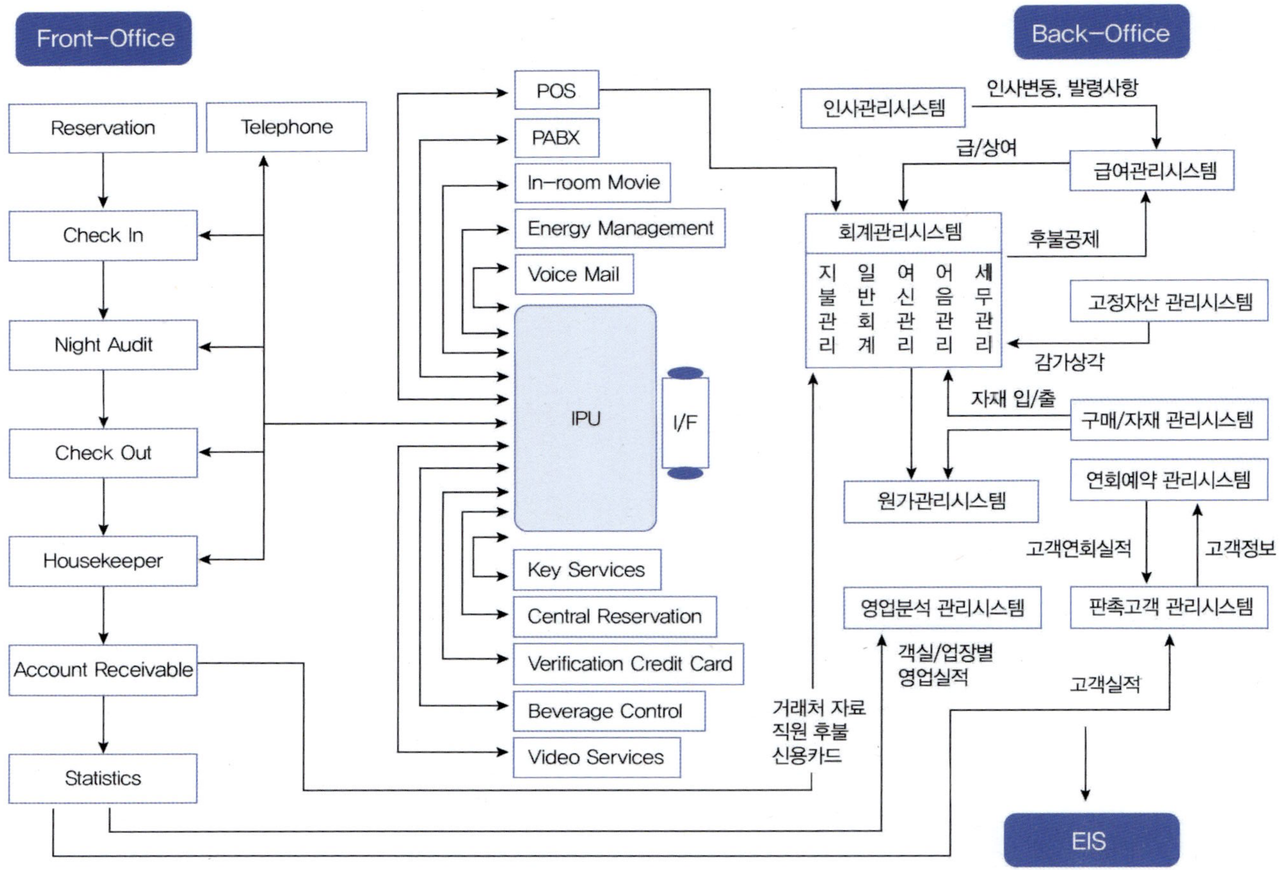

EIS : Executive Information System
IPU : Instruction Process Unit
I/F : Interface

〈그림 7-7〉 호텔 정보시스템의 통합 운영체계

제8장

프런트 오피스 시스템

호텔경영정보론

CHAPTER 8

프런트 오피스 시스템

제1절 프런트 오피스의 의의와 기능

1 프런트 오피스의 의의

프런트 오피스(front office)란 현관사무실을 의미하며, 호텔을 방문하는 고객에게 호텔 안내, 객실 예약에서부터 객실등록 및 정산 등과 관련된 업무를 수행할 목적으로 조직되어 관련 업무를 총괄하는 곳이다.

프런트 오피스는 호텔과 고객을 중계하는 역할을 담당하면서 고객이 체재하거나 방문하는 고객의 편의 제공과 상품 판매를 위한 서비스 등 대내 · 외적인 업무를 수행하는 중추적인 곳으로 최선의 서비스를 제공해야 하며, 상품의 생산성과 품질 을 좌우하는 상품 판매의 중추적인 역할을 한다.

프런트 오피스(front office)는 호텔에 도착하는 고객을 최초로 영접하고 최후에 환송하는 역할을 담당하는 곳으로서 호텔 이미지와 직결되는 곳이며, 친절과 예의, 신속한 업무처리를 실행하여 고객이 체재하는 기간에 훌륭한 호텔이라는 좋은 이미지를 창출하여 재방문할 수 있도록 해야 한다.

프런트 오피스는 서비스 품질에 따라 영향력이 크게 좌우되며, 고객은 호텔의 첫 인상(first impression)이 중요한 심리작용으로 받아들여 이용 후에도 경험으로 남게 되며, 친우, 친지 등의 타인에게까지 전달되는 구전(口傳) 효과도 있기 때문이다.

따라서 프런트 오피스 근무자는 고객 욕구에 맞는 상품과 서비스를 제공하여 판매하는 노력이 필요하며, 좋은 인상과 신용과 예의를 갖추어 업무에 최상의 서비스를 제공하여 이익 창출에 노력해야 한다.

- 고객을 위한 상품 판매와 서비스 및 안내 기능
- 고객을 위한 정확하고 신속한 업무 연결과 소통(communication)기능
- 다른 부서와의 업무 조정(coordination)과 협동(cooperation)기능

2 프런트 오피스의 기능

프런트 오피스는 유니폼 서비스(uniformed service)라고도 하며, 고객이 보는 앞에서 업무를 수행하여야 하며 호텔의 다른 부서의 직원보다도 고객과 직접적인 접촉 기회가 가장 많은 조직이다. 프런트 서비스는 고객이 호텔에 도착했을 때 처음으로 영접하며, 고객이 체크아웃을 하고 호텔을 떠날 때 제일 마지막으로 배웅하고 환송한다. 프런트 오피스의 기능을 조직적인 관점에서 프런트 데스크(front desk) 서비스, 도어(door) 서비스, 벨(bell) 서비스로 구분하고자 한다.

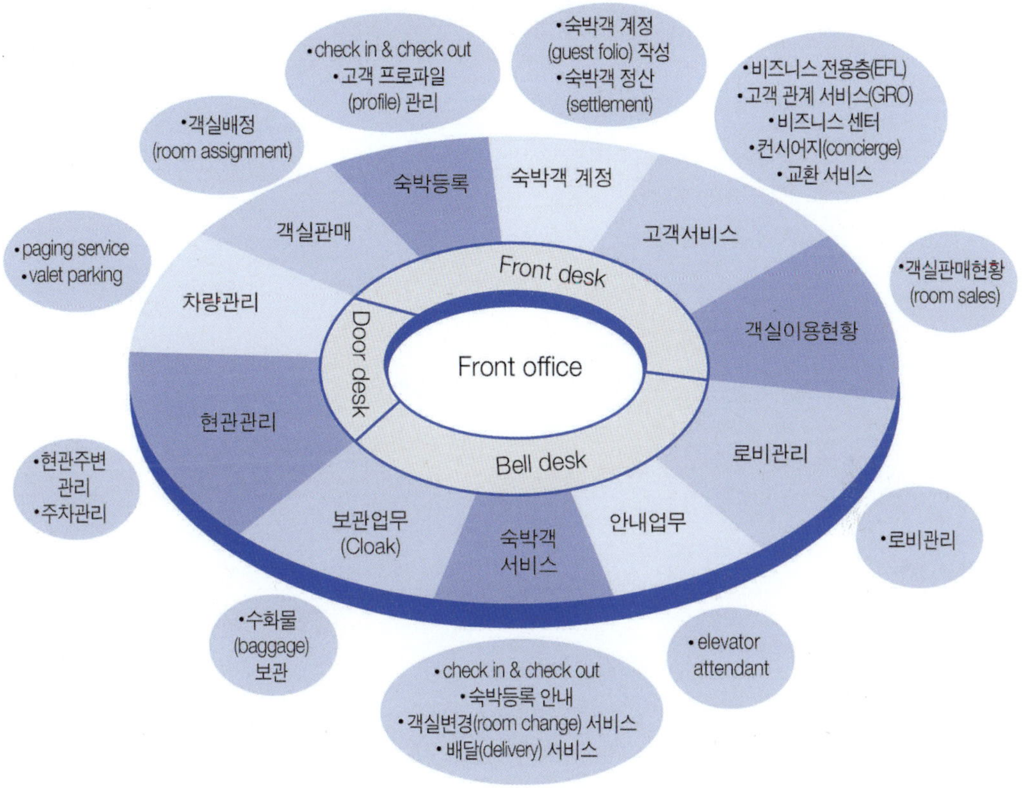

〈그림 8-1〉 프런트 오피스의 기능

제2절 도어 서비스

1 도어 서비스의 의의

도어 서비스(door service)는 호텔을 방문하는 다양한 고객을 최초로 맞이하고 떠나는 고객을 최후로 환송하는 부문으로서 호텔의 이미지를 좌우하여, 호텔을 대표한다고 표현해도 과언이 아니다. 도어 서비스 종사자는 고객에게 언제나 친절한 서비스를 제공할 수 있는 준비를 해야 한다.

- 고객 영접 및 환송
- 차량 안내 및 교통정리
- 주차 서비스 및 차량호출
- 교통편 안내
- 호텔시설 및 행사 안내
- 현관 주변 관리

2 도어 서비스의 업무

1) 고객 영접 및 환송

고객이 호텔 현관에 도착했을 때 안전하게 하차할 수 있도록 도와주며, 수하물이 파손되거나 분실되는 일이 없도록 하는 일이다.

차량이 완전히 정지하면 고객의 안전을 위해서 고객이 타고 있는 좌석 쪽의 문을 열어 정중한 환영의 인사와 함께 고객의 하차를 도와준다.

차량에 실려 있는 고객의 수하물을 신속히 내리고 차 안에 남아 있는 물건이 없는지를 확인한다. 차량의 기사가 있는 경우 수량을 점검하고, 고객이 자가 운전을 하여 도착한 경우에는 고객이 차량에서 하차한 다음에 수하물을 확인하도록 한다.

VIP인 경우는 미리 프런트 데스크로부터 통보를 받아 도착 예정 시간, 차량번호, 수행원 등을 파악하고 있는 것이 좋다.

2) 차량 안내 및 교통정리

차량 안내 및 교통정리는 현관 서비스에서 중요한 업무로서 현관에 도착하고 출발하는 차량의 안내와 주차관리이다. 특히 호텔에서 대규모 행사가 개최되는 경우에는 많은 차량이 도착하여 호텔 입구가 혼잡할 수 있어 차량이 뒤엉키지 않도록 안내해야 한다.

고객의 차량이 현관 앞으로 진입하면 반갑게 인사하고 차량이 정차할 수 있는 위치를 알려주며, 주위에 다른 고객의 차량이 주차하고 있는 경우에 주차 가능한 공간을 안내하여 하차하는 데 지장이 없도록 한다. 호텔의 현관은 차량이 쉽게 도착하고 출발할 수 있도록 안내해야 한다.

3) 주차 서비스 및 차량호출

주차 서비스는 주차 여부를 확인하고 주차장으로 차량을 안내하거나, 고객의 요구가 있는 경우 고객을 대신하여 주차 대행 서비스(valet parking service)를 제공하기도 한다.

차량호출(paging service)은 고객의 요구에 따라 차량을 대기시키기 위한 서비스로 정확하게 호출하여 호텔 앞에 대기시킨다. 주차 대행 서비스를 했던 고객이 차량 대기를 원하는 경우 고객이 소지한 주차표를 확인한 후, 안전하고 신속하게 현관 입구에 대기시킨다.

4) 교통편 안내

고객에게 교통편을 안내하기 위해서는 정보를 숙지해야 하며, 고객의 문의에 적절히 응대해야 한다. 호텔 주변의 관광지나 도심지 등의 교통에 대한 문의가 왔을 때 주요 관광지, 쇼핑센터, 골프장, 관공서, 섬 및 도로망 등을 숙지하고 친절히 안내해야 한다.

호텔을 출입하는 고객에게 적극적이고 친절한 서비스를 제공한다면, 호텔에 좋은 이미지를 갖게 될 것이다.

5) 호텔시설 및 행사 안내

호텔은 다양한 시설이 있으며 행사를 개최한다. 고객 문의를 대비해서 호텔의 시설과 영업장의 위치 및 영업시간, 연회행사의 장소 및 내용을 숙지하고 있는 것이 필요하다.

특히 VIP 고객이 도착하는 경우 고객명, 도착시간을 사전에 숙지하여 주차가 원활히 될 수 있도록 사전에 협조를 요청하고 VIP 차량은 도어 데스크(door desk)의 가까운 곳에 주차하도록 유도하며, 연회와 관련된 행사도 행사명, 행사 내용을 숙지하여 참가고객에게 친절하게 안내하도록 한다.

6) 현관 주변관리

현관의 주변 환경은 호텔 서비스 수준을 평가하는 요인이 되기 때문에 도어 데스크, 각종 안내 표지판, 택시 승 · 하차장, 국기 게양대, 회전문 등은 항상 청결한 상태로 유지해야 한다.

호텔을 출입하는 고객의 안전을 위하여 취객이나 부랑자 등과 같은 정상적인 고객으로서의 방문자가 아니라고 판단되면, 즉시 경비 부서에 연락하여 적절한 조치를 하는 것이 좋다.

제3절 벨 서비스

1 벨 서비스의 의의

벨 서비스(bell service)는 벨 데스크(bell desk)를 중심으로 하여 고객이나 프런트 데스크, 도어 데스크에서 요구하는 업무에 응대할 수 있어야 한다.

벨 서비스의 위치는 일반적으로 프런트 데스크와 도어 서비스와 긴밀한 업무 협조를 위하여 프런트 데스크와 인접한 장소, 현관의 정문, 고객용 승강기 주변에 위치하여 요구에 즉시 응대할 수 있도록 하고 있다.

- 고객 영접 및 환송
- 숙박 등록(registration) 안내
- 객실 안내
- 호텔시설 안내
- 수하물 보관 및 관리
- 정보제공 서비스
- 객실변경 서비스(room change service)
- 로비 관리
- 배달(delivery) 서비스

2 벨 서비스의 업무

1) 고객 영접 및 환송

(1) 체크인 서비스

고객이 호텔에 도착하면 영접 인사를 하고 고객의 짐을 받아 들고 프런트 데스크로 안내한다. 고객의 짐이 많은 경우에는 수화물 수레(baggage car)에 짐을 싣고, 수화물의 이상 유무에 관해 고객에게 확인한다. 특히 컴퓨터와 카메라와 같은 정밀기기 등은 가능한 한 고객이 직접 운반할 수 있도록 유도한다.

(2) 체크아웃 서비스

고객이나 프런트 데스크(front desk)로부터 고객이 체크아웃(check-out)한다는 연락을 받으면 객실 번호와 수하물 수량을 확인하고 객실로 이동하여 체크아웃을 할 수 있도록 한다. 고객을 프런트로 안내하여 정산(settlement) 절차를 종료할 수 있도록 도와주는 서비스이다.

2) 숙박 등록 안내

고객이 등록(registration)하는 동안에는 바르게 서서 대기한다. 등록하는 과정에서 일반적인 내용들을 숙지하고 고객의 성향을 파악하여 서비스에 따른 세심한 주의가 필요하다. 고객의 성함을 기억함으로써 고객에게 친밀감을 느끼게 할 수 있으며, 귀빈 대접을 받고 있다는 인식을 심어줄 수 있는 계기가 되지만, 고객이 성함을 부르는 것을 원하지 않는다고 생각되면 억지로 불러서는 안 된다.

3) 객실 안내

프런트에서 고객을 객실로 안내하라는 요구가 있으면 고객의 수하물을 들고 2~3보 앞에서 안내한다.

엘리베이터는 고객이 먼저 타게 하고 뒤따라 들어가 출구를 향하여 선다. 목적하는 층에 도착하면 고객이 먼저 내리도록 한다.

객실 앞에 도착하면 객실 번호를 확인하고 벨을 눌러 빈 객실이라는 것을 확인 후 객실 문을 열어 키(key)를 센서(key sensor)에 꽂고 키(key) 사용법을 설명해 드리며, 욕실 맞은편의 옷장 방향에 서서 문을 잡고 고객을 객실로 인도한다.

4) 호텔시설 안내

호텔에 숙박하기 위해 방문하는 고객은 시설현황에 대해서 생소하기도 하고 궁금한 것이 많이 있을 수 있다. 고객이 숙박하고 있는 호텔의 객실 현황을 비롯하여 식당, 부대시설과 같은 정보, 즉 시설의 위치, 영업시간, 가격, 특성을 설명할 수 있도록 사전에 숙지하고 있어야 한다.

5) 수화물 보관 및 관리

고객으로부터 수화물의 보관요청을 받으면 수하물(手荷物) 교환증(baggage tag)에 고객명, 객실 번호, 보관날짜, 수화물의 보관 여부와 관련된 내용을 기록하고 수화물 교환증을 드리며, 수화물 보관 대장(baggage log book)에 기록으로 남긴다.

고객으로부터 수화물의 보관을 받을 때 고가품이나 귀중품은 호텔 안전 금고(safety deposit box)에 맡기도록 유도한다. 특히 제3자가 수하물 보관을 의뢰, 요청하거나 제3자가 찾으러 왔을 때 인수·인계증을 발급하고, 신원을 확인할 수 있는 고객의 연락처 등을 받아 놓아야 한다.

6) 정보제공 서비스

호텔에 투숙하거나 잠시 방문하는 고객은 다양한 의문 사항에 대해서 질문하게 된다. 호텔 내부 정보는 전반적인 시설, 즉 객실, 연회장, 각종 식당, 부대시설 등과 같은 영업장의 위치, 영업장 명, 영업시간, 메뉴와 같은 사항이다. 따라서 호텔 내부 시설현황을 설명할 수 있도록 숙지하는 것이 좋다. 특히 연회장에서 개최하는 행사의 일정(event schedule)을 숙지하고 있다가 고객의 문의에 응대할 수 있어야 한다.

호텔 외부 정보(information)는 관공서, 은행, 학교, 종교시설 등과 같은 특수한 건물을 비롯하여 관광지 정보, 외부 식당, 골프 안내, 백화점 및 쇼핑 안내, 렌터카 안내, 교통편 안내 등 다양한 정보를 제공할 수 있어야 한다.

7) 객실변경 서비스

숙박한 고객 중에 여러 가지 상황에 의해서 객실변경(room change)을 하는 경우가 발생한다. 고객이 객실에 머무르고 있는 경우 객실변경(room change)을 할 때는 욕실, 옷장, 냉장고, 서랍 등을 살펴 물건을 빠뜨리는 일이 없도록 주의한다.

새로운 객실로 변경을 하는 경우 고객의 물건을 가능하면 변경 전에 사용했던 위치를 확인하여 물건들을 같은 위치에 놓도록 하며, 객실변경은 고객과 동행하는 것이 바람직하다.

고객 부재중에 객실변경을 하는 경우 하우스 키핑(housekeeping) 직원과 같이 수행하는 것이 원칙이며, 책임을 갖고 업무를 수행한다.

8) 로비 관리

호텔의 로비(lobby)는 사람들이 많이 이용하는 장소이다. 호텔 외부는 물론 내부가 불결하면 고객에게 좋은 인상을 주지 못하기 때문에 항상 청결을 유지할 수 있도록 관리해야 한다. 로비를 쾌적하고 안락한 분위기로 유지하기 위해서 로비에서 고객이 불필요한 행동을 하면 정중하게 주의를 환기(喚起)시키거나 통제를 하여야 한다.

9) 배달 서비스

객실에 주로 배달(delivery)하게 되는 것으로는 우편물, 전보, 팩스, 메시지, 각종 서류 등이 있다. 고객이 소포나 우편물을 부탁하는 경우(out-going) 간단한 우편물은 프런트에서 즉시 처리할 수 있도록 안내하며, 고객용 우편물이나 고객에게 전달하고자 하는 소포(in-coming parcel)들은 수령(pick-up)하여 신속하게 처리한다.

신문 배달 서비스(newspaper delivery service)는 마감 시간(약 2시경)에 맞추어 호텔 체재 고객(in-house guest) 명단을 토대로 투숙객 상황을 파악하여 국적별(내국인, 외국인)로 구분하여 국내 신문과 영자(英字)신문을 객실별로 배달한다.

제4절 프런트 데스크

1 프런트 데스크의 기능

프런트 데스크는 기본적으로 고객에게 정보 서비스(information service)를 제공하고 객실 판매, 숙박 등록, 숙박객 계정의 작성 및 정산, 고객 서비스(guest service), 객실 이용 현황의 파악과 같은 주요 기능이 있다. 또한 일일 결산(night audit), 고객관리(guest history), 여행사 관리(travel agent), 여신관리(account receivable) 업무와 같은 기능도 수행한다. 프런트 데스크의 기능과 특성, 상호 관련 업무를 고려하여 다음과 같이 분류하고자 한다.

- 객실 판매
- 숙박 등록
- 숙박객 계정의 작성 및 정산
- 고객 서비스
- 객실 이용 현황

1) 객실 판매

객실 판매는 프런트에서 가장 중요한 기능으로 판매 성과의 측정이기도 하다. 이 측정은 판매된 객실 수와 객실 요금의 분석으로 이루어진다.

프런트에서 취급하는 고객은 사전에 예약을 마친 예약고객(reservation guest)과 예약하지 않고 숙박을 하러 오는 비예약 고객(walk-in guest)으로 구분된다.

2) 숙박 등록

숙박객의 호텔투숙을 위하여 체크인(check in)으로 예약고객(reservation guest) 및 비예약 고객(walk-in guest)의 취급, 객실 배정(room assignment), 숙박에 따른 등록(registration) 업무 등이며, 숙박이 종료될 때 체크아웃(check out) 업무이다. 특히 고객의 프로파일(profile)을 관리하는 것도 중요하다.

등록(registration)

등록은 규정된 등록카드(registration card)를 사용하며, VIP 또는 재방문(repeat) 고객은 사전에 준비된 등록카드를 제시하여 고객은 서명만 하도록 한다.

3) 숙박객 계정의 작성 및 정산

고객이 숙박하기 위해 호텔에 도착해서 숙박 등록을 하게 되면, 호텔은 고객이 원하는 객실을 지정하는 객실 배정(room assignment)을 하고, 고객이 체재하는 동안에 거래 내역을 기록하고, 유지하기 위한 고객원장(guest folio)이 작성된다.

고객의 체크아웃(check-out)을 대비하여 영업 부문에서 발생한 거래는 숙박객의 계정에 정확히 기록해야 하며, 거래 내역을 고객에게 제시할 수 있도록 준비해야 한다.

체크아웃은 고객이 호텔에서 사용한 금액을 받는 정산(settlement) 절차와 객실 키를 반환하는 것은 프런트에서 진행되는 가장 중요하고 기본적인 기능이며, 고객이 수납하면 영수증(receipt)을 발급해 드린다.

고객원장(guest folio)

고객원장(guest folio)이란 호텔에 숙박하고 있는 고객과 호텔과의 거래내역을 기록 · 유지하고 출발에 대비하여 청구할 수 있도록 준비하며, 대금을 회수하여 정산처리하기 위한 서식이다. 호텔의 객실에 고객이 체재(in-house guest)하고 있으나 다른 영업장에서 발생한 현금(cash)거래의 경우에는 계정에 기록되지 않는다.

4) 고객 서비스

(1) 비즈니스 전용층

비즈니스 전용층(EFL : Executive Floor)은 비즈니스 고객의 업무 편의를 증진하기 위해서 도입되어 일반 객실 층과 차별화한 것이다.

비즈니스 고객의 사무능률을 높이기 위하여 회의실을 설치하고 첨단 사무기기(OA: Office Automation)를 비치하여 고객의 비즈니스 업무와 휴식을 제공하기 위한 공간이다. 비즈니스 고객을 위하여 음료와 스낵 등을 준비하고 신문, 잡지, 도서 등을 비치하여 높은 차원의 서비스를 제공하기 위한 것이며, 비즈니스 전용층을 운영하여 고객을 창출하고 있다.

(2) 고객 관계 서비스

호텔에서는 고객들과의 지속적인 관계를 유지하기 위해서 GRO(Guest Relation Officer) 데스크를 운영하고 있으며, VIP(Very Important Person) 고객의 요구사항을 해결하고 고객의 영접 및 환송을 담당한다.

고객이 호텔에 투숙할 때 신속한 체크인 & 체크아웃(check-in & check-out)을 처리해 주는 원스톱(one-stop) 서비스 업무도 수행하며, 고객의 취향을 고려하여 관광, 여행, 쇼핑에 관한 정보 등을 제공하기도 하는데, 고객들에게 호텔시설에 대한 이용 안내 및 식당 예약, 인근지역의 관광지에 관한 정보, 항공기 예약 및 예약 재확인, 각종 행사에 대한 안내 업무를 수행한다.

(3) 비즈니스 센터

비즈니스 센터(business center)는 비즈니스 고객의 업무 편의를 제공하기 위해 비서 기능의 업무를 수행하도록 하는 공간이다. 일반적인 업무는 비즈니스 관련 정보의 제공, 컴퓨터 기기 및 사무 집기 · 비품 대여, 우편 · 전신 전보 · 팩스(FAX) 업무, 번역과 통역, 회의실 대여 업무, 패킹(packing)업무 등이 있다.

(4) 컨시어지 서비스

현지 사정에 익숙지 못한 고객들이 누군가의 도움을 받아야 할 경우, 혹은 문제가 발생한 경우, 컨시어지(concierge)는 고객의 손과 발이 되어 어려움을 해결해 주는 역할을 하게 된다. 컨시어지는 고객과 접하기 쉬운 공간인 호텔 현관에서 가까운 곳에서 근무하며, 고객이 요청하는 정보에서부터 불평 · 불만 처리에 이르기까지 고객이 원하는 서비스를 제공한다. 컨시어지는 고객의 수하물(baggage) 관리를 비롯하여 교통편 안내, 관광지 정보, 쇼핑 정보, 음식점 추천 및 예약 대행, 티켓 구매 대행 등 다양한 업무가 있다.

(5) 교환 서비스

교환 서비스(telephone operator)는 호텔 내에서 고객을 직접적으로 응대하는 곳이며, 외부와 연결하는 기능이다. 교환 서비스는 통신매체, 안내센터, 홍보 매체로서 역할 수행을 하고 있으며, 투숙고객에 대한 모닝콜(morning call) 서비스는 물론 고객에게 각종 정보제공 및 메시지의 접수 및 전달 업무 등도 수행한다. 대내적으로는 부문 간의 긴밀한 연락구성이 필요하며, 프런트 데스크, 컨시어지(concierge), 회계, 영선, 경리, 연회, 경비, 판촉 및 홍보 등과 유기적인 협조 관계가 필요하다.

5) 객실 이용 현황

프런트에서는 항상 각 객실에 대한 정확한 상황을 알고 있어야 한다. 고객이 체재하고 있는 객실, 체크아웃 예정인 객실, 판매 가능한 객실을 파악하고, 스키퍼(skipper)의 예방, 슬리퍼(sleeper) 현황 파악은 객실을 효과적으로 운영하여 객실을 판매하기 위한 전략이다. 이러한 객실 이용 현황 파악은 사전에 손실을 방지하고 최적의 객실 판매를 위한 방안이다. 호텔에서는 객실 상황을 원활하게 분석하기 위하여 컴퓨터를 도입, 활용하고 있다.

스키퍼(skipper)

호텔에 체크인(check-in)을 하였으나 정당한 절차(정산 절차)를 거치지 않고 떠나 버린 고객을 의미한다.

슬리퍼(sleeper)

프런트 업무에서 착오로 인하여 비어 있는 객실인데 체재(滯在)하고 있는 것으로 표시되어 고객에게 객실을 판매할 수 없는 경우를 말한다. 전산시스템의 발달로 인하여 이러한 사례가 발생하는 경우는 많지 않다고 하겠다.

② 프런트 데스크의 업무

프런트 데스크는 고객에게 최대한의 서비스를 제공하기 위한 영역으로 신속하고 정확한 업무처리가 필요하다.

- 객실 배정(room assignment)
- 체크인(check-in)
- 체크아웃(check-out)
- 객실 키(room key) 관리
- 귀중품 보관(safe deposit box)
- 객실 변경(room change)
- 정보(Information) 제공
- 객실 통제(rooming control)
- 야간 당직(night duty)

1) 객실 배정

객실 배정(room assignment)이란 도착할 예정인 고객을 위하여 객실을 할당 지정하는 것이다. 고객이 도착하기 전에 객실을 준비하여 객실 배정에 따른 시간을 단축하는 신속한 서비스(express check-in)를 제공하여 투숙객에게 편의를 제공하기 위한 절차이다.

객실 배정은 예약한 객실 형태(room type)와 블록(block) 유무를 확인하는 것이 중요하고, 배정하기 위해서는 오전에 객실 정비 및 청소(RTC: Rush To Clean)를 요청한다. 객실 배정의 일반적인 업무는 다음과 같다.

- 블록(block)이 있는 예약의 처리
- VIP 예약 처리(꽃, 과일 등 사전에 준비가 필요할 때)
- 커넥팅 룸(connecting room) 및 인접 객실(adjoining room)의 배정인 경우
- 특수한 층이나 객실 번호(room no.)를 지정할 때
- 일행이 많거나 같은 층(floor)을 원하는 일행이 있을 때
- 특별 고객(국제회의 고객, 판촉에서 요청한 카지노 고객 등)
- 스위트 룸(suite room)이나 소수 보유의 객실을 예약한 고객
- 단체객의 예약
- 주말이나 휴일 등 고객의 혼잡이 예상되거나 초과 예약(over booking)인 경우

2) 체크인

호텔에서 체크인(check-in)이란 숙박의 개시를 말하며, 고객이 도착하여 등록(registration)이 끝난 다음 호텔 측으로부터 객실을 사용할 수 있도록 하는 과정이다. 고객이 도착해서 체크인하는 경우 고객을 최초로 응대하는 곳이 프런트 오피스(front desk)이기 때문에 좋은 인상을 주어야 하며 응대하는 데 불쾌감이나 실례가 되는 일이 없도록 유의해야 하고 매출 증진에도 적극적인 사고방식이 요구된다.

체크인(check-in) 시에는 고객이 신속하게 체크인을 할 수 있도록 하는 것은 서비스의 기본이며, 고객의 만족도를 향상할 수 있다. 체크인의 주요 업무는 다음과 같다.

- FIT 예약(reservation)고객
- 비예약 고객(walk-in guest)
- 단체(group)고객의 체크인(check-in)
- 특별고객(국제회의 고객, 판촉에서 요청한 카지노 고객 등)의 체크인
- VIP 체크인(check-in)

3) 체크아웃

고객이 비용을 지불(payment)하여 정산(settlement)하고 객실(room)이 비워졌을 때를 체크아웃(check-out)이라고 한다. 특별한 경우를 제외하고는 정산이 끝나고 키(key)가 돌아왔을 때 체크아웃이라고 하며, 체크아웃의 주요 업무는 다음과 같다.

- 일반적인 체크아웃
- 늦은 체크아웃(late check-out)
- VIP 체크아웃
- 단체 체크아웃(group check-out)

일반적인 체크아웃

고객이 계산을 하고 키(key)와 함께 요금이 정산(settlement)되어 넘어오는 경우

늦은 체크아웃(late check-out)

일반적으로 호텔의 체크아웃 시간(check-out time)은 12:00이지만 시간이 지나도 체크아웃을 하지 않는 경우, 호텔의 마케팅 정책이나 객실에 상황에 따라 체크아웃 시간에 차이가 날 수 있다.

고객이 체크아웃을 하는 과정에서 발생할 수 있는 것이 고객의 불평(complaint)과 불만 및 스키퍼(skipper)에 대한 처리이다. 고객 불평이 발생했을 때 우선 불평 내용을 경청한 후 고객의 요구에 부응할 수 있는 최대한의 조치를 한다. 프런트에 비치하고 있는 고객 불평 대장에 접수 시간, 불평 내용 등을 기록하고 이러한 불평이 다시 발생하지 않도록 해야 한다. 불평과 불만 사항의 발생은 회사 매출에 막대한 지장을 초래할 수 있기 때문이다. 스키퍼는 발생하지 않도록 사전에 최선을 다해야 하며 부득이 발생했을 경우 회사의 처리 규정에 따라서 처리한다.

4) 객실 키 관리

호텔 고객을 위해서 제작한 키(key)를 관리하는 것은 매우 중요한 업무이다. 키 관리가 중요한 이유는 고객의 안전과 재산을 보호해야 하며, 분실 시에는 객실 매출에 영향을 줄 수 있기 때문이다.

객실 키(room key)를 분실했을 때에는 즉시 지배인(manager)에게 보고하고 분실로 인하여 객실 매출에 영향을 줄 수 있으므로 신속히 객실 키(room key)를 제작하여 업무의 지속성을 유지해야 한다.

5) 귀중품 보관

호텔에 숙박하러 오는 고객들이 귀중품이나 현금 보관을 원하는 경우가 있다. 객실에 안전 금고가 비치되어 있지 않았을 경우 고객이 프런트에 있는 귀중품 보관함(safe deposit box) 이용을 요청하는 상황이 발생한다. 호텔 프런트에는 고객의 귀중품이나 현금을 보관하기 위한 보관함을 구비하고 있어 고객의 귀중품을 안전하게 보관하고 찾으러 오는 고객에게 되돌려 주는 서비스이다.

6) 객실 변경

고객이 도착한 이후에 객실 변경(room change)이 발생할 수 있다. 호텔의 사정으로 인한 보수공사나 어쩔 수 없는 상황으로 객실이 블록(block)이 되어 있어 변경하는 경우와 고객의 요구에 의해서 변경을 하는 경우가 있다. 고객 요청의 경우에 객실 여유가 있으면 요청에 응하는 것이 좋으며, 호텔의 사정으로 변경하는 경우 충분한 설명과 이해를 받아야 하며, 이에 따른 동의를 얻어야 한다.

객실변경으로 인한 요금의 차이에 대해서는 요금(rate)을 고객에게 확인시켜 주어야 하며, 변경으로 인한 메시지(message)나 기타 정보(information) 등이 누락되지 않도록 유의하여야 한다. 특히 고객이 부재 중에 짐을 이동하는 경우 특별히 주의가 필요하다. 일반적인 객실 변경(room change)의 경우는 다음과 같다.

고객 부재 시 객실 변경

고객이 부재중에 객실 변경(room change)을 하는 경우 고객의 승낙이 있었으나 수화물(baggage)의 짐이 풀린 상태(unpacked)일 때는 고객이 돌아오고 나서 변경을 하는 것이 좋다.

- 고객 희망에 의한 변경
- 호텔 측 사정에 의한 변경
- 객실 예약 신청 시 약속에 의한 변경

7) 정보 제공

정보(Information) 제공 업무는 프런트 오피스 업무에서 중요한 직무이며, 호텔에 투숙한 고객은 물론 방문객들에 대한 안내는 호텔의 이미지와 직결된다.

객실을 판매하는 판매 요원으로서 호텔의 다양한 시설에 대한 정보를 제공하는 것은 서비스의 기본이며, 고객에게 호텔의 다양한 상품을 판매하는 판매자(marketer)로서 중요한 역할을 한다.

정보 제공 서비스는 호텔시설 현황인 식당 및 부대시설과 같은 시설에 관한 문의에 대한 응대는 기본이고 주변 관광지 현황, 여행 정보 등을 다루며, 호텔 내 · 외부에서 발생하는 상황에 관해서도 정확한 정보를 제공해 주어야 한다. 정보 제공의 일반적인 주요 업무는 다음과 같다.

- 숙박객에 대한 정보(information)제공 및 응대
- 방문객에 대한 정보제공 및 응대
- 메시지(message)의 접수 및 전달
- 외부 물품 전달(will call for) 업무
- 우편 업무

외부 물품 전달(will call for) 업무

투숙객이 외출 또는 퇴숙을 하면서 외부고객에게 전달할 목적으로 맡기는 물건으로서 접수를 할 때는 별도의 외부 물품 전달(will call for) 목록(slip)을 첨부하여 보관하며, 신중하게 일을 처리해야 한다.

8) 객실 통제

객실 통제(rooming control)란 객실을 최고의 가격으로 최대의 객실(room)을 판매하기 위한 업무이다. 객실 통제 업무는 예약을 점검하고 출발 예정을 확인하는 상황을 정확하게 파악하는 것은 물론 예약 부도(no-show)와 취소(cancellation)를 방지하는 것도 객실을 효과적으로 판매하기 위한 전략이다.

주요 업무는 객실 종류(room type)의 현황, 체크인 & 체크아웃 현황, 판매 가능 객실 수(available rooms) 등을 확인해서 객실 판매(room sales) 현황에 대한 자료를 작성해서 분석하는 것이다.

9) 야간 당직

프런트 오피스의 야간업무(night duty)는 주간업무의 연장이다. 야간 근무자는 객실의 판매 업무는 물론 모든 상황의 점검(check), 업무의 마감, 리포트(report) 작성 등 주요 업무를 주간 근무자로부터 정확하게 인계받아야 한다. 업무 인계 과정에서 의문(疑問)이 발생하지 않도록 해야 하며, 부득이 의문 사항이 발견되어 의사결정을 할 수 없는 경우에는 지배인(manager)과 상의하여 처리하는 것이 좋다. 주요 업무는 다음과 같다.

- 객실 점검(room check)
- VIP 상황 숙지
- 도착 예정 고객(expected arrival guest) 정리
- 메시지(message) 정리
- 매출액 체크(revenue check)
- 슬립 아웃(sleep out) 객실 체크
- 각종 보고서(report) 작성
- 익일(翌日) 업무 수행 준비

슬립 아웃(sleep out)

호텔에서는 고객에게 객실을 판매하였으나 고객이 객실에 짐(baggage) 또는 옷과 같은 개인용품을 놓아두고 객실을 사용하지 않은 경우를 말한다.

각종 보고서(report)

보고서에는 일일 판매 보고서(daily sales report), 예약상황 보고서(day forecast report)는 예약상황을 파악하는 것으로 당월의 예측(forecast)현황을 작성하여 예약업무에 활용하기 위한 것이다. 또한 특별한 상황이나 익일(翌日)의 주요 사항 또는 고객의 특별요구 및 불평등을 기록하는 것이며, 보관 대장(log book)을 작성하는 것이다.

제9장

객실관리시스템

호텔경영정보론

CHAPTER 9

객실관리시스템

제1절 객실의 의의와 특성

1 객실의 개념

객실이란 고객이 거처하거나 접대하게 하는 장소 혹은 여객선, 여객기, 열차 등에서 고객이 머무르는 장소라는 의미로 구분된다. 호텔의 객실(room)은 고객의 숙박을 위한 방, 고객에게 편안한 휴식과 조용하고 안락한 잠자리 장소로 제공하는 건축물의 내부를 공간으로 분리한 부분의 일부라고 정의하고 있다.

객실의 물적자원 구비 여부는 호텔의 이미지와 직결되고, 고객의 선호도를 높일 수 있다. 그리고 미관, 장비, 청결성 등은 물론 안전성, 편리성, 쾌적성은 고객의 생활을 보호하는 시설이어야 한다.

호텔 경영에서 객실 수입은 큰 비중을 차지한다. 고객에게 객실을 판매한 수익은 객실 자체의 수익으로 그치는 것이 아니라 숙박한 고객은 식음료 영업장을 비롯한 부대 사업장을 이용할 수 있어 호텔의 전체 매출액에도 영향을 미치게 된다.

호텔의 객실은 고객의 욕구에 부응할 수 있도록 유·무형적인 것은 물론 물적, 인적 시스템이 종합적으로 구성되어야 하는 상품이다. 객실 상품은 유형적 성격이 있는 물적 자원이며, 무형적 성격인 인적 자원의 서비스가 복합적으로 제공되는 상품이라고 할 수 있어 종사원의 친절성과 서비스 태도가 객실 상품의 품질을 결정한다.

② 객실 상품의 특성

객실은 건설 초기에 투자비가 많이 소요되며, 당일에 판매하지 못하면 저장하여 판매할 수 없다. 따라서 호텔 수익에서 높은 비중을 차지하고 있는 객실의 이미지를 부각하여 판매 증진을 위한 노력을 하고 있다.

1) 객실 종류의 다양화

객실은 침대 수에 의해서 싱글(single), 트윈(twin), 더블(double), 트리플(triple), 스위트(suite)와 같이 분류하고 있다. 그러나 이러한 객실 형태를 탈피하여 고객의 욕구와 취향에 부응하기 위하여 객실의 기능을 다양화(금연 객실, 비즈니스 전용 객실, 장기 고객용 객실)하여 상품 가치를 증대시키고 있다.

2) 객실 공간의 상품화

객실 상품의 특징을 부각하기 위하여 가구를 비롯한 집기, 비품을 새롭게 디자인(design)하여 필요한 공간에 배치하며, 인터넷을 설치하여 이용자들이 쉽고 편리하게 사용하도록 함으로써 객실 상품의 가치를 높이고 있다.

3) 편의용품의 차별화

호텔경쟁이 치열해지고 있어 고객을 유치하기 위해서 객실 공간에 비치하는 품목을 고급화하고 있다. 경쟁호텔과의 차별성을 강조하기 위한 객실의 비품(비누, 샴푸, 린스 등)인 편의용품(amenity)을 비치 및 제공하여 이미지를 증대시키고 있다. 그러나 최근에는 환경보호 차원에서 일회용품의 비치와 사용을 줄이기 위한 캠페인에 동참하는 추세이다.

4) 객실 상품의 부가가치화

객실은 고객에게 숙박 기능만 제공하는 것이 아니라 고객의 편의성을 증진하기 위하여 주류 · 음료 · 스낵을 비치한 미니바(mini bar)를 설치하여 객실의 부가가치(附加價値)를 높이고 고객의 구매를 촉진하여 매출을 증대시키기 위한 노력을 하고 있다.

제2절 객실의 분류

1 침대 수에 의한 분류

1) 싱글 룸

싱글 룸(single room)이란 1인용 침대(single bed)를 설비한 객실로 기준 면적이 13m^2 이상이고 침대(90cm×195cm 이상) 및 담요(230cm×170cm 이상)를 구비하고 있다.

2) 트윈 룸

트윈 룸(twin room)은 트윈(twin), 말 그대로 쌍둥이를 의미하며, 싱글 침대 또는 세미 더블베드가 두 대 설치된 2인용 호텔 객실을 말한다.

세미 더블 베드(semi double bed)

더블 베드의 약 4분의 3 크기의 침대이며, 스리 쿼터(three-quarter) 베드(bed)라고도 한다. 일반적으로 크기는 세로 195~200cm, 가로 110~130cm, 높이 35~48cm를 지칭한다.

3) 더블 룸

더블 룸(double room)은 2인용 침대(double bed)를 설비한 객실로 객실의 면적이 16m^2 이상이고 침대(138×195cm 이상)를 구비하고 있다.

4) 트리플 룸

트리플 룸(triple room)이란 세 명이 잘 수 있는 방이라는 표현이며, 더블 베드+싱글 베드, 트윈 베드+엑스트라 베드, 트윈 베드+소파 베드 등 세 명이 잘 수 있다는 개념이다. 통상 유아는 부모와 같은 침대를 사용하는 경우 대부분은 무료이지만 성인 요금을 청구하는 호텔도 있으며, 호텔 무료(complimentary)정책에 따라 차이가 난다.

5) 스위트 룸

스위트 룸(suite room)은 두 가지 이상의 설비(unit), 침실과 응접실을 사용할 수 있도록 구비한 객실로서,[1] 하나는 거실이나 응접실, 사무실, 회의실 용도의 역할을 하고 다른 하나는 침실로 사용되며 내부설비가 호화스럽게 설계된 경우가 많다.

1) 김충호, 호텔경영관리론, 형설출판사, 1982, p.52.

② 객실 방향에 의한 분류

1) 아웃사이드 룸

아웃사이드 룸(outside room)이란 객실에서 외부 전망을 감상할 수 있는 객실을 말한다. 호텔이 입지해 있는 장소에 따라서 오션 뷰(ocean view), 하버 뷰(harbor view), 마운틴 뷰(mountain view), 해안가(beach side)로 구분할 수 있으며, 일반적으로 전망(view)의 특성에 따라서 다른 객실보다 비싼 가격을 받는 경우가 많다.

2) 인사이드 룸

인사이드 룸(inside room)이란 아웃사이드 룸(outside room)의 반대 개념으로 호텔의 객실 안에서 외부 전망을 볼 수 없는 객실을 말한다.

③ 객실 위치에 의한 분류

1) 커넥팅 룸

커넥팅 룸(connecting room)은 2개의 객실이 인접해 있어 객실과 객실 사이에 왕래가 가능한 통용문이 있어 2개의 객실을 자유롭게 왕래할 수 있도록 설계된 객실이다. 고객 편의 지향적인 객실로서 가족 단위의 이용에 편리하며, 외부의 복도를 통해서 출입하는 불편을 해소하고 있다.

2) 어조이닝 룸

어조이닝 룸(adjoining room)은 객실이 같은 방향으로 복도에 나란히 연결되어 있으나, 객실과 객실 사이에 연결하는 통로 문이 없어 외부의 문으로만 출입할 수 있는 객실이다.

4 객실 기능에 의한 분류

1) 비즈니스 전용 객실

비즈니스 고객을 위한 전용층(EFL: Executive Floor)에 있는 객실을 말하며, 업무 수행상 상용목적으로 투숙하는 고객을 위하여 다양한 시설을 구비하고 가격 차별화를 실시하여 운영하고 있다.

호텔은 비즈니스 업무에 필요한 인력을 배치하고 다양한 시설을 갖춘 비즈니스 센터를 운영하고 있지만 투숙하고 있는 동안의 시간을 유용하게 활용하기 위해서는 객실과 가까운 장소에서 업무를 처리하기를 원한다. 또한 이들은 관광목적으로 투숙한 관광객들과의 혼잡을 피하고 일반 고객들과 다른 차별화된 서비스를 받고 싶어 한다.

비즈니스 전용 객실의 출현은 비즈니스 고객의 필요와 욕구를 파악하여 충족시키기 위한 상품개발 노력이며, 호텔 수요시장에 마케팅 전략을 도입한 사례라고 할 수 있다.

2) 금연 객실

전 세계적으로 금연에 대한 규제를 법으로 지정해 놓고 흡연하는 장소를 별도로 정하여 운영하는 추세이다. 호텔을 비롯하여 항공기, 기차, 산업현장, 사무실, 공공기관, 교통기관까지 확대되고 있으며, 비(非)흡연자를 보호하고 있다. 호텔에서도 객실 이용고객을 중심으로 금연 층 객실(non-smoking room)이 등장하게 되었고 흡연고객과 비흡연 고객으로 분류하여 고객의 기호에 부응하고 있다.

3) 여성 전용 객실

여성 전용 객실(ladies room)은 여성들의 사회활동이 활발해지고 이를 계기로 사업

상의 목적이나 관광목적의 개별 여행을 하는 수도 증가하고 있다. 따라서 이러한 추세에 부응하기 위하여 여성 전용 객실을 운영하는 호텔이 증가하고 있다. 일부 호텔에서는 여성 고객의 안전을 최대한 보장하고 있다는 홍보 마케팅 전략을 활용하기도 하고 비즈니스 여성(business women)을 목표로 하는 다양한 프로그램을 내놓고 있다.

4) 장기 투숙객 전용 객실

장기 투숙객을 위한 전용 객실(long-term stay room)은 호텔에서 장기적으로 체류하는 고객을 위해 특별히 운영되는 객실이며, 이들의 욕구를 충족시키기 위해서 개발하여 침실, 취사, 사무실 기능을 수행하는 형태의 객실이다.

장기적으로 숙박하는 고객은 매출액 증대에 기여하고 호텔 직원과 좋은 유대관계를 도모할 수가 있고, 특히 투숙 고객에게는 장기 숙박으로 인한 인지(認知)도가 높아 개별욕구에 맞는 적절한 서비스가 가능하다. 또한 직원들은 고객의 객실 변경(room change), 체크인(check-in) 및 체크아웃(check-out)업무를 빈번하게 처리해야 하는 번거로움도 줄일 수 있다.

제3절 객실 요금제도

1 공표요금

공표요금(tariff)은 호텔이 요금을 결정하여 공시하는 요금으로 할인하기 이전의 정찰가격을 말한다. 공표요금이란 일반적으로 객실 요금을 명시한 호텔의 안내서(brochure)를 요금표(tariff)라고 하는데, 요금표란 미국에서 수입품에 부과하는 관세율

표(tariff)라는 의미로 사용되었던 것이 발전하여 현재는 철도의 운임표, 항공 운임표, 호텔요금표로 사용되게 되었다.

요금표(tariff)에는 객실의 종류별 요금과 식사 요금을 병행 기록하는 것이 보통이며, 오락시설의 이용에 관한 요금도 표시되기도 한다. 그러나 휴양지 호텔은 계절에 따라 객실 요금에 변동이 발생될 수 있어 일률적인 요금표에 공시(公示)하기에는 어려운 측면도 있다.

호텔은 원칙적으로 대외에 공포한 공표요금을 적용하고 있으나 호텔의 경영정책 또는 지배인의 권한으로 객실을 무료로 제공하거나 공표요금에서 할인하는 요금정책을 채택하여 고객을 유치하는 경우가 있다. 따라서 호텔에서 공포한 요금과 실제 요금은 일치하지 않는 경우가 많이 있다.

2 특별요금

1) 무료요금

호텔에서 특별히 접대해야 할 고객이나 호텔의 판매촉진을 목적으로 고객에게 요금을 징수하지 않는 경우를 말한다. 요금을 징수하지 않는 것을 무료(complimentary)라고 하며, 컴프(comp.)라고 줄여서 표현하기도 한다. 무료요금에는 일반적으로 객실만 무료인 경우와 식사 요금까지를 포함하여 무료인 경우가 있다.[2)]

스페셜 유스(special use)란 무료(complimentary)와 유사(類似)한 용어이지만 각종 행사 및 세미나를 주관하는 실무 담당자나 행사의 진행요원, 단체를 안내하는 가이드, 단체를 위해 여행을 수행하는 직원 등에게 무료로 제공되는 객실을 말한다.[3)]

2) 오정환, 호텔경영학원론, 기문사, 1994, p.188.
3) 주종대, 호텔객실업무론, 대왕사, 1993, p.28.

2) 할인요금

(1) 비수기 요금

비수기 요금(off season rate)이란 호텔의 객실 이용률이 낮은 계절인 비수기(非需期)에 적용하는 요금으로 가격을 할인해 주는 경영정책이다. 비수기는 호텔의 입지, 숙박 목적, 숙박형태, 운영 특성에 따라서 요금을 차등(差等) 있게 적용하며, 계절에 따른 할인율을 적용하여 판매한다.

비수기 요금제도는 호텔 간의 과도한 경쟁을 유발할 수 있기도 하지만 호텔의 경영정책으로서는 필요한 요금제도라고 할 수 있다.

(2) 싱글 요금

호텔의 객실 요금은 숙박객에 대한 요금계산 방법이 아니라 객실 사용에 대한 요금계산 방법을 적용하고 있다. 객실 요금은 2인용 객실에 1명이 숙박을 하여도 요금 전액이 청구된다.

싱글 요금(single rate)이란 고객이 싱글룸(single room)을 예약하였으나 호텔에서 싱글룸 제공이 불가능하여 트윈룸(twin room)이나 더블룸(double room)을 제공하고 가격은 싱글룸의 요금을 적용하는 경우를 말한다.

(3) 단체 요금

단체 요금(group rate)은 단체 관광객이나 정부 기관, 각종 단체, 학회(學會)에서 주관하는 각종 세미나 등에 참석하는 단체에 대해서 특별히 적용되는 요금 제도이며, 할인(discount)율이 적용되기도 한다. 일반적으로 단체행사는 객실의 종류나 가격과 관련 없이 균일한 요금이 적용되고, 단체요금은 호텔과 거래 회사와 계약에 통해 이루어지는 경향이 많으며, 식사를 포함한 요금으로 계약하는 경우가 많다.

(4) 커머셜 요금

커머셜 요금(commercial rate)이란 고객 유치 전략으로 기업체나 공공단체, 장기 투숙하는 숙박객을 대상으로 일정한 금액을 할인해 주는 요금제도이다.

특정한 기업체가 사업목적, 또는 장기 숙박하는 고객을 위해 호텔과의 거래 계약을 체결해서 적용하는 요금제도이며, 할인(discount)율이 적용되기도 한다.

3) 취소요금

취소요금(cancellation charge)이란 객실을 예약한 고객이 예약을 일방적으로 취소할 때 적용되는 요금 제도이며, 취소요금의 규정은 호텔에 따라 차이가 있으나, 일반적으로 정한 숙박 약관(約款)을 적용한다.

4) 초과요금

초과요금(over charge)이란 호텔이 정한 퇴숙 시간(check out time)을 넘겨 객실을 사용할 때 요금을 부과하는 제도이다. 초과요금은 일반적으로 체크아웃(check out) 시간을 기준으로 부과하지만 호텔의 운영정책에 따라서 또는 특별한 고객, 빈 객실이 있어 여유가 있는 경우에는 초과요금을 부과(賦課)하지 않는 경우도 있다.

5) 임의요금

임의요금(optional rate)이란 객실을 예약할 시점에 요금을 결정할 수 없는 경우[4)]가 발생했을 때 적용하는 요금제도이다. 객실 예약 당시의 요금을 결정하기 어려운 경우 또는 예약 신청자가 할인을 요청하였으나 요구사항을 확실하게 약속할 수 없을 때 적용하는 요금이라는 의미로 사용하고 있다.

6) 기타요금

(1) 미드나이트 차지

미드나이트 차지(midnight charge)는 예약을 한 고객이 영업을 마감한 이후 도착했거

4) 주종대, 호텔객실업무론, 대왕사, 1993, p.32.

나 새벽에 도착하여 적용하는 요금제도이다. 호텔에서는 예약한 고객을 위해 객실을 판매하지 않고 고객이 도착하기를 기다렸기 때문에 해당 객실에 대한 요금을 적용하는 제도라고 할 수 있다.

(2) 홀드 룸 차지

홀드 룸 차지(hold room charge)란 숙박을 한 고객이 단기간의 여행으로 객실을 사용하고 있지 않지만 고객의 수하물(手荷物)이 객실에 있어서 그 객실을 다른 사람에게 판매하지 않고 보류시킨 경우라고 할 수 있다.

3 숙박형식에 따른 요금제도

1) 유럽식 요금제도

유럽식 요금(EP: European Plan)제도는 객실과 식사 요금을 별도로 계산하는 방식이다.

호텔 주변에 식사를 할 수 있는 식당들이 많이 있어 숙박한 고객들이 호텔에서 식사하지 않는 사례가 발생하며, 이러한 경향은 호텔 운영에 큰 과제라고 할 수 있다.

2) 미국식 요금제도

미국식 요금(AP: American Plan)제도는 객실에 식사(3회) 요금을 포함하여 계산하는 방식으로 호텔 주변의 식사시설 등이 부족한 지역에서 적용하는 요금제도이다. 이러한 요금제도는 휴양지 호텔에서 많이 활용한 정책이었으나 호텔 주변에 다양한 식사를 할 수 있는 시설이 생겨나서 이 제도는 점차 감소하고 있다.

이러한 미국식 요금제도는 미국의 서부 개척 시대에 숙박과 더불어 식사나 음료를 제공하는 장소가 없었기 때문에 탄생하였다고 전해진다.

미국식 요금제도는 호텔을 운영하는 경영자의 관점에서 유리한 점이 있다. 숙박

인원에 대한 식사할 고객의 수요예측이 가능하고 적정한 식자재 구매에 따른 원가 절감을 비롯하여 재고량을 활용한 메뉴 품목의 결정, 한정된 메뉴 제공에 따른 인건비의 절감 효과가 있다. 예산계획의 수립 절차가 쉽고, 식자재 구매에 따른 회계처리도 간단하며, 더 나아가 호텔 수익 증대에도 크게 기여(寄與)할 수가 있다.[5)]

3) 대륙식 요금제도

대륙식 요금(CP: Continental Plan)제도는 객실요금에 아침 식사가 포함된 방식으로 유럽지역의 호텔들이 채택하고 있다. 호텔의 입장에서 대륙식 아침(continental breakfast) 식사를 객실요금에 포함함으로써 고객에게는 별다른 부담을 주지 않고 고객은 호텔이 서비스를 제공한다는 느낌을 받을 수 있는 제도로 인식하게 된다.

4) 수정 미국식 요금제도

수정 미국식 요금(MAP: Modified American Plan)제도는 미국식 요금(AP)제도를 수정하여 객실요금에 조식(朝食)과 석식(夕食)을 포함하는 방식으로 하프 펜션(half-pension) 또는 드미 팡숑(demi-pension)이라고도 한다. 관광객들은 호텔에서 조식을 먹고 관광을 한 후 저녁에 호텔에 도착하여 호텔에서 석식을 먹게 되는데 이때 적용하는 요금제도라고 할 수 있다.

5) 오정환, 호텔경영학원론, 기문사, 1994, p.193.

제4절 하우스 키핑

1 하우스 키핑의 의의

하우스 키핑(housekeeping)이란 가사(家事), 가정, 가계를 의미하는 용어로 집을 수리하고 관리하는 일이라고 할 수 있다. 오늘날에는 호텔, 병원, 학교, 아파트 등과 같은 많은 인원이 왕래하는 대규모 빌딩의 시설관리, 수리(修理), 안전 및 청결을 유지하여 생산적인 시설을 관리한다는 의미로 사용되고 있다.

호텔은 시설의 청결과 유지관리를 하는 것이 중요한 상품으로서 호텔의 로비와 같은 공공장소를 청결하게 하고 객실을 깨끗하고 질서 있게 정리 및 정돈을 하는 것은 하우스 키핑의 중요한 기능이다. 고객이 호텔의 객실을 사용하고 나면 다른 고객에게 판매하기 위해서 객실을 청소하고 재정비해야 한다.

프런트 오피스가 상품을 판매하는 곳이라면 하우스 키핑은 호텔의 객실 상품과 서비스를 생산하고 관리하는 조직이다. 호텔의 규모와 운영에 따른 차이가 있으나 일반적인 하우스 키핑은 객실 정비를 비롯하여 리넨(linen) 및 종사원 유니폼 관리, 세탁물 서비스, 습득물 보관 및 처리, 미니 바 관리, 안전관리 등 다양한 업무를 수행한다.

- 객실 정비
- 리넨(linen) 및 종사원 유니폼 관리
- 세탁물 서비스
- 습득물 보관 및 처리
- 미니 바 관리
- 안전관리

② 하우스 키핑의 업무

1) 객실 정비

객실 정비는 하우스 키핑의 주요 업무이다. 객실은 숙박하려는 고객의 관점에서 중요한 상품이며, 공간이기 때문에 객실 청소(room cleaning)는 물론 객실 가구와 설비(furniture & fixture)의 청결과 정리 정돈, 객실에 비치되는 용품(guest supplies)을 확인하고 소모품을 제공해야 하는 업무로서 세심한 주의가 필요하다.

하우스 키핑의 룸 메이드(room maid)는 객실을 청결하게 하고 관리하는 것이 중요하며, 객실 정비(bed making)는 고객이 아침 일찍 정비를 요청한 객실(early service requests)과 퇴숙(check-out)한 객실, 고객이 투숙(occupied)하고 있는 객실의 상황을 확인해야 한다.

룸 메이드는 카트(cart)에 청소도구와 리넨(linen) 및 객실 소모품을 싣고 객실로 이동하여 객실 정비를 하며 턴다운(turndown) 서비스도 제공한다.

룸 메이드(room maid)

일부 호텔에서는 객실 상품을 생산하여 창조한다는 관점에서 객실 상품 디자이너(stylist)라고 표현하기도 한다.

턴다운 서비스(turn down service)

고객이 투숙한 객실에 대해서 고객이 취침하기 직전에 제공하는 서비스 의미로서 객실의 청소 및 정리 정돈과 잠자리를 돌봐주는 서비스이다.

2) 리넨 및 종사원 유니폼 관리

리넨(linen)이란 아마(亞麻) 식물의 줄기에서 얻은 섬유로 짠 엷은 마직물(麻織物)을 말하며, 호텔 운영을 위해서 필요한 수건(towels), 냅킨(napkin), 시트(sheets), 담요(blanket), 커튼(curtain), 도일리(doily), 테이블 보(table cloth), 종사원 유니폼(uniform)을 뜻한다.

리넨의 적정한 재고는 침대의 수, 객실 이용률, 교체 횟수, 세탁 소요 시간, 리넨의 수선, 긴급사태에 대한 대비를 목적으로 여유분의 리넨(spare linen)이 필요하다.

호텔에서 사용하는 리넨은 청결과 관리가 중요하고, 특히 종사원들의 유니폼 관리는 객실뿐만이 아니라 식음료 영업장에서 근무하고 있는 종사원들은 고객에게 단정한 자세를 보이고 훌륭한 서비스를 제공하기 위한 관점에서 청결함은 중요하다.

3) 세탁물 서비스

세탁물 서비스(laundry service)는 세탁물의 종류에 따라 자동 및 수동의 세탁방식을 선택하며 오랜 경험과 숙련된 판단력으로 세탁물을 청결하고 위생적으로 처리해야 한다. 특히 고객이 의뢰한 세탁물은 귀중품 및 메모 등이 있는지 확인하고 세탁물의 이상 여부를 반드시 점검해야 하며, 고객이 요청한 일자 및 시간에 전달이 될 수 있도록 해야 한다.

4) 습득물 보관 및 처리

고객이 이용하는 객실 공간에서 고객의 물품을 분실(紛失)하는 경우가 발생될 수 있다. 사소한 물건이라도 고객에게는 소중한 것이 될 수 있어 분실물(lost & found)의 발견과 요청이 있으면 분실물 관리 대장(臺帳)에 기록하고 보관하거나 고객에게 되돌려 주기 위한 노력은 호텔의 기본적인 서비스가 되며, 호텔의 이미지를 증대시킬 수 있는 좋은 계기가 된다.

5) 미니 바 관리

미니 바(mini bar)란 호텔 객실에 설치되어 있는 소형 냉장고로서 고객이 셀프(self) 형태로 이용하는 일종의 음료 서비스이다.

고객이 미니 바를 이용하게 되면 매출액이 증가할 수 있으나 이용하는 시점(時點)이 상이하여 그때그때 확인하는 것이 어려워 손실(loss)이 발생되기도 하므로 정확한 관리가 필요하다. 따라서 고객이 체크아웃(check-out)하는 경우 미니 바에서 이용한 품목을 정확히 점검하고 신중하게 관리[6]해야 한다.

6) 안전관리

호텔은 숙박하는 고객의 안전을 목적으로 도난 방지, 화재 예방, 안전사고를 방지하기 위한 시설과 설비를 갖추어 운영하고 있다.

호텔에서는 도난(盜難) 방지를 위하여 객실 열쇠도 카드 키 시스템(card key system)을 도입하여 출입 기록을 관리하고 있고 객실 문은 자동(automatic door) 장치 및 도어 잠금 장치(door chain lock)를 설치하여 사고를 예방하려고 노력하고 있다. 또한 객실의 카펫(carpet), 커튼(curtain) 및 시트(sheets)는 화재 발생에 대비할 수 있는 제품을 사용하고 있고 사고발생에 대처하기 위해 비상벨을 설치하여 고객 안전에 노력하고 있다.

6) 안광호 · 김영식 · 송필수 · 전용수, 호텔 객실 서비스 실무, 기문사, 2012, p.344.

제5절 객실 예약

1 객실 예약의 의의

호텔은 다양한 홍보 · 선전 및 마케팅 활동을 통하여 고객을 유치하려고 노력하고 있다. 고객의 욕구를 파악하고 고객의 요구에 부응하는 업무를 신속하게 처리하는 것은 가장 기본적인 기능이다.

객실 예약(room reservation)이란 고객이 객실을 이용하겠다는 의사를 표현한 첫 번째 단계이다. 고객이 이용하고자 하는 객실 종류(room type)와 객실 수, 도착 · 출발 일자, 숙박 기간, 객실 요금, 고객 이름, 지불 조건, 예약자 이름, 기타사항을 잠정적으로 결정하는 절차이며, 일련의 계약이라고 할 수 있다.

객실 예약의 목표는 객실을 이용하려는 고객들의 인원을 효율적으로 조정하고 객실 수입을 최대한 높이는 것이며, 고객이 호텔에 도착한다면 객실 이용을 보장하는 것이다.

객실 예약업무는 고객과 호텔의 의사소통(communication center)에 핵심 역할을 한다는 인식하에 의사소통이 원활하고 서비스 자세와 태도가 우수하며, 컴퓨터 활용도 가능한 직원을 배치하여 운영하고 있다. 예약업무는 무엇보다도 경험, 판단력 등을 갖추고 신중하게 처리해야 한다.

객실 예약에서 획득한 고객 정보는 체크인(check-in), 체크아웃(check-out)에 활용하는 것은 물론, 마케팅 자료로 활용할 수 있을 만큼 예약은 중요한 자료가 된다.

2 객실 예약의 경로

1) 개인 예약

개인(FIT) 예약이란 객실을 이용하기 위하여 고객이 직접 전화를 하거나 인터넷 또는 팩스(FAX)를 활용해서 예약하는 것이며, 정부, 단체, 기업체에서 개인적으로 요청하는 예약이다.

2) 단체 예약

단체(group) 예약은 정부기관, 각종 단체, 학회, 기업에서 행사를 주관하는 사람이 진행하는 예약 방법이다. 특히 단체 관광객은 여행사(travel agent)의 요청에 의한 예약으로 개인 예약보다는 단체 예약이 많으며, 호텔과 여행사와 사전에 계약한 조건에 따라서 예약 관리되는 경우가 많다.

3) 방문 예약

방문 예약이란 고객이 숙박하고자 하는 호텔을 직접 방문하여 호텔의 전반적인 시설현황과 객실을 확인하고 예약하는 방법이다.

4) 인터넷 예약

정보 통신 기기의 발달은 호텔 예약에 많은 변화를 끼치고 있다. 호텔의 홈페이지를 이용하는 예약 방법과 온라인 여행 대리점(OTA: On-line Travel Agency)을 활용하는 예약이 있다.

5) 호텔 예약사무소

호텔의 규모, 운영형태에 따라서 예약사무소를 운영하는 방식이 있으며, 예약사무소를 설치하여 해외 체인만을 전담해서 판매하는 대리점(GSA: General Sales Agent)과 호텔이 직접계약을 맺거나 예약시스템을 활용하는 업체가 있다.

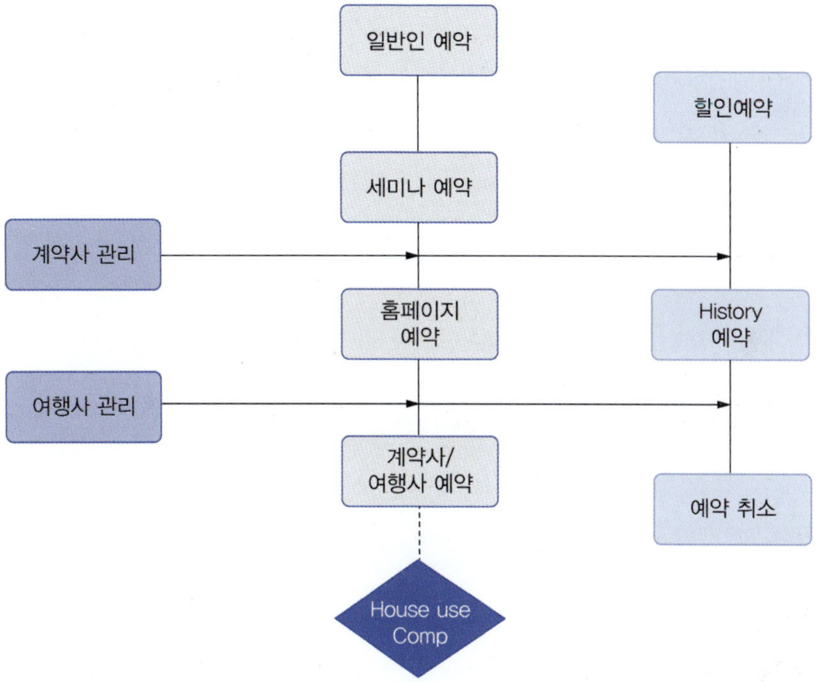

〈그림 9-1〉 객실 예약 업무

3 객실 예약관리

객실 상품의 특성은 당일(當日) 판매가 되지 않았을 경우 저장하여 판매할 수가 없으며, 고객의 요구 조건과 취향의 변화는 객실 예약관리를 어렵게 하는 요인이 된다.

예약을 완료한 이후에도 고객의 상황에 따라 예약을 취소하거나 호텔에 의해서도 간혹 변경될 수도 있다.

객실 예약이 접수되면 신중하게 판단하여 예약업무를 수행해야 한다. 관리자는 예약과 관련하여 업무 지시를 많이 하게 되는데 이는 객실 수익을 최대한 올리기 위해서 다양한 상황을 분석하여 의사결정을 하기 위한 것이다.

예약업무를 수행하는 과정에서 계절과 요일에 의한 성수기 · 비수기, 예약 취소(cancellation), 예약 부도(no show), 체재 기간의 연장(over stay), 조기 체크아웃(early check out), 워크아웃(walk out), 턴 어웨이(turn away) 등은 효율적인 관리를 어렵게 하는 요소이다.

예약업무를 효율적으로 관리하기 위해서 고객 분포도를 조사하고 예약금(豫約金, deposit)의 선불(先拂, advance payment) 조치를 하거나 예약을 통제하고 조정하며, 예약된 객실(blocking room)을 확인하고, 초과 예약(over booking)의 현황에 대해서 분석할 필요성이 있다.

객실 예약은 객실 판매를 지속적으로 유지하여 수익을 증대시키기 위한 전략이 필요하고 고객에게 고품질 서비스를 제공하여 다시 방문할 수 있도록 함으로써 객실 이용을 극대화(極大化)하기 위한 계획을 수립해야 한다.

- No-show: 예약 부도
- Over-stay: 예약 시 숙박 기간보다 더 체재(연장)하는 경우
- Early check-out: 당초 숙박 기간보다 빨리 호텔을 떠나는 경우
- Walks-out: 공식적인 체크아웃 없이 호텔을 떠나는 고객
- Turn away: 초과 예약으로 고객을 수용할 수 없어 다른 호텔로 보내는 서비스

1) 성수기의 예약관리

성수기(盛需期)의 예약관리란 고객의 객실사용 요청이 호텔이 보유한 객실 수를 초과했을 때 객실예약을 통제하여 매출액을 증대시키기 위한 관리이다. 객실에 여유가 있어도 개인 여행객(FIT), 단골손님, VIP, 기업체, 계약회사에서 예약하는 경우 객실 수입이나 호텔영업에 큰 이익을 주는 고객을 선별하여 접수해야 한다는 것이다.

성수기 기간에 경쟁호텔이 객실 예약관리를 철저히 통제하고 있는지 알아보고 만

약 통제가 없다면 상황을 고려하여 초과 예약을 접수하는 것도 관리 방법이 되며, 예약관리를 효율적으로 하기 위해서는 예약을 재확인하는 방법을 취해야 한다.

2) 비수기의 예약관리

비수기(非需期)란 고객의 객실사용 요청이 저조하여 호텔이 보유한 객실이 많이 남아 여유가 생기는 것이며, 비수기라고 하여도 객실 예약을 통제하지 않는다는 의미는 아니다.

비수기에도 예약통제를 제대로 하지 못하면 객실 판매 기회를 상실하거나 이용하려는 고객에게 피해를 줄 수 있으며, 고가(高價)의 객실을 판매하지 못하는 상황이 발생할 수 있다.

비수기에 예약통제나 관리를 안이하게 생각하여 특정 기간에 초과 예약이 발생하여 호텔이 곤란을 겪는 상황이 초래될 수 있다. 따라서 초과 예약이 발생하였다면 초과 예약 기간 전후(前後)에 예약통제를 하여 피해를 줄이는 것이 매우 중요하다.

제10장

프런트 데스크 시스템

호텔경영정보론

CHAPTER 10

프런트 데스크 시스템

제1절 체크인

1 체크인의 의의

호텔의 체크인(check in)이란 숙박의 시작을 말하는 것으로서 고객은 객실을 판매하는 프런트 데스크에서 객실에 관한 모든 정보를 얻기 때문에 프런트 근무자가 서비스를 제공하기 위해서는 많은 정보를 갖고 있어야 한다.

체크인이 결정되면 고객에게는 객실의 키(key)가 제공되고 고객은 지정된 객실로 입실하게 되며, 호텔은 고객이 등록하는 동안에 기다리는 것을 예방하기 위해서 사전에 객실을 배정(room assignment)하여 등록 절차를 간소화하기 위한 노력을 하고 있다.

객실 예약은 예약업무를 수행하는 목적이 있다면, 프런트 데스크는 일반적으로 등록업무를 수행한다. 등록은 호텔의 객실을 효과적으로 판매하여 매출액을 높이고 궁극적으로는 수익성을 확보하고자 하는 목적이 있으며, 고객의 편의를 제공하기 위해서 세심한 배려와 서비스 자세가 필요하다.

정보기술의 발전으로 셀프(self) 체크인을 할 수 있는 시스템이 개발되어 이용자들이 많이 활용하고 있다.

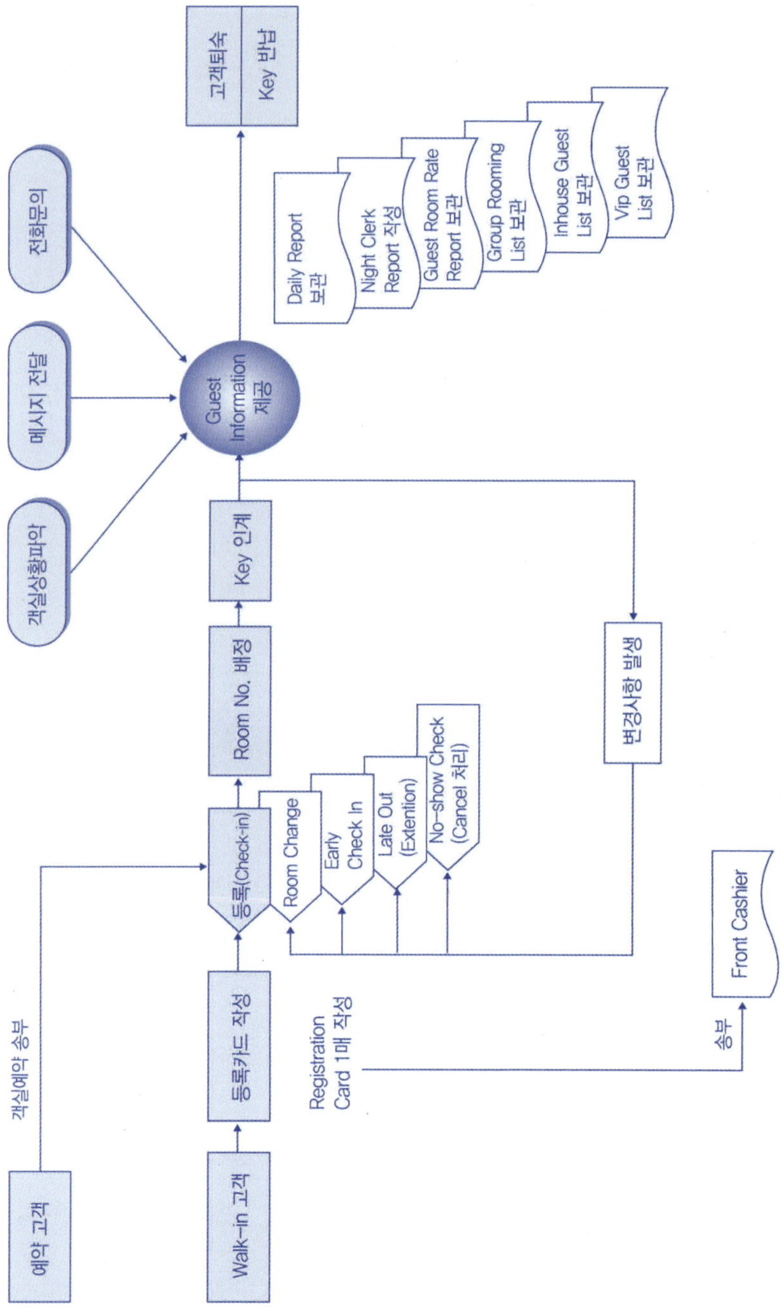

〈그림 10-1〉 프런트 데스크의 업무

② 체크인의 유형

1) 예약고객

예약고객(reservation guest)이란 호텔의 예약망 등을 활용하여 호텔에 도착하기 이전에 이미 예약이 확인된 고객을 말한다. 호텔에 숙박하러 방문하는 고객은 우선 예약 유 · 무를 확인하는 것이 일반적이다.

- 환대 인사를 드리며 예약 유 · 무를 확인한다.
- 예약이 확인되면 알파벳(alphabet) 순에 의거 미리 전산에서 전기(轉記)되어 있는 등록카드를 고객에게 제시한다.

호텔을 이용한 실적이 있거나 예약 시 성명 및 인적 사항이 확인된 고객은 도착하기 전에 준비된 등록카드(pre-registration card)를 활용하여 서명만 함으로써 신속하게 등록이 마감되도록 한다.

재방문 고객(repeat guest)은 성함 및 기호 등을 암기하여 도착과 동시에 고객의 성함을 불러주며 고객을 환영하는 자세를 갖추도록 한다. 예약한 고객이 예약 당시 객실 종류(room type)와 투숙 기간 등이 변경되는 경우가 발생하면 그 사항을 확인해야 하며, 예약 시 요금과 변경에 따른 요금의 차이가 발생할 수 있어 상황을 설명하여 체크아웃 시 문제가 없도록 유의해야 한다.

2) 비예약 고객

비예약 고객(walk-in guest)이란 예약을 하지 않고 숙박하러 오는 고객이며, 프런트에서 비치하고 있는 등록카드(registration card)에 인적 사항을 상세하게 기록하도록 한다. 모든 사항이 기입(記入)되고 고객의 서명이 끝나면 등록사항을 확인 후 원하는 객실 형태와 종류를 묻고 당일 객실 이용 가능 상태를 확인한다.

고객이 원하는 객실을 지정한 후 고객에게 객실 키(room card key)를 제공하며, 호텔 방문에 대한 감사를 표한다. 고객에게는 간단하게 식당의 종류와 위치 및 영업시간 등 호텔에 대한 정보를 제공한다.

3) 단체 체크인

(1) 예약의 확인

단체예약(group reservation)은 도착 예정 단체(expected arrival group)에 관한 정보를 숙지한다. 단체의 경우에는 여행사, 기업의 요청에 의한 객실 이용으로 객실의 수, 종류(type), 인원수, 숙박 일자, 도착 예정 시간, 식사, 이용 교통기관, 수화물(baggage), 요금지불, 가이드(guide) 등을 재확인하여 객실 판매에 효율적으로 대처한다.

(2) 객실 배정

객실을 사전에 배정(room pre-assignment)하기 위해서는 예약(booking) 여부를 확인하고 특별 요구(special request)사항이 없는지 동일한 층 배정 여부와 같은 사항을 확인할 필요가 있다. 단체에 따라서는 동일한 층이 아니어도 큰 문제는 없으나 단체 배정(group assignment)은 소음, 혼잡 등의 문제가 발생할 수 있으므로 가능하다면 1개 층(one floor) 또는 2개 층(two floor)으로 배정하는 것이 좋다.

(3) 객실 키 준비

숙박객 명단(rooming list)에 의거 객실 배정(room assignment)이 완료되면 단체별로 객실 키(key)를 준비한다.

(4) 조식 준비

단체는 아침 식사를 호텔에서 하는 경우가 많으며, 식사 쿠폰(meal coupon)에 따라 식사 내용이 미리 정해지는 경우가 있다. 사전 통보가 없는 경우에는 체크인(check-in) 시 통역 가이드(interpretation guide)나 여행인솔자(tour conductor)에게 식사 내용을 작성하도록 하고 식음료 및 해당 부서에 보내 영업장에서 참고하도록 한다.

(5) 단체의 도착

대규모 단체가 일시에 도착하면 일반 고객들이 불편할 수가 있어 별도의 환영 데스크(hospitality desk)를 운영하여 신속하게 업무를 진행한다. 프런트에서는 숙박객 명단(rooming list)을 확인하여 단체별로 객실 키(key)를 제공하고 모닝콜(morning call), 조식(breakfast) 여부 등을 확인한다.

(6) 등록 및 확인 사항

고객 명단(name list)이 준비되어 있지 않은 단체는 가이드(guide)가 단체의 이름을 비롯하여 숙박객 명단(rooming list)과 관련된 인적 사항을 제출하도록 한다.

(7) 모닝콜 확인

모닝콜(morning call)은 단체의 경우 현지 가이드(local guide)가 요청할 수도 있고, 개인이 요청하는 상황도 있으며, 시간은 아침 식사(breakfast)를 하기 30분 전이다.

(8) 조식 확인

조식은 단체예약 정보(group information)에 따라 준비(arrangement)하고 식사할 인원수, 식사 종류, 식사 시간 등을 해당 부서(식음료)에서 확인(confirmation)하도록 하며, 변동사항이 발생되면 확인하여 다시 통보하도록 한다.

(9) 지불 조건

단체 고객 중에서 개인이 객실 변경을 하고자 하는 경우가 발생하면 여행사(agent)가 지불할 것인지 혹은 그 차액만 개인이 지불하는지에 대한 여부를 반드시 확인해야 한다. 객실 형태 변경으로 인하여 조건이 변경되기 때문에 다시 확인해야 한다.

③ 등록

예약(reservation)의 확인과 등록(registration)은 동시에 진행이 되며, 예약고객은 이름(full name)으로 확인하는 것이 좋다. 고객 이름이 확인되지 않는 경우에 예약 당시의 관련(source) 사항을 조회하여 확인한다.

등록(registration)에는 등록카드(registration card)를 사용하며, VIP나 재방문 고객(repeat guest)은 사전에 준비된 등록카드를 제시하여 고객 서명만 받도록 한다.

1) 고객명

고객명(name list)은 정확하게 기입(記入)되었는지 확인하며, 잘 이해할 수 없는 경우에는 확인해서 정확하게 기록하도록 한다. 성명을 잘못 기재하면 메일(mail), 메시지(message) 등이 전해지지 않는 일이 발생할 수 있기 때문이다.

2) 주소

주소(address)는 정확하게 기록하도록 하되 잘 이해가 되지 않는 경우 그 자리에서 직접 확인하는 것이 좋다.

3) 출발 일자

출발 일자(departure date)는 예약(booking)되어 있는 기간을 확인하는 절차이기도 하지만, 체재 기간을 다시 확인하는 것이다. 숙박 기간의 변경에서 체재 기간이 짧을 때는 문제가 없을 수 있으나, 체재 기간이 연장되어 길어질 때는 객실 사용의 가능 여부(available)를 확인하고 불가능한 경우에는 정확하게 손님에게 전달하고 확인을 받는다.

4) 국적 및 여권번호

외국인의 경우에는 국적 및 여권번호(passport no.), 내국인의 경우 주민등록번호를 기입(記入)하도록 한다.

5) 생년월일, 직업 등

등록카드는 마케팅에 참고자료로 활용하기 때문에 생년월일, 직업, 회사명, 차후의 행선지도 가능하면 기입(記入)하도록 하는 것이 좋으나, 이때 개인정보와 관련된 내용으로 인하여 고객에게 불쾌감을 주지 않도록 한다.

6) 객실 요금

객실 요금(rack rate)은 호텔에서 공시(tariff)한 객실 요금(original rate)이 아니며, 손님에게 청구하는 요금 혹은 손님이 지불을 승낙한 금액을 기입한다.

7) 동실 사용

동실(同室, room share)이란 같은 방을 사용하는 것이며, 단체객의 경우에는 동실을 사용(room share)하는 경우가 대부분이다. 동실을 사용하는 경우 객실 번호(room number)에 사선으로 표시하여 기록을 한다.

8) 예약조건의 확인

고객 중에는 예약을 했으나 확인이 되지 않은 경우와 처음부터 예약이 없는 순수한 비예약 고객(walk-in guest)인 경우가 있다. 예약은 했으나 당일에 예약이 확인되지 않는 사례로는 고객 성명이 정확하게 기재되어 있지 않은 경우, 고객의 도착 날짜에 오류가 있는 경우, 해외 지점(agent)을 통한 예약 당시의 착오(錯誤)로 인해 발생하는 경우가 많이 있다.

9) 객실의 결정

객실의 결정이란 고객이 등록하는 동안에 예약된 객실 종류(room type)를 재확인하는 절차이다. 제3자를 통해 예약하였을 경우 본인의 의사와는 다른 객실 종류(room type)가 예약되어 있으면 가능한 한 고객이 원하는 객실을 제공하도록 한다.

10) 지불 관계의 재확인

지불 관계의 확인은 예약 당시에 개인이 지불하거나 회사가 지불한다는 조건이 명기되어 있으나 고객이 체크인(check in)할 때 이를 재확인하는 것이다. 지불 방법이란 고객이 객실 사용에 대한 요금을 지불할 때 현금, 신용카드 등 어느 방법을 사용할 것인가에 대한 확인이다.

회사 또는 타인 지불

회사 또는 타인이 계산하는 경우 객실 요금만 계산(room only)하는 것인지 등을 확인하여 내용을 입력시킨 후 직원에게 알려준다.

여행사(agent) 지불

여행사 지불인 경우 바우처(voucher)의 회수와 투숙 기간을 확인하고, 선수금(advance deposit)으로 되어 있는 경우 고객에게 얼마의 금액이 접수되어 있다고 확인시켜 준다.

11) 객실 요금의 확인

객실 요금(room rate)은 예약 당시의 요금과 할인(discount)율 적용 등을 확인하며, 고객에게는 정상 요금(regular rate)과 고객에게 적용되는 요금(room rate)을 확인시켜 준다.

12) 환영 키트

등록이란 고객이 일정 기간 객실 사용에 대한 소유를 인정하는 절차이며, 객실 번호(room number), 객실 요금(room rate)을 재확인시켜준다. 고객에게 호텔 방문과 숙박을 환영한다는 의미의 환영 키트(welcome kit)를 정중하게 건네준다.

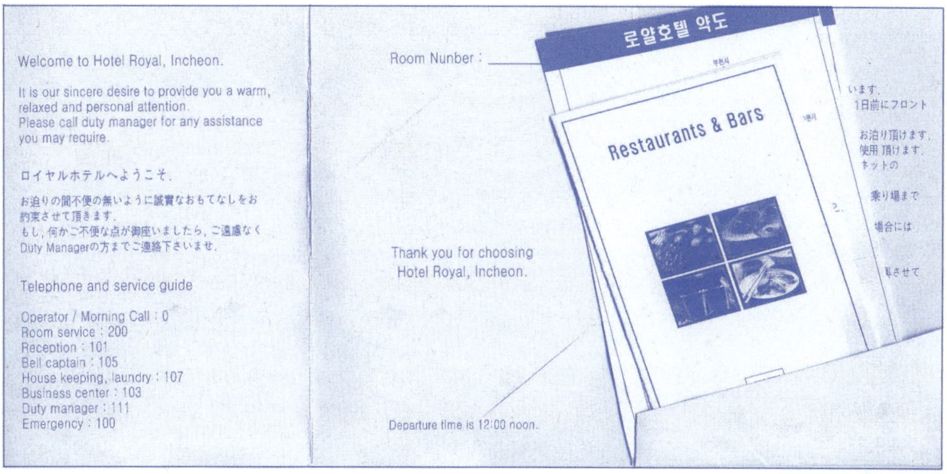

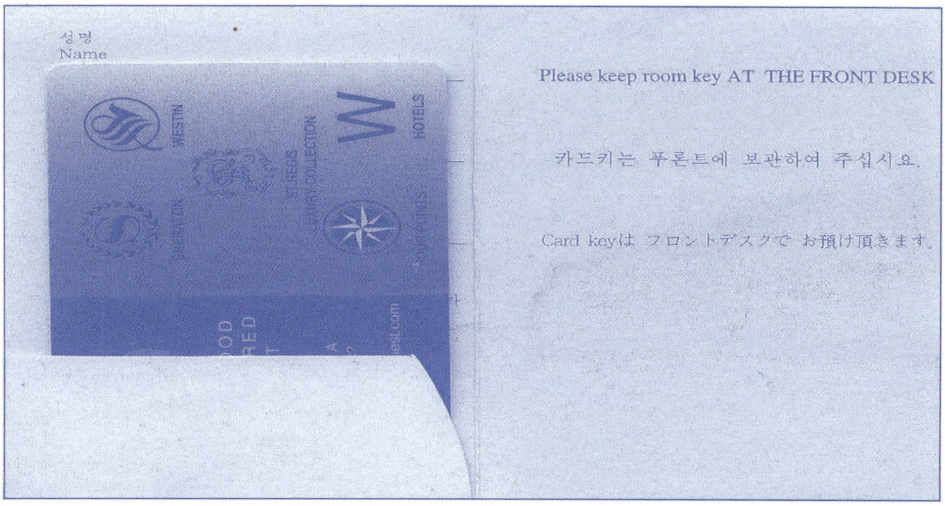

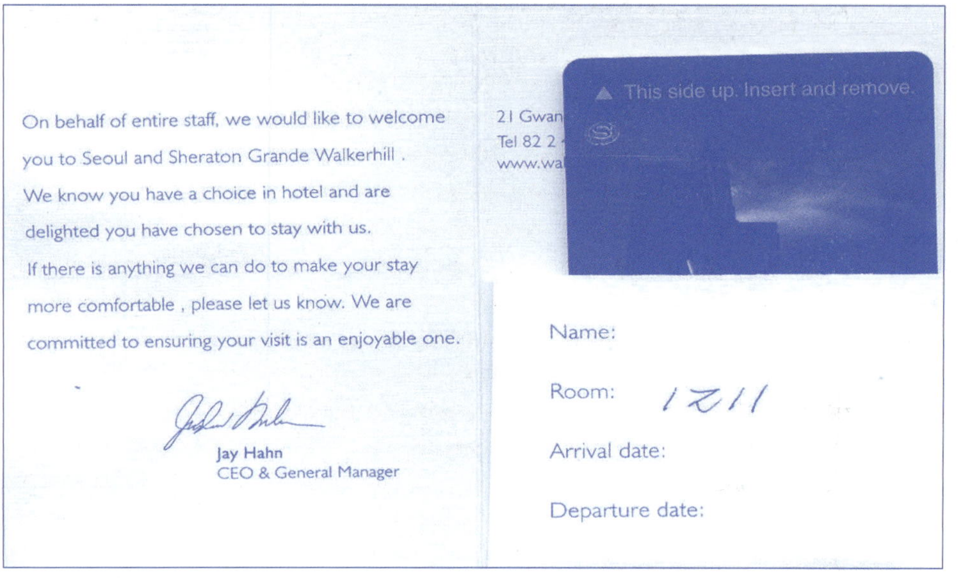

〈그림 10-2〉 환영 키트(welcome kits)

13) 등록카드의 관리

고객이 체크인(check-in) 절차가 끝나면 자료를 입력하고 객실 고객이 퇴숙할 때까지 관리하며, 향후 마케팅 활동에 활용할 수 있도록 한다.

등록카드(registration card)의 관리

입력을 완료하여 정리가 끝난 등록카드는 체크아웃(check out)까지 보관하도록 한다.

14) 기타사항

비고(remark)에는 필요한 경우 동행자 여부, 특별한 요구사항이 있다면 기록하도록 한다.

REGISTRATION CARD

☐MR. ☐MRS. ☐MISS. LAST NAME (姓名) FIRST NAME	PASSPORT NO. (住民登錄番號)	ROOM NO.
HOME ADDRESS (住所)	TEL (電話)	DATE OF BIRTH (生年月日)
NAME OF COMPANY (會社名) TITLE (職位)	PURPOSE OF VISIT (旅行目的) ☐BUSINESS ☐TOUR ☐CONVENTION ☐OTHER	PAYMENT (支佛方法) ☐CASH ☐CREDIT CARD ☐VOUCHER ☐OTHER
CHECK IN DATE (到着日) CHECK OUT DATE (出發日)	SIGNATURE (署名)	

NATIONALITY (國籍)	ROOM RATE	NIGHTS	NO OF PERSON	GUEST NO
BILLING INSTRUCTION				
REMARK				CLERK

WE STRONGLY RECOMMEND YOU TO DEPOSIT YOUR MONEY AND VALUABLES IN FRONT OFFICE SAFE, OTHERWISE THE HOTEL WILL NOT BE RESPONSIBLE FOR ANY LOSSES.
現金, 貴重品などの紛失に ついては 責任を 負いかねますので 必ずフロント会計係に お預けください。
현금과 귀중품은 후론트 데스크에 있는 금고에 보관하여 주십시오. 보관되지 않은 분실물에 대하여 당 호텔은 책임을 지지 않습니다.

PARADISE
HOTEL & CASINO INCHEON

REGISTRATION CARD HOTEL ROYAL

Folio NO.

Arrival	Departure	Room Type	Check-out time is 12:00 noon
NO of Guest(s)	NO of Room(s)	Room NO. / Room Rate	Payment ☐ cash ☐ card ☐ company ☐ card NO.
Name ☐MR ☐MS Address E-mail / Passport NO. Phone / Nationality			Remark
			VIP ☐ A/F ☐ FL ☐ WI ☐ FR ☐ LM ☐ Ca ☐ NA ☐ FG ☐ OT
NOTICE OF GUESTS Money and other valuables must be placed in the safty deposit box at the front desk. There is no charge for this service. HOTEL ROYAL will not be responsible for lost of valuables.			Signature

〈그림 10-3〉 등록(registration)카드

제2절 거래등록

① 거래의 의의

거래(去來)란 주고받는다, 사고판다는 의미로서 호텔업에서는 고객에게 객실을 비롯하여 식음료, 부대시설과 같은 상품을 제공하고 그 대가를 받는 상업적인 개념이다. 호텔에서는 고객과의 거래(transaction) 내역을 기록하고 정리하여 보관해야 할 필요성이 있으며, 고객에게 요금을 청구하여 수납하기 위한 매출의 회수를 의미한다.

거래에서 지불 조건은 고객이 객실을 예약하는 시점에서 결정되는 경우가 많으며, 개인 · 회사 · 항공사 · 여행사 지불 등 다양한 형태로 나타날 수 있다. 따라서 예약 신청 당시의 지불 조건을 재확인해야 하며, 후불인 경우에는 사전에 여신관리자(credit manager)의 승인을 받아야 하지만 호텔 내부적으로 거래 관련 실적과 신용도를 기준으로 여신(credit)을 허용한다.

② 고객 회계와 거래등록

호텔운영과 관련하여 고객의 상품 이용에 대한 대가를 신속하고 정확하게 처리하기 위한 것이 고객 회계(guest accounting)이며, 고객 원장(guest folio)에 거래 내역을 기록, 유지해야 한다.

고객 회계는 객실을 중심으로 식음료 등 다양한 영업장에서 거래가 발생되기 때문에 회계처리를 위해 체계화하지 않으면 손실이 발생할 수도 있다.

고객 회계는 신속하고 정확하게 처리해야 하고 호텔의 입장에서도 실수를 최대한으로 줄여야 하므로 회계 관리를 위한 시스템을 활용하여 운영하고 있다.

1) 객실 회계

호텔에 투숙하는 고객은 서비스가 제공되는 시점에서 요금을 정산하는 것이 아니라 체크아웃할 때 지불하는 것이 일반적이다. 따라서 객실 회계는 고객이 호텔에 투숙(check in)하여 퇴숙(check out)할 때까지 호텔에서 사용한 모든 거래 내역에 대해서 고객원장(guest folio)을 활용하여 관리하고 정산하기 위한 것이다.

2) 식음료 회계

호텔업은 고객의 편의를 위하여 다양한 시설들을 운영한다. 호텔의 영업장에서 판매하는 음식과 음료 등의 수익은 현장에서 고객과의 접촉으로 관리하고 처리하지만 숙박객은 체크아웃 시 정산처리하기 때문에 외상 매출이 된다.

식음료 회계는 취소나 정정 등의 상황이 많이 발생하므로 계산(bill)의 정확한 관리가 필요하고 오류가 없도록 처리해야 한다.

3) 기타 거래

(1) 패키지

호텔에서 비수기의 객실 점유율을 높여 수익을 창출하기 위한 일환으로서 패키지(package) 상품을 기획하여 판매한다. 패키지 상품은 선수금을 받고 상품권 또는 이용권(coupon)을 발행하는데, 고객에게 판매된 패키지 상품은 선수 수익으로 계산한다. 선수 수익(deposit income)이란 고객으로부터 미리 패키지 상품에 대한 금액을 받고 고객이 도착하여 호텔을 이용하는 시점에 수익으로 인식하는 것이다.

(2) 페이드 아웃

페이드 아웃(paid out)이란 숙박한 고객에게 서비스의 관점에서 택시비, 우편료, 의료비 등을 현금으로 미리 가불(假拂)해주는 것으로 숙박객의 서명을 받아 가불해 주고 고객 원장(guest folio)에 금액을 부과하는 것이다.

페이드 아웃(paid out)이 발생하면 체크아웃 시 고객에게 청구하여 정산하도록 하는 거래라고 할 수 있다.

(3) 미니 바

미니 바(mini bar)란 호텔 객실에 설치되어 있는 소형의 냉장고로서 각종 음료를 품목으로 하고 있다. 고객이 미니 바를 이용했을 때 빌(bill)을 참조하여 품목을 정확히 체크(check)하는 것이 중요하며, 체크아웃 시 고객에게 청구하여 정산하도록 해야 한다.

(4) 전신전화

전화 부문은 투숙객이 전화 또는 전신을 이용하고 시설을 사용한 대가로 받는 금액이다. 통신 기기의 발전으로 개인이 소지한 기기를 이용하는 경우가 증가하고 있지만, 고객이 호텔에서 이용하는 전화요금은 전화국에 지급해야 할 요금이다. 전화 사용에 대한 요금은 수수료를 제외하고 가수금(假受金) 계정으로 처리한다.

4) 매출 정정

매출 정정(訂正)은 매출의 발생 당시 또는 그 이후의 오류 발생으로 인하여 과다(過多)하게 계상이 되거나 과소(過少)계상이 된 것을 객관적인 자료 및 증빙 자료를 검토하여 조정하는 것을 말한다.

매출 정정은 발생한 시점에 따라 보이드(void)와 얼라우언스(allowance)로 구분하는데, 보이드는 당일(當日)에 발생한 매출을 당일 조정하는 것을 지칭하며, 얼라우언스는 당일 이전(以前)에 발생한 매출을 조정하는 것을 말한다.

③ 선수금의 처리

1) 예치금

예치금(deposit)이란 고객이 체크인(check in)할 때 미리 청구하여 받는 선납금(先給金)이다. 선납금은 고객의 호텔 이용 여부에 따라서 발생하며, 고객 원장(guest folio)에 의해서 즉각적인 처리가 필요하고 판매수익이 된다.

선납금은 고객에게 입금 · 영수증을 발급하며, 예치금(deposit)의 수납은 현금(cash), 수표, 신용카드(credit card)가 있으며, 호텔 운영에서 필요한 조치의 한 방법이 될 수 있다.

2) 선수금

선수금(advanced payment)은 고객이 호텔 예약 시 계약을 확실히 하기 위해서 받는 일종의 계약금(契約金)이다. 거래가 발생하여 일정 기일이 경과한 후에 판매수익의 실현 여부가 확정되는 일종의 미확정 거래이다.

객실 예약에서 입금 처리하면 선수금 계정으로 처리하고, 체크아웃(check out)할 때 계정에서 요금을 대체(對替)한다.

선수금은 개인, 단체 고객에게 적용될 수 있으며, 이러한 선수금의 처리를 통해서 호텔은 예약 부도(no show)를 줄이고 손실을 방지할 수 있는 효율적인 운영 방법이 될 수 있다.

④ 중간지불 제도

1) 중간지불 제도의 목적

호텔 객실 상품의 이용에 대한 대가(代價)는 특별한 경우를 제외하고는 체크아웃에 지불하는 것이 통상적인 관례이다. 그러나 장기간 투숙으로 고비용이 발생하여 고객에게 부담을 줄 수 있고, 요금 지불을 못 하는 불량고객이 발생할 소지가 있으며, 호텔은 자금 사정이 어려워지고 호텔 운영에 따른 위험 부담이 높아지게 된다.

따라서 호텔에서는 사전에 위험 요인을 감소시키고 자금의 원활한 흐름을 유지하기 위해서 중간 수납(high balance) 제도를 운영하고 있으며, 고객의 특성을 파악하고 고객에게 불쾌감을 주지 않도록 세심한 주의가 필요하다.

2) 중간지불 제도의 방식

중간지불 제도의 운용은 고객의 형태, 숙박 기간, 금액에 의한 방식으로 구분을 할 수 있다.

(1) 고객 형태에 의한 방식

고객 형태에 의한 방식은 예약한 고객(reservation guest), 재방문 고객(repeat guest), 장기투숙객(long-term guest), VIP 고객 등으로 분류하여 운용하는 것이다.

(2) 기간에 의한 방식

기간에 의한 방식은 호텔에 따라서 다소 차이는 있으나 일반적으로 1주일 이상을 기준으로 하고 1주일(weekly), 2주일(bi-weekly), 1개월(monthly) 기간을 설정하여 청구하는 방식이다.

중간지불(high balance) 제도

중간지불 제도는 일주일에 1회(weekly), 2주일에 1회(bi-weekly), 한 달에 1회(monthly) 정산하는 제도를 말한다.

(3) 금액에 의한 방식

호텔에서 총(total)금액의 한도를 설정하고 금액이 초과되었을 경우에 청구하는 방식이며, 고객의 특성을 파악하여 청구해야 한다.

제3절 체크아웃과 정산

1 체크아웃의 의의

체크아웃(check out)이란 고객이 숙박하고 있는 동안 발생한 요금을 회수하는 일련의 회계 절차라고 할 수 있다. 고객이 숙박하고 있는 동안에 이용한 금액을 회수하기 위해서는 이용 내역을 정확히 기록하여 유지해야 하고 신속하게 정산을 할 수 있도록 해야 한다.

호텔은 고객이 신속하게 체크아웃을 할 수 있도록 충분한 준비를 하여 원활하게 퇴숙(退宿)하게 된다면 고객은 호텔에 대한 좋은 이미지를 갖게 되어 재방문할 수 있는 계기가 될 수 있다.

그러나 고객이 호텔에서 규정한 시간에 체크아웃하지 않는 상황이 발생하면, 추가 요금이 발생한다는 사실을 주지시킬 필요성이 있다. 호텔은 체크아웃 시간 이후에 퇴숙하는 고객을 방지하기 위한 노력을 해야 하며, 프런트에서는 고객에게 요금 발생과 지불을 해야 하는 당위성을 충분히 인지시켜야 한다.

② 체크아웃의 유형

1) 일반적인 체크아웃

일반적인 체크아웃(check-out)이란 객실 키(key)를 회수하고 고객이 이용한 요금을 수납하는 정산(settlement) 과정이다. 고객을 확인하고 키(key)를 대조한 후에 이용요금을 수납하게 된다.

2) 레이트 체크아웃

고객이 체크아웃 시간(check-out time)이 지나도 체크아웃을 하지 않는 상황이 발생(late check-out)할 수 있다. 체크아웃을 하지 않은 고객이 발생하면 출발 명단(departure list)을 확인하고 공손한 어조로 고객의 퇴숙 시간을 확인받아 정리한다.

고객이 투숙 기간을 연장(extension)하고자 하는 경우 객실 상황을 확인한 후 가능 여부를 말씀드려야 하며, 거절할 때는 객실 현황을 잘 설명하여 고객에게 불쾌감을 주지 않도록 한다.

3) VIP 체크아웃

VIP 고객이 체크아웃을 할 때 정산(精算)을 회사가 지불하거나, 비서(祕書)를 통해서 결제하는 사례가 많이 있다. 호텔에서는 계산이 종료되어 체크아웃을 한 것으로 처리하였으나 고객이 객실에 체재하고 있는 상황도 있어 실제 체크아웃을 했는지 확인할 필요가 있다. 또한 고객이 객실에 키(key)를 두고 체크아웃을 하는 경우도 발생하므로 이러한 내용을 직원들에게 사전에 주지시키는 것이 좋다.

4) 단체 체크아웃

단체는 많은 인원이 투숙하여 체크아웃을 할 때 많은 시간이 소요될 수 있어 사전에 체크아웃 시간을 확인하여 준비하도록 한다. 특히, 고객이 이용한 미니 바(mini bar) 사용 여부 확인(check)과 이용 품목의 정산에 따른 체크아웃 시간이 지연되어 고객 불평(complaint)이 발생할 수 있는 소지가 많이 있다.

따라서 단체의 체크아웃(group check-out)은 사전에 청구할 금액을 정리하여 준비하는 것이 좋으며, 정산하는 과정에서 계산 착오 및 실수로 인하여 수납하지 못하는 금액이 발생하지 않도록 주의할 필요성이 있다. 단체 체크아웃은 모든 객실 키(room key)를 회수하고, 계산은 출발 전에 마감해서 단체 출발의 이상 유·무를 통지하도록 한다.

3 체크아웃과 정산 절차

1) 체크아웃 예비 절차

고객이 호텔에서 이용한 요금지불을 위해서 프런트에 접근할 때 고객을 영접하는 자세를 갖추어야 하며, 고객에 대한 시선 집중과 정중한 태도를 갖추는 것은 고객을 위한 서비스 준비 자세가 된다.

고객에게 인사를 하고, 고객이 객실 키(key)를 제시하면 객실 번호와 고객의 이름을 확인하며, 고객의 이름을 호칭하는 것이 좋다.

고객이 건네준 키(key)의 번호를 입력한 후 고객원장(guest folio)을 화면으로 조회하고 고객에게 객실의 미니 바(mini bar) 사용 여부를 확인한다. 호텔의 다른 영업장에서 넘어온 청구서(bill)가 있으면 확인하여 전기(轉記, posting)하고 누락한 계산(charge)이 발견되면 즉시 전기(posting)작업을 한다.

미니 바(mini bar) 사용 여부

일부 호텔의 경우에는 고객이 미니 바(mini bar)를 이용하면 자동으로 프런트에 청구(billing)되는 곳도 있다.

2) 체크아웃과 요금수납

고객에게 요금을 수납하는 절차에는 결제하는 시기, 지불하는 형태에 따라서 분류할 수가 있다. 결제하는 시기에 따라서 이용하기 전에 요금을 내는 선납(先納)과 중간 수납(high balance) 그리고 체크아웃(check out) 수납으로 구분할 수 있으며, 요금의 지불 형태에 따라서 현금결제와 신용결제로 대별할 수 있다.

(1) 현금결제

현금(cash)이란 정부나 중앙은행에서 발행하는 지폐나 주화(鑄貨)를 말하며, 부기(簿記)에서는 화폐로 교환이 가능한 수표, 어음을 지칭한다.

(2) 신용결제

신용결제란 고객이 호텔에 비용을 지불하는 방법이며, ① 신용카드(credit card), ② 숙박객 외상 회계(guest ledger), ③ 외상 매출 관리(city ledger)로 분류할 수 있다.

① 신용카드

신용(信用)카드란 상품이나 서비스의 대금 지급을 은행이 보증하여 일정 기간 뒤에 지급할 수 있도록 하는 판매 제도이다. 신용카드 결제 시에는 고객의 신원 여부 확인, 유효기간, 신용불량 여부와 같은 확인이 필요하다.

② 숙박객 외상 회계

숙박객 외상 회계(guest ledger)는 호텔에 숙박하고 있는 고객이 체재하고 있는 동안에 발생한 매출액을 지칭하며, 영업장에서 발생한 매출액을 고객원장(guest folio)에 이체하는 거래이다. 숙박객의 여부는 통상적으로 고객의 객실 키(room key) 또는 객실 번호(room number)를 확인하는 것에서 시작되며, 단기(短期) 여신(與信)의 근거로 한다.

③ 외상 매출 관리

외상 매출 관리(city ledger)는 후불(後拂) 관리라고 하며, 호텔에서 고객이 사용한 대가를 체크아웃할 때 현금으로 지불하지 않는 경우이며, 신용카드 결제는 추후에 신용카드 회사에 청구한다. 후불 관리에는 다음과 같은 사례가 있다.

- **디렉트 빌**(direct bills): 숙박한 개인에게 비용을 청구하는 것이 아니라 고객의 회사, 협회, 그룹에 청구하는 경우
- **항공사 지불**: 항공기 연착 등으로 인해 항공사에서 객실 요금을 부담하는 경우
- **여행사 지불**: 여행사를 통해 투숙한 그룹 또는 개인
- **스키퍼**(skippers): 객실료 및 기타비용의 요금지불을 하지 않고 가는 경우
- **디스퓨티드 빌**(disputed bills): 요금지불을 하지 않으려는 고객
- **레이트 차지**(late charges): 고객이 체크아웃한 이후에 프런트에 늦게 도착하는 전표

3) 체크아웃의 마감

고객원장(guest folio)을 확인한 후 지불해야 할 총액을 고객에게 통보하고 요금지불이 끝나면 객실 열쇠를 반납받고 체크아웃을 시킨다.

고객에게는 영수증(receipt)을 출력하여 현금 트레이(cash tray)에 놓고 전달하며, 정중하게 인사를 하여 고객이 호텔에 대한 좋은 이미지를 갖도록 한다.

회계가 종료되면 고객원장(guest folio)을 마감하고 등록카드의 고객 이력(guest history)에는 고객의 요청사항 등을 기재하여 향후 고객의 요구에 충분히 대응을 할 수 있도록 한다.

고객 이력 파일(guest history file)은 향후 방문에 대비하는 고객서비스를 위한 자료이기도 하지만 시장 분석을 통해 장기적인 마케팅 활동에 활용할 수 있어 잘 보관하여야 한다.

④ 고객의 불평 처리

1) 고객의 불평 원인

서비스를 아무리 완벽하게 하려고 해도 손님으로부터의 불평은 있기 마련이다. 인간은 완벽할 수가 없으며 사고방식이 주관적이므로 모든 고객의 욕구가 똑같을 수 없기 때문이다. 따라서 고객으로부터 지적이나 불평이 발생했을 경우, 항상 긍정적인 자세로 고객의 입장에 서서 정확한 원인을 파악하여 불평에 대한 해결방안을 강구하는 것이 필요하다.

호텔업은 고객 불평의 발생 자체에 대해서 호텔의 이미지에 크나큰 손상이 된다는 인식이 있다. 고객은 불평 내용의 진위를 떠나서 직원 태도가 불손하다고 생각하는 경우가 많다.

고객의 불평 원인은 복합적인 요인에 기인하는 경우가 높고 언어소통, 서비스 태도, 전화응대, 상품에 대한 지식, 가격, 상품의 품질, 계산의 확인 등에서 발생하며, 가능하면 불평이 발생하지 않도록 하는 것이 중요하다.

고객으로부터 불평을 접수했을 때 우선 불평 내용을 경청한 후 비치하고 있는 불평(complaint) 대장에 접수 시간, 내용 등을 기록한 후 고객의 요구에 부응할 수 있는 최대한의 조치를 한다.

2) 고객의 불평 처리 관점

고객의 불평을 잘 듣는 것이 필요하며, 고객이 불평하는 도중에 변명하거나 고객의 잘못을 지적하지 않는 것이 좋으며, 가능하면 고객이 불평을 말하도록 한 후 적절한 응대를 하는 인내심이 요구된다.

사람들의 욕구가 다양하므로 고객의 불평에 대하여 너무 부담을 갖거나 부정적으로 인식하는 것보다 고객의 불평을 이해하고 해결하려는 긍정적인 자세가 필요하다. 고객의 불평에는 트집이나 일부 오해 또는 착각에 의해서도 발생하는 경우가 있으므로 불쾌하게 받아들이는 것보다 불평의 원인을 분석, 검토하여 향후 서비스 개선에 참고자료로 삼아야 할 것이다.

호텔에서 취할 수 있는 영역을 벗어나거나 프런트 직원으로서 해결할 수 없는 경우 당직 지배인(duty assistance manager) 또는 프런트 지배인(front office manager)에게 보고하여 협조를 요청한다.

고객의 불평에 대해 호감을 줄 수 있는 만족한 조치로 신뢰감을 높인다면 고객이 재방문하여 고정고객이 될 것이다.

5 스키퍼 관리

1) 스키퍼 예방

스키퍼(skipper)란 정당한 퇴숙(check out) 절차를 이행하지 않고 떠난 고객을 말하며, 요금을 계산하지 않은 관계로 회사 매출에 지장을 초래할 수가 있어 사전에 발생되지 않도록 최선을 다하는 것이 좋다.

스키퍼(skipper) 예방을 위해서 예약고객은 사전 확인을 하여 연락처의 이상 유무를 확인하며, 비예약 고객(walk-in guest)은 체크인(check-in) 시 선수금(deposit)을 내도록 유도하는 것이 좋으며, 고객의 불쾌감을 사지 않도록 각별히 유의해야 한다.

선수금 요구를 고객이 거절할 때는 등록카드 기록을 철저히 해야 하며, 중간지불(high balance) 제도를 활용하여 초과 금액이 발생하면 고객에게 청구하여 계산하도록 한다. 요금지불이 본인이 아닌 타인이나 회사 지불인 경우에는 납부자를 확인하고 고객 보고서(guest report)를 점검하여 수납(收納)하는 데 만전을 기한다. 또한 수상한 자나 신원이 확실치 않을 때 객실 확인을 철저히 하고, 신용카드 결제 시 분실 또는 도난 신고된 것인지 블랙리스트(blacklist)를 철저히 확인한다.

2) 스키퍼 처리

스키퍼(skipper)가 발생하면 고객의 등록카드를 조회하여 신원 여부를 확인한 후 연락처 등을 활용하여 요금지불의 방법 및 납부 기간을 확답받아 여신(credit) 관리에 의뢰한다. 등록카드가 허위로 기재되어 신원 파악이 불가능한 경우에는 여신(與信) 관리 담당자와 상의하여 객실 책임자에게 보고하고, 경영자의 결재를 득한 후 결손 처리한다.

제4절 야간 결산

1 야간 결산의 의의

야간 결산(night audit)은 모든 고객이 지불할 금액을 정확히 기록하였는지 확인하고 고객 원장(guest folio)을 마감하기 위한 과정이다. 따라서 당일의 모든 거래의 합산과 필요한 통계자료를 갱신하며, 보고서(report)를 출력하고 호텔 운영에 대한 백업 자료(back up data)를 안전하게 저장한다.

야간 감사(night auditor)는 호텔의 영업장에서 발생되는 매상 수입을 마감하여 정산하는 업무를 말한다. 이는 회계처리의 정확성을 확인하는 절차이며, 거래의 내용과 금액이 적법했는지, 회계를 올바르게 전기(posting)되었는지를 검토하는 것이다.

회계의 각 계정과목이 정확하게 전기(posting)하였는지, 각 전표(voucher, slip)는 타당성 있게 승인을 받아 처리되었는지, 입금은 정확하게 하였는지 등과 같은 모든 발생 자료를 집계하고, 잘못된 부분은 수정 처리를 한다.

회계처리 확인을 위하여 요약표(summary)를 만들고 영업 결과를 요약하여 보고 자료를 준비하며 마감 일자를 설정한다.

- 전기(posting)한 항목의 확인
- 계정 수지(account balance)의 점검
- 신용 제공 한도(credit limitation)의 점검
- 객실 현황의 차이 분석(room status discrepancy)
- 운영보고서(operational reports) 작성 등

② 야간 결산 과정

호텔에서는 야간 결산(night audit)을 하기 위해 마감 시간을 지정한다. 일정한 시간 동안 오프라인(off-line)을 시키고, 결산 작업은 온라인(on-line) 상태에서 수행하며, 거래를 익일(翌日)로 등록할 수 있다.

야간 결산(night audit)

야간 결산은 업체에 따라 다소 차이가 있으나 새벽 2시(일부 새벽 1시 30분)에 시작하여 20~30분 동안 오프라인(off-line)을 시킨다.

- 전기(posting)하지 않은 것을 완료시킨다.
- 객실 현황(room status)의 차이(相違, discrepancies) 여부를 검토한다.
- 모든 부서의 수지(balance)를 검토한다.
- 객실 요금(room rate)을 확인한다.

- 예약 부도(no-show)를 확인한다.
- 객실 요금과 세금을 전기(posting)한다.
- 보고서를 작성한다.
- 현금을 예치한다.
- 시스템을 백업(back-up)받는다.
- 보고서를 배포한다.

1) 미처리 계정의 마감

야간 결산은 먼저 고객명단(guest list)을 확인하여 투숙하고 있는 고객과 고객 리스트(list)와 일치 여부를 확인한다. 고객이 체크아웃을 했으나 객실에 체재(滯在)하고 있는 것으로 되어 있으면 체크아웃 처리하고 만일 누락(漏落)한 체크인이 발견되면 체크인 처리한다.

2) 객실 요금의 확인

객실 요금 보고서(room rate report)를 출력하여 잘못된 객실 요금이 있는지를 확인한다. 실제의 판매가격(actual rate)과 표준가격(rack rate, standard rate)의 차이를 확인하여 가격(rate)이 일치하지 않는 객실은 호텔의 할인정책, 객실 공유 여부 등을 확인한다.

3) 예약 부도(no show)의 처리

예약 부도(no show)의 처리는 보증하지 못하는(non guaranteed) 예약을 취소 처리하며, 보증(guaranteed) 예약은 도착 고객 명단(arrival list)을 확인한 후 예약 부도(no show) 처리를 한다. 예약 부도(no show) 처리는 호텔 약관에 의거하여 처리해야 하고 만일을 대비하여 세심한 주의가 필요하다.

4) 영업장의 정산

영업장의 정산표, 업장의 현금, 신용카드 내역, 후불 명세서를 확인하여 매출의 발생 내역(內譯)과 회수 내역을 조회한다. 영업장 정산과 관련하여 시산표(試算表)와 영업장의 정산표(精算表)상의 고객 후불 금액이 일치하는지를 확인한다.

5) 기타 매출 확인

기타 매출 리포트와 입력된 데이터를 확인한다. 예를 들면 세탁(laundry), 비즈니스 센터(business center) 운영, 잡수익 등이다.

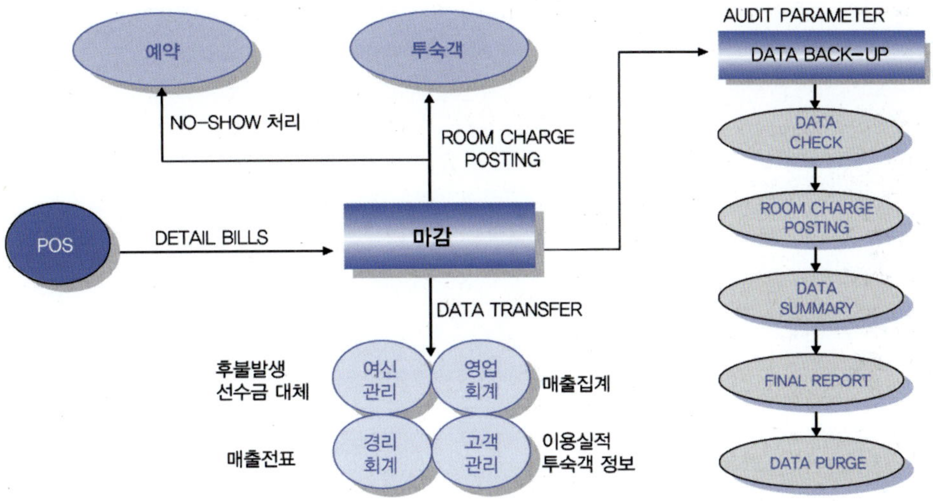

〈그림 10-4〉 야간 결산의 업무 흐름

제11장

영업관리시스템

호텔경영정보론

CHAPTER 11

영업관리시스템

제1절 연회예약 관리

1 연회예약의 의의

연회(banquet)란 호텔 또는 식음료를 판매하기 위한 시설을 갖춘 장소에서 5인 이상의 고객에게 식음료와 기타 부수적인 사항을 제공하여 행사의 목적을 달성할 수 있도록 하여 그 대가를 수수하는 행위라고 정의한다.[1)]

호텔 연회는 회의, 이벤트, 축제, 환영회나 기념회 혹은 파티 등을 하는 것을 말하며, 연회는 테이블과 의자 등이 고정되어 있는 것이 아니라 일정한 장소에서 고객의 요구, 행사의 목적, 인원 등에 따라 여러 형태로 변화시킬 수 있는 영업장 중의 하나이다.

연회는 사회가 복잡해지고 경제가 발전함에 따라 대형화되고 다양하게 이루어지고 있다. 호텔 연회행사도 이러한 추세에 부응하여 연회장을 완벽히 갖추고 연회를 전담하는 부서를 조직화하여 연회행사 유치에 심혈을 기울이고 있다.

1) 한국관광호텔업협회, 관광호텔서비스편람(식음료분야), 1997, p.387.

연회의 특성은 단체고객이 호텔을 방문하기 때문에 다른 업장이나 기타 부대시설을 이용할 수 있어 매출에 대한 기여도가 높고, 미래의 잠재고객에게 충분한 홍보기회가 될 수 있다. 그리고 호텔업은 운영과정에서 계절이나 기타 여건에 따라 성수기와 비수기로 구분할 수 있는데, 이러한 비수기 계절이나 기간에 독립적이고 다양한 행사를 개최하여 비수기를 극복할 수 있다.

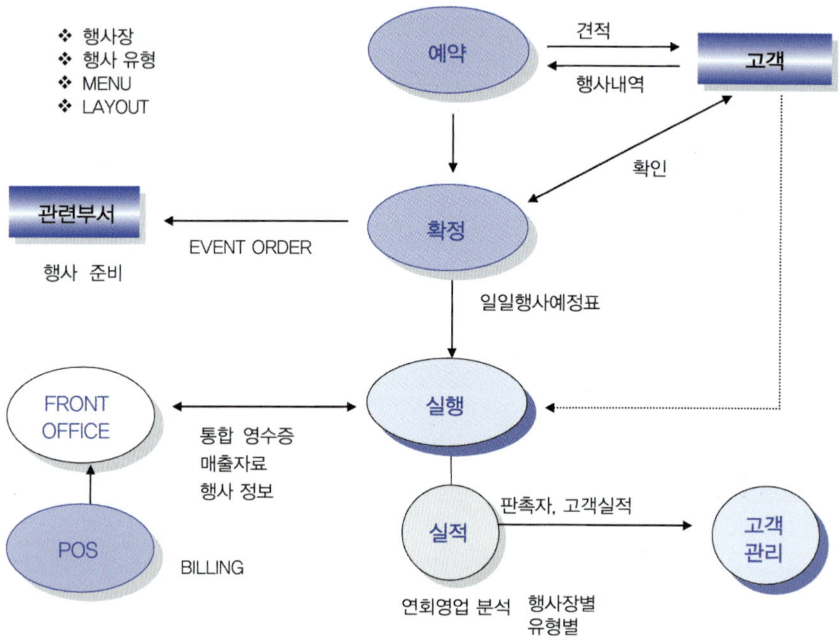

〈그림 11-1〉 연회예약의 업무

② 연회의 분류

1) 기능에 의한 분류

연회는 장소를 제공하는 임대연회와 식음료가 제공되는 식음료 연회로 구분할 수 있다. 임대연회는 콘서트, 패션쇼, 전시회, 세미나 등 다양한 행사를 개최하는 공간을 제공하는 것이다. 식음료 연회는 정찬(正餐) 파티, 칵테일 파티, 뷔페 파티, 가족 파티, 출장연회 파티, 리셉션 등 식음료가 제공되는 연회이다. 그리고 호텔 연회의 주된 수입원으로 결혼식과 피로연 파티 등이 있다.

2) 장소에 의한 분류

연회는 호텔의 경우 장소에 따라 호텔 내에 있는 연회장에서 이루어지는 연회와 고객의 요청에 따라 연회부서 및 식음료 직원이 외부로 출장을 가서 행사를 하는 출장연회(outside catering)가 있다.

3) 목적에 의한 분류

연회는 가족 모임, 회사행사, 정부행사, 학교행사, 협회, 기타 사회단체 기관의 송년회(送年會)·신년회·간담회 등으로 행사 및 목적에 따라 구분할 수 있다.

3 연회행사의 종류

1) 정찬 연회

정찬 파티(lunch & dinner party)는 식음료의 풀 코스(full course)요리가 제공되는 행사이며, 사교의 목적을 지닌 것이다. 주최자의 요청에 따라 메뉴를 결정하고 좌석 배치도(place card)가 결정되며 정장을 하고 입장하는 것이 일반적인 예의이다.

2) 칵테일 리셉션

칵테일 리셉션(cocktail reception)은 각종 주류와 주스를 갖추어 놓고 오르되브르(hors d'oeuvre)를 곁들이면서 입석 형태(standing party)로 이루어지는 연회를 말한다. 칵테일 연회는 정식파티에 비하여 비용이 적게 들고 복장이나 시간에 제한받지 않고 참석할 수 있으며, 좌석이 없으므로 자유롭게 이동하면서 여러 사람들과 담소를 나눌 수 있다.

3) 뷔페 연회

뷔페 연회(buffet party)는 다양한 음식을 고객의 기호에 맞게 차려 놓고 고객이 음식을 선택하여 먹을 수 있는 셀프 형식의 파티이다. 일반적으로 입석 뷔페(standing buffet)와 착석 뷔페(seat down buffet) 형식으로 구분할 수 있다.

4) 가족 연회

가족 연회(family party)는 결혼식, 약혼식, 회갑연, 돌잔치, 기념일 등을 호텔의 연회장에서 행하는 파티를 말한다. 가족 모임의 행사 유치는 영업신장률이 높아 호텔에서는 고객 유치에 노력을 기울이고 있다.

5) 커피 브레이크

커피 브레이크(coffee break)는 회의나 세미나 등 장시간이 소요되는 모임을 개최할 때 회의 중간에 휴식 시간을 제공하는 것을 말한다. 주로 커피나 차 혹은 주스 등의 간단한 음료에 케이크나 쿠키 등의 디저트류가 제공되기도 한다.

6) 출장 연회

출장 연회(outside catering)는 고객의 요청으로 원하는 장소와 시간에 음식과 음료를 포함한 장비, 집기, 비품 등을 운반하여 종사원들이 출장을 가서 연회를 진행해 주는 파티이다. 따라서 출장연회는 사전에 고객이 원하는 장소에 가서 행사에 필요한 계획을 철저히 준비하여야 한다. 특히 야외에서 이루어지는 행사일 경우 우천(雨天)으로 인한 문제나 주변 환경 등을 고려해야 한다.

4 연회예약 시스템의 구성

연회예약 시스템은 연회장의 시설 및 공간을 효율적으로 활용하고 관리하기 위한 시스템이다. 연회행사의 예약, 행사 진행 준비, 행사 내역 및 행사관리 등의 업무를 수행할 수 있도록 하고 있으며 고객에게 서비스 지원을 할 수 있다.

연회예약 시스템의 구성은 판촉(sales & marketing) 부문과 연계, 연회장의 사용가능 여부, 일자별 · 업장별 행사 조회, 예약 대비 실적 등과 관련된 현황을 조회하고 관련 업무에 대한 보고가 가능하도록 구성되어 있다.

〈표 11-1〉 연회예약 시스템 구성

구분	내용
기초자료 관리	코드(code) 관리, 우편번호 관리, 지역번호 관리, 업장 코드 관리, 연회장 상태 관리, 행사 내역 관리, 테이블 배치관리 등
연회예약 관리	연회장(function room), 예약 장부(reservation book), 연회예약(banquet reservation), 견적서(quotation sheet), 지시서(function sheet) 등
예약자 관리	회원 예약자(membership customer), 일반 예약자, 기업관리(organizer) 등
정산작업	연회 일일 마감(daily closing), 연회실적 조회(banquet reservation book) 등
조회작업	업장별 · 일자별 행사, 예약취소, 일일 집계, 견적서 발행, 연회행사 지시서 발행, 연회실적 현황 등
출력작업	업장별 · 일자별 행사 현황, 예약취소 현황, 일일 집계현황, 예약 현황, 견적서 · 지시서 발행 현황, 판촉실적 보고서 등

1) 주간별 행사

연회행사의 예약 현황을 달력(calender) 형식으로 조회할 수 있으며, 가(可)예약 · 확정 예약 · 실행 · 종료한 행사를 조회할 수 있으며, 해당 행사를 선택하면 행사의 현황 화면으로 이동하여 확인할 수 있도록 하고 있다.

〈그림 11-2〉 주간별 연회행사 조회

2) 기간별 행사

기간별 연회행사 현황 및 내용을 조회할 수 있으며, 행사장별 · 행사유형별 · 메뉴별 · 거래처별 · 판촉 지원별 행사현황을 분석할 수 있다.

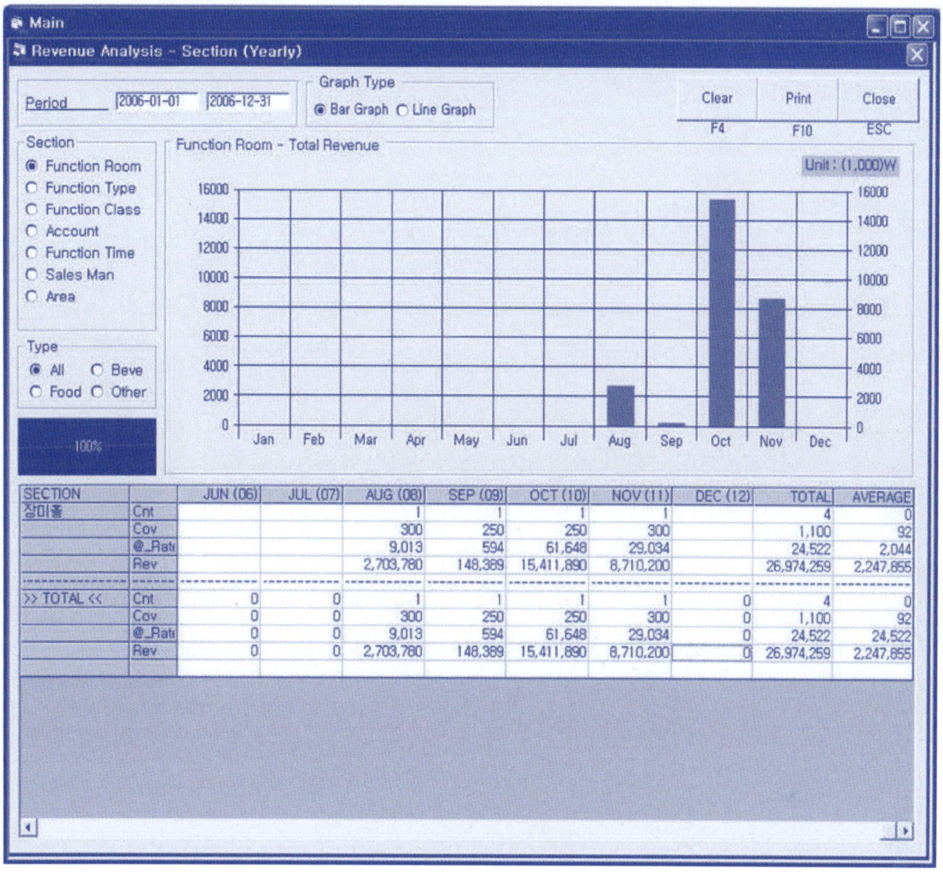

〈그림 11-3〉 기간별 행사관리

제2절 마케팅 관리

1 마케팅의 의의

마케팅(marketing)이라는 용어는 단어에서 내포하고 있듯이 시장(market)이라는 의미에 'ing'가 붙어 시장에서의 활동(an activity)이라는 의미라고 표현하고 있다.[2)]

마케팅은 기업 경영관리에서 중요하게 다루고 있다. 그러나 마케팅을 오직 광고나 판매촉진, 시장조사와 같은 기능적인 활동을 수행하는 것으로 생각하는 것은 마케팅의 핵심을 완전히 이해하지 못한 것이다.[3)]

호텔은 변화하는 환경 속에서 다양하고 많은 의사결정을 내리게 되며, 의사를 결정하는 데 많은 불확실성(uncertainty)과 위험(risk)이 따른다. 이러한 위험을 최소화하기 위해 관리자의 직관이나 경험에 근거한 주관적 판단보다는 객관적인 자료나 정보에 근거해 의사결정을 내려야 한다.

호텔은 고객의 욕구를 파악하고 시장정보를 수집하여 고객의 욕구에 부응하는 상품을 개발하고 경영전략을 수립해야 한다.

마케팅은 시장에서 상품계획, 판매촉진, 상품 판매뿐만이 아니라 현재 및 잠재고객에게 고품질 서비스를 제공하기 위해서 시장의 변화를 분석하고 고객의 욕구와 특성을 이해하는 것이 필요하다. 마케팅 정보시스템은 마케팅 기능인 시장조사 및 예측, 고객서비스 및 지원, 광고 및 촉진, 판매관리, 판매사원의 실적과 같은 정보기술을 지원한다.[4)]

마케팅정보시스템(MIS: Marketing Information System)은 마케팅 전략과 전술을 수립하여 실행해 나가는 과정에서 의사결정자가 필요로 하는 정확하고 시기 적절한 정보

2) 김창원, 인터넷마케팅, 학문사, 2000, p.18.
3) 임경인, 최신 호텔마케팅, 백산출판사, 1998, p.33.
4) 천면중 · 이민화 · 남기찬, 경영정보시스템, 대영사, 2002. p.39.

를 수집, 분류, 분석, 평가, 배분하기 위한 시스템이라고 할 수 있다.

2 마케팅정보시스템

마케팅정보시스템은 수집된 자료를 분석하여 의미 있는 정보로 전환하는 것이며, 마케팅 의사결정 지원시스템(MDSS: Marketing Decision Support System)에 의해 수행된다. 이 시스템의 역할은 수집된 자료를 전문적으로 분석하여 마케팅 관리자들의 의사결정에 필요한 정보를 생산하며 기업 내 · 외부의 환경으로부터 일어나는 변화에 대한 자료를 수집해서 체계적으로 분석하는 것이다.

1) 내부정보시스템

내부정보시스템(internal information system)이란 호텔의 통상적인 경영활동과 관련하여 기업에서 발생하는 정보를 의미한다. 그러나 많은 기업에서 이러한 정보가 수집되는 데는 많은 시간이 걸리며, 정보가 정확하지 않거나 필요한 정보가 제대로 전달되지 않는 경우가 빈번히 발생한다. 이러한 문제를 해결하기 위해 마케팅정보시스템은 우선 기업 내부의 자료를 신속 · 정확히 수집, 정리하여 활용하는 기능을 제공한다.

내부정보시스템에서 마케팅 활동의 자료로 활용하기 쉬운 것은 바로 고객에 대한 정보이다. 고객정보를 수집하여 데이터베이스(DB)를 구축하는데 이것은 고객정보시스템이 된다. 고객 데이터베이스를 구축 · 확보하기 위한 체계적인 접근방식은 최적 고객군을 확인하는 단계부터 시작하며, 시장분석 기법(RFM)의 원칙을 활용한다.

고객 데이터베이스의 범주

데이터베이스의 범주는 구분되어 있으나 마케팅 정보의 중요한 사항이 되고 있다.

- 영업용 자료: 고객 성명, 직위, 회사명, 직장 및 자택 주소, 지불 방법 등
- 마케팅 정보(예약 후 투숙까지 소요 기간): 객실 사용 여부, 즉 이전의 객실 사용 현황, 체재(滯在) 빈도, 판매촉진에 대한 고객들의 반응, 고객의 특수 선호도 등

시장분석 기법(RFM)

시장분석 기법이란 Recency(구매 시기의 최근성), Frequency(구매 빈도), Monetary value(금액 · 규모) 원칙을 활용한 분석이다.

2) 외부정보시스템

외부정보시스템은 호텔의 외부에서 정보를 수집하는 기능이며, 호텔업을 둘러싼 환경변화를 이해할 필요성이 있다. 외부환경의 변화는 신속하고 복잡하게 진행되어 경영활동에 큰 영향을 미치고, 호텔업은 관광객의 체재에 필요한 사업으로 환경에 영향을 받게 되며, 환경변화에 민감하기 때문이다.

호텔경영에 직접적인 영향을 미치는 환경은 자연, 정치, 경제, 사회, 문화, 기술, 법 · 제도, 생태환경 등이다. 이러한 환경들은 서로 간에 연결되어 상호작용을 하고 있어 어느 한 부문에 변화가 일어나면 다른 부문에도 연쇄적 영향을 미치게 된다.

외부정보시스템은 호텔의 외부에서 일상적으로 발생하는 다양한 변화 중 기업 활동에 영향을 미칠 수 있는 요인들을 조사한다. 이는 외부환경의 정보를 중요하게 인식하고 정보를 수집하여 향후 기업 활동에 미치는 영향을 분석하여 대응책을 수립하는 데 목적이 있다.

③ 마케팅정보시스템의 구성

마케팅정보시스템은 의사결정에 필요한 정보를 제공하려는 목적으로 기업의 내·외부로부터 자료를 수집하여 정보를 체계적으로 전달하여 지속적인 마케팅 활동을 수행하도록 하는 체제이다.

마케팅정보시스템의 구성은 의사결정을 위한 업무를 지원하는 역할을 하며, 기업들은 최근 이러한 업무를 체계적으로 지원하기 위하여 마케팅 정보센터(marketing information center)를 설치·운영하는 사례가 많아지고 있다. 마케팅 정보센터의 주요 업무는 자료수집, 자료의 분석을 통한 정보를 생산하여 제공하는 것이다.

마케팅정보시스템을 구축하기 위해서는 필요한 정보의 내용, 제공방식, 의사결정을 지원하기 위한 방법과 같은 연관성을 토대로 검토되어야 하며, 변화하는 환경에 따라 시스템을 수정·보완할 수 있어야 한다.

〈표 11-2〉 마케팅 분석 시스템

구분	내용
외부 정보	자연, 정치, 경제, 사회·문화, 법·제도, 교통, 상품 등 환경 분석
내부 정보	고객관리, 수요시장, 경쟁자, 거래관계 등
객실	여행사 관리, 객실 전담 판매, 컨벤션, 특별상품
식당	여행사, 기업체, 친목 단체 등
연회장	국제행사, 국내 연회, 기타

제3절 고객관계 관리

① 고객관계 관리의 의의

호텔업의 상품이 있다면 그 상품을 구매하여 이용하려는 고객(顧客)이 있다. 고객관계 관리(CRM: Customer Relationship Management)란 호텔업이 고객과 관련된 내·외부 자료를 분석하고 통합하여 고객의 효과적인 관리를 극대화하기 위한 과정이다. 고객이 누구이며, 고객이 원하는 것은 무엇인지, 고객과 어떻게 상호 작용했는지, 그리고 미래에 상호 작용을 어떻게 할 것인지를 파악하는 것이 고객관계 관리의 핵심이 된다고 할 수 있다.

고객의 인적 사항에 관하여 과거와 같이 막연한 인구·통계학적(demographic)인 정보만으로는 미래의 호텔 마케팅 활동을 펼쳐 나가는 데 충분한 자료가 될 수 없다고 지적하였다.[5] 따라서 고객을 대상으로 다양한 정보를 수집하고 판촉 대상이 될 수 있는 고객정보를 데이터로 관리하기 위해서는 고객에 대한 정확하고 신뢰성이 있는 정보를 확보하는 것이 필요하다.

고객을 관리하기 위해서는 조직 전체가 고객의 정보를 획득하는 데 긍정적이어야 하고 고객정보를 파악하기 위한 준비와 마케팅에 어떻게 적용할 것인지를 결정하는 것이 무엇보다도 중요하다.

고객이 공항에서 잘 훈련되고 교육받은 호텔직원의 영접을 받고 차량에 고객의 짐을 싣고 안내하면서 호텔에 오는 도중에 고객의 정보와 신용카드 정보를 받아 무선 장치(wireless device)로 체크인한 후 키(key)를 건네주고 객실에 입실하도록 준비되어 있다면 고객은 호텔의 서비스에 대한 평가가 달라질 수 있다.

이러한 서비스를 제공하기 위해서는 효율적인 조직 편성과 효과적인 운영(operation)

5) 한국관광공사, 코넬 계간지 5월호, 1990, p.60.

방식 그리고 정보기술(information technology)이 복합적으로 구축되어 있어야 한다.

고객관계 관리를 위해 호텔은 전사적(全社的) 차원으로 계획을 수립해야 하고 고객관리의 중추적인 역할을 담당하는 판촉은 물론 다양한 영업조직에서 고객의 요구에 응대하는 직원들의 능력이 매우 중요하다.

2 고객관리시스템 구축

많은 호텔은 마케팅의 활용 도구로서 고객관계 관리(CRM) 시스템 구축이 필요하다고 인식하고 있다. 호텔의 충성고객(loyal customer)은 호텔 수익에서 차지하는 비중(90%)이 높고 새로운 고객을 창출하는 데 지출되는 비용보다 적은 마케팅 비용으로 고정고객을 유지할 수 있다고 한다. 고객에 대한 정보체계를 구축한 호텔들은 운영수익(operational profit)과 마케팅 수익(marketing profit)에 영향을 끼쳤다고 언급하고 있는데, 고객의 구매 성향(性向)을 분석할 수 있고 고객이 원하는 것을 적절한 시기에 정확히 전달할 수 있다고 한다.

따라서 고객정보를 확인하여 최적화하는 절차를 표준화해야 하며, 이를 경영정보에 반영함으로써 고객 특성에 맞는 마케팅 활동을 계획하는 것이 가능하다.

고객관리시스템을 구축하여 호텔의 마케팅 능력을 증대시킬 수 있는 인터넷마케팅, 데이터베이스 마케팅 등으로 활용할 수도 있고 종사원들에게는 판촉 활동을 지원하며, 호텔은 직원들의 목표관리와 실적을 관리할 수도 있다.

고객관리시스템을 구축하기 위해서는 정보기술 관리자(IT manager), 마케팅 매니저(marketing manager), 운영책임자(operation manager) 등과 공감대를 형성하여 추진하는 것이 바람직하며, 시스템 구축과 내용은 고객의 평가에서 시작된다.

③ 고객관리와 데이터베이스 마케팅

고객의 데이터베이스(database)는 호텔에 체크인(check-in)할 때 작성한 등록(registration) 서류의 정보화에서 시작된다. 고객에 대한 정보자료들을 분류하고, 고객의 성명, 직업, 국적, 거주지, 여행 성향, 생활 스타일 또는 매스컴 시청 습관 등과 같은 자료를 정보화함으로써 마케팅 활동에 필요한 유용한 자료들을 상세하게 얻어낼 수 있다.

기술의 발전으로 고객의 정보는 다양한 시스템을 활용하여 정보를 축적하고 구축할 수 있게 되었으며, 국제적인 체인 호텔들은 고객정보를 중앙 예약시스템(CRS: Central Reservation System)을 활용하여 고객의 선호 경향을 파악할 수 있는 체제를 구축하였다. 이는 시스템의 통합이 가져다준 결과이다. 고객정보를 활용하여 이메일(e-mail) 마케팅과 목표(target) 마케팅 실행이 보편화되었고 온라인, 오프라인을 초월해 고객이 원하는 맞춤형 서비스가 가능해졌다.

데이터베이스 마케팅이란 고객들이 가지고 있는 호텔의 이미지를 높여 구매행위가 지속되도록 개발하는 과정이며, 경쟁력을 강화하기 위한 전략의 한 가지로 전통적인 마케팅 방식과 비교하면 다음과 같은 유리한 이점이 있다.

고객관리와 데이터베이스 마케팅

- 기존 고객에 대한 충성도 구축
- 시장개척, 잠재고객의 확인 및 유치를 통한 시장 점유율 확장
- 수익의 흐름 분석(revenue-stream analysis)
- 수익 증대(incremental revenue)를 위한 기초자료 제공
- 마케팅 필요예산 책정(예: micro-marketing)에 따른 비용 절감

④ 고객관리시스템의 구성

호텔업은 상품과 서비스를 고객에게 제공하기 위해 고객 중심의 조직으로 운영하는 사업이다. 고객은 객실뿐만이 아니라 다양한 영업장을 이용하므로 영업장마다 고객의 정보가 수집된다. 고객정보를 효율적으로 관리하기 위해서는 고객관리(CRM) 시스템을 통합하는 것이 중요하다.

고객관리시스템은 자산관리시스템(PMS: Property Management System)을 비롯하여 중앙 예약시스템(CRS: Central Reservation System), 통합 예약시스템(GRS: Global Reservation System), 충성고객 관리프로그램(LPD: Loyalty-Program Database), 연회예약(SC: Sales & Catering) 시스템, 고객 이력(guest history), 인터넷(internet) 등과 통합의 필요성을 제기하고 있다.

〈표 11-3〉 고객관리시스템 구성

구분	내용
기초자료 관리	코드(code) 관리, 우편번호 관리, 지역번호 관리, 업장 코드 관리, 연회장 상태 관리, 행사 내역 관리, 테이블 배치관리 등
회원 자료 등록	고객 마스터(master) 관리, 고객 마스터(master) 조회, 회원 신상 명세서, 회원 명단(check list), 회원 등록 일자별 현황 등
회원 자료 출력	회원현황(인원 수), 회원명부, 고객 번호별 명단(list), 지역별 고객현황, 성별 고객현황, 회원 차량 현황, 신규 명의변경 내역 등
보증금 관리	회원 연회비 관리, 연회비 발생 등록, 연회비 입금 내역 및 출력, 회원별 연회비 잔액 명세서, 회원별 연회비 관리원장, 연회비 청구, 청구 내역 명단(list) 등
DM 관리	납입상태별 DM(Direct Mail) 등

고객관리(CRM: Customer Relation Management) 시스템은 데이터베이스 마케팅 활동을 위해 의사결정을 지원하는 역할을 하며, 호텔은 마케팅 활동의 업무를 체계적으로 지원하기 위해 고객정보 센터(guest information center)를 설치하여 운영하기도 한다.

고객관리시스템은 검색하고자 하는 고객의 정보를 지역별 · 연령(年齡)별 · 고객 유형별 등 조건에 맞게 데이터 검색을 할 수 있고 그래프(graph)로도 현황을 분석할 수 있다.

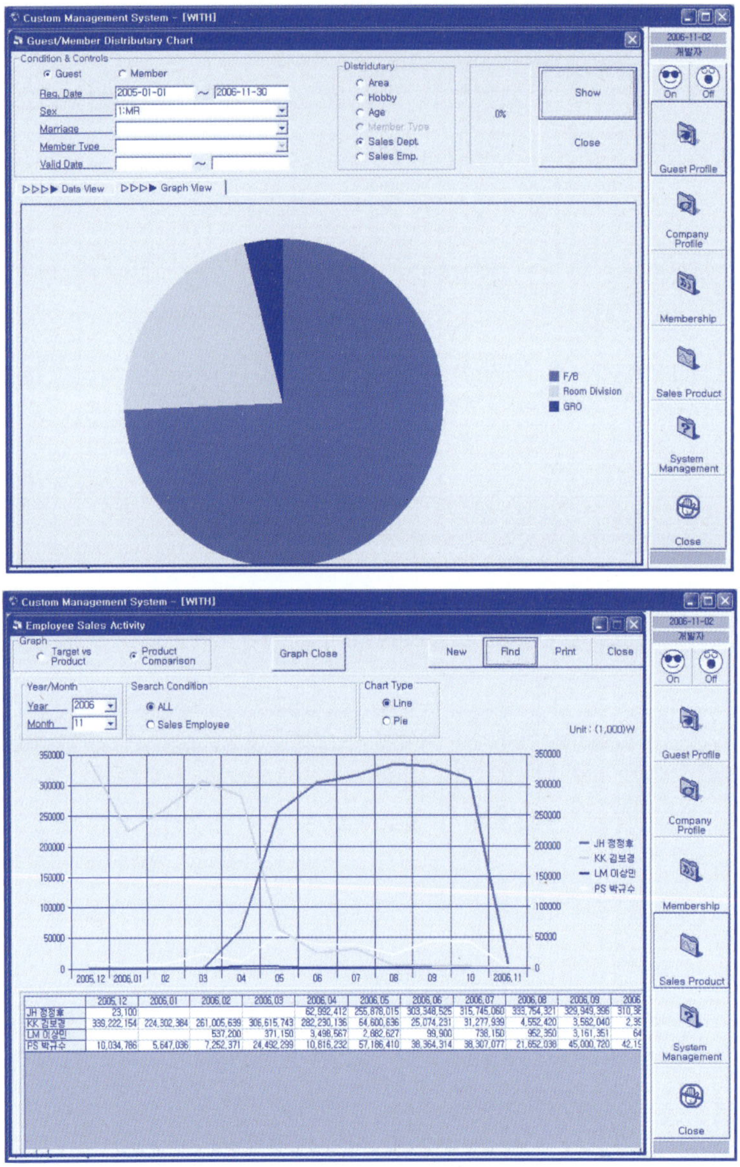

〈그림 11-4〉 고객관리 사례

제4절 영업분석 관리

① 영업분석의 의의

영업(營業)이란 영리를 목적으로 상품을 판매하는 활동이다. 호텔업은 객실을 비롯하여 식음료, 부대시설과 같은 상품을 고객에게 판매하는 사업으로 거래가 다양하고 매출이 발생하는 장소가 상이하다.

호텔업의 영업장에서 발생한 매출은 신속하고 정확하게 계산되어야 한다. 요즘에는 매출액을 집계하는 것은 물론, 목표를 설정하고 현황을 분석하는 차원으로 발전하였다.

호텔업은 운영 특성상 계절적 영향을 받는 사업이며, 성수기와 비수기가 존재하고 성수기에는 객실 요금을 올리고 비수기에는 객실 요금을 낮게 책정하여 객실 판매를 높이려고 한다.

호텔의 상품인 객실의 판매실적을 분석하기 위하여 객실점유율, 평균 객실 요금, 고객당 평균 객실 요금 등과 같은 지표를 전년도와 비교하여 영업 현황을 평가한다. 최근에는 영업 분석에서 사용하였던 평균 객실료(average rate)는 총매출액(revenue), 객실점유율(occupancy rate)은 수익률이란 용어로 대체되어 사용하고 있다.

객실 판매를 중요시하는 호텔에서 불가피하게 단체고객에게 객실을 판매하여 결과적으로 높은 가격으로 투숙하고자 원하는 개별고객들의 요청을 수용할 수가 없는 상황이 발생된다. 어떠한 판매 방법이 호텔 수익에 긍정적인 영향을 미치는지에 대해 비교하고 분석하여 영업수익의 목표 달성 여부를 평가하는 시스템이 필요하다.

호텔은 수익 목표의 달성 여부를 평가하기 위한 관리기법으로 수익률 관리시스템(YMS: Yield Management System)을 활용하며 정확한 수요예측에 근거하여 객실 가격을 결정하고 효과적인 재고관리를 통하여 객실 수입을 극대화하기 위하여 도입하였다.

수익률 관리란 호텔의 수익을 높이는 방안을 기존의 자료를 토대로 성수기와 비수기의 객실 요금을 결정하는 것을 말하며, 정보시스템의 기능을 활용하여, 확률 · 통계 · 조직이론 · 운영 경험 및 지식이 결합[6]된 일종의 의사결정을 지원하는 시스템(DSS: Decision Support System)과 같다.

2 영업계획의 분석

1) 수요예측

예측(forecasting)이란 객실 수요를 정확하게 파악하여 분석하기 위한 과정이며, 수요예측을 위해서는 각종 정보 수집이 필수 조건이고 객실의 수요와 공급시장의 상황변화를 주시해야 한다.

(1) 수요가 높은 경우

수요가 높은 경우(high demand)에는 단체고객, 일시 체재하는 고객들에게 낮은 요금의 예약접수를 자제하거나 객실 판매를 규제하는 것이 필요하다. 일시적으로 단기(短期) 체재하는 고객은 최저한의 체재 일수 기준을 설정하고 그 미만에 해당하는 예약을 받지 않는 것이며, 높은 객실 요금을 지불하는 단체 예약을 접수하는 것이다.

(2) 수요가 낮은 경우

수요가 낮은 경우(low demand)에는 할인 요금을 허용하고 공표(tariff)요금을 보고 숙박을 주저(躊躇)하는 고객에게 할인 판매를 하도록 권한을 부여한다. 객실 요금에 민감한 반응을 보이는 고객이나 기관을 방문하고, 저렴한 가격조건으로 단체고객 유치를 위한 판촉 활동을 전개하며, 패키지(package) 상품을 개발하여 판매활동을 전개한다.

---

6) 이영재, 관광호텔객실경영의 효율성 제고방안에 관한 연구, 관광경영학연구(제3호), 1998, p.297.

2) 판매 과정과 전략

수요예측이 되었다고 해도 수요현상이 직접적으로 나타나는 것은 아니다. 판매 가능 객실이 있다고 무조건 판매하는 것보다 최대의 매출을 올리기 위한 것이 판매 목적이 되어야 한다. 객실을 판매하기 전에 수익을 고려하여 좀 더 비싼 가격으로 판매하는 것은 중요한 전략이 된다.

상품의 효과적인 판매를 위해서 체계와 절차(system and procedures)를 설정하고 판매 시스템을 구축하는 것이 필요하며, 내 · 외부의 다양한 유통시스템과의 유기적인 협력 체계를 구축하고 시스템을 다룰 수 있는 종사원을 확보하여 운영해야 한다.

고객의 수요변동에 탄력 있게 대처할 수 있는 전략 및 전술 계획(strategic and tactical plans)을 수립하고 과거의 좋은 계획이라도 상황변화에 대처할 수 있는 전략으로 수정되어야 한다. 또한 수요가 높을 때와 낮을 때에 대처하는 방안을 교육하여 직원들이 인지하도록 해야 한다.

3) 판매 성과

판매 성과는 수익성을 나타내는 현황분석이며, 피드백 시스템(feedback)에 의해서 확인[7]된다. 피드백(feedback) 시스템은 영업 현황을 분석하고 수익의 효율성을 평가하는 것이다. 판매 목표를 달성하기 위해서 통제 방법을 개발하고 종사원들에게 새로운 정보를 제공하며, 개선사항이 발견되면 개선하여 목표를 달성하기 위한 것이다.

3 영업분석시스템의 구성

영업분석은 정확하고 다양한 정보가 제공되어 영업분석의 결과를 호텔 운영에 반

7) 한국관광공사, 이윤증대를 위한 수익률 관리기법, 1994년 6월, p.64.

영하여 적합한 판단이 가능하고 경영관리에 도움을 줄 수 있도록 지원해야 한다.

영업분석시스템의 기능은 영업 현황분석의 기초자료이며, 일 · 월 매출, 부문별 매출, 영업장별 매출, 목표 대비 실적 현황과 다양한 형식의 보고서가 산출된다. 영업분석시스템의 구성 내용은 다음과 같다.

〈표 11-4〉 영업분석시스템 구성

구분	내용
기초관리	영업장 코드 등록, 영업장별 정보등록, 매출목표 등록, 객실 목표 등록, 영업장 할인 등록, 판촉부 개인별 목표 등록, 여행사 영업장 이용 등록 등
현장재고 등록	월별 매출 지수 도표, 월매출 목표, 부문별 매출 분석, 여행사별 객실 이용현황, 객실 고객별 판촉실적, 영업장별 매출 분석, 부문별 매출목표 보고서, 업장별 할인 현황 등
수입 보고서 (revenue report)	일일 매출 현황(daily revenue), 월별 매출 현황(monthly revenue), 영업장 매출 현황(outlet revenue) 등

제12장

경영관리시스템

호텔경영정보론

CHAPTER 12

경영관리시스템

제1절 인사 · 급여관리

1 인사관리

1) 인사관리시스템의 의의

호텔업은 인적 서비스의 의존도가 높은 사업으로 인적자원의 효율적인 관리가 인사관리(personnel management) 업무의 중요한 기능이다. 인사관리는 개인의 신상 자료 관리 및 근무기록에 관한 모든 자료를 기록 관리하여 인사행정의 기본체제를 구축하기 위한 것이다.

그동안 인사관리는 직원의 모집, 선발, 채용, 배치, 평가와 같은 전통적인 기능에 머물렀으나 인사관리 정보시스템(HRIS: Human Resource Information System)의 발전은 복지, 교육훈련과 개발, 건강과 안전 등과 같은 종합적인 인력관리를 지원하는 시스템

으로 발전하여 인적자원 업무에 활용하고 있다.[1]

인사관리 정보시스템의 활용이 중요해진 이유는 다음과 같다.[2]

첫째, 우수한 인력의 확보와 유지
둘째, 인적자원에 대한 정확한 정보와 효율적 관리
셋째, 업무의 복잡성과 경쟁력 강화

기업의 조직은 변화하고 있으며, 업무가 복잡해지고 다양해지고 있어 우수인력의 확보는 기업의 경쟁력을 높이고 기업의 성패를 좌우하는 것이 시대적인 흐름이라는 인식이 확대되고 있다.

호텔업은 전통적인 서비스업으로 인적자원의 효율적인 활용이 호텔업의 발전과 직결되기 때문에 인력을 선발하여 적성과 능력에 맞는 조직에 배치하고 업무능력을 개발하는 것은 매우 중요하다.

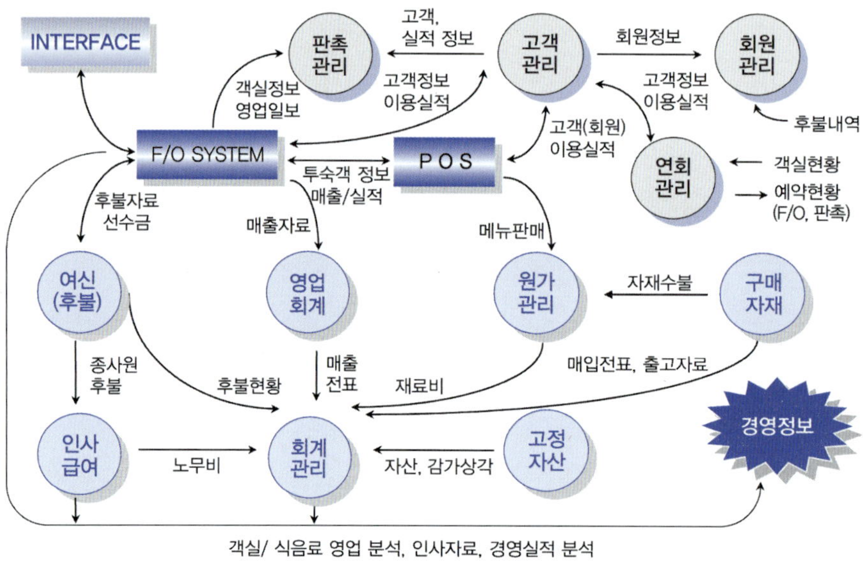

〈그림 12-1〉 경영관리시스템

1) 천면중 · 이민화 · 남기찬, 경영정보시스템, 대영사, 2002. p.39.
2) 나승훈 · 서지한 · 김형준, ERP 구축을 위한 경영정보시스템, 형설출판사, 2001, p.165.

인사관리시스템은 합리적이고 과학적인 인사관리 체계를 구축하고 자동화함으로써 인사 정보를 취합하고 분석할 수 있으며, 기록을 유지하는 기반을 조성하였다. 인사와 관련된 정보를 활용하여 효율적인 교육훈련을 실시하고 보직 관리와 평가제도에도 활용하게 되었으며 급여 관리와 관련한 부문과도 연계하여 업무의 신속성과 효율성에 기여(寄與)하였다.

2) 인사관리시스템의 기능

인사관리시스템은 인력계획, 인력관리, 인사 데이터베이스로 구분할 수 있다. 인력계획은 필요인력에 대한 수급(需給)이며, 신규 인력의 충원, 기존 인력의 업무 평가계획, 교육계획, 그리고 회계정보시스템과 연결된 인력 예산계획으로 구성된다.[3]

인력관리는 인력에 대한 분석 및 관리와 중 · 장기의 인력에 대한 의사결정을 하기 위한 것으로 예산분석, 경력개발 및 분석, 이직률 분석, 성과 및 업적분석, 근태분석, 보상 효과 분석을 수행한다.

인사 데이터베이스는 기존 인력에 대한 자료를 보관 · 저장하는 물리적인 공간으로 저장하는 자료는 직무명세(職務明細), 교육훈련 보고서, 인사 활동 자료, 인사기록자료, 급여 및 진급에 관한 자료를 포함한다.

인사관리시스템에서 기본적으로 관리해야 하는 기능은 기본 신상 관리, 자격 · 면허관리, 표창 · 징계 관리, 경력 사항 관리, 인사고과 관리, 교육 관리, 근태(勤怠) 관리, 발령사항 관리로 구분[4]하고 있다. 일반적인 인사관리시스템의 기능은 다음과 같다.

3) 나승훈 · 서지한 · 김형준, ERP 구축을 위한 경영정보시스템, 형설출판사, 2001, p.166.
4) 박수형, 호텔정보시스템 실무, 대왕사, 2001, p.163-166.

- 인사기록의 유지 · 보관 및 조회
- 임금 변동에 따른 인건비 추정
- 급여 관리 업무 비용의 절감
- 조건별 검색 작업의 용이
- 각종 통계자료의 제공

3) 인사관리시스템의 구성

인사관리시스템의 구성은 시스템의 종류와 개발내용에 따라 많은 차이가 있고 호텔에서 사용하고 있는 시스템은 다양하다.

일반적으로 사용되고 있는 인사관리시스템은 인사 정보, 인사발령, 인사 마스터, 개인정보, 교육(연수) 등으로 구분할 수 있다.

개인 신상정보 관리(학력 · 가족 · 병역 · 자격 · 어학 · 경력 등), 근무기록 관리(인사 발령, 교육 및 훈련 사항, 승급, 상벌 자료 등), 근태(勤怠) 관리(출 · 퇴근 및 휴가), 채용 관리(지원자 현황 및 개인별 점수)가 있다. 인사관리시스템의 구성은 다음과 같다.

〈표 12-1〉 인사관리시스템의 구성

구분	내용
인사 정보	인사관리 메인(main), 인사 마스터, 일용직 마스터, 신상 명세(학력 · 가족 · 병역 · 자격 · 어학 · 경력 등), 기타사항 등
인사 발령	인사발령 사항, 상벌 사항, 퇴직자 이동, 수습 만료자, 입사 및 퇴직자, 휴직자, 기타(입사, 수습, 퇴직) 등
인사 마스터(master)	정직원, 부서별 개인 현황, 입사자, 퇴직자, 인사기록 카드 등
개인정보	신상 조회, 주소록, 가족 사항, 학력 사항, 병역사항, 보증사항, 건강기록, 자격증 등
집계사항	부서별 인원 현황, 근속 연수별 조회(근속 연수별 직원명단), 부서별 인원 명단, 월별 생일자 명단 등
교육(연수)	사용자 등록, 기초코드 등록, 코드 출력, 교육계획, 교육 내역, 교육 내역서, 제(諸)증명서 출력

② 급여관리

1) 급여관리시스템의 의의

급여(給與)란 사용자가 종사자의 노동력 제공에 대한 대가로 지불하는 임금(賃金)이라고 할 수 있다. 임금(wage)이란 종업원의 정상적인 노동력 제공에 대한 직접적인 대가로 기업이 지급하는 경제적 보상의 한 형태라고 정의하고 있다.[5)]

근로기준법에 임금이란 사용자가 근로의 대가로 근로자에게 임금, 봉급, 그 밖에 어떠한 명칭으로든지 지급하는 모든 금품이라고 정의하고 있다. 여기에서 근로자란 임금을 목적으로 근로를 제공하는 사람을 의미하며, 근로의 대가란 근로에 대하여 보상해야 한다는 것이다.

사용자의 입장에서는 종사원이 호텔에 제공한 노동에 대해서 지급하는 대가이며, 생활의 원천이 되는 소득이 된다. 급여 관리는 한국의 조세체계에 따라서 프로그램이 수정되는 경향이 많고 세무서, 공단 및 조합 등에서 요청하는 자료들이 많이 있어 전문적인 지식과 업무가 필요한 분야이다.

2) 급여관리시스템의 구성

급여관리시스템은 특히 인사관리 정보시스템, 회계관리시스템과 연관성이 높으며, 인터페이스의 호환성도 고려되어야 한다. 급여관리시스템은 급여작업, 급여 내역 관리(월 급여, 상여 등), 퇴직금 관리(퇴직금 계산 등), 정산 관리(공제, 원천징수 등), 근태 · 휴가 관리, 세무 관리(국민연금, 의료보험, 갑근세 등) 등으로 구분할 수 있다. 급여관리시스템의 구성내역은 다음과 같다.

5) 차길수 · 윤세목, 호텔경영학원론, 현학사, 2006, p.477.

〈표 12-2〉 급여관리시스템의 구성

구분	내용
급여작업	상여 변동관리, 고정 수당관리, 급여 공제 내역 등록, 업데이트(update) 관리, 급여 · 상여 계산 · 누적 · 마감, 일용직 급여 계산
급여 내역(內譯)	급여 마스터 관리, 사원별 급여 내역, 부서별 급여 마스터, 개인별 급여 내역, 퇴직자 급여, 급여 · 상여 총괄표 · 대장, 납입(納入) 명세서(의료보험, 국민연금 등)
퇴직금 작업	퇴직금 계산, 퇴직금 산출현황, 퇴직금 정산서, 퇴직충당금 계산, 퇴직충당금 계산 내역 조회, 퇴직충당금 산출내역서
정산작업	정산 공제 내역 등록, 정산작업, 개인별 정산 내역서, 종전 근무지 내역서, 원천징수 내역서, 근로소득 원천징수, 근로소득 원천징수 영수증, 퇴직소득 원천징수 영수증
근태 · 휴가관리	근태 관리, 근태별 사원조회, 월간/연간 근태 조회, 연차 발췌작업, 월차 발췌작업
세무 관리	세법 · 세율관리, 의료보험 · 국민연금 등급, 공제 · 수당 코드 관리, 사업소득 등록, 소득세 징수 집계표, 소득자료 제출 집계표, 주민세 특별징수 계산서, 갑근세 납부 증명원

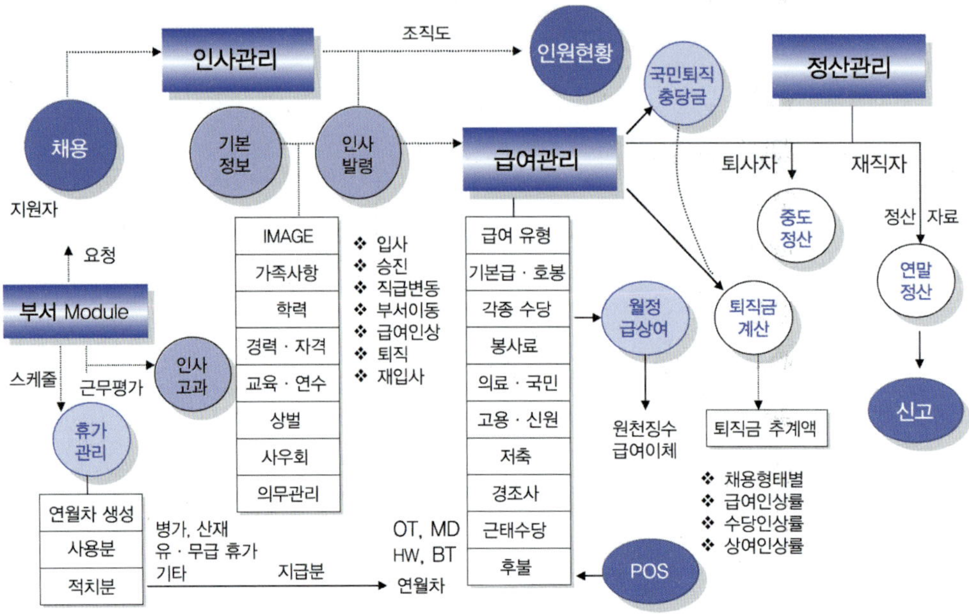

〈그림 12-2〉 인사 · 급여관리시스템

제2절 비유동자산 관리

1 비유동자산의 의의

자산(assets)이란 유형 · 무형과 같은 물품 · 재화나 권리와 같은 구체적인 실체(實體)를 의미하며, 기업이 투자하여 소유해서 운용하고 있는 여러 가지의 경제적 자원(economic resources)을 총칭한다. 자산이란 기업이 투하한 자본의 운영형태로 나타나는 것이며, 즉 재화나 채권, 신용 등을 총칭하고 현금, 예금, 건물, 토지, 기계, 비품 등 기업이 소유하고 있는 것은 모두 자산이다.

자산은 크게 유동자산과 비유동자산으로 구분한다. 유동자산이란 회전력이 빠른 자산으로 현금화하는 데 걸리는 기간이 1년 이내인 자산을 의미하며, 비유동자산이란 영업활동을 위해 장기간 소유하고 있는 자산, 즉 현금화하는 데 걸리는 기간이 1년 이상인 자산을 말한다. 기업이 상품을 생산하기 위해 장기간 소유하고 있는 기계 등의 자산은 현금화하는 데 1년 이상 걸리므로 비유동자산에 속한다.

호텔업은 다른 산업에 비해서 비유동자산의 의존도가 높다. 비유동자산은 토지와 같은 예외적인 자산은 제외하고 감가상각(減價償却)을 통하여 그 가치의 일부를 회계처리에 따라 회수하는 절차와 방법이 필요하게 되었다.

호텔의 자산을 관리하는 기능은 정액법, 정률법과 같은 상각(償却)하는 방법을 선택하여 운영이 가능[6]하며, 조정(調定) 상각, 특별 상각도 가능하다.

정액법(straight-line method)

매 회계기간 일정액의 감가상각비를 계상하는 방법으로 상각 기간 내에 균등액을 감가상각하는 방법

6) 남상오, 회계원리, 다산출판사, 2000. p.163.

정률법(fixed-percentage-of-declining balance method)

매년 일정률로 감가상각비가 감소하는 방법으로 각 연도의 감가상각비는 미상각 잔액에 일정한 상각률을 곱하여 계산하는 방법

자산을 효과적으로 관리하고 통합하기 위한 시스템의 도입은 자산 통합 관리의 핵심이 되고, 감가상각비를 포함한 각종 비용 정보는 경리 · 회계, 관리회계시스템에 제공되며, 자산 운영 및 수선 관련 정보는 시설 · 장비 시스템과 연계된다. 연계되는 시스템 간에 자료의 일치성을 유지하여 업무 편리성 및 정확성을 확보할 수 있는 시스템 구축이 필요하게 되었다.

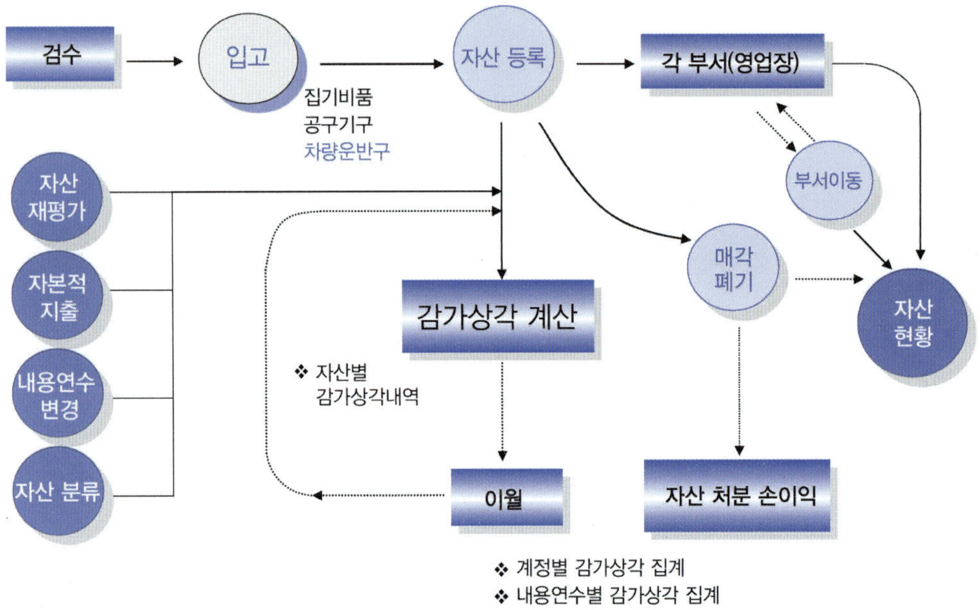

〈그림 12-3〉 비유동자산 관리시스템

② 비유동자산 관리시스템의 구성

비유동자산 관리시스템은 자산관리를 효과적으로 하는 데 목적이 있다. 자산별 상각 내역을 관리하고 감가상각 계산 이후 개별 자산에 대한 감가상각 내역을 코드별로 조회할 수 있고 출력을 통하여 업무처리의 효율성 및 신속성을 확보하기 위한 시스템이다. 특히 추정 감가상각비에 대한 정확한 정보를 신속하게 산출하여 제공함으로써 관리회계시스템의 영업장별 추정 손익 작성시 정확성을 높이고 있다.

비유동자산 관리시스템을 통해 자산 현황, 건설 가계정, 변동사항 관리, 감가상각 업무를 수행할 수 있다. 일반적인 구성내역은 다음과 같다.

〈표 12-3〉 비유동자산 관리시스템의 구성

구분	내용
코드 입력	자산번호 등록, 부서 코드 등록, 상각율 등록, 상각 정보 등록 등
자산 현황	자산의 취득 입력 및 수정, 부서별 자산 명세서 조회, 토지 일반정보 조회, 건물 일반정보 조회, 구축물 일반정보 조회, 기계장치 일반정보 조회, 차량 운반구 일반정보 조회, 기타의 유동 자산 일반정보 조회 등
건설 가계정	건설 가계정(假計定) 정보입력, 건설 가계정 대체 정보입력, 건설 가계정 정보 현황 등
변동사항	자본 · 수익적 지출, 비유동자산 정리사항 입력, 자본 · 수익적 지출 명세서, 비유동자산 정리 명세서 등
감가상각	감가상각(減價償却) 처리, 잔존가액 상각 정보, 잔존가액 상각 처리, 잔존가액 상각 처리 수정 및 출력, 감가상각비 개별 명세서(연도별 · 월별), 감가상각비 명세서(연도별 · 월별), 내용 연수별 감가상각비 집계표, 상각 완료 자산 명세서 등

제3절 회계 · 재무관리

① 회계관리

1) 회계정보시스템의 의의

회계정보시스템(AIS: Accounting Information System)은 역사적 관점에서 기업경영에 먼저 도입된 정보시스템이다. 회계의 본질적인 목적은 경영자 및 외부의 이용자가 정보를 활용하여 의사결정을 하는 데 필요한 정보를 제공하는 기본적인 시스템이다.

호텔에서는 고객과의 거래내역을 기록하고 정산하여 보고할 때까지 일련의 과정에 의해서 업무가 진행되는데, 이를 회계의 순환과정 또는 회계 절차라고 한다. 회계 순환과정은 크게 회계 절차와 결산 절차로 구분된다.

호텔업은 고객과의 거래관계를 기록하고 분류하여 계정에 정리되는 회계 절차와 매출 내역이 종합된 결과로 표시되는 결산 절차를 거쳐 결산하게 된다.

회계정보시스템은 기업의 영업활동을 평가하고 경영자의 의사결정을 지원하는 회계정보를 산출, 제공하는 것이 목적이다. 따라서 회계처리의 신속성과 정확하고 명확한 처리가 요구되어 시스템을 도입하게 되었다.

회계정보시스템은 일반적으로 재무 정보를 통합하는 기업정보시스템의 핵심 기반이 되며 결의서의 작성, 회계심의, 결산 마감 처리 등의 업무를 지원한다.

(1) 영업회계

호텔영업에서는 객실, 식음료, 연회, 기타 영업에서 발생하는 매출에 대한 회계처리가 필요하며 영업장에서 발생한 매출을 집계하여 결산하는 것을 매출관리 회계라고 한다.

호텔업의 영업회계는 거래 발생이 상품 판매와 서비스의 제공에서 시작되는 수익

계정으로서 가장 기초적인 처리 과정의 단계이다. 영업회계는 고객과 의사소통을 통해서 고객으로부터 대금을 영수하는 수납기능과 요금계산서를 발행하는 회계 절차이다.

호텔의 영업회계는 거래가 빈번하게 발생하고 매출 장소가 상이하여 정확성이 필요하며, 신속한 업무처리를 위해 매출 발생에 관련된 자료를 컴퓨터 및 판매시점 관리(POS: Point of Sales) 시스템을 활용하여 정확하게 정산할 수 있도록 하여 오류를 최대한 예방하고 있다.

(2) 재무회계

재무회계는 일정 기간의 수입과 지출을 정확히 기록하여, 조직의 여러 가지 활동 계획을 비교하여 보고하는 것을 목적으로 하는 정보이다.

호텔의 자산 상태와 경영성과, 재무 변동 상태를 파악하고 이를 외부에 공표하기 위하여 일반적으로 적용하는 기업회계기준에 근거하여 개발된 시스템이다.

재무회계의 목적은 전표 입력과 다른 시스템과의 인터페이스에 의한 각종 정보를 취합함과 동시에 경영자의 의사결정에 필요한 정보를 신속하게 제공하는 것이다.

재무회계에 의해서 작성되는 재무제표는 관리회계 · 세무회계 · 회계감사의 기초가 된다. 재무제표는 기업의 경제적 상황, 즉 재무 상태, 경영성과, 현금 흐름 등을 나타내며 기업의 경제적 활동이 최종적으로 요약되는 표이다.[7)]

재무제표의 종류는 대차대조표, 손익계산서, 이익잉여금 처분계산서, 현금흐름표, 주기와 주석 등이 있다.

(3) 세무회계

세무회계는 법인세법, 소득세법, 부가가치세법, 조세감면 규제법 등과 같은 법규에 근거하여 국가나 지방자치단체에 납부해야 할 세금과 관련하여 세무신고서의 작성, 세무 관리 등을 다루는 회계를 말한다. 한국의 조세체계에 의해서 정부(세무 당국)

---

7) 남상오, 회계원리, 다산출판사, 2000. p,71.

에 납부해야 하며, 세무회계는 법의 원칙에 의해 적용되는 의무적이고 강제적인 특성이 있어 정확성을 기해야 한다. 세무회계(tax accounting)는 소득에 대하여 세금을 부담하게 되고 재무회계에서 제공한 회계정보를 기준으로 하여 세법상의 세무 절차를 거쳐 과세표준과 부담할 세금이 결정된다.

한국의 조세체계

국세와 지방세로 분류된다. 국세는 내국세와 특별한 용도로 사용하기 위한 농어촌특별세, 교육세, 교통세 등이 있으며, 내국세는 직접세와 간접세로 다시 분류되며, 법인세, 부가가치세, 소득세 등이 있다.

2) 회계정보시스템의 구성

회계정보시스템은 일반적으로 외상매출금 시스템, 외상매입금 시스템, 급여 처리 시스템, 그리고 총계정 원장 시스템[8]으로 구성할 수 있다.

(1) 외상매출금

외상매출금(外上賣出金)이란 고객에게 상품을 판매하였으나 대금(代金)을 회수하지 못한 거래이며, 제품 판매와 대금 수령에 관한 데이터를 기반으로 고객이 지불해야 하는 금액을 기록한다. 외상매출금 관리는 고객별 외상매출금 현황과 신용관리와 같은 보고서를 통해 고객의 거래현황에 대한 정확하고 신속한 정보를 제공함으로써 고객이 신속한 대금(代金) 지급을 할 수 있도록 한다. 이러한 시스템의 활용으로 외상매출금을 효율적으로 관리하여 손실을 최소화하고 있다.

(2) 외상매입금

외상매입금(外上賣入金)은 공급자로부터 물품을 구매하였으나 대금을 지급하지 않

8) 나승훈 · 서지한 · 김형준, ERP 구축을 위한 경영정보시스템, 형설출판사, 2001, pp.161-162.

은 거래이다. 외상매입금은 대금 지급에 관한 데이터를 공유하며, 시스템에서 결제되지 않은 송장(invoice)을 준비하고, 지급관리 보고서를 만들어 현금 운영에 관한 현황정보를 제공한다.

외상매입금 관리는 신속하고 정확한 대금지불을 가능하게 하므로 공급자와 좋은 신용관계를 유지할 수 있고, 이는 기업의 경쟁력, 즉 자금의 효율적 운영에도 도움을 준다.

(3) 급여 처리

급여 처리는 종업원의 근무기록을 토대로 직원의 급여 계산 및 은행 계좌 입금과 같은 업무를 처리하는 거래처리 시스템이다. 또한 노동비용과 노동생산성과 같은 경쟁력 지표를 계산하는 데 필요한 데이터를 제공한다.

(4) 총계정 원장

총계정 원장은 외상매출금, 외상매입금, 급여, 그리고 다른 회계정보시스템으로부터 받은 데이터를 통합하여, 회기 말에 경영 관리자에게 총계정 원장 시산표, 손익계산서, 대차대조표, 그리고 다양한 수익과 비용 보고서를 작성하여 제공하는 서브 시스템이다.

3) 회계관리시스템의 구성

회계처리는 거래형태별 분개(分介)와 전표의 작성처리, 결재, 일계표(日計表), 월계표(月計表)와 같은 장부 출력을 비롯하여 결산, 연도별 회계자료를 관리해야 할 필요성이 대두되었다.

회계업무는 사용자 중심과 조직 및 관리 부문의 역할에 따라 총계정 원장, 각 보조원장, 재무제표 및 각종 세부 명세서를 처리할 수 있도록 하고 있으며, 회계관리시스템은 지불 관리, 회계 전표 관리, 거래처 관리, 세무 관리, 어음 관리로 구성할 수 있다.

〈표 12-4〉 회계관리시스템의 구성

구분	내용
지불 관리	지급 품의서 조기 처리 및 회계처리, 수입 품의서 관리 및 회계 처리
회계 전표 관리	대체 전표 관리, 일계표 계산 현금 거래장 및 결산
거래처 관리	계정 과목 및 거래처 구축
세무 관리	영세율 및 세액, 부가세 관련 세금계산서, 법인세 내역, 계정 과목별 공급 등
어음 관리	어음 내역(만기), 거래처별, 발생일자별, 지급처별

② 재무관리

1) 재무정보시스템의 의의

재무정보시스템(FIS: Financial Information System)은 기업의 자금조달과 재무자원의 할당과 통제에 대해서 의사결정을 하는 재무 담당자를 지원한다. 재무관리시스템은 자금조달 및 재무자원의 운용 및 평가에 관한 정보를 제공하여 이와 관련된 의사결정을 지원하는 정보시스템이다.

재무정보시스템의 주요 기능에는 현금과 유가증권의 관리, 자본예산 수립, 그리고 재무계획 등이 포함되는데, 일반적으로 시스템은 회계정보시스템과 연계되어 운용된다. 재무관리시스템의 유형으로는 현금관리, 투자관리, 예산 수립, 재무예측, 재무계획 등이 있다.

2) 재무정보시스템의 구성

재무정보시스템은 관리 영역에 따라서 다음과 같은 시스템을 구성[9]할 수 있다.

9) 나승훈 · 서지한 · 김형준, ERP 구축을 위한 경영정보시스템, 형설출판사, 2001, pp.159-160.

(1) 현금 · 유가증권 관리

현금 · 유가증권 관리는 실시간(real time), 또는 정기적으로 기업 내의 모든 현금 수령과 지급에 관한 정보를 수집하여 기업의 여유자금을 신속히 예금하거나 투자할 수 있게 한다. 예금이나 투자 기금에 의한 수입을 늘릴 수 있도록 하며, 적절한 현금 보유량을 결정하고 현금 유동성에 대한 예측을 할 수 있어 현금 부족이나 과잉 대처가 가능하며, 재무전략이나 투자전략의 대안들을 평가하여 최적안(案)을 결정하기 위한 정보를 제공한다.

(2) 예산 수립

예산 수립은 자본지출에 따른 수익성과 재무적 효과에 대한 평가를 토대로 예상되는 현금흐름의 가치와 위험의 분석 등과 같은 계량적인 모델을 제시할 수 있으며 경영자의 경험적 지식을 제공하는 관리시스템이다.

예산 수립과 관련하여 시스템을 이용한 수치계산, 통계, 도표와 같은 작업을 효율적으로 수행하는(spread sheet) 업무와 계량모델들을 활용한다.

(3) 재무계획

재무계획은 현재 재무성과와 기대되는 재무성과를 분석 및 평가하며, 기업의 자금조달 여부를 결정하고, 자금조달의 대안들을 평가 · 분석하는 업무를 지원하는 정보를 제공한다. 기업의 최적 재무계획을 수립하기 위해서는 경제 상황, 기업 운영상황, 자금조달 방법, 이자율, 환율, 국제 유가, 그리고 주식과 사채의 이율 등과 같은 각종 경영 · 경제정보를 활용해야 한다. 재무계획은 이러한 데이터를 이용하여 의사결정에 필요한 정보를 지원하는 역할을 한다.

(4) 투자관리

일반적으로 주식, 채권, 부동산, 그리고 다른 자산에 투자하는데 단기 투자이거나 장기 투자 성격일 수도 있다. 또한 기업은 직원들에게 연금을 지급하기 위하여 자금을 적립하기도 하는데 적립된 자금을 적절히 투자하여 관리하는 것은 중요하다.[10] 투자 관련 시스템은 다양한 투자 관련 정보를 제공하고 재무 분석을 효과적으로 하기 위해서 활용한다.

3) 재무관리시스템의 구성

재무관리시스템은 계획과 분석 기능을 수행할 수 있어야 한다. 계획 기능이란 현금흐름, 운영예산, 자본 비용, 세금 관리, 수익과 같은 계획 수립이 가능하고, 분석 기능은 재무 상태, 자금, 수익성, 투자, 세금과 같은 내용에 대해 분석이 가능해야 한다.

재무관리시스템은 자금관리, 재무회계, 세무회계, 회계연도 이월(移越)과 관련된 업무를 수행하는 기능을 구축하여 운영된다.

〈표 12-5〉 재무관리시스템의 구성

구분	내용
자금 관리	정기적금 관리, 지급어음 및 수표관리, 받을어음 관리, 차입금 관리 등
재무회계	전표 입력 및 수정, 전표 개별 출력, 전표 명세서 출력, 대차대조표 · 손익계산서 · 합계 잔액시산표, 명세서(일반관리 · 제조경비), 일계표 · 월계표, 현금출납장, 총계정 원장 등
세무회계	부가세 조회(일자별, 종류별), 월별 부가세 통계조회, 거래처별 부가세 조회, 매입매출장, 부가세 관리, 접대비 관리 등
회계연도 이월(移越)	계정별 이월 잔액 입력, 관리항목 이월 잔액 입력, 회계 전표 차기 이월 처리, 관리항목 차기 이월 처리, 계정별 이월 잔액 출력, 관리항목별 이월 잔액 출력
코드 관리	신용카드 번호 입력 및 수정, 부가세 분류 코드 입력 및 수정, 계정코드 등록 및 수정, 계정코드 조회, 은행코드 등록 및 수정, 거래처 등록 및 수정, 거래처 내역 조회, 계정별 적용 등록 등

10) 천면중 · 이민화 · 남기찬, 경영정보시스템, 대영사, 2002. p.86.

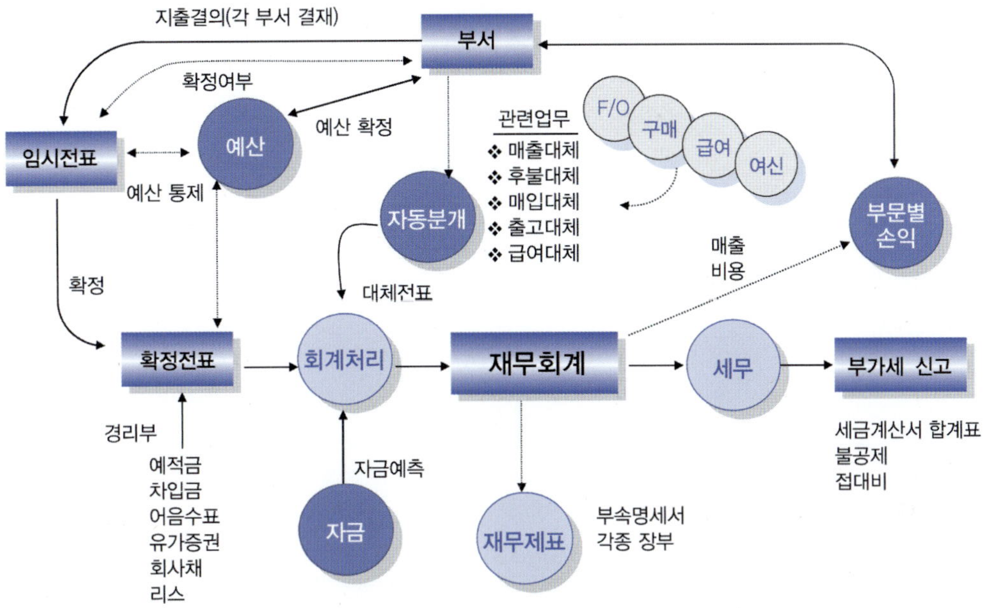

〈그림 12-4〉 재무 회계시스템

제4절 구매 · 자재관리

① 구매 · 자재관리

구매(purchase, 購買)란 물건을 사들이거나 구입하는 것이다. 상품을 구매하기 위해서 상담을 하고 계약을 체결하며, 계약에 따라 상품을 인도받고 대금을 지불하는 과정이다. 즉 거래를 통하여 대가를 지불하고 다양한 형태의 재산에 대한 소유권을 취득하는 과정이다.

구매의 목적은 적절한 품질의 상품을 적당한 수량과 가격으로 공급자로부터 구입하여 적정한 장소에 납품하도록 하는 것이다.

호텔에서의 구매 관리란 필요한 식자재를 적당한 가격으로 적당한 양을 구매하고 최상의 상태로 확보 · 보관하며 이를 필요로 하는 조직에 조달하여 상품을 창출할 수 있도록 하여 영업을 활성화하기 위한 것이다.

구매 관리의 과정을 발주관리, 검수 관리, 입고관리, 출고관리, 재고관리, 저장관리 등으로 구분하고자 한다.

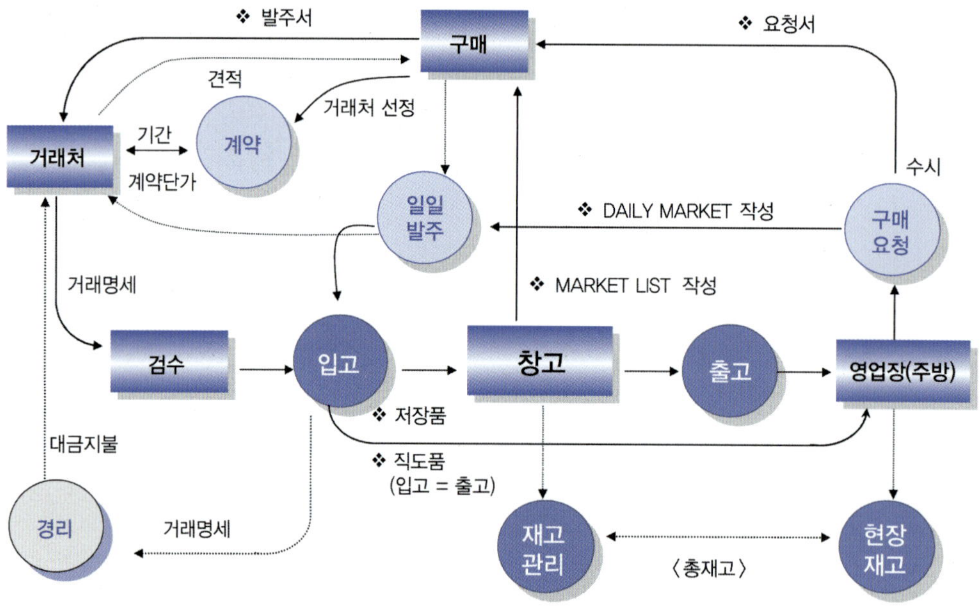

〈그림 12-5〉 구매 관리시스템

1) 발주관리

호텔의 각 조직은 필요한 물품을 작성하여 결재과정을 거친 후 구매(購買)조직으로 품의서(稟議書)를 송부(送付)하고 구매에서는 발주서를 작성한다.

발주(發注)란 필요한 물품을 결재과정을 거쳐 공급업자에게 주문하는 것으로 업체별로 단가 및 품질을 비교하여 가격과 업체를 결정하기 위한 절차이다.

2) 검수관리

검수관리란 물품의 내용, 즉 품질, 규격, 성능, 수량 등이 일치하는지를 점검하고 확인하는 관리 활동이다. 검수 담당자는 주문 요청한 상품 내용을 숙지(熟知)하여 물품의 품질, 수량, 구매명세서, 가격 등의 제반 요소를 정확히 검사하고 평가하는 것이다. 검수에는 품목별 기준이 있으며, 검사방법은 납품된 물품 전체를 검사하는 전수검수법(全數檢收法)과 표본(sample)을 검사하는 발췌검수법(拔萃檢收法)이 있다.

- 전수검수법(全數檢收法) : 납품된 물품 전체를 검사하는 방법
- 발췌검수법(拔萃檢收法) : 표본(sample)을 검사하는 방법

(1) 검수

구매 조직은 전달받은 발주서를 이용하여 현물(現物)을 대조, 확인한다. 물품의 양과 질, 그리고 가격도 확인하며, 물품이 정위치에 입고되었는지를 확인한다. 저장이 가능한 식자재는 전달된 구매발주서 사본(검수용)으로 현물을 확인, 대조하여 검수가 끝나면 담당자에게 전달한다.

(2) 반품

공급업자의 현물, 식자재 등이 구매발주서의 내용과 일치하지 않을 때 반품 또는 부분 수령으로 처리한다. 검수과정에서 현물과 대조하여 차이가 발생하면 확인을 거쳐 반품 또는 부분적으로 물품을 수령하는데 반품이 발생하면 반품 목록(list)을 작성하고 일부수령의 경우에도 내역을 공급업자에게 통보하고 전달한다.

(3) 보고서 작성

검수 담당자는 양식에 의거 식자재 수령 보고서를 작성하고, 물자 명, 물자의 양, 물자의 이동과 같은 내용을 기록해야 한다. 반품 및 입고되지 않은 품목의 보고서도 작성한다.

3) 입고관리

검수 과정을 거쳐 입고(入庫)된 식음 및 일반 자재는 절차에 따라 이동과정을 거친다. 일반 식자재 및 저장이 필요한 식자재 등은 사용 용도에 따라서 저장(貯藏)하거나 요청한 조직으로 보낸다. 구매한 식음 자재, 일반 자재 등은 집계하여 보고서를 작성한다.

4) 출고관리

출고(出庫)란 생산 활동과 연결되는 단계이며, 저장에서 식자재가 인출되는 과정이다. 출고는 생산 또는 판매부서에서 필요로 하는 물품을 청구하는 과정에서 발생하며 호텔 규정에 따라 운영되고 출고 전표, 물품 청구서와 같은 양식을 사용한다. 출고관리는 관계자의 승인을 받아 요구하는 품목을 출고하는 것으로, 업무와 관련된 자료를 작성하고 출고 품목을 집계해야 한다.

5) 재고관리

재고(在庫)관리란 생산 활동을 위해 필요한 물품 등을 계획, 통제하는 관리과정이다. 재고관리(inventory control)는 물품 및 식자재를 최적의 상태로 유지, 관리하고 수요에 신속히 대처하며, 효과적인 관리를 하기 위한 활동이다. 일반적으로 호텔 식자재는 저장기간이 비교적 짧고, 음식을 만들어 보관하여 판매할 수 없어 저장 및 재고를 적정하게 유지함으로써 비용을 최소화해야 한다.

재고가 과다할 경우

- 식자재의 손실을 초래
- 과대한 자본의 저장
- 저장에 따른 불필요한 유지 관리비의 사용
- 필요 이상의 저장 공간을 차지
- 기회 이익의 상실

적정재고를 유지하기 위해서는 재고자산 회전율 및 재고자산 보유일 수, 저장 공간, 사용량, 공급시장의 여건, 주문의 빈도, 주문 요구량 등과 같은 분석을 하여 결정하여야 한다.

적정재고 조사

- 월 재고회전율 = 총 매출원가(실제원가) ÷ 평균 재고액
- 월평균 재고 = (월초 재고 + 월말 재고) ÷ 2
- 재고자산 보유일 수 = 월 일수 ÷ 월 재고회전율

6) 저장관리

저장(storage)관리란 물품이나 자재를 안전하게 보호하고 보관하는 관리 활동이다. 식음 자재는 검수 과정을 거쳐서 직접 주방이나 창고로 입고되며, 적정량의 식자재를 유지하고 품질을 최상의 상태로 보존해야 한다. 특히 부패와 같은 각종 취약에 대비하여 손실을 최소화하기 위한 식자재 관리는 필수이다. 식자재 보관은 신선도(新鮮度)를 유지하는 보존상태가 중요하고 위생관리, 안전관리, 보안관리 등이 철저하게 이루어져야 한다. 식자재 및 일반 자재를 보관할 장소에 따라서 창고를 분류할 수 있다.

식자재 구분 및 보관

- 냉동 및 식자재를 보관할 수 있는 냉동고
- 육류 및 생선, 야채(野菜) 및 과일 가공식품 등을 보관할 수 있는 냉장고
- 곡물(穀物)류와 캔(can)에 든 식품을 보관할 수 있는 일반 창고
- 음료와 주류를 보관할 수 있는 창고

일반 식자재 구분 및 보관

- 일반 소모품을 보관할 수 있는 창고
- 전기, 설비, 영선(營繕), 자재를 보관할 수 있는 창고

2 구매 · 자재관리시스템의 구성

구매 · 자재관리시스템은 호텔의 모든 자재를 관리해야 하며, 모든 품목의 변동사항과 재고 파악이 가능해야 효율적인 관리를 할 수 있다. 구매 · 자재관리는 발주관리, 입고관리, 출고관리, 재고관리, 보고서와 같은 업무를 수행하는 기능을 구축하여 운영된다.

〈표 12-6〉 구매 · 자재관리시스템의 구성

구분	내용
구매요청 (발주관리)	구매요청(stock), 구매요청(direct), 일일 품목등록, 구매 내역 조회(일자 · 품목 · 전표별), 구매 내역 조회(부서 · 구입처별), 발주 등록, 발주 내역 조회(일자 · 품목 · 전표별), 발주 내역 조회(부서 · 구입처별) 등
입고관리	입고등록, 거래처 반품 등록, 입고 내역 조회(일자 · 품목 · 전표별), 입고 내역 조회(부서 · 구입처), 미(未)입고 조회(품목 · 구입처별), 품목별 입 · 출고 현황
출고관리	출고등록, 출고의뢰, 창고 반품, 출고 내역 조회(일자 · 부서 · 품목 · 전표별), 반품 내역 조회, 출고 원가 조회(원가 유형별), 출고 원가 조회(식 · 음별) 등
재고관리	현재 재고 조회, 재고조정, 유효기간 관리, 창고 재고 현황(품목 유형별), 창고 재고 현황(품목별), 창고 재고 품목 조회 등
보고서 (report)	품목 명단(품목 · 거래처 코드), 의제 매입 세액신고서, 일일 시장 시트(sheet), 창고 재고 시트(sheet), 업장 재고 작업표(work sheet), 구매요청 · 발주 · 입고, 구매요청서 · 구매발주서 출력, 일일 입고 집계, 월 수불 명세서 등
코드 관리 (마감 작업)	품목 타입(type), 품목 · 거래처 · 부서 · 창고 · 은행 코드, 원가 타입(type), 거래처별 단가 · 현 재고 입력, 일일 단가 조회, 단가 재계산, 자료 백업 수정 및 삭제(data back up/purge), 월 마감 작업 등

제5절 원가관리

① 원가관리의 의의

원가란 제조나 용역의 제공, 상품의 판매를 위해서 소비된 모든 재화와 용역의 가치라고 할 수 있다. 미국회계학회(American Marketing Association) 및 기준위원회(1951년)는 원가란 특정한 목적을 달성하기 위하여 발생한 또는 발생할 희생을 화폐단위로 측정한 것이라고 정의를 내렸으며, 한국의 원가계산 기준에 의하면 원가(cost)란 경영에 있어서 일정한 급부(給付)에 관련하여 파악된 재화 또는 용역의 소비를 화폐가치로 표시한 것이라고 정의하였다.[11]

원가는 경영목적, 즉 재화와 용역을 생산, 판매와 관련하여 소비되는 경제가치이며, 원가관리는 기업 운영에 필요한 이익을 실현하기 위해서 수행하는 종합적인 활동이다.

원가는 지출과 상관없이 재화나 용역의 경제가치가 소비되었느냐의 여부에 따라서 원가로 인식한다. 기업의 활동에서 광의의 원가는 매출원가로 인식하며, 협의의 원가는 제품의 제조 또는 상품 판매를 위하여 구매(원재료)한 투입 비용을 의미한다. 특히 비용은 판매관리비, 영업외비용 등과 같이 판매에 기여하면서 자연스럽게 소멸되는 것이다.

따라서 본질적인 의미에서 원가는 자산이라고 할 수 있으며, 순환과정에서 원가 또는 자산으로 인식되다가 최종적으로는 매출원가 또는 비용으로 인식된다. 경제활동에서 원가의 흐름은 구매, 생산, 제품의 재고, 판매의 과정을 거치게 된다.

호텔업에서 원가는 고객을 위하여 상품을 생산하고 용역을 제공하는 영업장의 특성에 따라 차이가 발생하며, 수익을 창출하는 객실, 식음료, 부대시설과 같은 다양한

11) 조소윤, 호텔관리회계론, 기문사, 1997, p.110.

부문에서 개념을 정의할 필요성이 있다. 특히 호텔의 식음료는 외부에서 필요로 하는 물품을 구매하여 상품을 생산하고 저장하며 판매도 하는 것이 대표적인 사례이며, 본 내용에서는 식음료 부문의 원가와 관련된 내용으로 한정하였다.

2 식음료 원가관리

식음료에서 상품을 생산하는 데 소요되는 원재료를 식자재 및 음료 자재로 구분하여 적절한 원가의 유지와 관리를 주된 목적으로 하는 회계영역이다. 식음료의 원가관리는 실제원가 산출과 표준원가를 산출하는 방법으로 구분할 수 있다.

1) 표준원가의 산출

식자재 사용량을 통제하기 위하여 음식을 조리하는 데 필요한 재료를 결정하여 원가를 산출하는 방식이다. 표준원가의 산출은 판매할 품목을 생산하기 위한 준비단계인 생산가 분석(yield cost analysis)과 표준 레시피(standard recipe)로 구분할 수 있다.

(1) 생산가 분석

육류나 생선류(生鮮類)는 구매 당시와 조리할 때 무게의 차이가 나타나게 되는데, 재료를 다듬고 조리하는 과정에서 무게의 손실이 발생하기 때문이다.

구매(purchase) 당시의 다듬거나 발라내지 않은, 즉 날것 상태, 요리하지 않은 양과 다듬거나 발라낸 후 그 양(量)의 차이를 수율 검사(yield test)를 통해 계산하는 것이 생산가 분석(yield cost analysis)이다.

수율 검사는 정확한 원가로 합리적인 판매가를 결정하는 데 필요한 정보나 같은 품목이라도 낮은 가격으로 구매하는 방안을 얻고자 하는 것이 목적이다.

수율 검사(yield test)

생산한 음식을 조리하는 데 불필요한 부분의 무게 = 생산할 음식에 소요되는 양의 무게의 계산과정을 반복하여 평균값을 구하는 것이다.
즉, 생산할 음식에 소요되는 양의 총무게를 구매한 총무게로 나누어 나타내는 값(%)을 수율(收率)이라고 한다.

(2) 표준 레시피

표준 레시피(standard recipe)는 표준 조리기준으로 특정 품목의 음식 또는 음료의 1인분 양을 만드는 데 어떠한 재료가 얼마나 들며, 소요되는 원재료의 원가 및 총원가를 기록, 정리한 것이다. 표준 레시피는 일반적으로 조리부서, 원가 담당자 및 책임자가 작성하여 표준원가를 계산하며, 기본 자료로 이용하게 된다.

표준 조리기준의 원가 계산은 품목당 레시피(recipe)의 원가에 판매 수량을 곱하여 산출하는데, 구입 가격의 변동에 따라서 각 품목의 원가 차이가 발생한다.

2) 실제원가의 산출

실제원가는 재고(在庫)조사를 통해서 산출하는데, 사용하고 남은 원재료(在庫)를 파악하고 금액으로 환산하여 원재료의 사용액을 계산해 내는 것이다. 일반적으로 재고를 기준으로 산출하는데 변동되는 구입 가격에 따라 여러 가지 방법이 있다.

(1) 선입 선출법

먼저 구매하여 입고된 식음 자재를 먼저 출고하는 방식(first in first out)으로 먼저 입고된 품목을 출고한 후 그다음에 입고된 품목을 출고하여 재고액을 파악하는 방식이다.

(2) 후입 선출법

가장 최근에 입고된 품목을 먼저 출고하여 사용하는 방식(last in first out)으로 선입 선출법의 반대로 산출하는 방식이다. 높은 인플레이션 상황에서 이용한다.

(3) 이동평균법

원래 있었던 물건의 단가×수량과 새로 입고된 물건의 단가×수량을 합산하여 총수량으로 나눈 평균값으로 가격을 적용하는 방식(moving average method)이다.

(4) 가중평균법

일정 기간에 출고되거나 소비된 총 식자재의 원가를 산출할 때 사용하는데, 총 구매가격의 합을 총 구매수량으로 나누어서 적용하는 방식(weighted average method)이다.

(5) 최종 입고 가격 방법

최종 입고 가격 방법이란 최종적으로 입고된 식자재의 가격을 기준으로 하여 원가를 산출, 적용하는 방식이다.

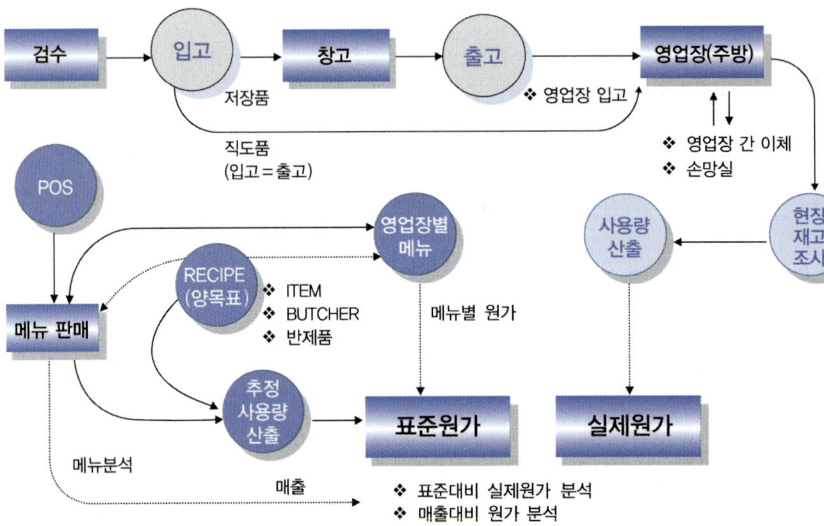

〈그림 12-6〉 원가관리시스템

3 원가관리시스템의 구성

원가관리시스템은 영업회계와 관련된 일일 자료 및 자재의 일일 매출을 집계하여야 하고, 호텔의 업장별, 식음료(food & beverage)별로 일자별, 월별 판매 자료를 산출할 수 있어야 한다.

원가관리시스템은 내부통제 기능을 강화하고 의사결정을 지원함으로써 활용이 가능한 시스템으로 구축되어야 한다. 특히 영업과 관련된 회계자료를 공유하고 자재와 관련된 사항의 결산 등을 수행할 수 있어야 하며 다른 시스템과의 인터페이스(interface)가 원활해야 한다. 일반적인 원가관리시스템의 구성은 다음과 같다.

〈표 12-7〉 원가관리시스템의 구성

구분	내용
이관등록	주방(업장) 원가 이관, 크레딧(credit) 원가 이관, 판매(sales) 이관 등
현장재고 등록	재고 등록
일일 재료비 계산	일일 영업회계 결산, 일일 구매 자재 결산, 이관 작업 결산 등
조회 및 출력	업장 매출 현황, 월 식음 재료비, 업장 식음 재료비, 주방 식음 재료비, 주방 식음 재료비, 업장 매출 이체 현황 등

제6절 여신관리

1 여신의 의의

여신(與信)이란 금융기관에서 고객에게 돈을 빌려주는 일이라고 할 수 있다. 고객이 상품 및 서비스를 구매하고 그에 상응하는 대금을 추후(追後)에 지불할 수 있다는 능력을 의미한다. 고객이 상품을 구매하는 과정에서 미래의 일정한 시점에 대금 지불을 약속하고 현재의 가치를 교환(交換)하는 거래이다.

구매자와 판매자 사이에는 대금지불에 대한 의무와 대금 수납에 대한 권리가 발생되며, 호텔업은 호텔을 자주 이용하는 고객, 기업체를 포함한 다양한 거래처와 효과적인 여신 거래를 위한 지표를 설정하여 운영하고 있다.

여신관리의 주요 업무

- 체크아웃 시 후불 처리하는 금액관리
- 호텔에 체재하고 있는 숙박객(in house guest)의 체크아웃 정산을 외상 계정(city ledger)에 기록, 관리
- 미결제 금액의 외상매출금(AR: Account Receivable) 계정(ledger)에 기록, 관리
- 여신자료 관리: 여신 전표 및 입금 전표 관리
- 출력물 현황: 거래처별 및 일자별 미수금, 입금, 청구서, 일별 및 월별 후불 관리 등

2 여신의 분류

1) 숙박객 외상 계정

숙박객 외상 계정(guest ledger account)은 호텔에 숙박한 고객이 체재하고 있는 동안 발생한 매출액으로서 호텔 내(對內)에서 발생되며, 후불(後拂)이라고 한다. 객실 부문뿐만이 아니라 영업장에서 발생한 매출에 대해서 숙박하고 있는 고객의 고객원장(guest folio)에 이체되는 거래도 포함되며 고객이 체크아웃(check out)하기 전까지 정산(settlement)되지 않은 계정을 의미한다.

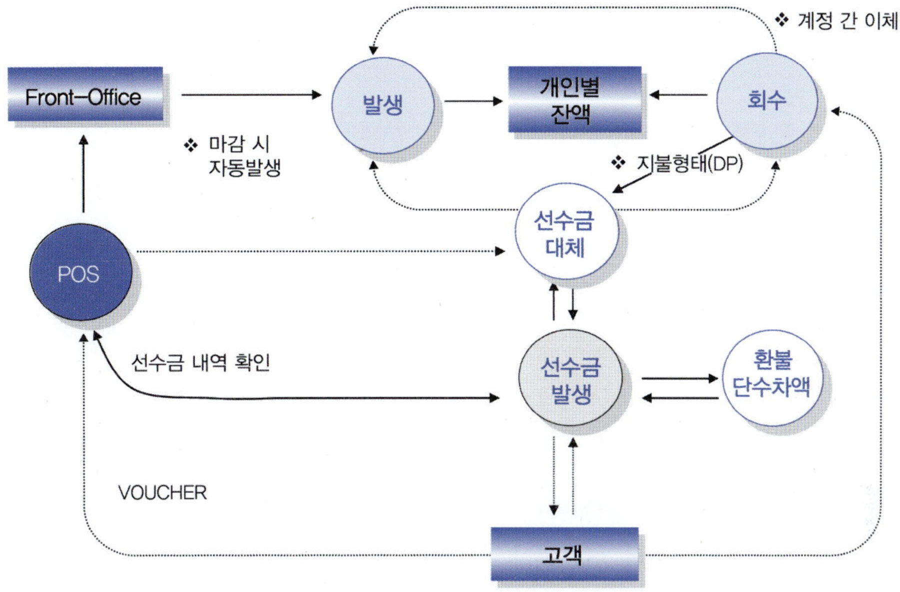

〈그림 12-7〉 여신관리 업무

숙박하고 있는 고객의 신용 상태를 점검하는 것은 호텔에서 스키퍼(skipper)를 예방하고 지불 무능력자의 발생을 최소화하기 위한 것이다. 중간 정산(high balance)제도를 도입하여 운영하는 목적은 외상으로 인한 손실을 사전에 방지하기 위한 것이다.

숙박객 외상 계정은 객실부문에서 관리하지만 중간 정산(high balance)에 문제가 나타나면 여신관리자와 상의하여 대처한다.

2) 외상 계정

외상 계정(city ledger account)이란 호텔에서 고객이 사용한 대가를 체크아웃할 때 현금으로 지불하지 않는 경우이며, 신용카드 결제는 추후 신용카드 회사에 청구하는 관리이다. 외상 계정은 고객이 발생시킨 대금이 만기되면 고객에게 청구(請求)하고 약속한 기일 안에 회수하는 회계처리이다.

③ 신용통제 관리

호텔업 운영에서 매출 증대에 치중하다 보면 신용이 불량한 거래처와 거래하여 악성 채권이 발생할 소지가 있으며, 매출채권 회수율을 높일 수 있는 제도적인 지침이 필요해진다. 신용통제 관리는 악성 채권의 발생을 최소화하고 외상매출금의 회수 기간을 단축하여 호텔 운영에 필요한 자금의 회전을 높여서 경영의 안정성을 유지하기 위한 것이다.

신용통제는 신용과 회수정책을 효율적으로 운영하기 위한 업무로서 외상 계정(외상매출; city ledger)을 체계적으로 관리하기 위한 방안이며, 거래처의 신용정보, 여신 한도(限度) 기간의 관리, 불량채권의 예방, 그리고 여신 회수기일을 단축시켜야 한다.

여신관리는 외상거래에 대한 증빙서류를 확인하고 외상 매출(AR: Account Receivable) 보고서를 발행하며, 회수(回收)원칙에 근거하여 정리한다. 외상매출금은 거래처 및 거래자별로 분류하여 유지하고, 청구서를 발송하며 은행 온라인(on-line) 송금을 받는다거나 직접 방문을 통해서 회수하기도 한다.

신용통제 관리 기준

- 계약 체결 시 계약회사의 신용 상태를 의뢰, 협조받아 계약을 체결한다.
- 계약 체결한 거래처의 신용 상태를 확인하여 불량 발생을 최소화한다.
- 숙박하고 있는 고객(in-house guest)에 대한 여신 허용 여부를 점검한다.
- 여신 발생 시 투숙 여부를 확인하고 만족하게 처리되었는가를 확인한다.
- 신용관리의 현황과 변동 내역을 확인하여 신용통제의 지표로 삼는다.
- 청구 금액의 조정이나 회수 불능 채권에 대한 대손 처리는 여신관리 위원회 결정에 준한다.
- 여신관리 업무는 지식과 경험을 바탕으로 하고, 시스템을 활용하되 회수 불가능한 외상 매출금에 대하여 대손(貸損) 처리를 제안한다.
- 위원회 개최 시 여신 관리상의 문제점에 대하여 다른 부문과 의견을 공유하고 협조 관계를 유지하여 여신관리의 효율성을 도모한다.
- 다른 호텔과 협조를 통하여 불량 거래처를 파악하여 대손(貸損) 방지를 도모한다.

④ 여신관리시스템의 구성

여신관리시스템의 구성은 외상매출금의 관리 및 회수업무, 체불(滯拂) 고객의 관리, 신용카드의 발행과 관리, 불량채권의 법적인 처리와 관리 등으로 되어 있다.

여신관리는 자주 이용하는 고객 및 기업과 같은 거래처에 대한 관리업무 수행이 가능한 기능으로서 호텔의 운영에 목표를 두고 접근하도록 하고 있다.

〈표 12-8〉 여신관리시스템 구성

구분	내용
기초자료 관리	시스템 코드(system code) 관리, 우편번호 관리, 지역 번호관리, 여신거래처 등록, 여신거래처 출력 등
여신자료 등록	일반자료 등록(발생), 일반자료 등록(회수), 등록자료 조회, 외상 매출(AR: Account Receivable) 자료 등
등록자료 출력	거래처별 보조원장, 거래처별 잔액 명세서, 직원별 잔액 명세서(일별 · 월별), 외상매출금 일보, 신용카드별 잔액 명세서, 신용카드(credit card) 기간별 집계표 등
카드 관리	카드(card) 자료 등록, 카드(card) 발생 현황, 카드(card) 전송자료 구성 등
출력 관리	거래처별 송장(invoice) 발행, 지로용지 출력(월별) 등

제13장

프런트 오피스 시스템 실무

호텔경영정보론

CHAPTER 13

프런트 오피스 시스템 실무

제1절 오페라 프로그램

OES(OPERA Enterprise Solution)의 시스템[1)]은 오라클(Oracle) 데이터베이스를 기반으로 구성된 호텔 솔루션(solution)이며, 구성은 여러 가지 특성이 있는 모듈(module)이 통합되어 최상의 성능과 기능을 보여준다.[2)] 오페라 자산관리(Opera Property Management)는 단일 호텔에서 체인 호텔, 리조트호텔에 이르기까지 규모와 상관없이 호텔 운영을 위해 설계된 웹 베이스 프로그램이다. 실시간으로 모든 업무를 신속하고 효율적으로 처리하여 고객서비스의 품질을 높일 수 있도록 도와주고 있으며, 호텔의 요구 사항을 디자인에 반영하여 개발하였다.

오페라 시스템은 호텔 자산관리시스템(PMS: Property Management System)으로 프런트 오피스의 업무를 효율적으로 운영할 수 있도록 지원하고 있으며, 본 실무에서는 호텔 업무에서 가장 기본이 되는 사례를 제시하고자 한다.

1) 오페라 시스템과 관련된 자료는 (주)오라클의 자료 승인하에 인용되었음.
2) http://www.micros-fidelio.co.kr/

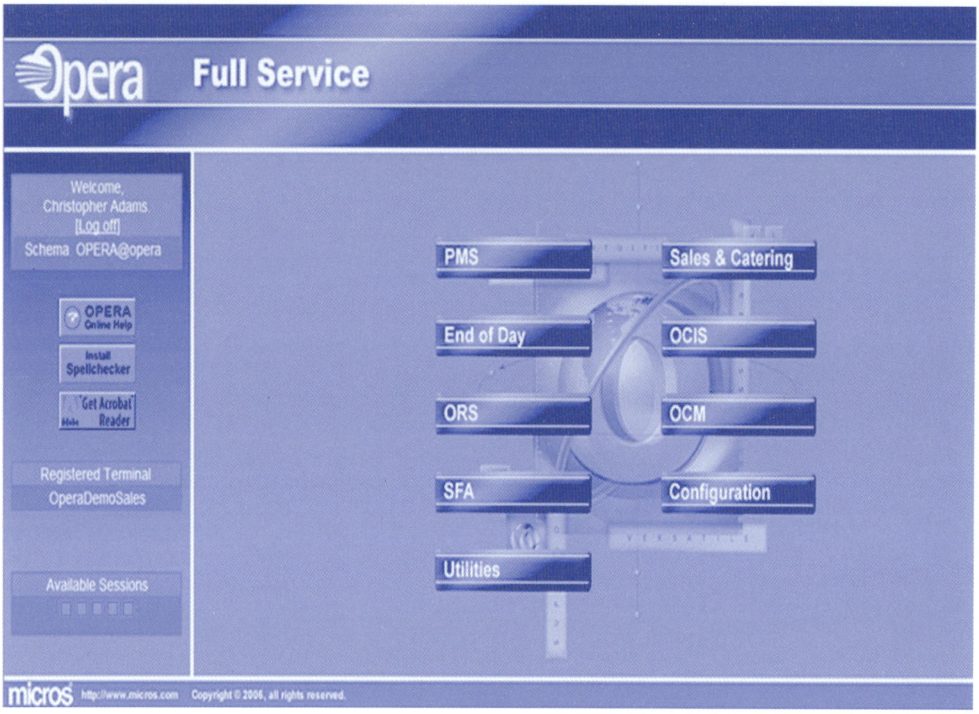

〈그림 13-1〉 오페라 시스템

1 Profile의 작성

1) Profile type

오페라에서의 프로파일 타입은 다섯 가지로 구분되어 있다. Individual(개인 고객), Company(회사), Agent(여행사), Group(단체), Source(원천)이다. 이 중 Source를 제외한 네 가지 타입의 프로파일이 주로 많이 활용된다.

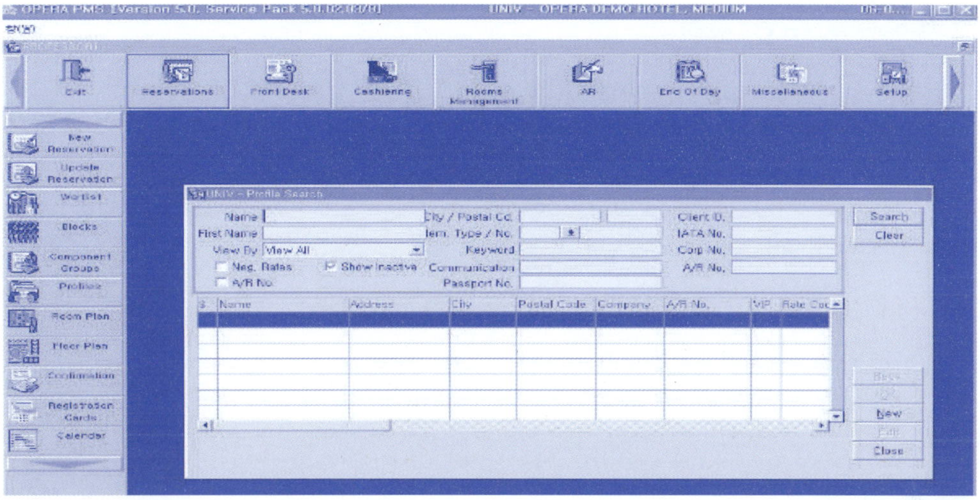

2) Individual profile 작성

고객 프로파일을 작성하기 전에는 항상 기존의 고객 프로파일이 있는지 조회하는 것이 중요하며, 프로파일이 없으면 생성해야 한다.

고객 프로파일은 고객에게 최상의 서비스를 제공하기 위한 것이며, 마케팅 목적에 사용할 수 있는 데이터베이스가 되므로 한 명의 고객이 여러 개의 프로파일을 갖는 것을 방지해야 한다.

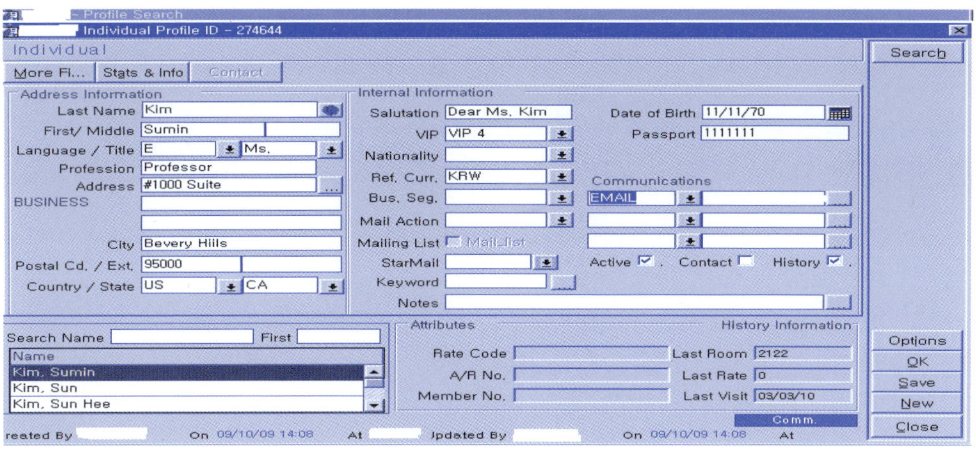

3) 프로파일 작성 방법

- Name(이름): last name(성), first name(이름) 순으로 입력한다.
- 입력 방법: 첫 자는 대문자, 나머지는 소문자(David Smith)
- Language(언어)는 English(영어)로 통일한다.
- 주소입력: 동, 시, 도, 국가별 순으로 입력

  (예: 77-502 Banpo APT, Banpo-dong, Seocho-ku, Seoul, Korea)
- 우편번호(중간에 하이픈 없이 한 칸 띄우고 입력: 234 345)
- Passport(여권): 여권번호 또는 주민등록증 번호 입력(750327 2464814)
- Feature(객실 특징) 선택: 손님이 원하는 객실 특징 등을 결정

  금연(NS: Non-Smoking), 흡연(YS: Yes-Smoking), 높은 층(HF: High floor) 등
- Pref. #: preference number(선호 객실): 손님이 원하는 방 번호를 기록
- Comment(특별사항): 손님에 대한 특별사항을 입력(special attention)
- Remark(비고) 필드: 고객 불만 사항(Complaint of poor service in lounge) 입력

② Reservation

Reservation(예약)은 호텔에 투숙하고자 하는 고객이 미리 투숙할 의사를 밝히는 행위로서 예약 화면은 다음과 같다. 신규 예약(new reservation)은 호텔 객실을 신규로 예약을 하는 경우 사용하는 모듈로, 해당 코드가 자동으로 Display되면 기본적인 자료를 입력하면 된다.

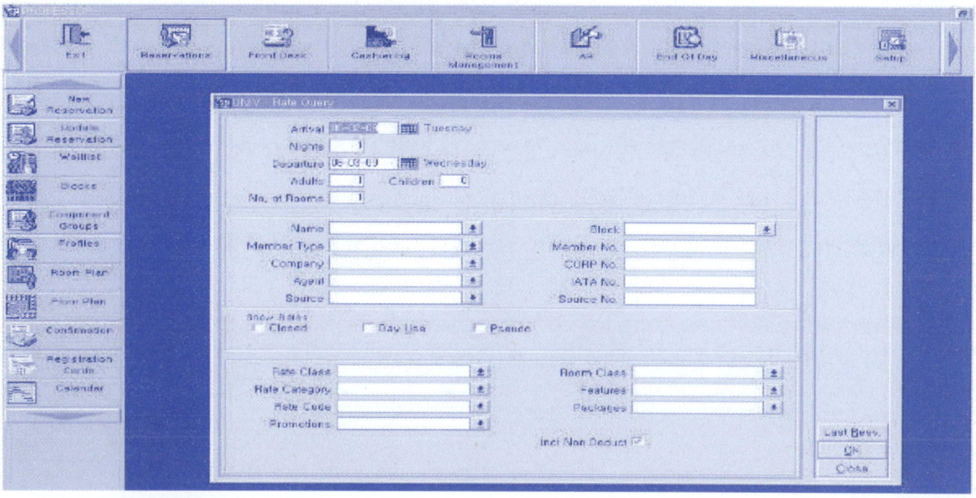

1) 예약사항 조회

객실 예약을 희망하는 고객은 다양한 방법을 통해서 예약신청을 하게 된다. 호텔에서 가장 중요한 것은 예약 가능 여부를 조회하는 것이며, OPERA에서는 신속 키(Quick key: Ctrl+F2)를 통해서 Detailed Availability(예약 가능 여부) 하여 Room Availability(객실 사용 가능 여부)를 체크할 수 있다.

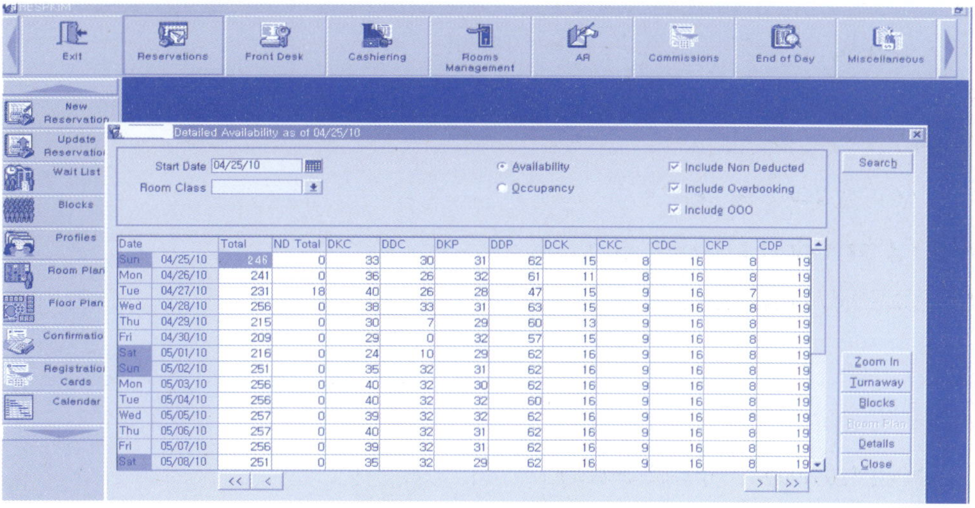

Date		Total	ND Total	DKC	DDC	DKP	DDP	DCK	CKC	CDC	CKP	CDP
Sun	04/25/10	246	0	33	30	31	62	15	8	16	8	19
Mon	04/26/10	241	0	36	26	32	61	11	8	16	8	19
Tue	04/27/10	231	18	40	26	28	47	15	9	16	7	19
Wed	04/28/10	256	0	38	33	31	63	15	9	16	8	19
Thu	04/29/10	215	0	30	7	29	60	13	9	16	8	19
Fri	04/30/10	209	0	29	0	32	57	15	9	16	8	19
Sat	05/01/10	216	0	24	10	29	62	16	9	16	8	19
Sun	05/02/10	251	0	35	32	31	62	16	9	16	8	19
Mon	05/03/10	256	0	40	32	30	62	16	9	16	8	19
Tue	05/04/10	256	0	40	32	32	60	16	9	16	8	19
Wed	05/05/10	257	0	39	32	32	62	16	9	16	8	19
Thu	05/06/10	257	0	40	32	31	62	16	9	16	8	19
Fri	05/07/10	256	0	39	32	31	62	16	9	16	8	19
Sat	05/08/10	251	0	35	32	29	62	16	9	16	8	19

2) 입력사항

예약 요청 시 Guest name(고객 이름), Arrival date(도착 일자), Departure date(출발 일자), Number(#) of rooms(필요 객실 수), Rate code(요금 코드), Room type(객실 종류), Reservation type(예약 종류), Market code(시장 코드), Source code(원천 코드), Payment(지불) 항목을 입력한다.

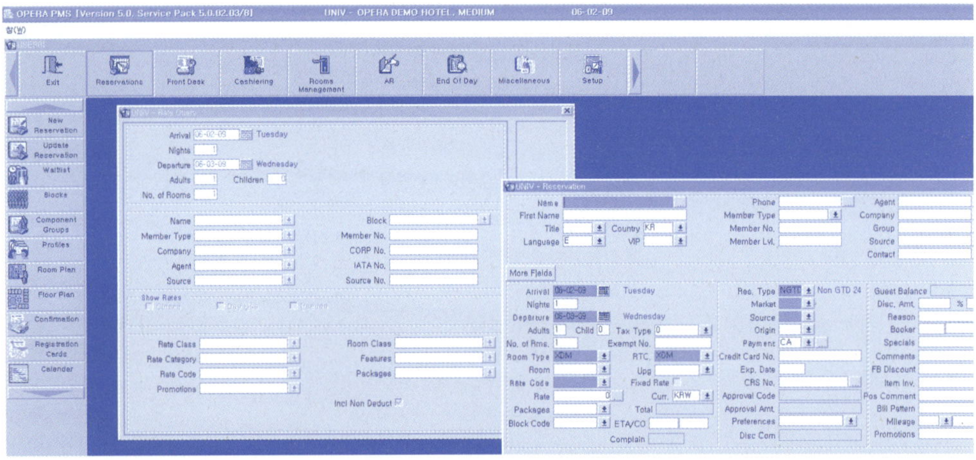

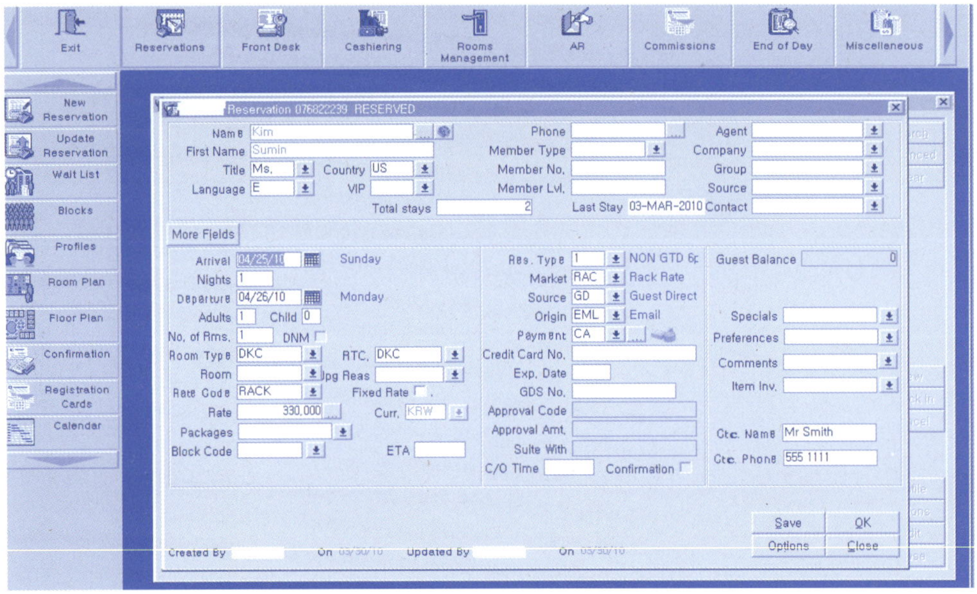

3) Room Type

Room Type(객실 종류)은 왼쪽 필드에 입력하고, 객실 요금을 나타내는 Rate code(요금 코드)는 객실 종류를 인식하여 요금을 표시한다. 손님이 객실 업그레이드(up-grade)를 요청하면 왼쪽에 있는 객실 종류 필드에는 손님이 실제 숙박할 객실(예: junior suite), 오른쪽에 있는 필드에는 당초 예약 시 요청한 객실 종류(예: Corner Single)를 입력하면 Rate code(요금 코드)는 오른쪽 필드를 인식하여 객실 요금을 나타낸다.

4) Payment

지불(payment) 조건은 CA(Cash, 현금) 지불 코드로 되어 있는데 보증 없는 예약에 활용하며 신용카드로 지불하는 경우에는 신용카드 코드를 입력한다. 비자카드(VS: Visa card), 마스터카드(MC: Master card), 비씨카드(BC) 등 회사에서 정한 코드를 입력한 후 CC No.(Credit Card number, 카드번호), Exp. Date(Expiration Date, 유효기간)를 입력한다.

5) Special Code

손님이 원하는 특별사항이 있을 때 사용하는 코드(special code)이며, 조식(BF: Breakfast), 금연(NS: Non-Smoking), 흡연(YS: Yes Smoking), 고층(HF: High Floor), 킹사이즈 침대(KB: King size Bed), 공항 픽업(Airport pick up) · 환송(歡送) 서비스(sending service)를 요구하는 경우 선택한다.

6) Discount

Discount(할인)는 예약 시의 정상 요금보다 저렴하게 하거나 특별요금을 제공하여야 할 경우, 할인(discount) 필드에 원하는 할인 금액을 직접 입력하거나, 원하는 퍼센트(%)를 입력한다. 할인 요금을 적용할 때에는 해당 요금보다 가격이 저렴해진 할인 이유(discount reason)를 선택하여 준다.

7) No Post

체크인(Check-in)할 때 선불(先拂)이나 신용카드를 제시하지 않은 손님의 객실에 호텔의 영업장에서 전기(轉記; Posting)하지 못하도록 차단(Block)을 해주어서 객실로 전기(轉記; Posting)되는 경우를 예방할 수 있다.

8) Print Rate

손님의 계산서(Bill)에 요금(Rate Price)이 찍혀서 나오게 하는 것이며, 요금 표시에 체크를 해준다. 빈칸으로 놓아두면 손님의 계산서에는 요금(Rate Price)이 표시되지 않는다. 단체로 객실을 사용하거나 여행대리점을 통하여 예약한 고객은 단체, 여행대리점에서 객실 요금을 계산하기 때문에 고객에게 객실 요금을 알려줄 필요가 없는 경우에 사용한다.

9) House Use와 Comp.

House use는 호텔 객실을 임원의 숙소로 사용하거나 사무실 공간이 부족하여 사무실로 사용하는 것을 의미하며, Comp.(Complimentary)는 호텔에서 고객에게 접대 및 판촉을 목적으로 객실을 무료로 제공하는 것을 의미한다.

10) Comment

Comment(특별) 사항에는 고객의 계산 방법, Billing instruction(계산서 작성)을 입력해준다. 사례로서 고객 계산(POA: Pay Own Account), 객실 요금은 여행사 계산(Room only to agent)과 같은 내용이 있다.

11) More field

추가적으로 점검(check)해야 하는 항목은 세금 면제(tax exempt), 면세(免稅; No Tax), Security deposit(보증 예치), Check-out Message 등이 있다.

(1) 세금 면제

외국인 관광객 유치를 위해 적용되며, 객실 요금에 대한 세금을 면제하는 것이다. 외국인이 예약했을 때 확인한다. (외국인 방문 촉진을 위한 관광정책의 일환으로서 숙박하는 외국인에게 영세율을 적용하는 것으로 정부의 관광진흥 정책에 따라 시행과 폐지를 반복하고 있다.)

(2) 면세

고객이 예약 신청 시 Tax(세금)를 적용하지 않는 경우 적용하는 것이다. (예: 대사관 직원)

(3) Security deposit

Security deposit(보증 예치)이란 손님이 체크인하면서 선불(先拂)했을 때 입력하며, 체크아웃 시 되돌려 줄 때 항목으로 입력한다. (예: US $200, ₩2000000, Yen 500)

(4) Check-out Message

Security deposit(보증 예치)을 했다고 입력했을 때 그 내용을 다시 한번 입력하여 고객이 Check-out할 때 메시지로 나타나 Front에서 다시 확인할 수 있도록 도와주는 것이다. (입력 예: Security Deposit US $200)

12) Routing Instruction

Routing Instruction이란 신속하고 정확한 Check-out을 위하여 고객이 지불해야 하는 내용만 출력하여 계산할 수 있도록 하는 것이며, 객실 요금을 제3자가 계산할 수 있도록 해준다. 특히 단체일 경우 가상의 방(PM: Payment Master)을 만들어 여행사가 지불하는 범위(예: 객실료, 조식)를 설정하여 한꺼번에 계산할 수 있도록 한다.

사례

객실료는 여행사가 지불하고, 나머지 요금 항목은 손님 개인이 지불하는 경우이다. 순서는 Window 2, Dept, Code 선택(RM Charge, SVC, Tax)하고 Name(여행사 이름)과 Payment Method(지불 방법) 선택, 나머지 요금 항목들은 Window에 입력하면 된다.

13) Trace

Trace란 다른 부서 혹은 Front Desk에서 어떤 특정한 날에 처리해야 할 임무 사항을 전달할 때 쓰이는 기능이다. (예: 프런트에서 하우스키핑 부서에 다음 날 객실 2005호에 꽃바구니를 넣어 달라고 의뢰하는 경우 사용한다. 그러나 당일 완수해야 하는 임무는 Trace 기능을 쓰지 않고 직접 전화하여 신속하게 대처할 수 있도록 한다. Trace report는 처리해야 할 임무 사항 등이 기재되어 있다.)

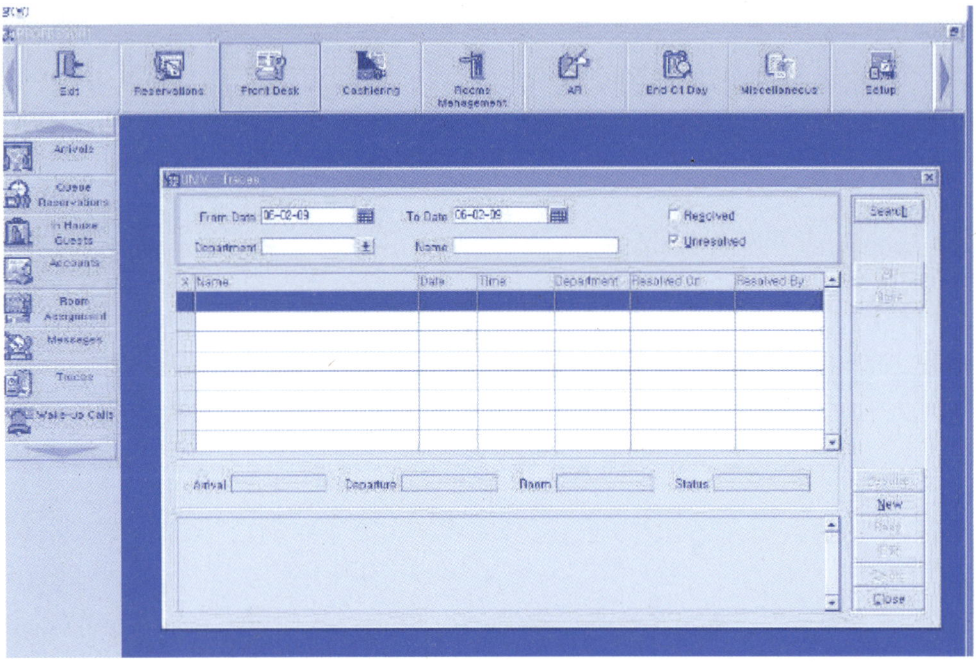

14) Add On

동일 회사 또는 동일 여행사 고객들의 예약을 만들 때 쓰는 기능으로 예약 하나를 똑같이 복사하여 사용하기 위한 기능이다. 복사하고자 하는 예약을 Option에 있는 Add on을 선택하여 복사할 수 있다. 손님의 이름을 바꾸고자 할 때는 복사된 예약을 열고 프로파일로 들어가 하단에 있는 Search Name 필드에서 바꾸고자 하는 이름을 조회한다. New Profile Link를 통해 열려 있는 예약에 새로운 Profile을 링크하면 되고, 프로파일의 Last Name, First Name 필드에서는 이름을 직접 바꾸어 주지 않는다.

15) Share

Share(공유)란 한 객실에 고객 두 명의 프로파일이 필요한 경우에 예약을 Combine하는 경우를 말한다. Share하고자 하는 예약을 오픈하고 Option에 있는 Share 버튼을 선택, Combine Reservation 선택, Share 대상 예약조회, 선택 OK를 하면 된다. Combine하기 전에 예약 당시의 두 개의 Room Rate가 같은지 확인하고 다른 경우에는 Room Rate를 하나로 통일시킨 후 Combine을 한다. Combine한 예약을 취소하고자 할 때 Break 버튼을 선택하여 예약을 해지하면 된다.

16) Deposit Handling

손님이 Check-in하기 전에 내는 선수금(先受金)으로 처리 방법은 해당 예약을 오픈, Pre-Billing 선택, Deposit 선택, Amount 필드에 선수 금액을 입력한다. 신용카드로 지불시에는 Supplementary Information(추가 정보) 필드에 카드 이름과 번호, 만기일을 입력하고 영수증을 프린트하면 된다.

17) Block

그룹 예약의 경우 Block을 사용하며, 보통 객실 10개 이상을 사용할 때 그룹으로 취급한다. 동일 회사, 동일 단체, MICE 관련 그룹은 Block Reservation을 활용하여 예약하며, Block Reservation을 이용하면 동일 그룹의 예약을 한 번에 수행할 수 있다. 요금 적용, Routing Instruction을 활용한 지불 방법, 동일 메시지 입력 등을 처리할 수 있고 그룹 내의 각종 정보를 쉽게 확인할 수 있다.

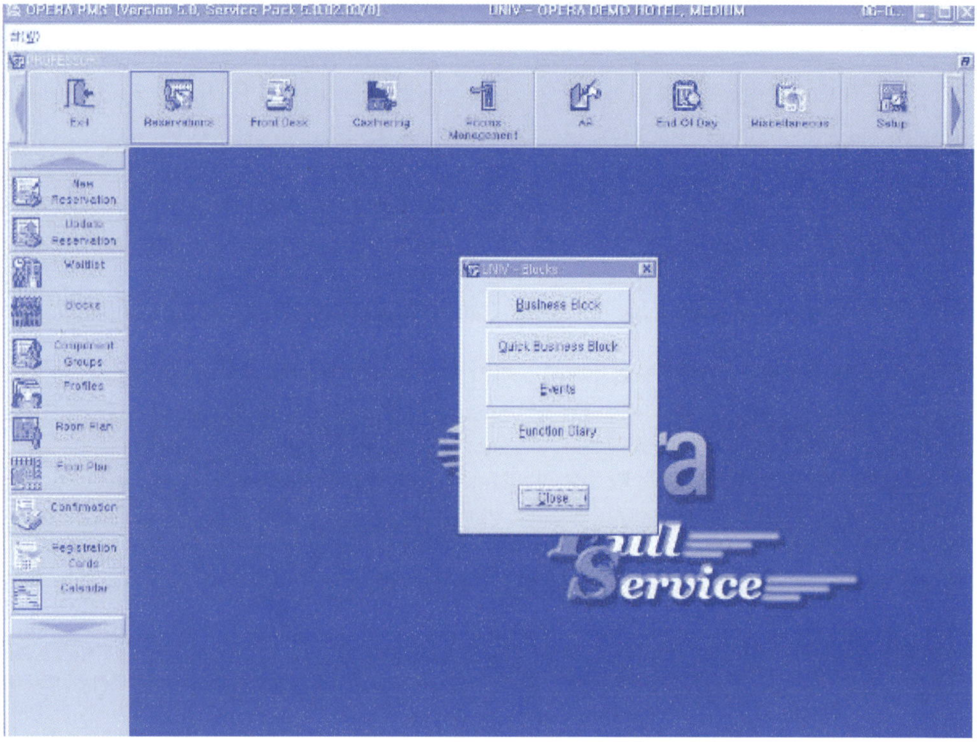

18) Registration Card Print

예약된 고객의 등록카드를 출력할 수 있다. 보통 하루 전날 야간 근무자가 익일(翌日) 예약한 고객의 등록카드를 출력하여 Front desk의 일정 장소에 비치한다.

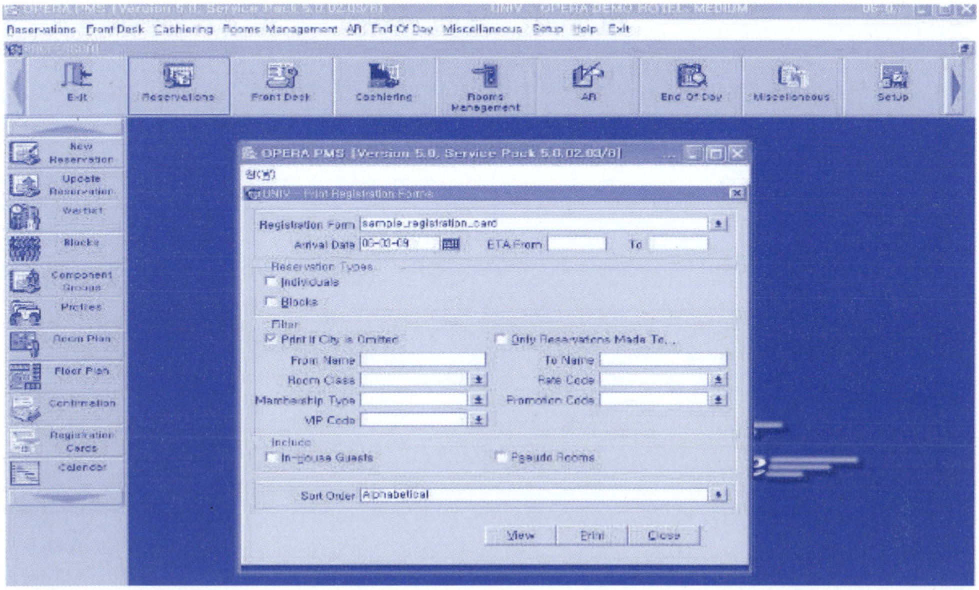

19) Room Plan

객실마다 예약 및 투숙상황을 확인할 수 있다. 호텔의 층별 객실 투숙 현황과 사전에 Block한 예약을 쉽게 확인할 수 있고, 조정할 수 있는 기능이다.

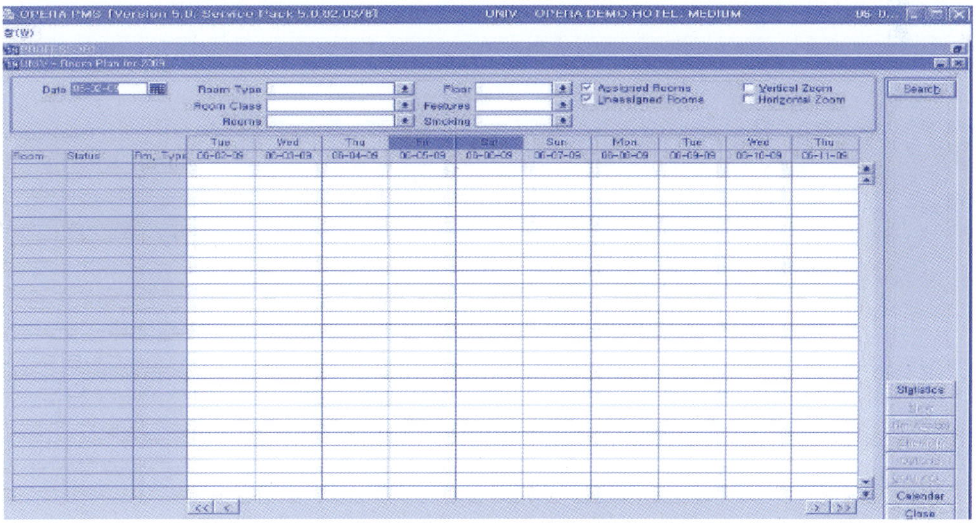

20) Wait list

성수기에 대기자 예약 현황을 확인할 수 있다. 객실이 가능한 경우 대기자 예약을 확인하여 실제 예약으로 전환할 수 있다.

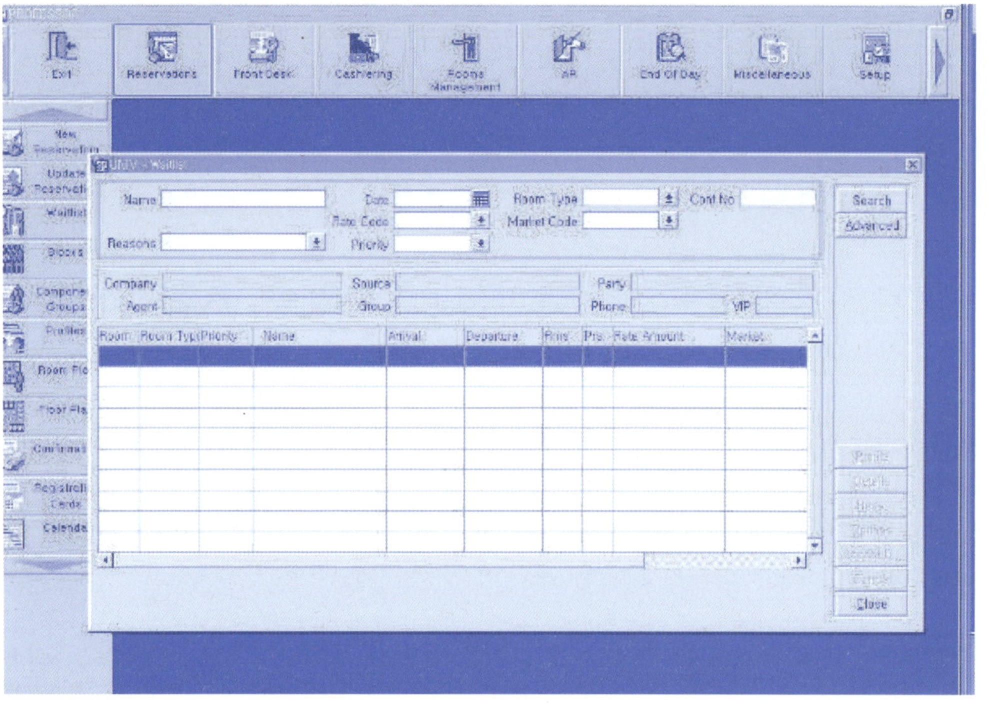

③ Front Desk

Front Desk에서는 예약된 고객과 Walk-in Guest의 Check-in, Check-out이 이루어지는 장소로서 중요한 기능들을 수행한다. Front Desk의 초기화면에 들어가서 도착(arrivals)을 클릭하고 Name(Last name)에서 고객의 이름을 Search하면 예약한 고객의 상황을 알아볼 수 있다. 예약한 고객이 검색되면 절차에 의해서 진행하면 Check-in이 이루어진다.

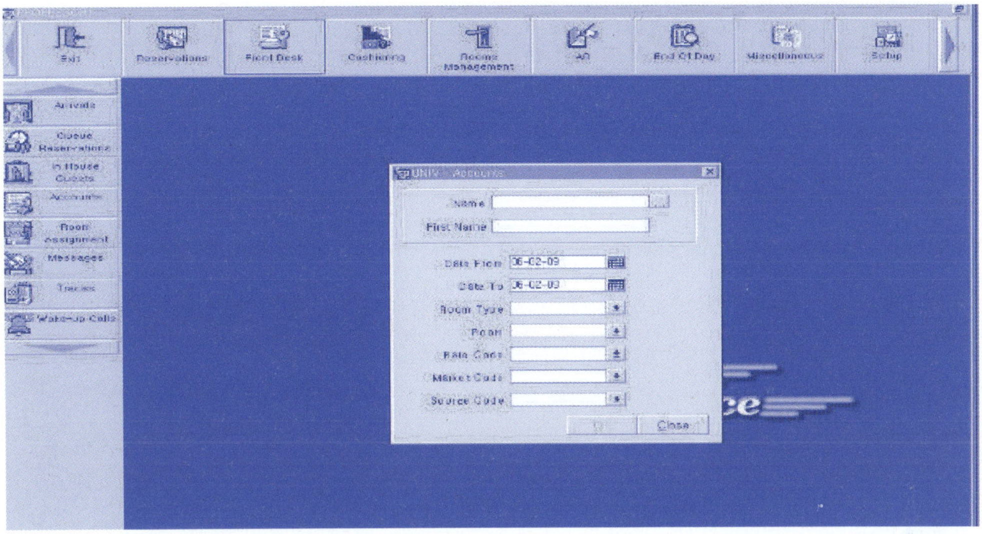

1) Room Assignment

Room Assignment(객실 배정)는 예약하고 금일 도착 고객의 객실을 미리 블록하는 작업으로서 Front desk의 Room blocking 선택하여 Individual 예약을 Block 시키면 된다. Group 예약을 우선 Block시키는 것이며, 같은 층의 객실에 배정하는 것이 일반적이다.

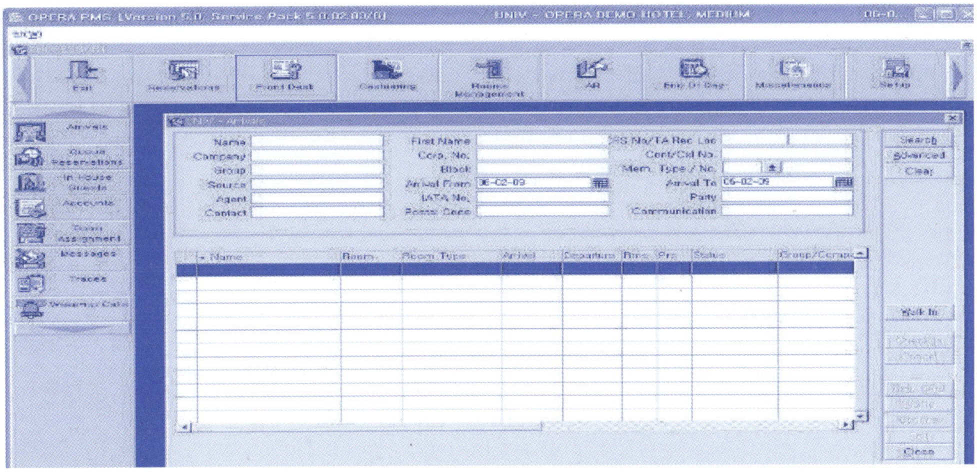

2) Check-in

손님의 예약을 Arrival 화면에 들어가 조회하며, 준비한 Registration card를 손님에게 제시한 후 빠진 항목이 있으면 기입(記入)하게 하며, Deposit(선수금)을 현금이나 신용카드로 받는 경우가 있다.

체크인 절차는 Check-in 버튼을 선택, 이미 객실이 Block되어 있다면 곧바로 Check-in이 이루어지게 되며, 객실이 미리 Block되어 있지 않으면 객실 배정을 해야 Check-in이 된다. 프로파일과 예약 화면을 업데이트(update)한다.

3) Cancel Check-in

체크인을 취소(cancel check-in)하는 경우 Up-date를 선택한다. Check-in 처리한 예약을 조회하여 하단에 있는 Cancel Check-in을 선택하면, Check-in 취소가 된다.

Check-in 취소를 할 때 Block된 객실은 실제 Clean room 상태인데 Dirty room으로 변경되기 때문에 Housekeeping에 통보하여 Clean room으로 변경해야 한다.

4) Room Move

손님이 객실을 사용하는 도중에 변경하고자 할 때 쓰이는 기능이다. Option에 있는 Room move를 선택하고 새로운 방 번호를 배정하며, 객실 변경 Reason(이유)을 명시한다. Room move를 이용해 이미 체크인을 한 예약을 Share하면 된다. 이때 Reservation에 있는 Share 기능을 이용하지 않고 Room move 기능을 이용해 객실 두 개를 Combine한다. (예: Room 2020에 묵고 있는 손님 A와 Room 1206 손님 B를 Room 1206에 합치는 경우, Room 2020 손님 방을 1206으로 Room move 한다.)

5) Walk-in

예약 없이 숙박하러 오는 Walk-in 손님 예약을 만드는 모듈이다. Arrival 화면으로 들어가서 Walk-in을 선택하고 예약 화면을 입력(Market, Source 항목을 Walk-in으로 기입)한다. 이때 Walk-in을 이용하지 않고 일반 예약처럼 New reservation에서 예약을 만들 경우, Walk-in 예약으로 되어 시스템에서는 기록되지 않는다.

6) Routing

손님이 Check-in 시 또는 투숙하는 동안 Routing을 적용할 때 사용하는 기능이다. (예: 객실료는 여행사가 지불하고 나머지 항목은 손님이 지불할 때 사용하는 기능) Reservation에 들어가 Option에 있는 Routing 항목을 선택하여 Routing을 걸어준다. 이미 예약 때 걸려 있는 Routing을 변경하고자 할 때 이미 설정하여 있는 Routing을 Refreshing한다는 메시지에 Yes를 하면 Routing instruction이 업데이트된다.

7) In-house Guest

Check-in시켜 호텔에 체재하고 있는 손님은 In-house guest를 이용하여 조회한다.

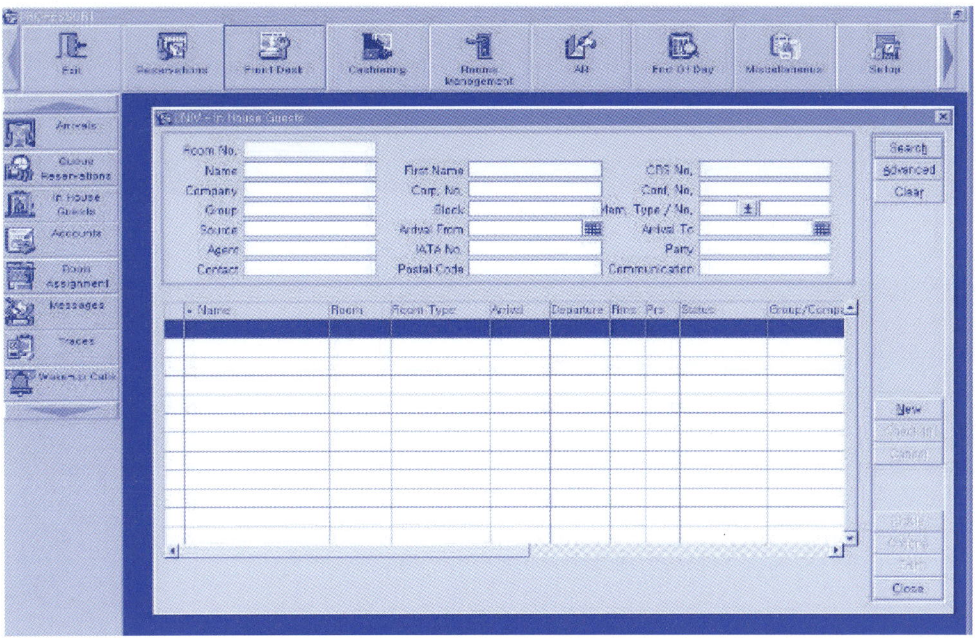

8) Messages

객실 예약된 고객과 투숙하고 있는 고객들에게 메시지를 넣고, 확인하는 기능이다.

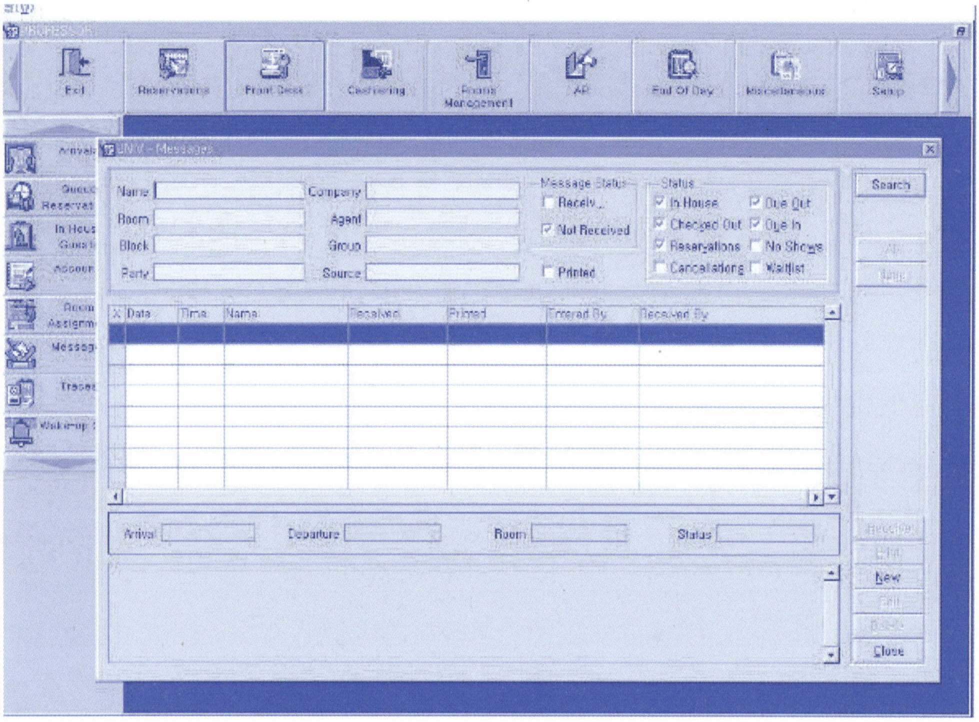

④ Cashiering

Cashiering은 숙박하고 있는 고객의 비용을 관리하는 곳으로서 객실뿐만이 아니라 식당이나 호텔의 부대시설을 이용하여 발생시킨 영수증을 해당 고객 원장(Guest folio)의 계정(account)에 입력하는 기능과 이를 수정 · 삭제하는 기능이 있으며, Check-out 시 고객의 요구에 따라 다양한 형태의 bill을 인쇄할 수 있다.

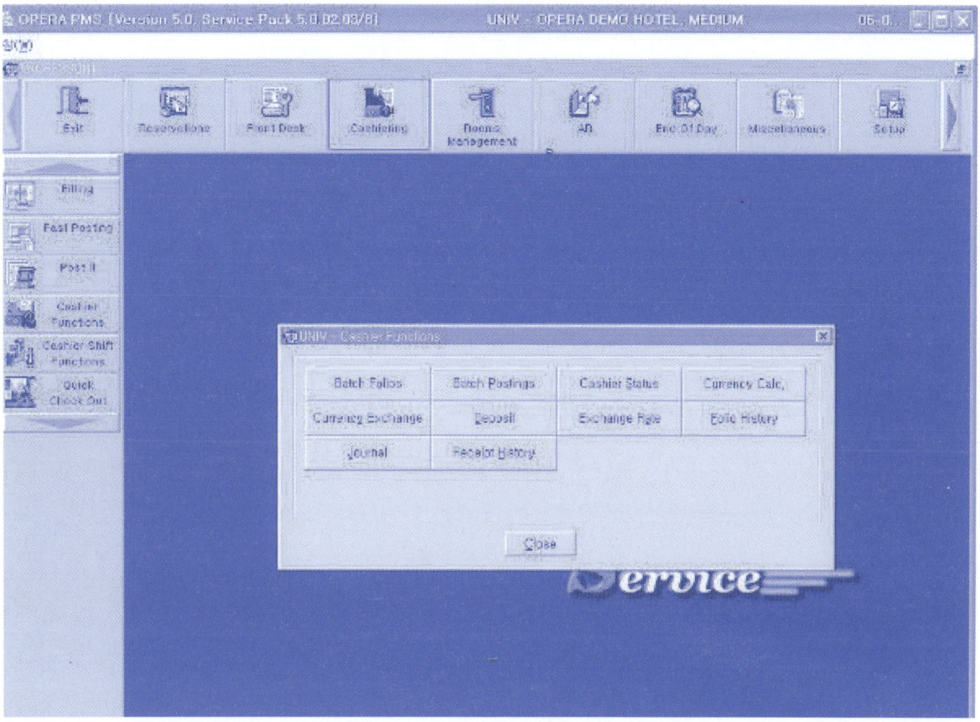

1) Posting

손님의 Folio에 Charge(요금)를 Posting할 때 Billing 화면을 열어 Posting을 해준다. 해당 영업장 코드(Dept. Code)를 선택하여 Price를 입력한 후 Posting 버튼을 누르면 Posting이 이루어진다. 객실료, 각 F&B 업장에서 발생한 요금, 전화요금, Pay TV 요금은 시스템이 자동으로 포스팅을 해준다.

Interface에 문제가 생길 경우 Front desk에서 지침서(manual)를 참고하여 포스팅한다. 이때 Remark 필드에 Off-line posting이라 입력하고 Reference 필드에 Check 번호를 입력한다.

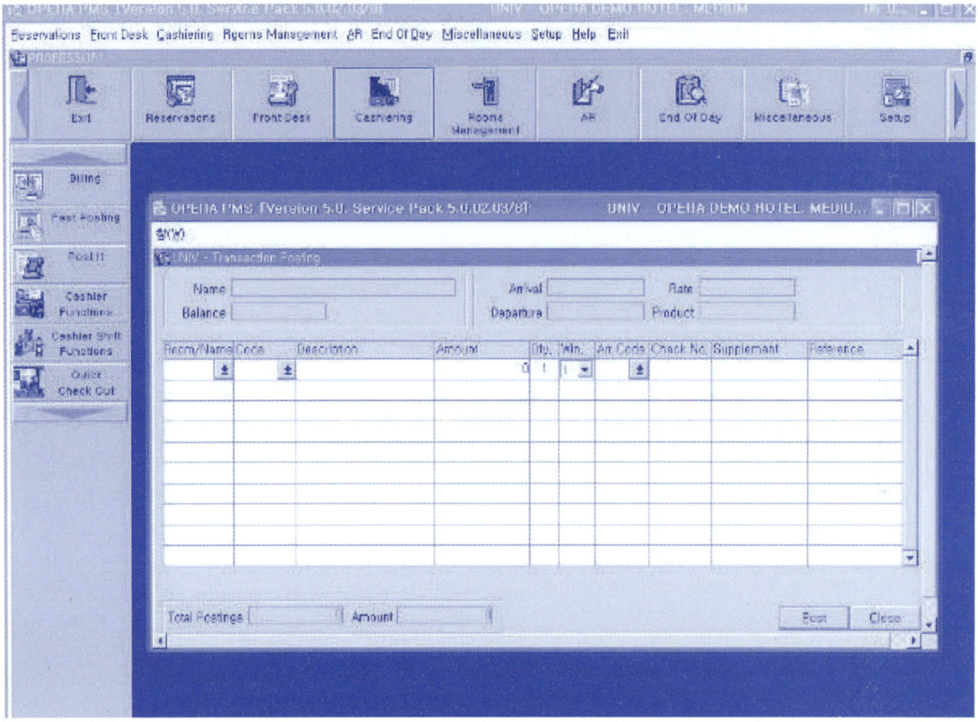

2) Posting Correction

Posting을 하는 과정에서 실수가 발생했을 때 해당 영업장 코드(Dept. Code)를 선택하여 Adjustment Code를 선택해 당일 발생한 Posting 실수를 고쳐주는 기능이다. (Adjustment Code 선택, 동일 가격으로 Price 필드에 가격을 입력, Quantity 필드에 "-1" 입력, Remark 필드에 "Wrong Posting" 입력, Reference 필드에 동일 Check 번호 입력)

휴지통 Window를 만들어서 Transaction(거래)을 Transfer한다. 올바른 Posting을 다시 해주며, 이때 SVC(Service), Tax도 각각 따로 수정해줘야 한다.

3) Posting Error Correction

금일 이전(以前) 실수를 발견했을 경우 Posting Error Correction을 활용하는 방법으로 이때에는 Adjustment Code를 이용하지 않는다. Rebate Code(반려 코드)를 이용하여 동일한 방법으로 Posting Error를 수정한다. Remark 필드에 "Posting Rebate"라 입력한다.

4) Split Posting

Split Posting이란 청구된 금액을 나누어 계산하고 싶을 때 해당 Transaction에서 Split 버튼을 선택한 후 Split하고자 하는 금액을 입력한다.

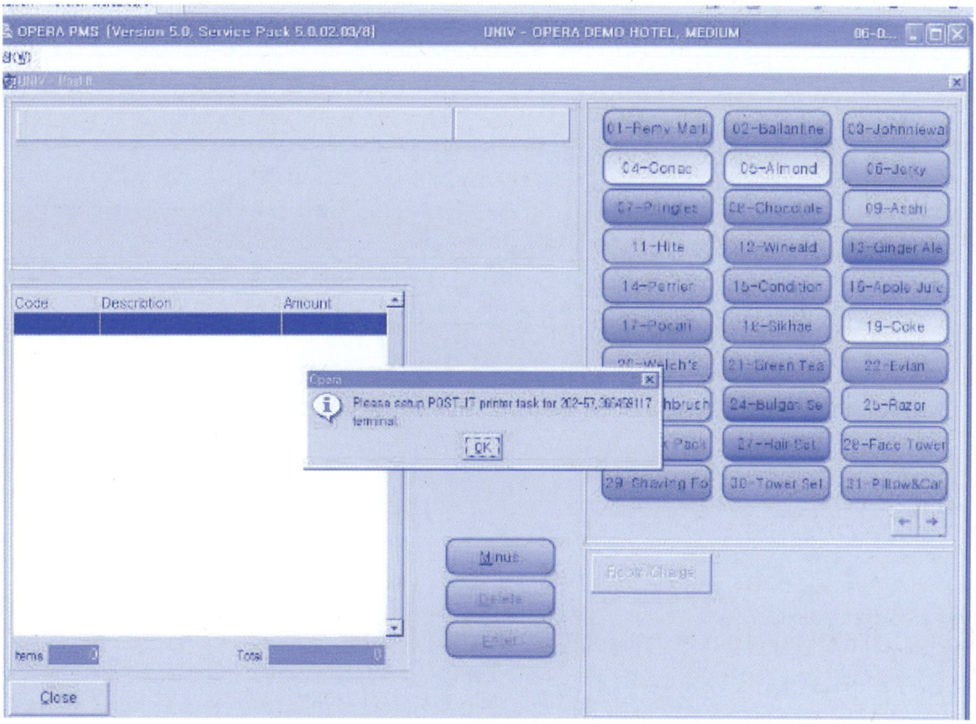

5) Transfer Posting from Room to Room

Transfer하고자 하는 Transaction(거래)을 마크한 후 Transfer 버튼을 선택한다. Transfer할 객실을 선택한 후 OK 버튼을 선택한다.

6) Folio Open

Folio 하나를 선택한 후 그 Folio를 Close하지 않은 상태에서 다른 방의 Folio를 Open하고 싶은 경우에 사용한다. 오른쪽 마우스 버튼을 클릭한 후 Add Guest View를 선택하여 열고자 하는 객실을 지정한다.

7) Check-in 시 지불하는 Deposit

손님이 Check-in할 때 지불하는 Deposit을 입력하는 기능이다. Billings 화면 하단에 있는 Option 버튼 선택, Pay Only 선택, Payment Method 선택, Deposit 금액을 입력한다. Supplementary 필드에는 신용카드로 지불하는 경우 카드번호, 만료일을 입력하며, 손님 Folio에는 마이너스로 찍히게 된다.

8) Payment Correction

Posting한 Payment(지불)를 수정하는 방법으로 Pay Only를 선택하여 수정하고자 하는 금액을 마이너스(예: -10,000)로 입력하고 올바른 금액을 다시 Posting한다.

9) Paid-out Refund

Paid-out은 호텔의 숙박객이 소액의 현금이 필요하여 현금을 미리 주고 체크아웃 시 정산(精算)하는 것을 말한다. 손님이 Check-out 시 마이너스 100,000원인 경우, 손님께 100,000원을 Paid-out Refund를 통해 돌려준다. Billing 화면으로 들어가서 Posting을 선택, 해당 영업장 코드(Dept. Code) 801 Paid out(refund) 선택하고 손님께 돌려줄 금액을 Price 필드에 입력한다. Quantity 필드에는 "-1"을 입력하고, Receipt(수령) 여부를 출력하여 손님으로부터 서명(sign)을 받고 손님에게 드린다.

10) Currency Exchange

Cashiering 모듈에 있는 Currency Exchange 기능을 활용하여 손님 객실 번호, 환전

할 Currency 종류, Currency 금액을 선택하며, 환전 Receipt(영수증)를 출력한다.

11) Normal Check-out

금일 Check-out하는 손님의 Folio를 Open 한다. Check-out 기능을 활용하여 Normal Check-out을 선택하고 남아 있는 Balance를 Settle(정산)하면 Payment(지불)가 종료되고 Folio Status는 Check-out으로 바뀐다.

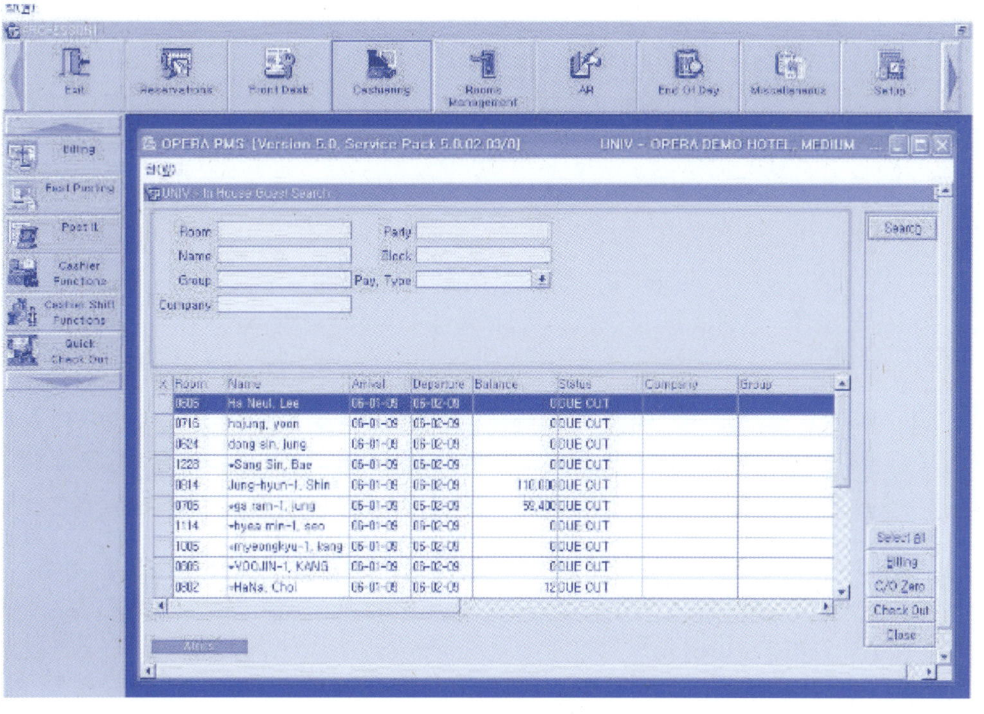

12) Interim Bill

손님이 투숙 기간에 중간 정산을 할 수 있는 기능이다. Folio를 Open하여 Settlement를 선택하면, 첫 번째 항목인 Interim Bill에서 Balance를 Settle(정산)하면(payment) Folio status가 Check-out으로 바뀐다.

13) Early Departure

금일(今日) Check-out 예정이 아닌 손님이 Check-out하기로 한 경우 적용하는 기능이다. Early Departure(조기 출발)를 선택하면 "Do you want Room & Tax for today?"라는 메시지가 표시된다. (손님의 Check-out 시간을 고려하여 객실 요금을 Posting할 것인지 또는 하지 않을 것인지 판단을 한다.)

객실 요금을 Posting하지 않을 시는 메시지에 "No"를 선택하면 되고 "Yes"를 선택하면 자동으로 당일 객실 요금이 Posting되며, 손님의 Departure 날짜는 금일 날짜로 자동 변경된다.

14) Advance Bill

내일 Check-out 예정 손님이 금일(今日) Folio Settle(정산)을 하고자 하는 경우 Advance Bill을 선택하여 손님의 Folio를 Settle 처리하는 것이다.

Advance Bill을 선택했을 때 당일 객실 요금 Posting이 안 되는 경우는 시스템이 자동으로 객실 요금을 Posting한다. 금일 밤과 내일 손님이 Check-out하는 경우 전화를 사용하거나, Pay TV 등 요금이 발생하는 경우 다음 날 아침 Check-out 때 Balance를 다시 Settle해야 한다.

15) PX Room Check-out

호텔마다 사용하는 용어에는 차이가 있으나 PX(Posting Master)는 PM(Pay Master, 가상 Master 파일)이라고도 한다. Check-out한 후 Outstanding Balance(미결제 잔액)가 있는 손님의 Folio를 Check-out해야 하는 상황에 쓰는 기능이다. (예: 여행사 단체 고객 중 일부 고객의 직불이 제때 이루어지지 않아 체크아웃 후 객실 요금이 Settle되지 않은 상태에서 손님의 Folio를 Check-out하는 경우이다.)

여러 가지 방법(이메일, 전화, 여행사 등)을 이용해 고객과 연락을 취해 미결제 잔액을 결제 완료하기 위해 돌려놓는 가상의 번호를 의미한다.

16) Permanent Folio

Permanent Folio(PM)는 고객이 체크인을 실제로 했으나 시스템에서는 체크인이 안 되었을 경우를 대비해서 항상 Check-in 상태로 열어두는 가상의 Folio이다. (예: 단체 고객들이 한꺼번에 체크인했을 경우 시스템의 문제로 인하여 바로 체크인이 안 되었을 때 비용이 발생하면 가상의 방으로 모았다가 나중에 각 객실로 돌려놓기 위한 것으로 보통 4자리의 번호를 부여한다.) 일부 호텔에서는 PM(Permanent Master)이라고 표현하며, 일반적인 사례는 다음과 같다.

Permanent Folio

- **Interface Lost Permanent Folio**
  손님 Check-in이 이루어지지 않은 상태에서 손님이 객실 전화, 미니 바를 사용하여 요금이 발생했을 경우 PF folio에 손님의 전화요금이 임시로 찍히게 된다. Cashiering에서는 자주 Folio를 점검(check)하여 손님 Folio로 Transaction(거래, 비용) 처리를 하기 위해 Transfer 시켜줘야 한다.
- **Late Charge for Cash**
  현금으로 Settle을 한 손님에게 Check-out한 후 누락된 요금을 Posting해야 하는 경우 쓰인다. 해당 항목을 Posting하여 손님이 지불하면 Payment로 Settle을 시킨다.
- **Late Charge for Credit Card**
  신용카드로 Settle한 손님에게 Check-out한 후 누락 요금을 Posting해야 하는 경우 사용한다. 손님의 신용카드 Detail을 알고 있으므로 Posting한 후 Settle시킬 수 있다. 단, 당일 신용카드로 지불 후 Check-out한 손님에게 누락 항목을 Posting하고자 할 때는 손님의 Folio를 다시 열려면 Reinstate(원위치 복귀) 시키겠냐는 메시지가 나타나게 되며, 이때 다시 Folio를 열어 Posting한 후 Settle시킨다.
- **Late Charge for Return Guest**
  VIP, 단골손님의 누락된 요금을 Posting할 때 쓴다. Future 예약은 없으나, 언제인가 호텔에 투숙하실 의향이 있는 손님을 위한 folio이다.
- **Clearing Folio**
  Permanent Folio에서 생긴 Balance가 Zero로 Posting이 된 것을 모아 두는 휴지통이며, Night Auditor가 매일 밤 이 Folio를 점검(check)해서 Check-out시키고 다시 Check-in시키는 것을 반복한다.(예 Valet parking 수입, 미니바 등)

17) Cashiering Close

Cashier는 Shift 근무를 하기 전에 자신의 Cashier 업무를 마감해야 하며, 마감하지 않으면 Night Audit을 진행할 수 없다.

Cashiering Close는 Miscellaneous를 선택하고, Report를 선택하면 Report Section이 표시되며, Report Section에서 Financial을 선택하면 Report List 화면이 나타나게 된다. 이때 "Journal by cashier"를 선택하여 프린트를 출력하면 Journal과 Bill을 가지고 Balance를 대조, 확인할 수 있다. Cashier Close는 Cashiering 모듈에서 Close Cashier를 선택하고 다음 화면에서 Print 버튼을 선택한 후 OK를 하면 된다.

5 End-of-Day

당일(當日)의 Night Audit(영업 마감)을 위한 작업으로 야간 근무자는 각 업장이 마감된 후 Night audit 작업을 시행한다. 고객이 투숙한 객실 요금이 Posting되며, 그날에 있었던 모든 영업기록을 순차적으로 정리하고 마감하는 기능이다. 이 작업이 끝나면 시스템에서는 새로운 날짜로 영업이 시작되는 것을 의미하며, 각종 영업과 관련된 보고서를 출력할 수 있다.

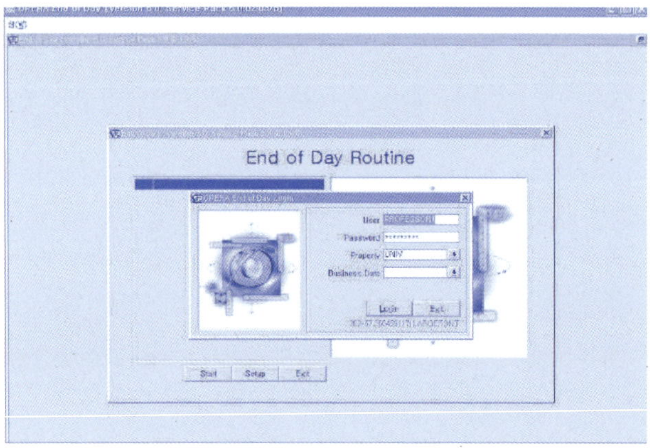

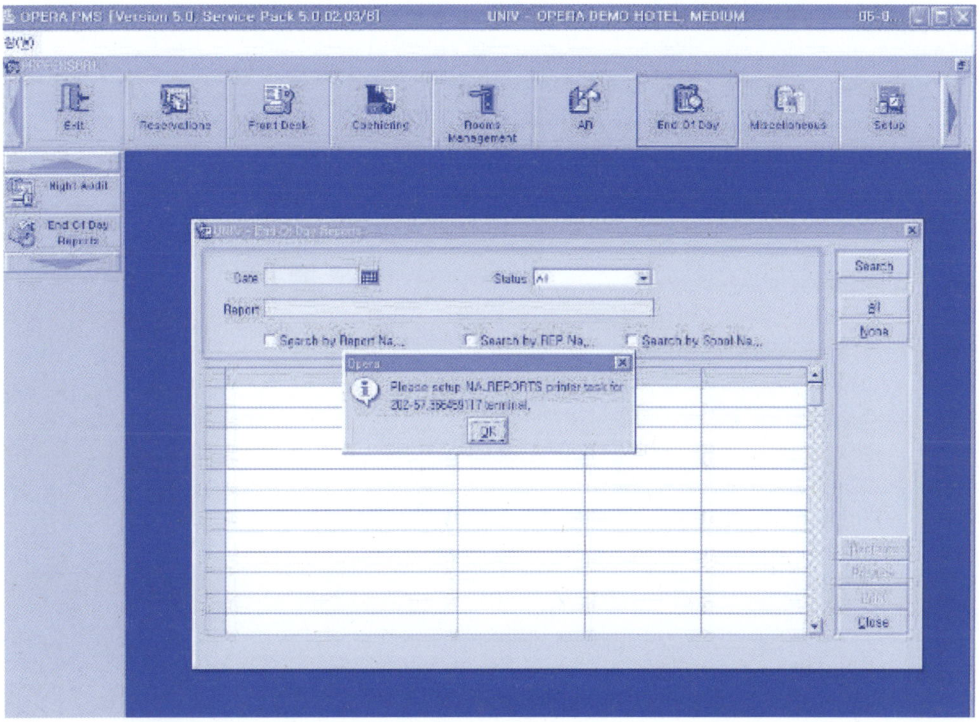

6 Housekeeping

Housekeeping은 객실의 판매 가능 여부, 청소상황과 다양한 정보를 관리하여 상품화시키는 중요한 기능이 있다. 하우스 키핑은 객실 관리자가 객실의 상태를 보고 기록을 할 수 있도록 해주며, 일반적으로 상태정보는 객실이 깨끗한지, 더러운지, 청소하고 있는지, 고객이 숙박하고 있는지, 비어 있는지와 같은 정보를 포함한다.[3]

3) 김동식, 피델리오시스템, 백산출판사, 2005, p.365.

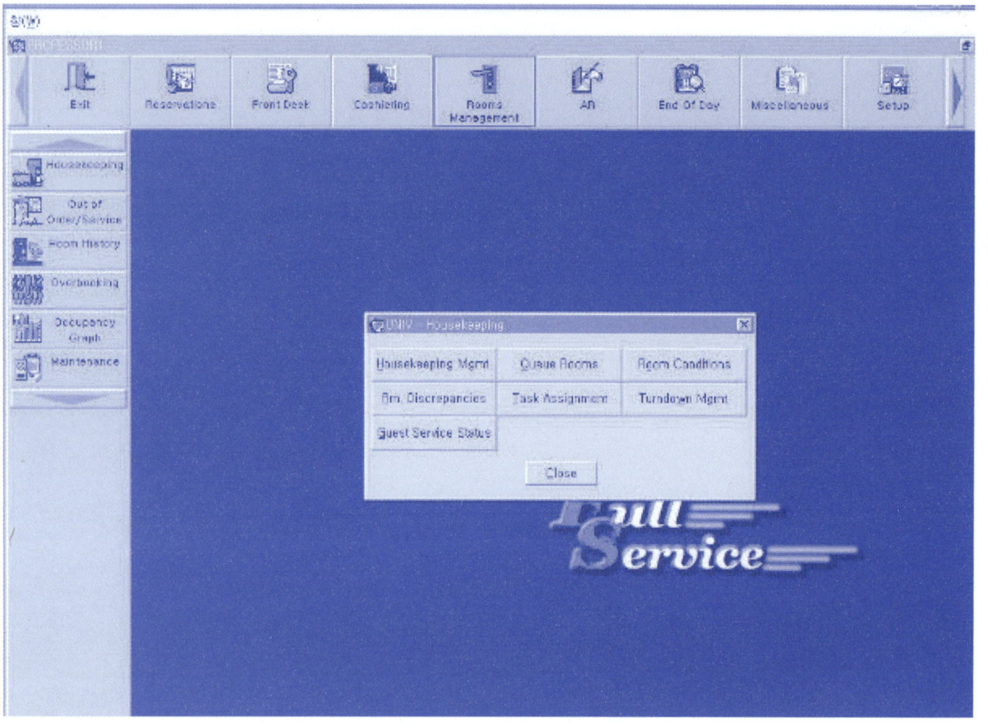

1) House Status

House Status(호텔 현황)는 호텔의 전반적인 객실 상황을 제공하는 것으로서 총 객실 수, 판매 가능 객실 수, 판매 불가능한 객실(Out of order room)을 비롯한 객실 상황의 정보를 제공한다.

2) Room Status

Room Status(객실 현황)는 선택된 객실의 현황을 확인할 수 있다. 객실의 특정한 상황으로 청소된 객실, 청소하지 않은 객실, 청소하고 있는 객실, Check-in, Check-out 객실을 확인할 수 있다.

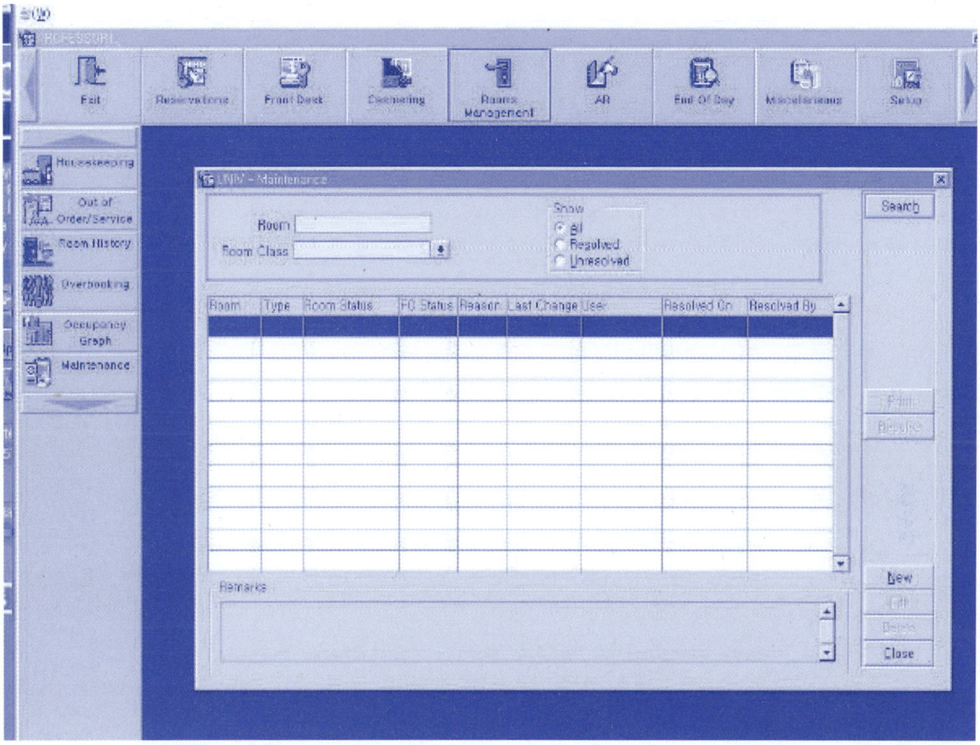

3) Out-of-Order와 Out-of-Service

Out-of-Order(고장 난 객실)는 판매가 불가능한 객실의 정보를 제공한다. 객실 내 시설보수 및 특별한 이유로 판매 불가능하며, 불가능한 이유와 정비가 완료되면 판매가 가능한 날짜를 입력하여 관리한다.

Out-of-Service(판매 가능한 객실)는 객실 시설의 보수와 정비가 바로 가능하여 당일 저녁에 판매할 수 있는 객실을 표시한다. Out-of-Order는 판매 가능 객실 수에 포함하지 않으며, Out-of-Service는 판매 가능 객실 수에 포함하는 것이 일반적이다.

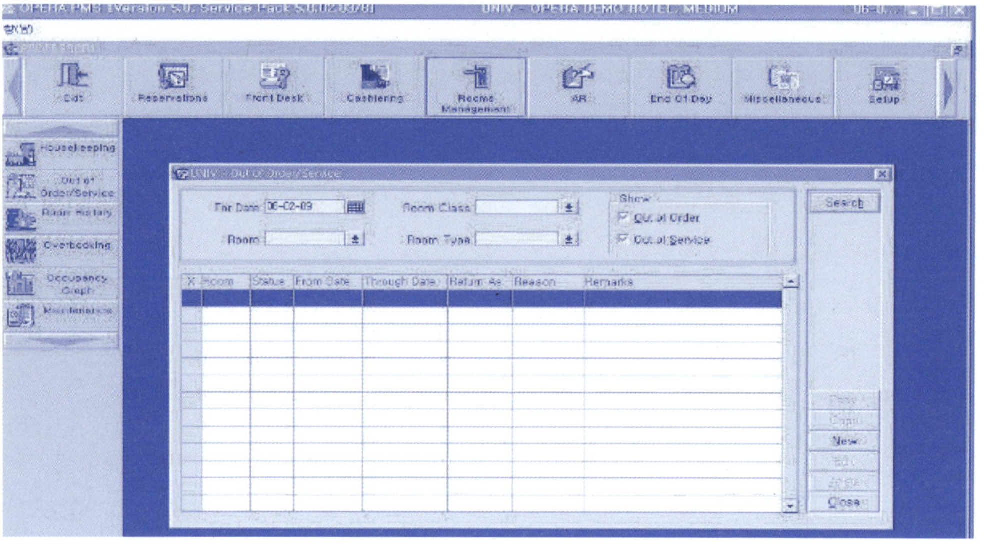

4) Room History

Room History(객실 기록)는 객실마다 투숙하였던 기록을 확인할 수 있는 기능이다. 객실 번호를 입력하면 입력한 날짜의 객실별 투숙기록을 확인할 수 있으며, 객실 정비 기록과 비교할 수도 있다.

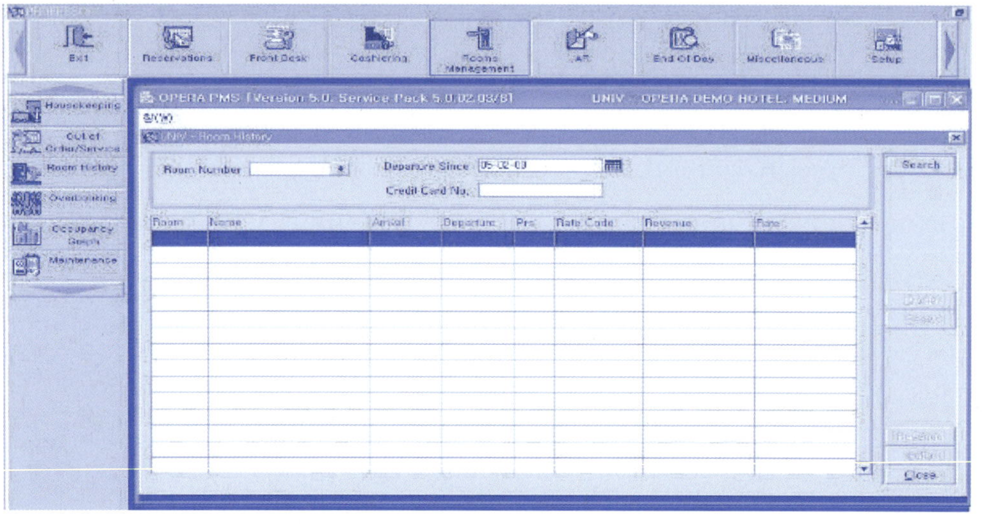

제2절 WINGS 프로그램4)

① 객실영업 관리

1) 위젯

위젯(widget)은 사용자의 요청에 따라 초기의 화면 구성이 가능하다.

2) 사업부 관리

사업부(property) 관리는 조직의 사업부 구성을 비롯하여 사업장별 통합 관리가 가능하다.

4) WINGS 프로그램과 관련된 모든 자료는 산하정보기술의 자료 승인하에 인용되었음.

3) 개인 예약

개인 예약(FIT reservation)에서는 예약 등록 및 수정, 고객 이력(history) 조회, 대기(waiting) 예약을 정상 예약으로 전환, 예약 취소 및 재등록, 예약 부도(no-show)의 처리 및 부도 처리된 예약의 재등록, 기존의 예약 자료를 이용한 신규 예약 등록, 특정 예약에 대한 객실 지정(room block), 객실 상황 및 상태 조회 등이 가능하다.

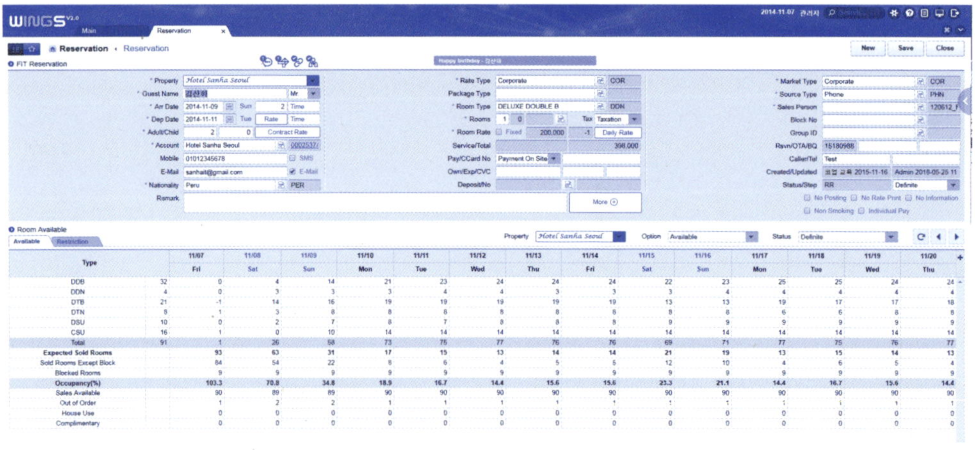

4) 단체예약

단체예약(group reservation)에서는 하나의 단체를 팀별 또는 객실 종류를 활용하여 입력, 수정, 조회할 수 있으며, 예약 취소 및 재등록을 할 수 있다.

단체의 팀 또는 객실 종류(room type)별, 일자별 체크인(check-in), 체크아웃(check-out) 관리가 가능하여 객실료를 서로 달리 적용할 수 있다.

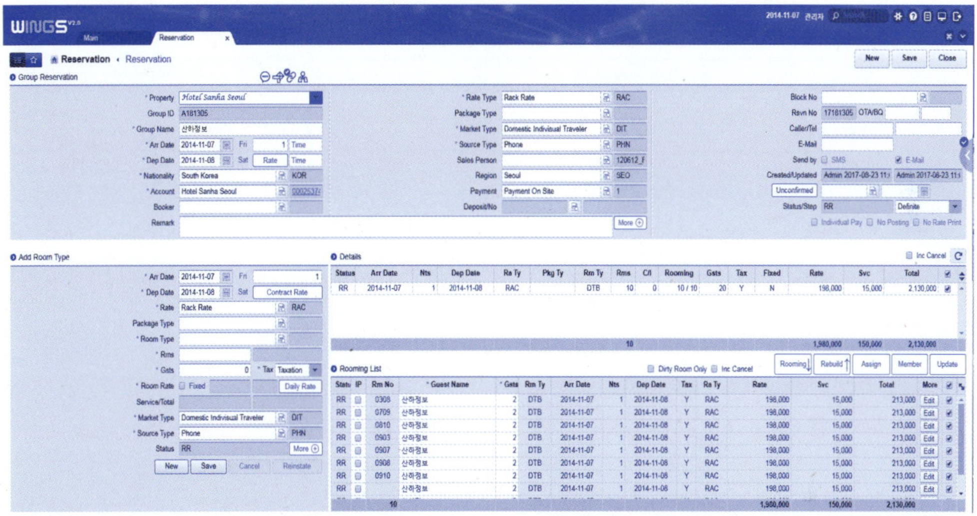

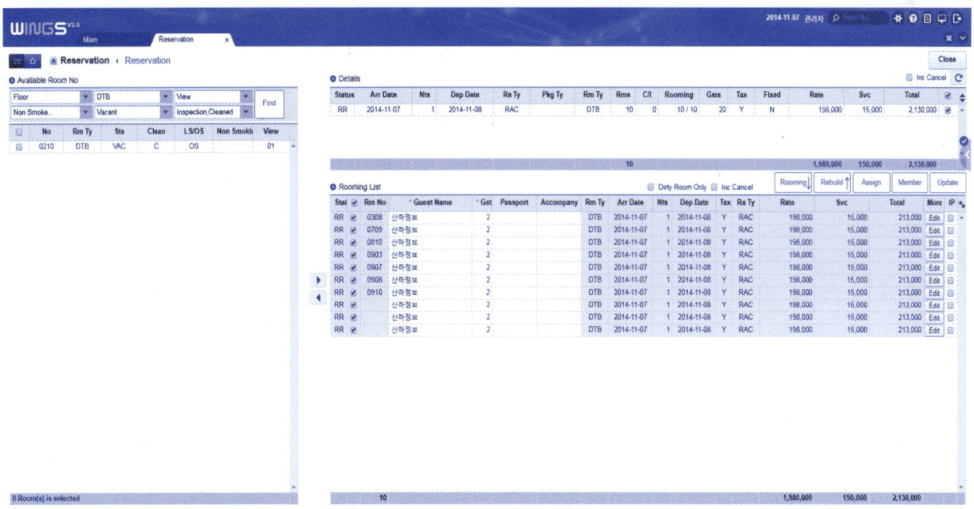

5) 체크인

개인 고객의 체크인(check in)이 가능하고, 비예약 고객(walk-in) 등록과 예약 자료를 활용하여 등록할 수 있으며 객실 지정(blocked room)을 자동으로 할 수 있다.

도착 예정인 고객을 기준으로 예약 자료를 확인하여 픽업(pick up) 서비스가 가능하고, 객실 종류(type)의 배정(assignment)이 가능한지 여부를 자동으로 조회하여 신속하게 체크인(check in) 처리를 할 수 있다.

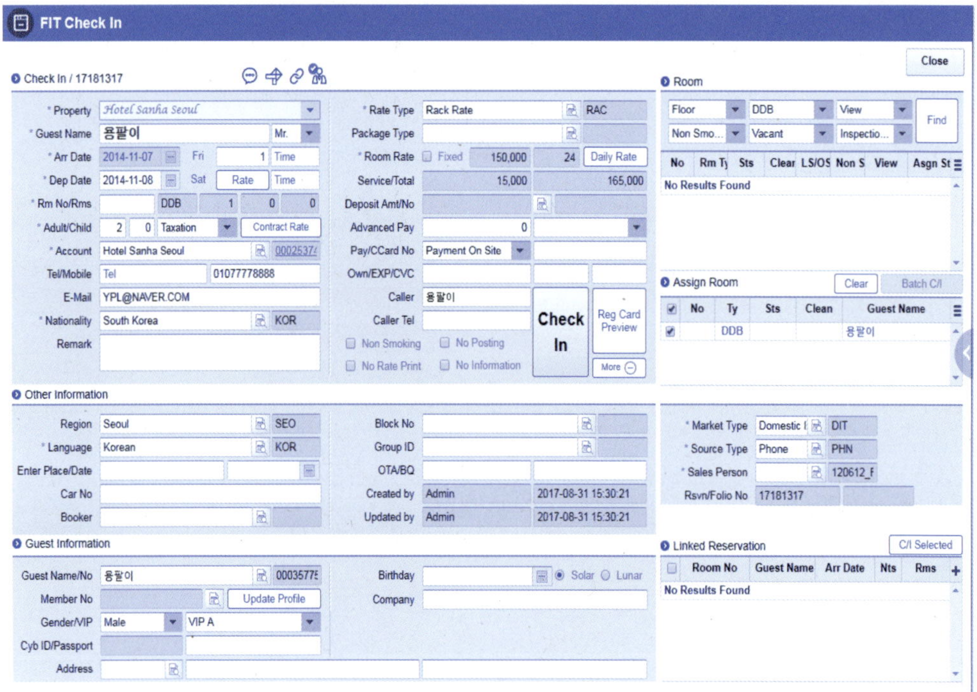

6) 체크아웃

개인 고객의 체크아웃(check out)을 수행하는 기능으로서 중간 정산(high balance), 정산(settlement), 폴리오(folio)의 인쇄, 빌 포스팅(bill posting), 수정, 조회와 빌(bill) 분리 출력이 가능하다.

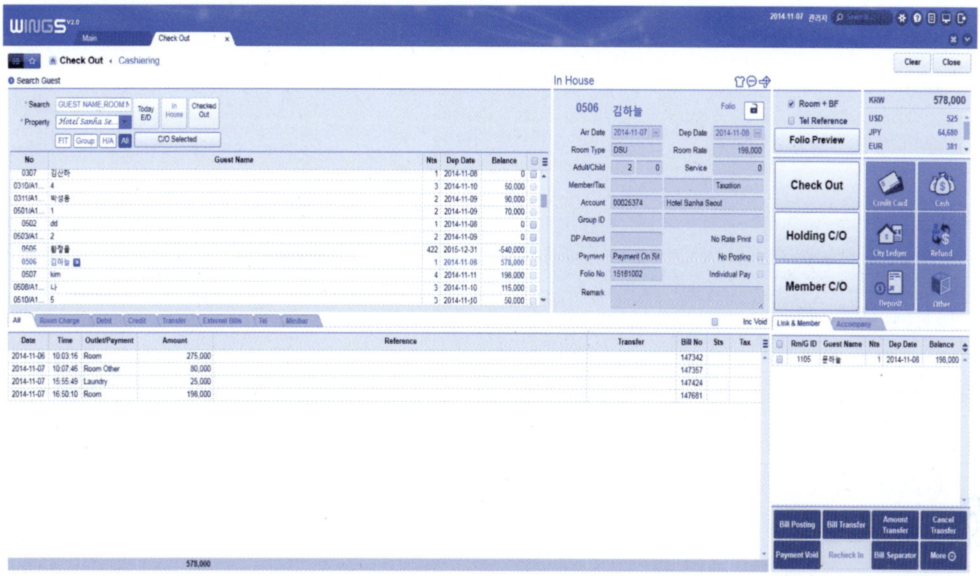

호텔에서 발생하는 모든 매출은 실시간으로 Folio에 요금이 부과(賦課) 처리되며, 정산시 고객의 요구에 따라 빌 이체, 빌(bill) 분리 등의 업무를 수행할 수 있다.

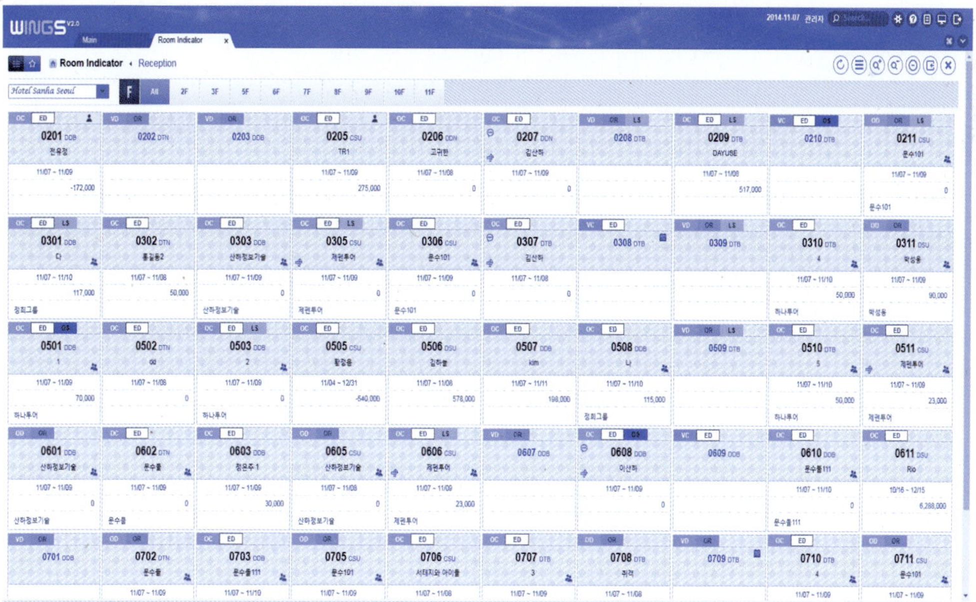

7) 객실 판매 분석

호텔의 객실 판매실적 및 객실 점유율을 월별로 조회 및 출력이 가능하며, 실적 자료와 예약 자료 현황을 취합 분석하여 연간 객실 판매를 예측할 수 있다.

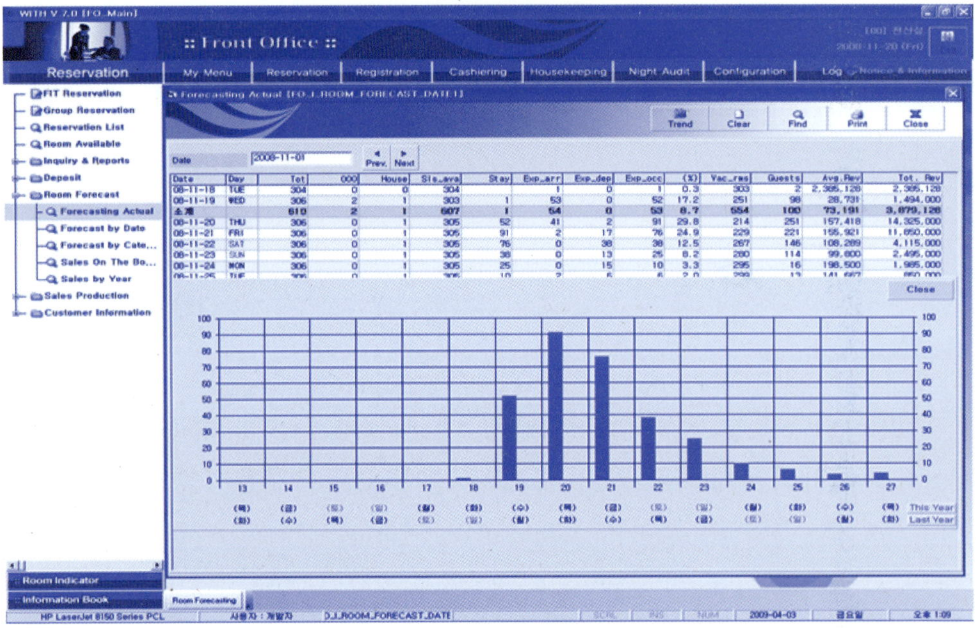

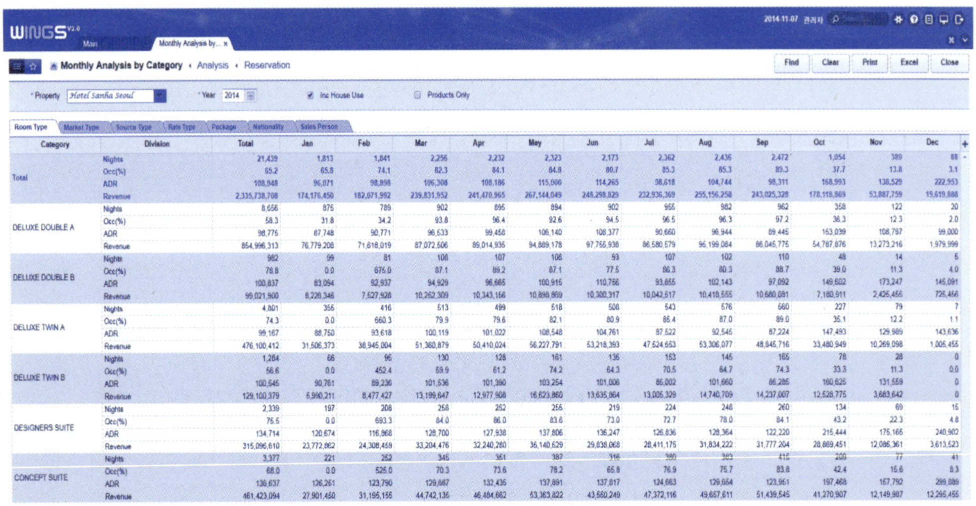

8) 예측과 가능 객실

호텔의 잔여 객실 현황과 객실 예측(forecasting) 상황을 실시간으로 조회할 수 있으며 실적과 예약 기준을 통합하여 예측(forecasting) 분석이 가능하다.

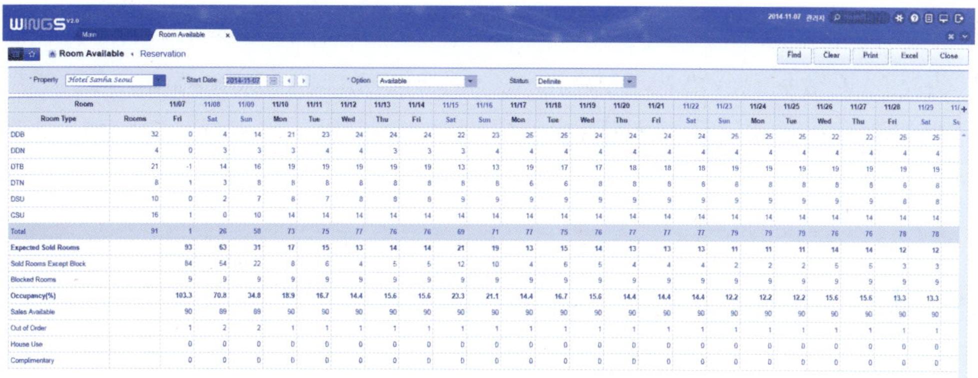

9) 객실 지정 현황 조회

객실 현황 조회에서 해당 일자의 객실별 지정(block) 현황에 대해 도면(chart) 형태로 조회할 수 있다.

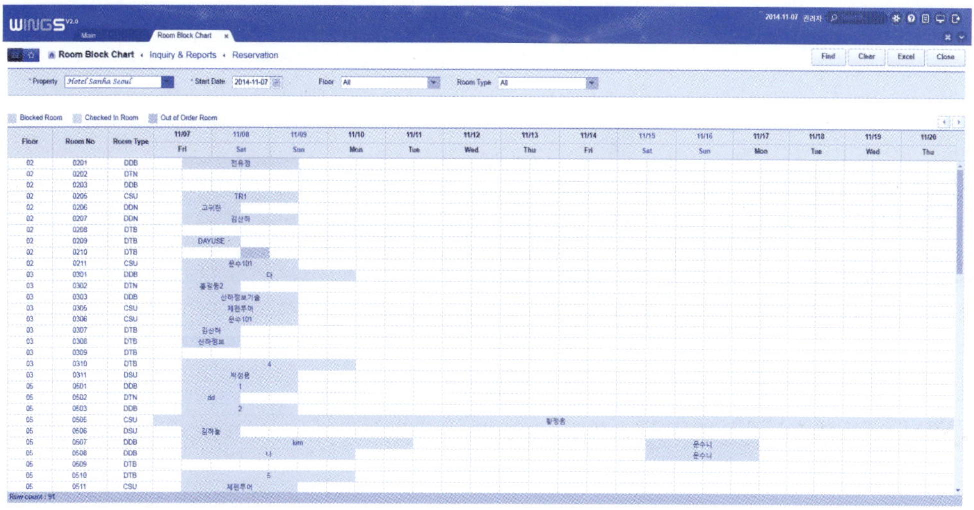

10) 하우스키핑

객실 상태 및 청소 관리는 인터페이스를 통해 자동 처리할 수 있으며 룸메이드의 배정, 고객 수화물의 분실관리, 안전 금고의 대여와 같은 업무를 관리한다. 미니 바(mini bar) 사용과 품목의 재고관리는 물론, 품목별 매출 현황을 구매 · 자재관리와 연동하여 관리할 수 있다.

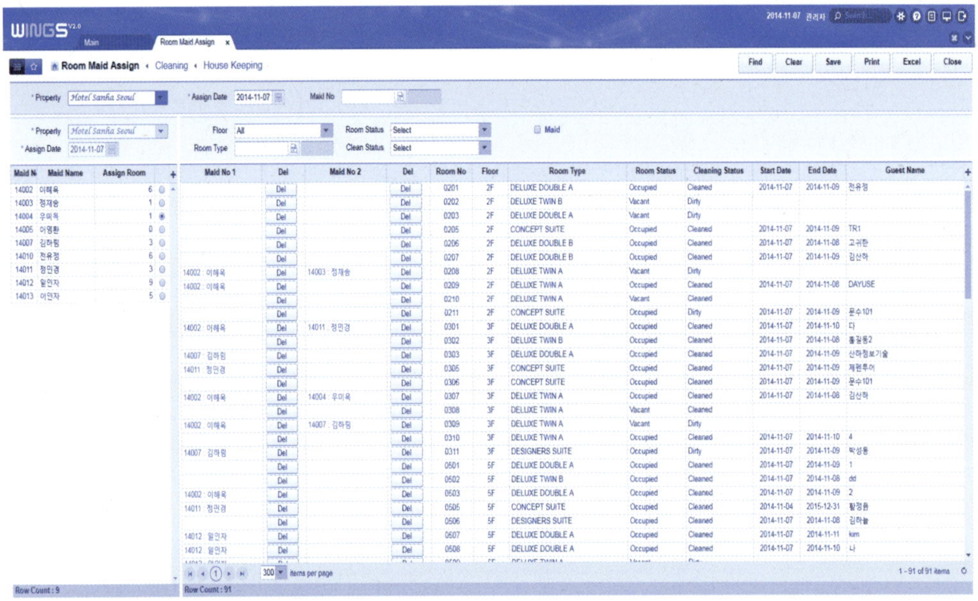

11) 개인 체크아웃

호텔에서 발생하는 모든 매출은 실시간으로 Folio에 요금이 부과(賦課)되어 체크아웃 시 고객의 요구에 따라 빌 이체, 빌(bill) 분리 등의 업무를 수행할 수 있다.

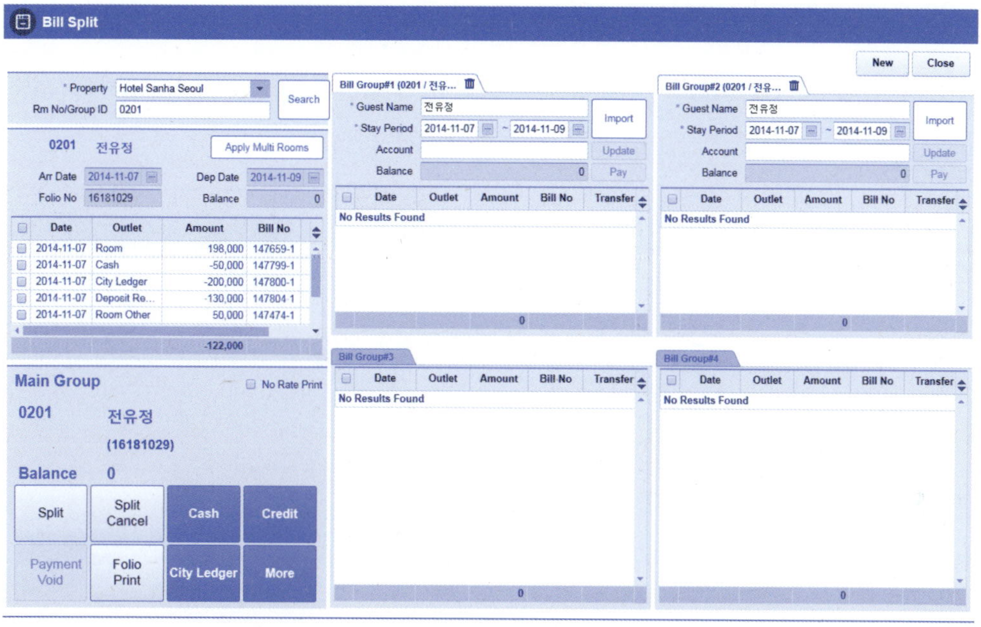

12) 야간 감사

호텔의 일일 마감의 과정은 일정하게 정한 한도(parameter)에 의해 단계적으로 관리되며, 정의된 순서에 따라 자동 처리된다.

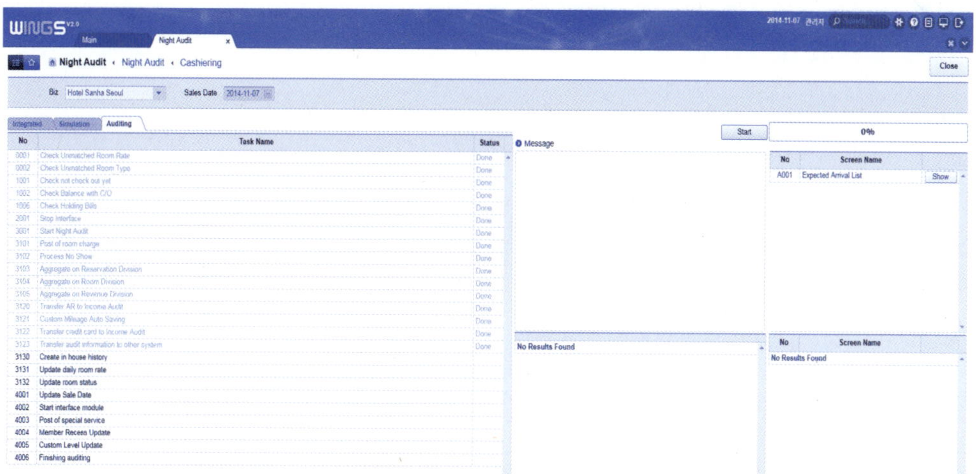

13) 일일 매출 보고서

호텔의 매출 집계자료는 전 부서에 공유되고 다양한 형태로 자료 출력이 가능하며, 표(graph) 형태로 표시되어 자료 분석을 할 수 있다.

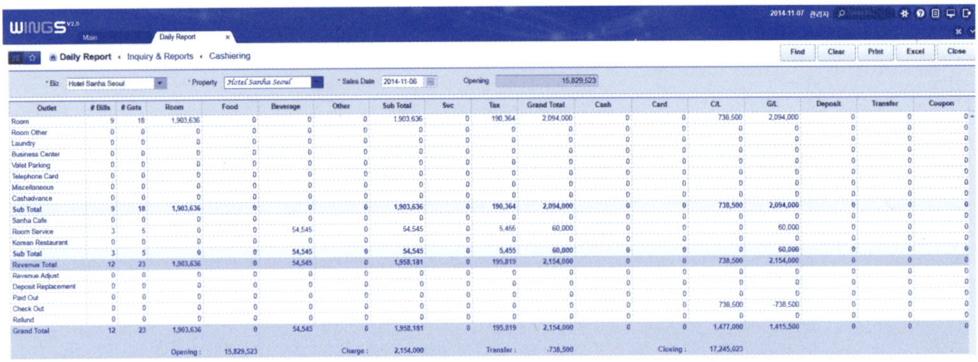

14) 시장 판매 분석

호텔을 방문하는 주요 고객층에 대한 분석이 가능하다. 판매 분석은 시장별(segment) 고객 형태와 시장 분류가 가능하며, 시장 점유율의 확인, 호텔 마케팅 시장의 현황이 다양한 형태의 표(graph)로 출력되어 자료 분석을 할 수 있다.

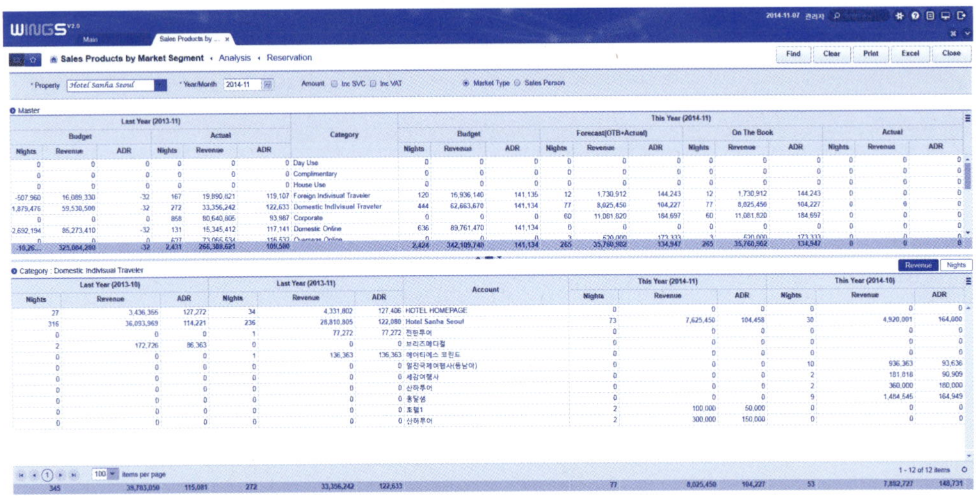

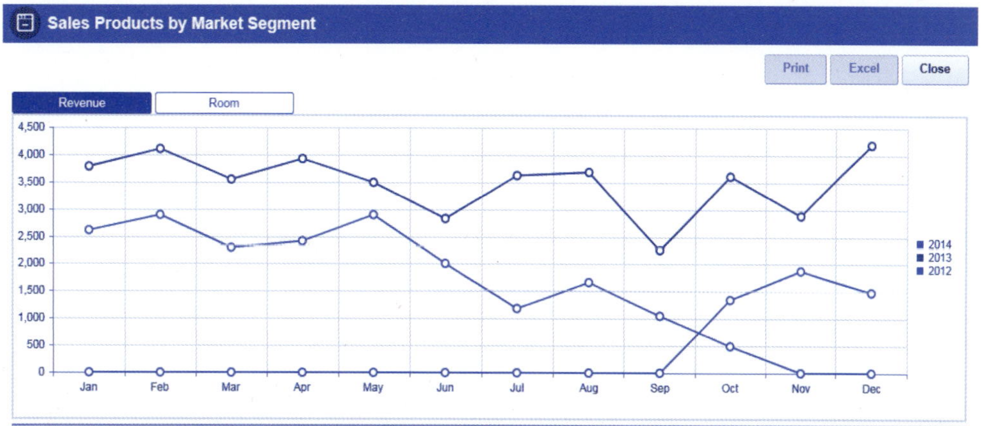

Year	Total	Jan	Feb	Mar	Apr	May	Jun	Jul	Aug	Sep	Oct	Nov	Dec
2014	19,510	2,611	2,895	2,294	2,416	2,897	2,007	1,184	1,664	1,050	492	0	0
2013	41,934	3,785	4,108	3,549	3,927	3,494	2,829	3,626	3,687	2,253	3,609	2,881	4,186
2012	4,694	0	0	0	0	0	0	0	0	0	1,343	1,874	1,477

Row Count : 3

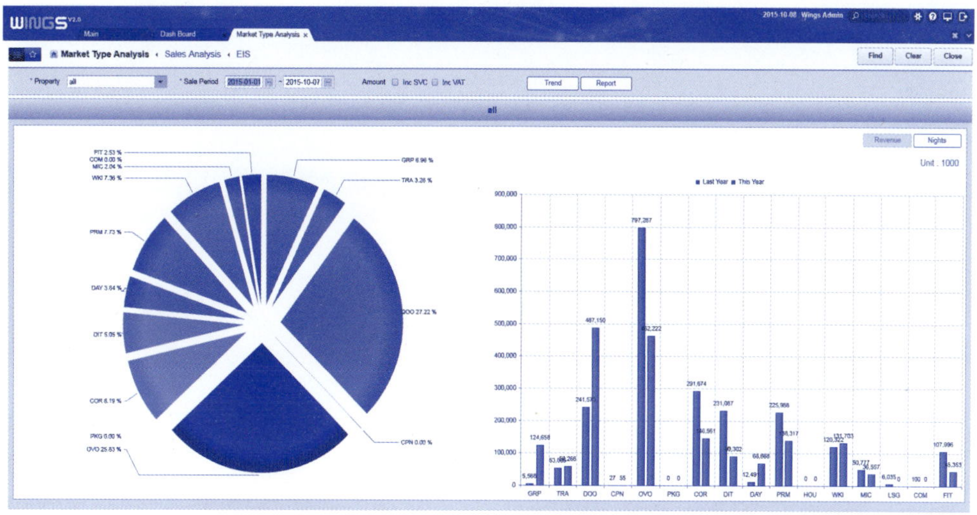

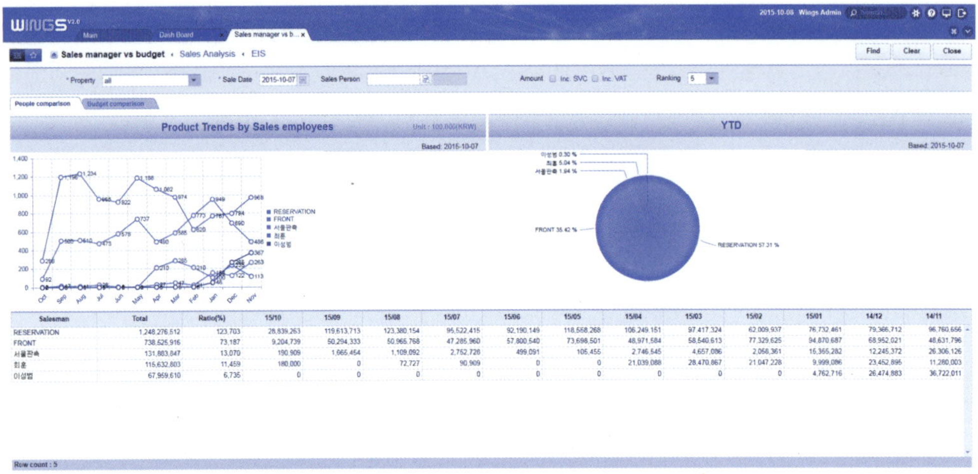

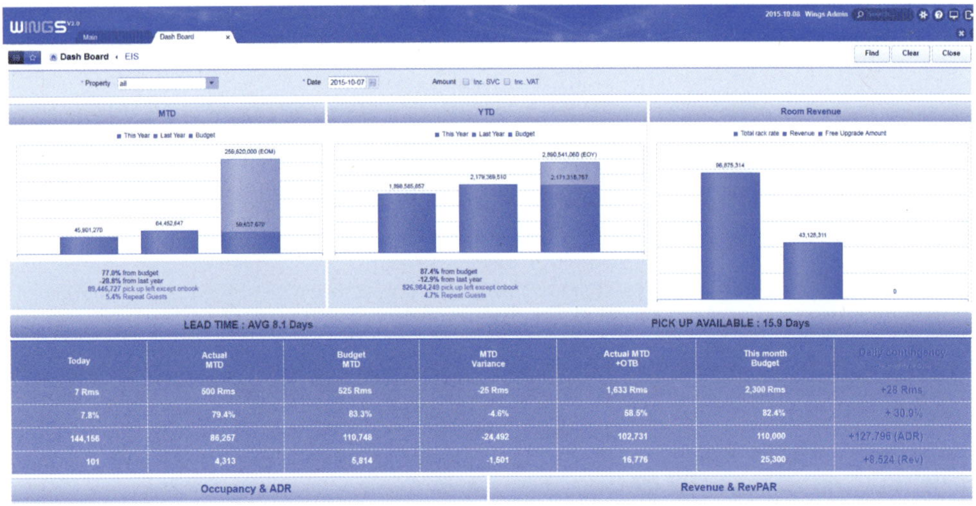

② 판매수요 예측

판매수요 예측 시스템(YMS: Yield Management System)은 객실 영업 현황에 대해 유형별 판매현황을 분석하여, 과거 판매실적, 현재의 예약과 투숙 현황 및 객실 판매에 영향을 미치는 환경적인 요소를 고려하여 미래의 객실 수요를 예측할 수 있다. 또한 경쟁사별, 예약 채널별 가격정책을 비교, 분석할 수 있어 마케팅 계획 수립과 전략 수행에 유용한 정보를 제공하고, 객실 판매 수익을 극대화할 수 있도록 지원한다.

1) 시장 분석

시장 분석(market analysis)은 시장(market) · 유통(channel) · 거래(account)처에 대한 요일별, 월별, 이벤트별 판매 분석이 가능하며, 객실 판매 자료(3년간)와 현재의 예약 자료를 이용하여 미래의 객실 수요를 예측하며, 거래처별 이용실적, 외부의 경영환경 정보를 활용하여 객실 수요에 대한 시뮬레이션(simulation)을 할 수 있다.

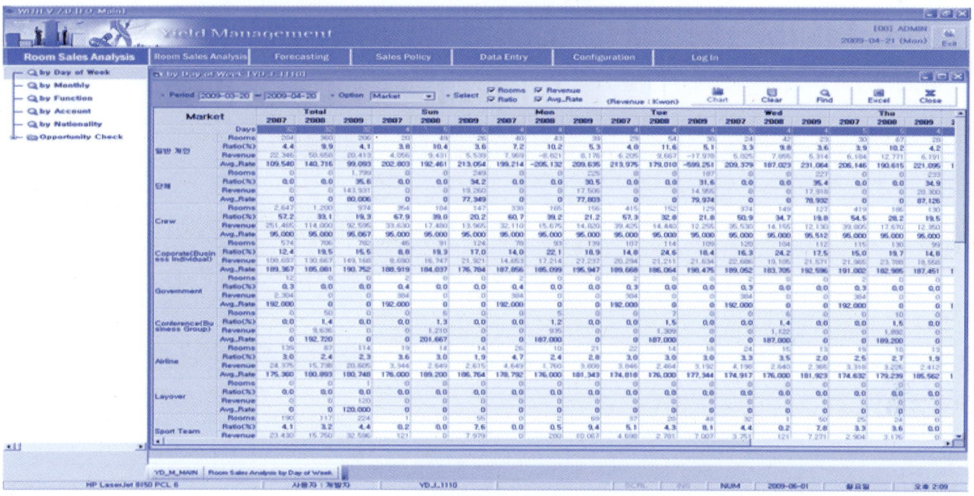

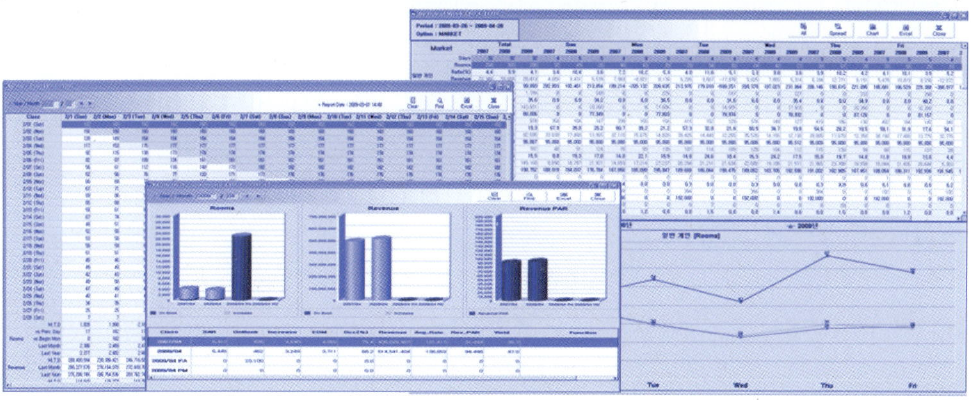

2) 판촉 정책

매출 목표와 현재의 영업실적을 분석하여 시장(market)별 객실 판매정책을 수립할 수 있고, 일자별 객실 판매 예상 점유율과 평균 객실료 및 객실에 대한 일일 요금(ROD: Rate of the Day) 정책을 제시할 수 있다.

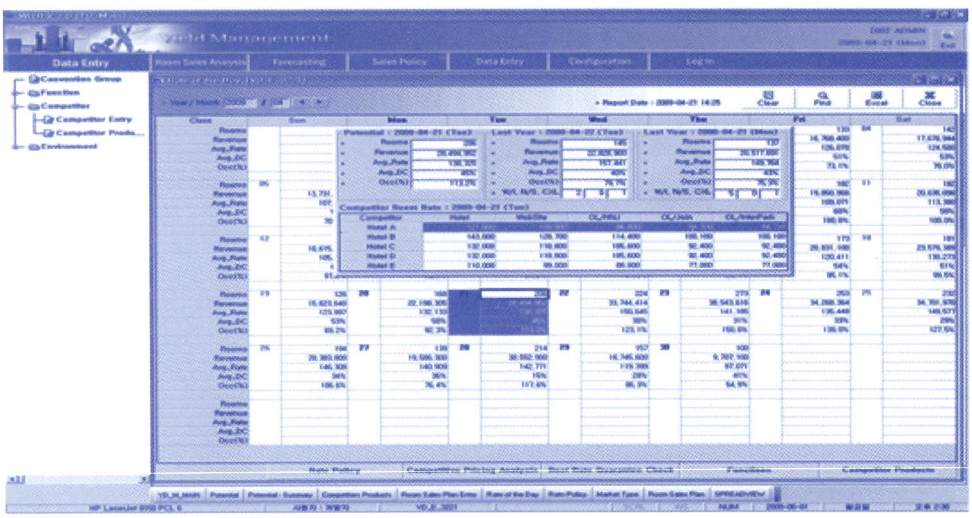

③ 판촉연회 관리

객실 및 연회행사의 고객과 거래처에 대한 다양한 판촉 활동을 체계적으로 관리하여 판촉 업무의 효율을 증대시키는 기능이다. 행사와 관련하여 정보시스템의 유기적인 연계를 통해서 연회행사의 정보공유 및 행사 준비, 행사 진행업무와 고객 편의를 위한 통합정산 기능을 지원하고 있다. 특히 특정 행사와 관련하여 사전(事前)에 손익을 산출할 수 있으며 다양한 형태의 연회행사에 대한 영업분석 자료를 제공한다.

1) 거래처 조회

거래처에 대한 활동 내역을 계획 · 실행기준으로 구분하여 등록, 관리할 수 있다. 직원의 활동 내역을 달력(calendar) 형태로 일정(schedule)을 조회할 수 있고, 해당 활동에 대한 지시사항 · 의견 등을 등록하여 팀원 간에 업무를 공유할 수 있다.

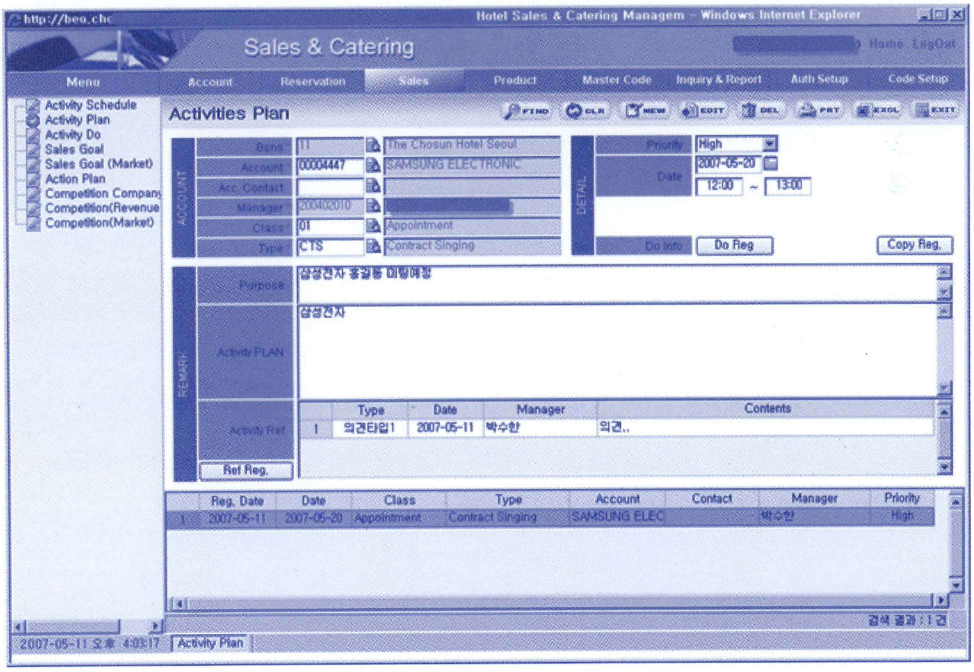

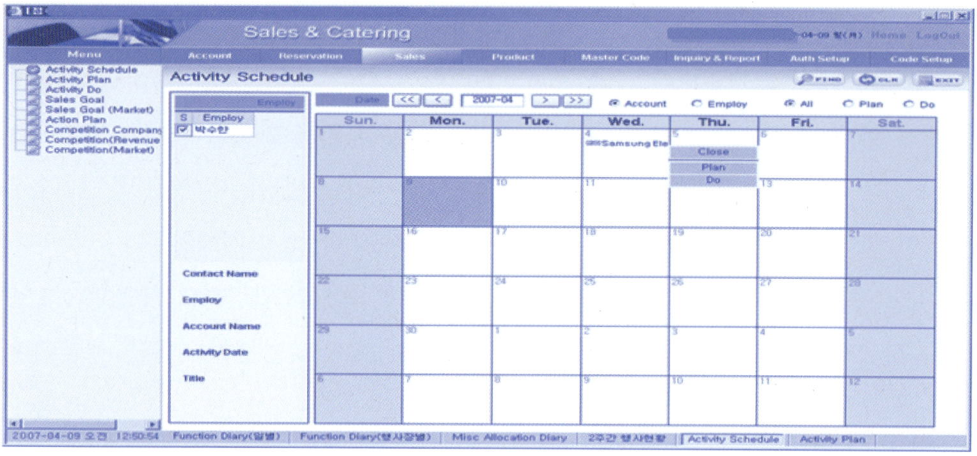

2) 연회 예약

연회 예약은 행사에 대한 세부 내역을 기준으로 관리할 수 있는 기능이 있으며, 권한에 의한 할인을 적용할 수 있고 행사 주체에 대한 세분화(segment)가 가능하여 수요자 관리를 통하여 향후 다양한 형태의 연회행사를 분석하고 활용할 수 있다.

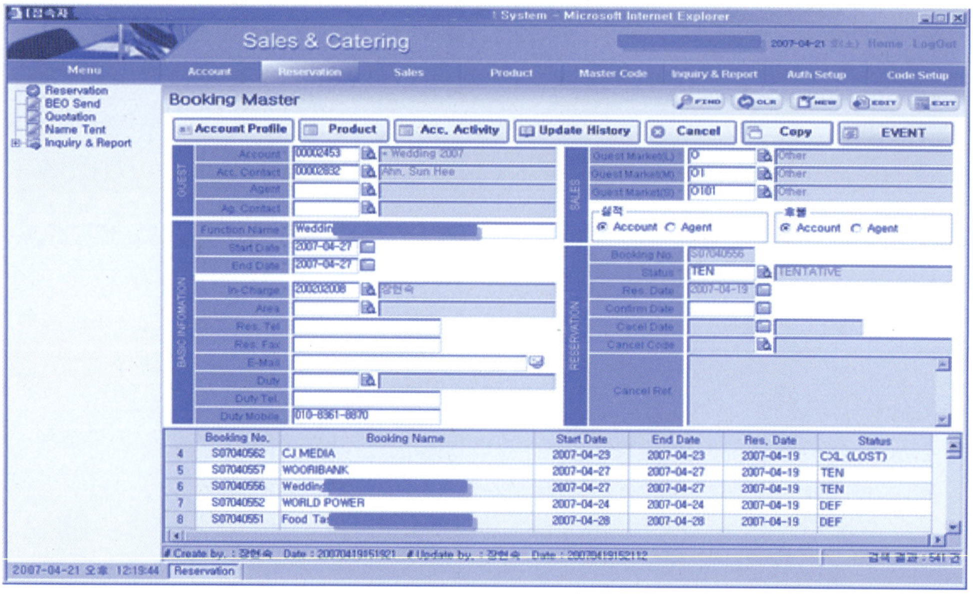

연회행사의 메뉴는 구매 · 자재의 표준 재료비와 연계되어 예약상담 진행 시 행사 원가를 산출할 수 있으며, 행사 진행에 따른 메뉴 카드(menu tent card)도 제작할 수 있다.

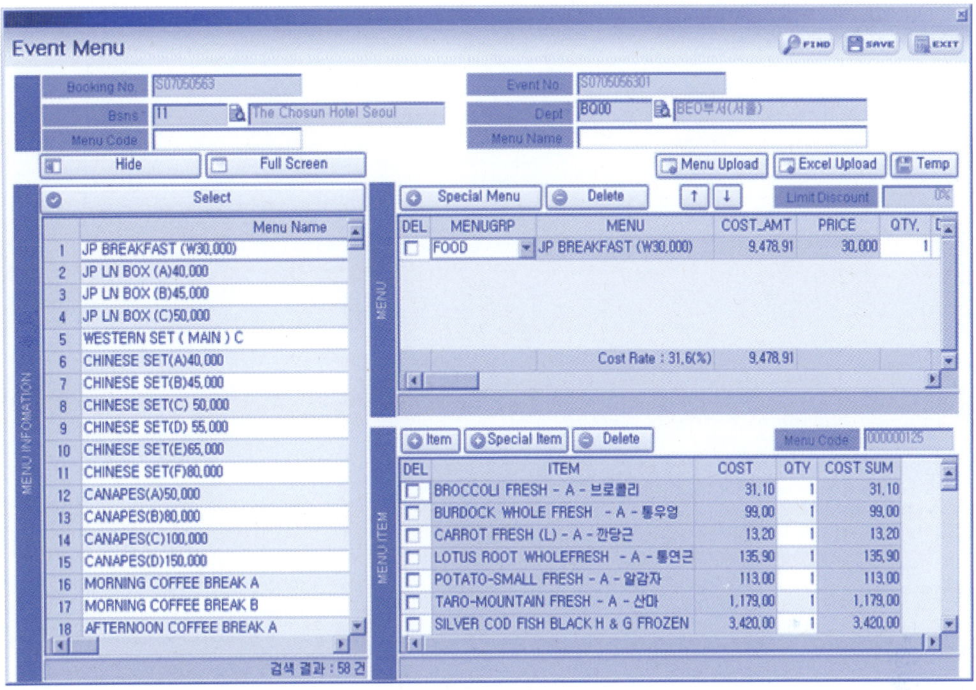

행사지시서(event order)는 연회행사에 대한 전반적인 내용을 종합적으로 정리한 문서로서 전달해야 할 내용을 신축성(flexible) 있게 등록할 수 있다. 작성된 행사지시서(event order)는 호텔의 각 부문 및 수신자에게 자동으로 발송 처리가 되어 신속하고 정확하게 전달(SMS, E-mail, printer, 게시판)할 수 있다.

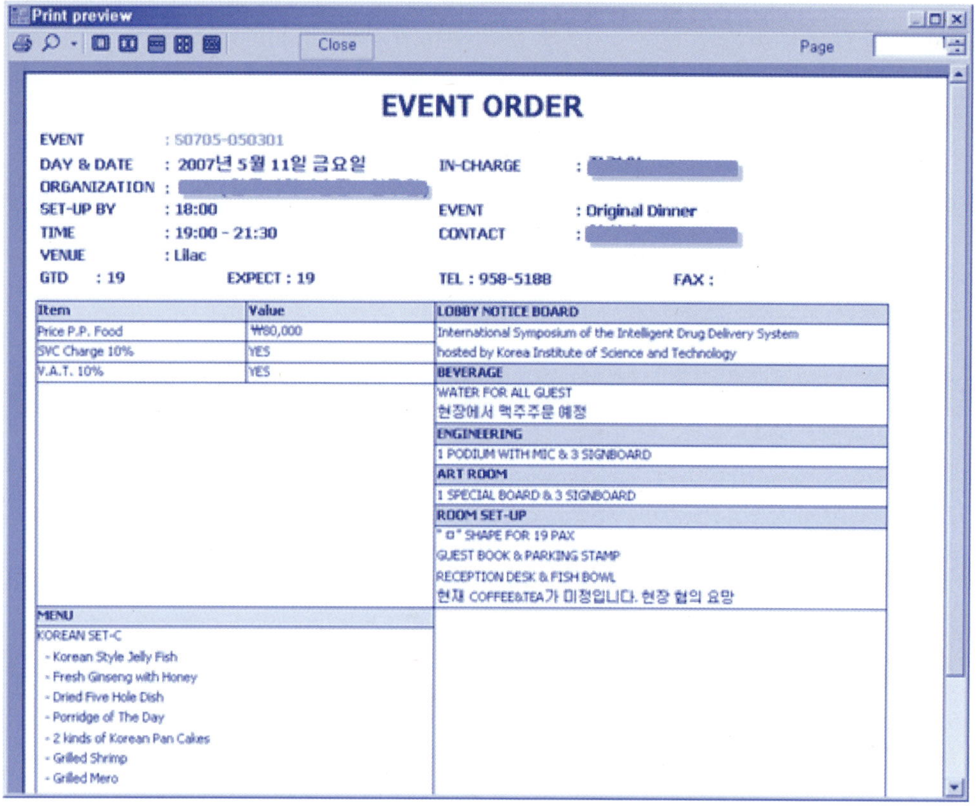

Print preview

Close Page

EVENT ORDER

EVENT : S0705-050301
DAY & DATE : 2007년 5월 11일 금요일 IN-CHARGE :
ORGANIZATION :
SET-UP BY : 18:00 EVENT : Original Dinner
TIME : 19:00 - 21:30 CONTACT :
VENUE : Lilac
GTD : 19 EXPECT : 19 TEL : 958-5188 FAX :

Item	Value
Price P.P. Food	₩80,000
SVC Charge 10%	YES
V.A.T. 10%	YES

MENU
KOREAN SET-C
- Korean Style Jelly Fish
- Fresh Ginseng with Honey
- Dried Five Hole Dish
- Porridge of The Day
- 2 kinds of Korean Pan Cakes
- Grilled Shrimp
- Grilled Mero

LOBBY NOTICE BOARD
International Symposium of the Intelligent Drug Delivery System
hosted by Korea Institute of Science and Technology

BEVERAGE
WATER FOR ALL GUEST
현장에서 맥주주문 예정

ENGINEERING
1 PODIUM WITH MIC & 3 SIGNBOARD

ART ROOM
1 SPECIAL BOARD & 3 SIGNBOARD

ROOM SET-UP
"ㅁ" SHAPE FOR 19 PAX
GUEST BOOK & PARKING STAMP
RECEPTION DESK & FISH BOWL
현재 COFFEE&TEA가 미정입니다. 현장 협의 요망

3) 연회행사 조회

연회행사 조회는 행사장의 실시간 체크가 가능하며, 준비 · 해체 시간과 같은 관리를 통하여 중복 예약을 방지하고, 행사 예약의 상황을 부서가 실시간으로 공유할 수 있다.

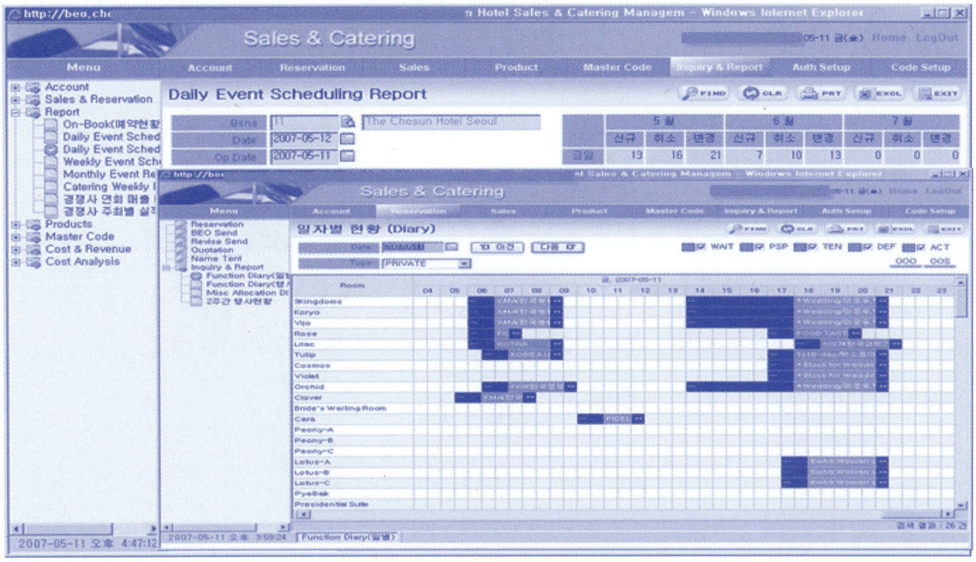

4) 연회 상품 조회

행사실적을 수요 시장(segment)별 · 판촉직원별 · 거래처별로 구분하여 조회, 분석이 가능하며, 경쟁업체의 매출을 공유하고 등록하여 판촉 전략의 수립에 활용할 수 있다.

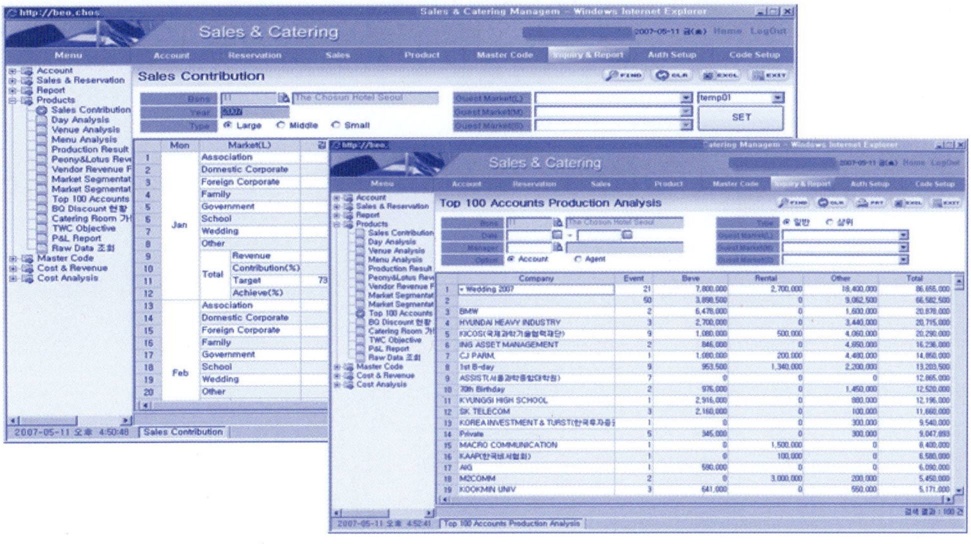

4 영업회계 관리

영업회계는 프런트 오피스(front office)의 영업 관련 자료를 집계, 분석하며 영업 과정에서 발생한 매출, 후불(後拂) 및 선수금 자료를 종합적으로 관리한다. 또한 매출, 후불, 선수금 전표는 백오피스(back-office)의 경리 · 회계시스템과 연계되어 이체(移替) 처리가 가능하다. 영업회계는 영업활동으로 발생한 후불 및 관련된 내용을 회수하는 관리로서 후불(월별) 잔액 현황, 거래처별 후불 잔액을 처리한 내역을 실시간으로 관리한다.

1) 후불 관리

후불(後拂, AR: Account Receivable)이란 고객에게 상품을 판매하고 그 대가를 받지 못한 경우를 의미하며, 외상매출금이라고 표현한다. 프런트 오피스에서 발생한 후불은 익일(翌日) 영업회계 자료로 이체되며, 회수 처리가 되면 회계 전표로 자동 반영이 된다.

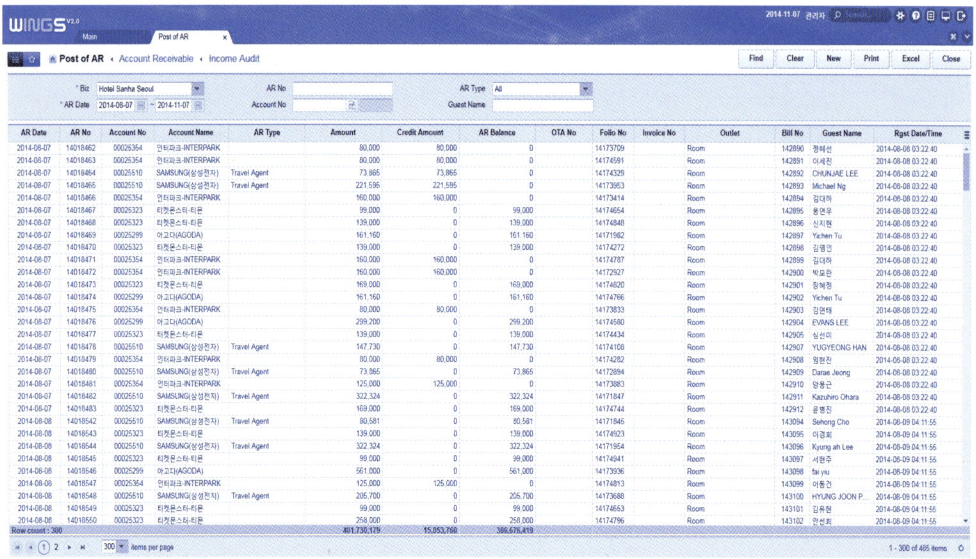

2) 선수 예약금

선수 예약금(deposit)은 고객이 상품을 이용하기 전에 내는 금액이다. 객실 · 연회 · 식음별로 예약금을 등록할 수 있으며, 영업장에서는 자동 조회를 한 후 고객이 요금을 완납하면 대체 처리가 가능하고 회계 전표로 자동 반영이 된다.

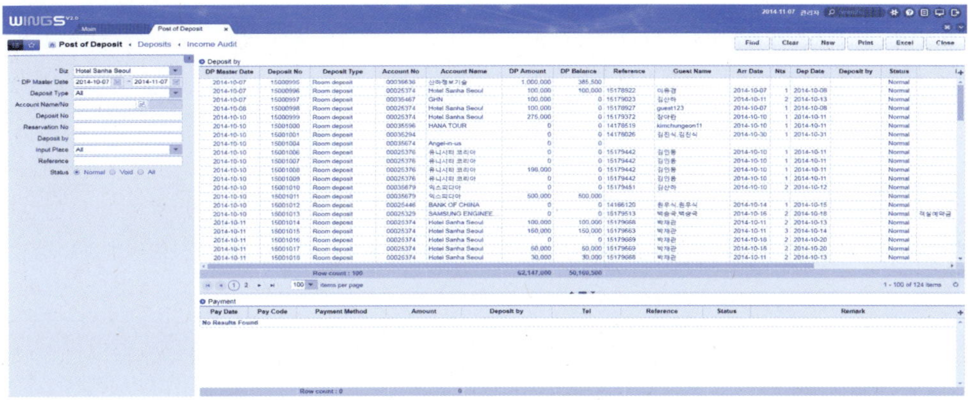

3) 후불관리 리포트

후불관리 리포트(aging report)는 발생한 후불자료의 명세서를 확인하여 회수관리가 가능하며, 원장을 기준으로 관리할 수 있다.

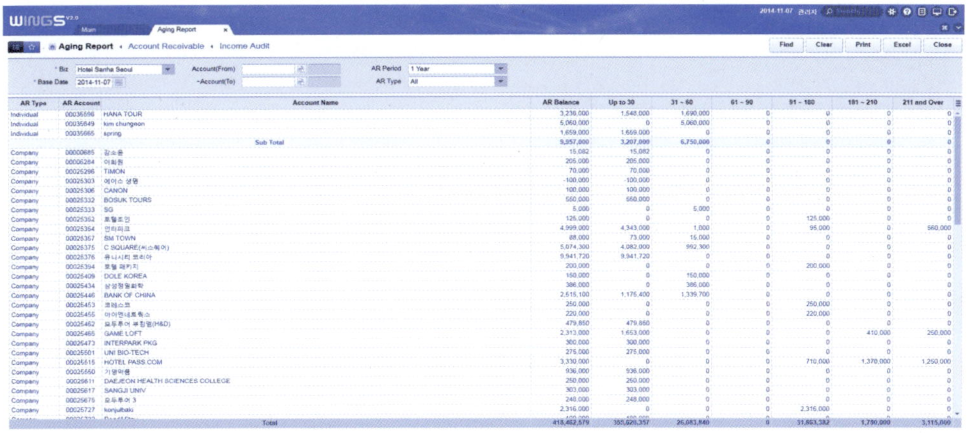

⑤ 통합 고객관리

통합 고객시스템은 호텔의 영업과 연관된 고객(회원 · 비회원 · 거래처)의 정보를 통합적으로 관리하는 시스템이다.

고객의 신상정보 및 회원의 계약 및 변동정보, 연회비, 카드발급, DM(Direct Message) 발송 현황 등을 관리하여 고객서비스를 증진할 수 있는 분석정보를 제공하고, 목표(target) 마케팅을 설정하기 위한 자료 활용이 가능하다.

1) 고객등록

인터넷 홈페이지를 활용해 고객 · 회원 자료를 등록할 수 있다.

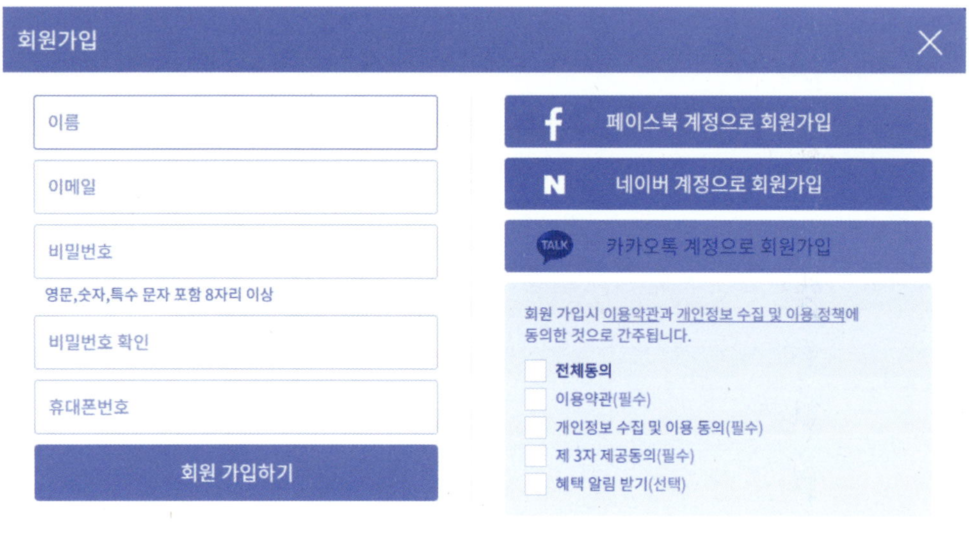

2) 회원 관리

고객(회원)의 신상정보를 비롯하여 취향 · 실적 등을 취합하여 효과적인 고객관리가 가능하다.

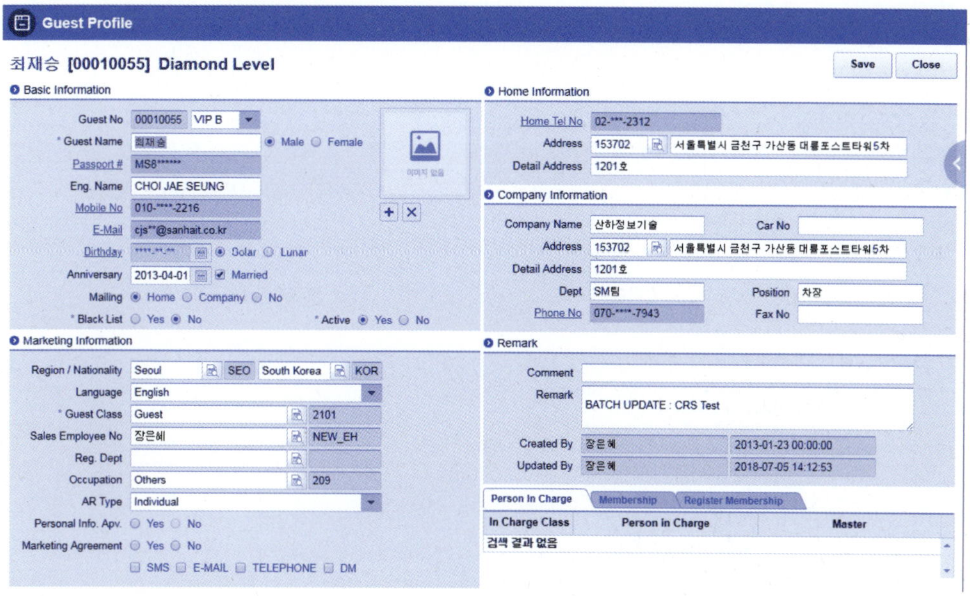

3) 고객관계 관리

고객관계 관리(CRM: Customer Relation Management)는 회원별 · 사업부별 · 업장별로 구분하여 고객을 선택하여 분석할 수 있고, 분석 결과는 양식(template)을 활용하여 세부적인 관리가 가능하다.

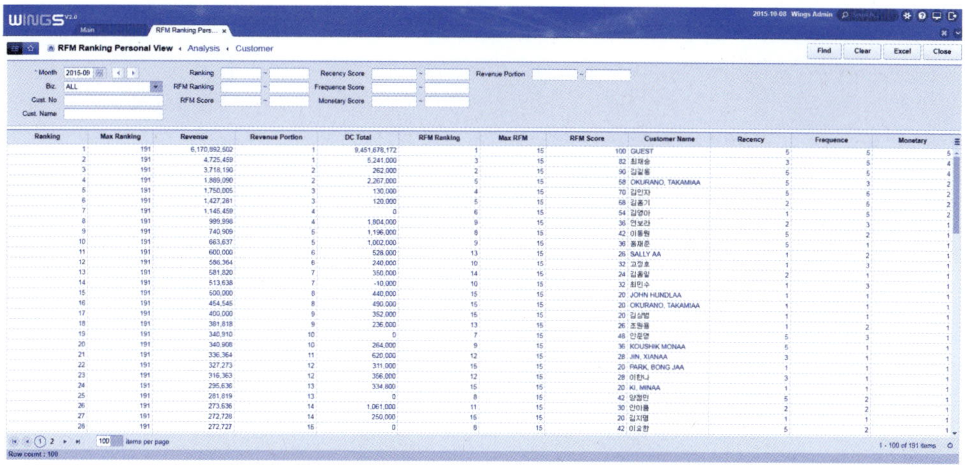

호텔 이용고객의 패턴을 분석하여, 단골 고객 및 이탈(離脫) 가능 고객 현황을 분석하여 선별 관리를 할 수 있다.

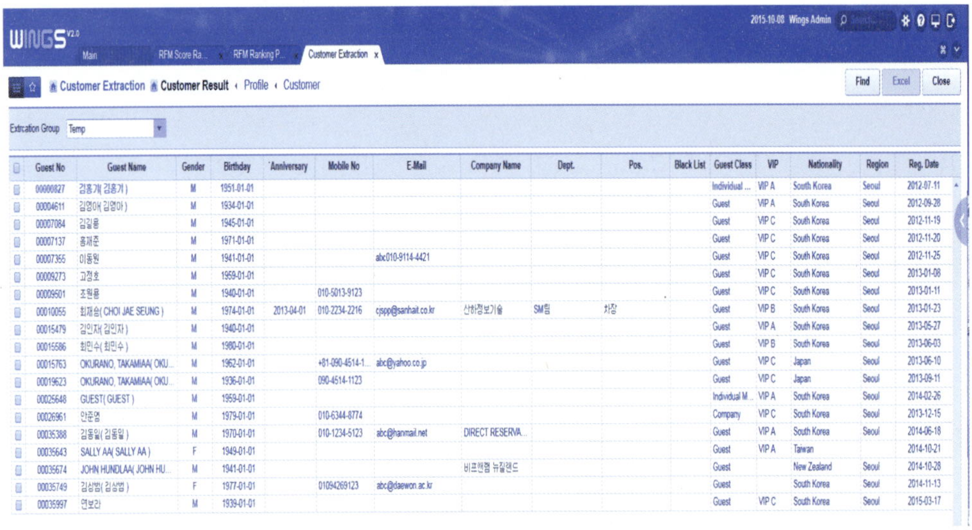

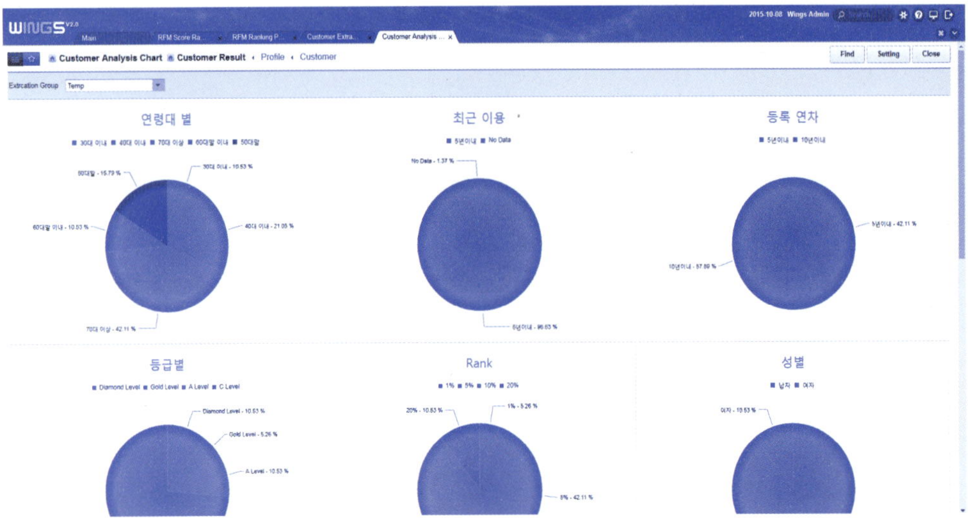

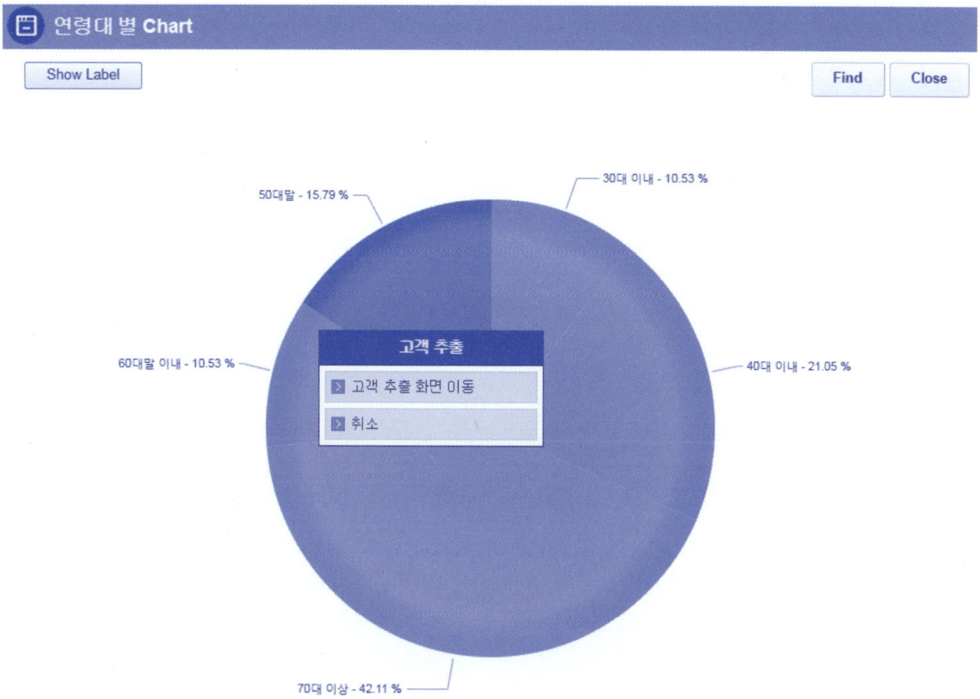

호텔을 이용한 고객과 이용할 예정인 고객의 의견을 취합하여 분석하고 고객의 불평 및 불만 사항을 처리하여 고객서비스에 최선을 다하고 향후 재발하지 않도록 하는 데 활용할 수 있다.

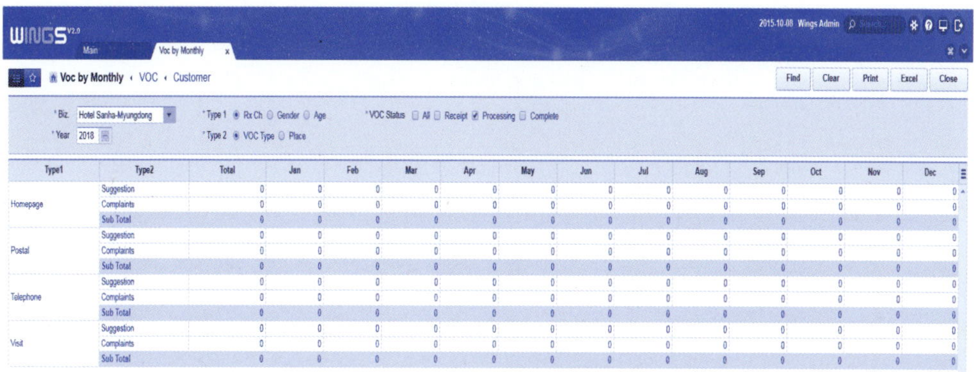

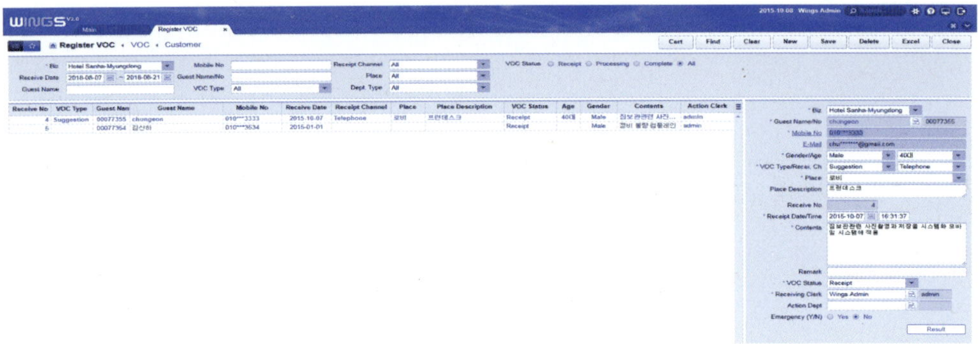

4) 피트니스 회원 관리

피트니스 센터 회원의 자료를 등록하여 회원의 정보를 공유할 수 있고 회원별 특성에 따라 여러 유형의 카드를 발행할 수 있다.

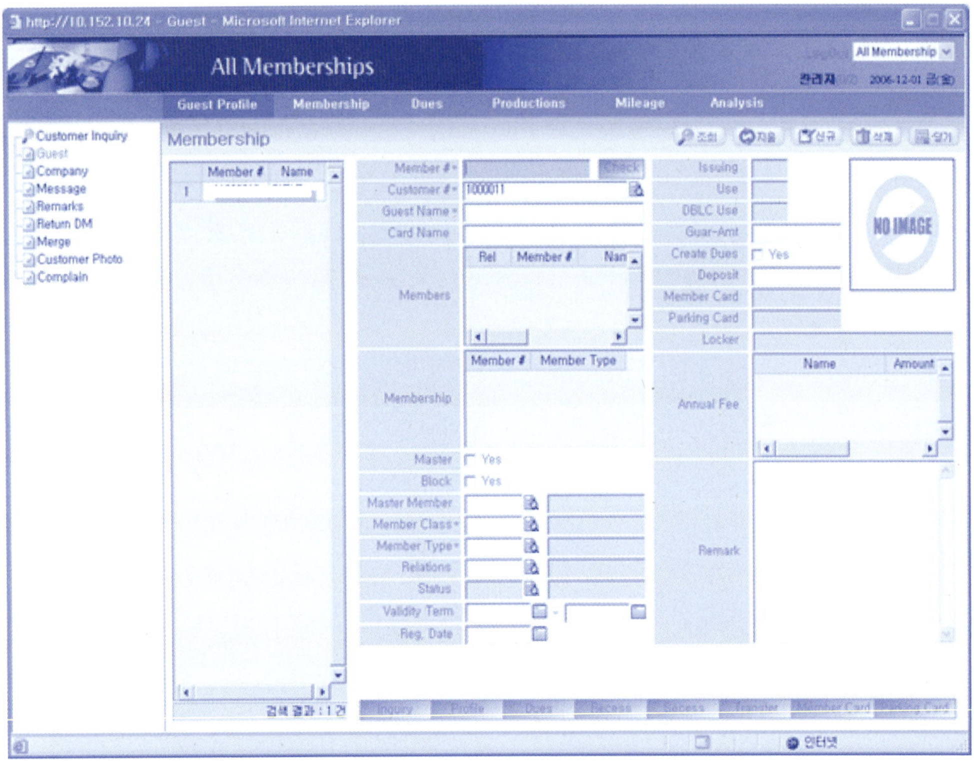

회원의 피트니스 센터 이용에 따른 입 · 퇴장 현황관리와 사물함(locker) 관리도 가능하다.

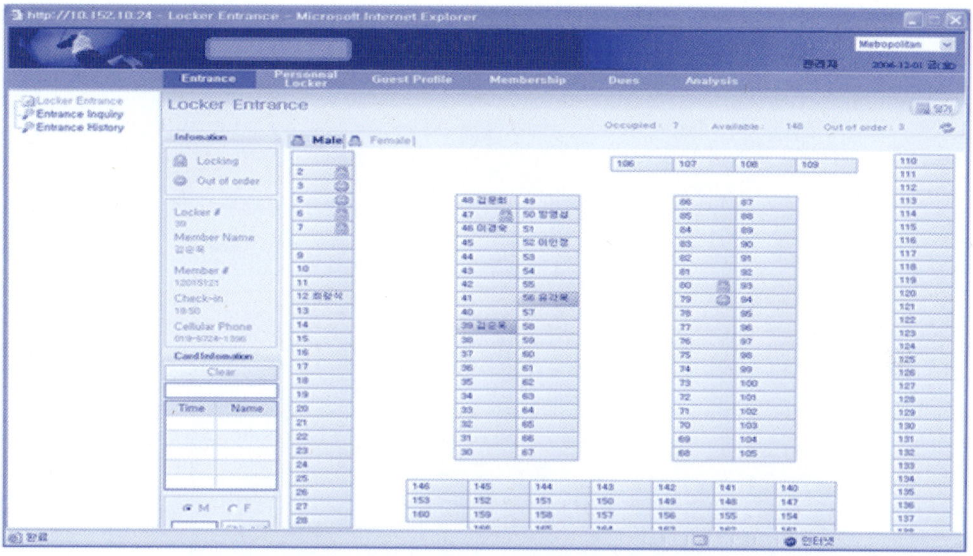

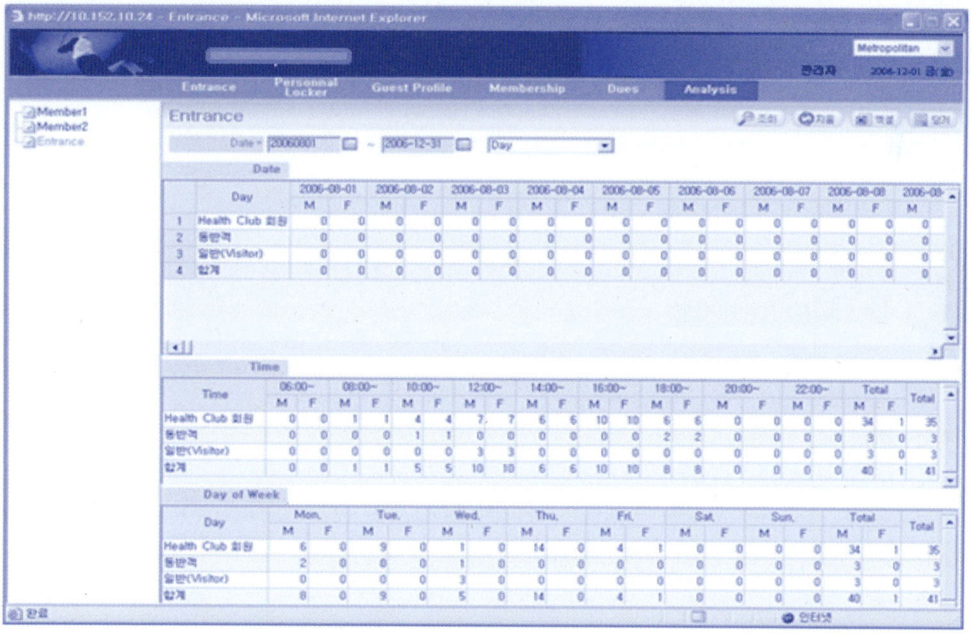

5) 피트니스 회비 관리

피트니스 센터 회원의 회비 현황을 관리하고, 회원별, 이용 기간별로 구분하여 회비를 청구하기도 하며, 입금(入金) 관리도 한다.

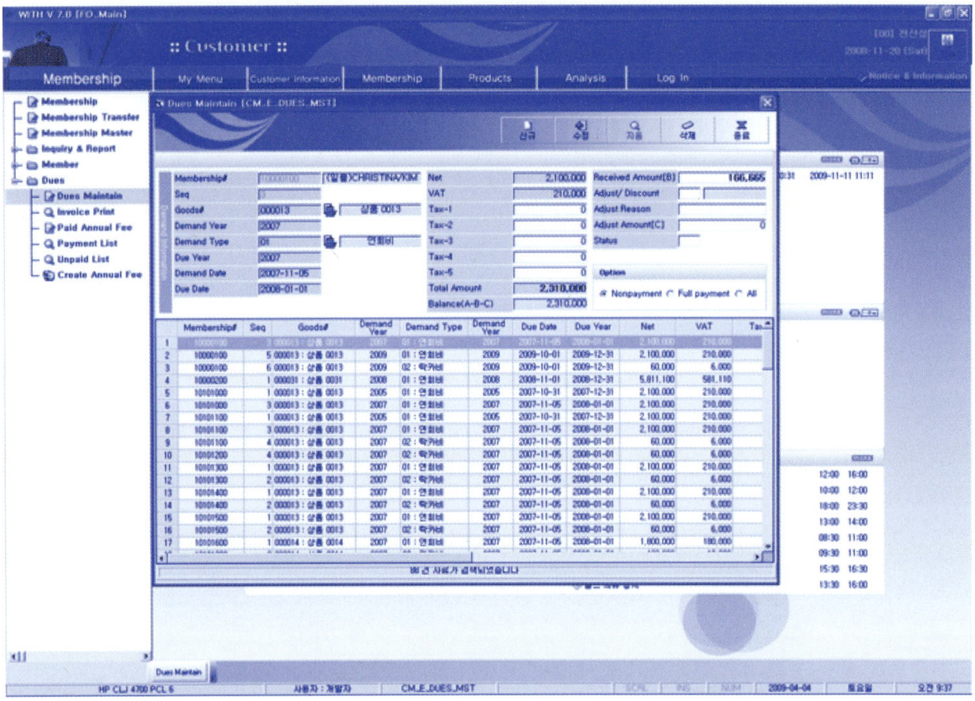

6 E-Marketing

1) E-DM

시스템에서 제공되는 양식(template)을 활용하여 캠페인(campaign)을 등록하고 고객 신상 자료와 연동하여 해당 고객에게 E-mail을 발송할 수 있다.

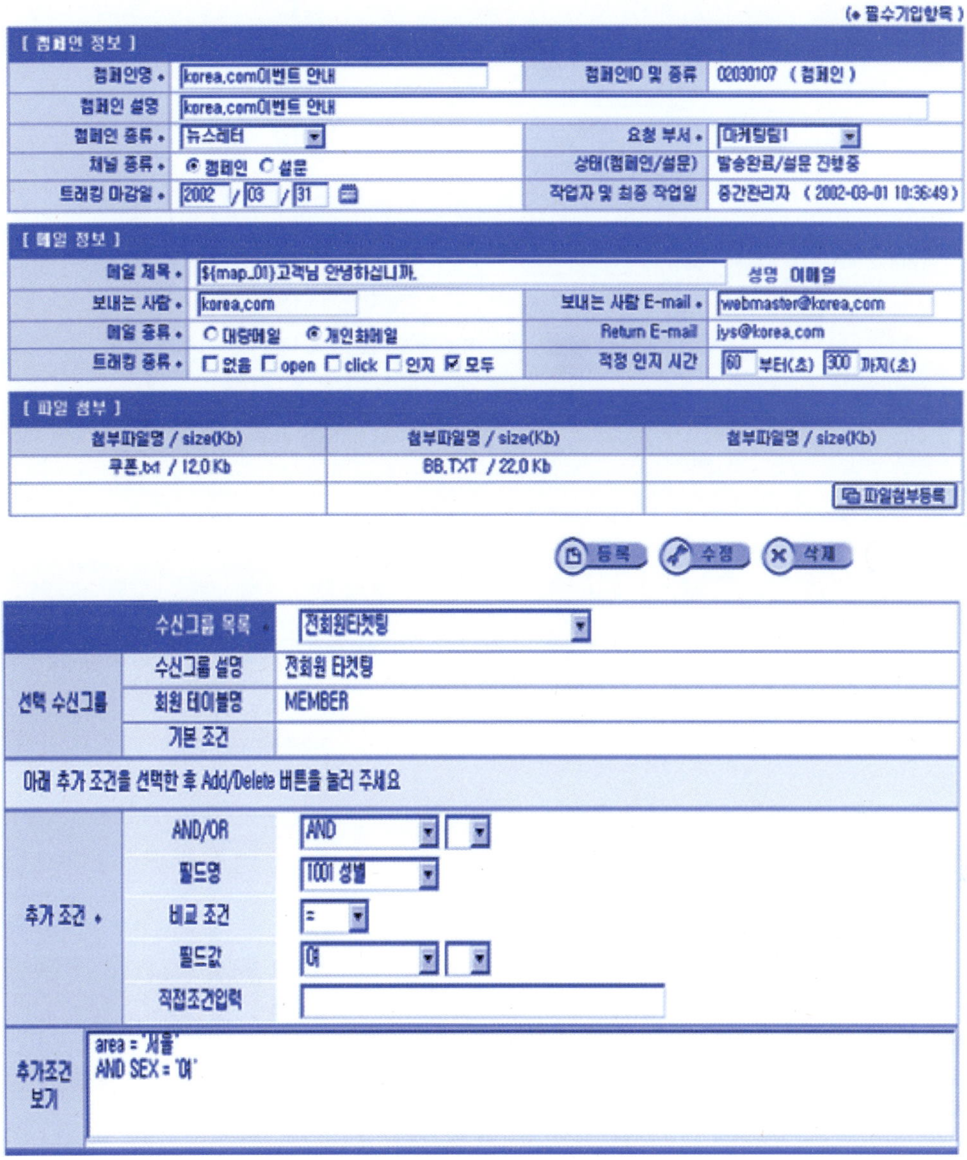

고객에게 발송한 메일에 대해 수신 여부 및 관심 여부와 같은 응답 결과에 관해서 분석할 수 있다.

순번	캠페인명(ID)	발송시작 [완료]일	발송상태	대상	발송		오류		성공		응답		관심		인지	
					명	(%)	명	(%)	명	(%)	명	(%)	명	(%)	명	(%)
1	러빙유홍보메일2차 (02072501-코드없음)	2002-07-25 20:18:25	발송완료	552740	552740	100,0	301667	54,57	251073	45,42	40256	16,03	5469	13,58	7162	17,79
2	러빙유1 (02071902-코드없음)	2002-07-19 23:34:30	발송완료	552740	552740	100,0	296259	53,59	256481	46,40	51087	19,91	8229	16,10	7726	15,12
3	추천 캠페인 (02032501-시스템담당)	2002-03-25 01:18:27	발송완료	35	35	100,0	9	25,71	26	74,28	2	7,69	2	100,0	0	0,0
4	[설문]한국타이어 고객만족도 설문 조사입니다. (02031001-시스템담당)	2002-03-10 02:27:57	발송완료	3773	3773	100,0	425	11,26	3348	88,73	2154	64,33	0	0,0	0	0,0
5	행운대박 대축제 당첨자 발표 (02030301-시스템담당)	2002-03-05 17:13:15	발송오류	10319	10319	100,0	43	0,41	10276	99,58	10209	99,34	10177	99,68	3211	31,45
6	금호타이어 신상품 안내 (02030231-시스템담당)	2002-03-02 21:13:42	발송완료	19833	19833	100,0	3493	17,61	16340	82,38	11640	71,23	13018	111,83	5749	49,39
7	korea.com이벤트 안내 (02030107-중간관리자)	2002-03-01 10:19:49	발송완료	14950	8724	58,35	1080	12,37	7644	87,62	4435	58,01	3840	86,58	436	9,83
8	새해인사(30세 이하) (02020927-일반사용자(1))	2002-02-09 00:07:29	중지완료	143614	143614	100,0	17631	12,27	125983	87,72	73027	57,96	510	0,69	5782	7,91

순번	구분	성공	응답율(%)			관심율(%)			인지율(%)		중복응답율(%)	
			명	비율	성공	명	비율	응답	성공	응답	성공	응답
1	코드없음	493 (6.44%)	295	6.65	59.83	257	6.69	87.11	4.66	7.79	9.12	15.25
2	여	3298 (43.14%)	1886	42.52	57.18	1644	42.81	87.16	5.91	10.33	11.79	20.62
3	남	3853 (50.40%)	2254	50.82	58.49	1939	50.49	86.02	5.65	9.67	12.74	21.78
합계		7644	4435			3840						

[1]

[성별 성공률 응답 현황 (단위:%)]

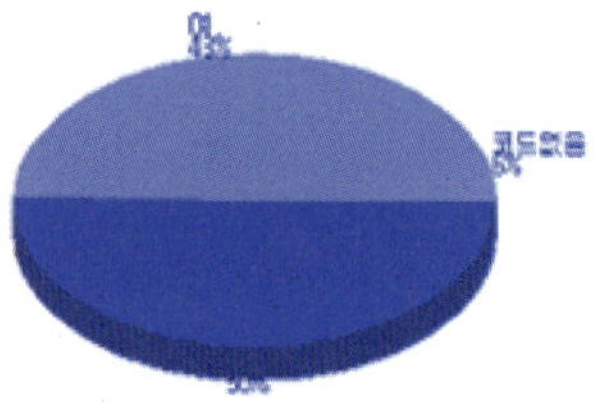

[성별 성공 점유율 (단위:%)]

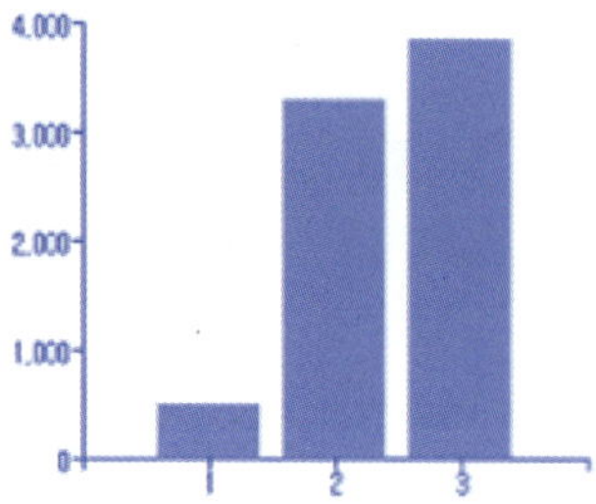

시스템에서 제공되는 양식(template)을 활용하여 설문지를 작성하고 응답 결과에 대한 자료를 취합하고 현황을 분석할 수 있다.

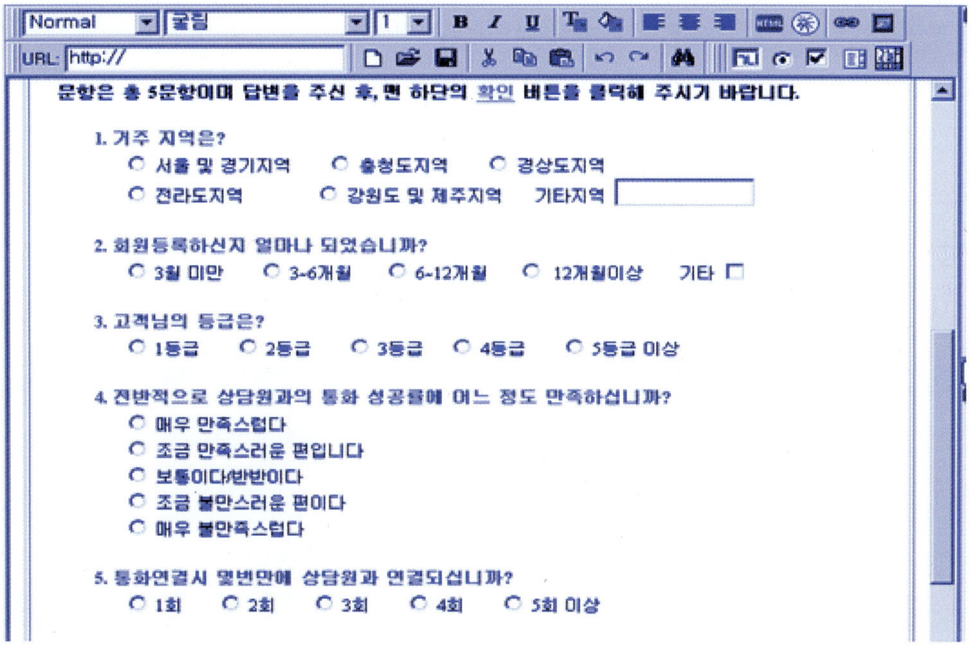

4. 설문응답 현황 ※ 결과조회에 Text를 ● 포함 ○ 제외

문제명 / 문항명		응답수	응답률
1. 거주 지역은?		2144	99.76 %
1-1. 서울 및 경기지역	(47.80 %)	1025	
1-2. 충청지역	(9.51 %)	204	
1-3. 경상지역	(31.48 %)	675	
1-4. 전라지역	(7.69 %)	165	
1-5. 강원 및 제주지역	(3.49 %)	75	
2. 회원등록하신지 얼마나 되었습니까?		2142	99.67 %
2-1. 3월 미만	(3.87 %)	83	
2-2. 3~6개월	(12.60 %)	270	
2-3. 6~12개월	(24.18 %)	518	
2-4. 12개월이상	(59.33 %)	1271	
3. 고객님의 등급은?		2141	99.62 %
3-1. 1등급	(8.87 %)	190	
3-2. 2등급	(44.41 %)	951	
3-3. 3등급	(26.52 %)	568	
3-4. 4등급	(19.52 %)	418	
3-5. 5등급 이상	(0.65 %)	14	
4. 전반적으로 상담원과의 통화 성공률에 어느 정도 만족하십니까?		2108	98.09 %
4-1. 매우 만족스럽다	(14.46 %)	305	
4-2. 조금 만족스러운 편입니다	(32.11 %)	677	
4-3. 보통이다/반반이다	(29.03 %)	612	
4-4. 조금 불만스러운 편이다	(17.93 %)	378	
4-5. 매우 불만족스럽다	(6.45 %)	136	
5. 통화연결시 몇번만에 상담원과 연결되십니까?		2048	95.30 %
5-1. 1회	(13.08 %)	268	
5-2. 2회	(34.13 %)	699	
5-3. 3회	(29.78 %)	610	
5-4. 4회	(7.81 %)	160	
5-5. 5회 이상	(15.18 %)	311	

⑦ 판매채널 관리

판매채널 관리(CMS: Channel Management Service)란 온라인 · 오프라인상의 객실 판매 현황을 채널을 활용하여 객실과 요금 통제(room control & rate control)를 통합 관리할 수 있다. 국내 · 외 온라인 예약 사이트(site) 및 판매채널(CRS)과 프런트 오피스(F/O) 시스템을 연동하여 실시간 예약을 자동화할 수 있다.

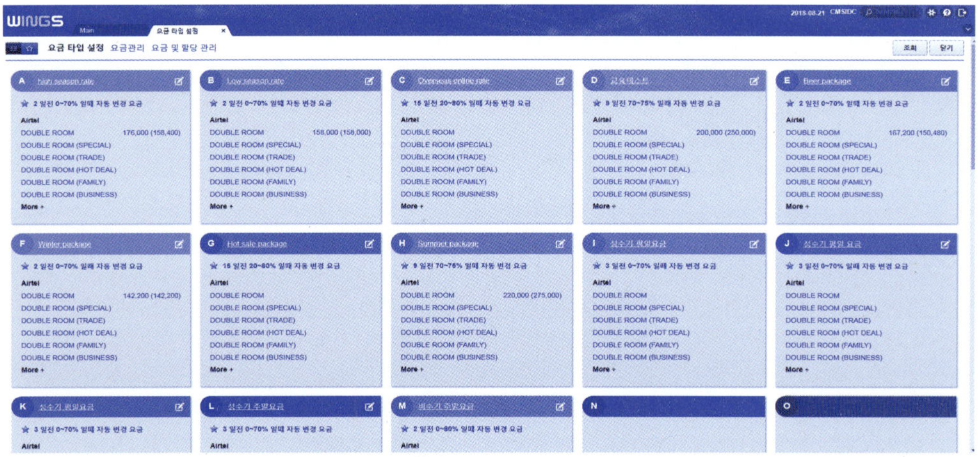

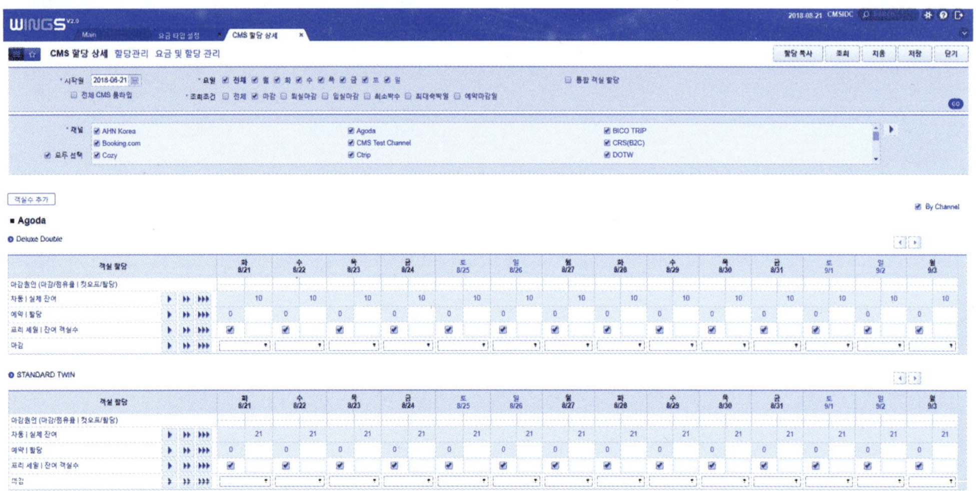

1) 채널 예약관리

호텔은 거래회사, 여행대리점과의 객실 예약 및 배정업무를 자동화할 수 있고 온라인 대리점(OTA: On-line Travel Agency), 홈페이지(home page)뿐만 아니라 예약관리(CRS)를 이용하여 일반 고객도 실시간으로 호텔 예약을 할 수 있다.

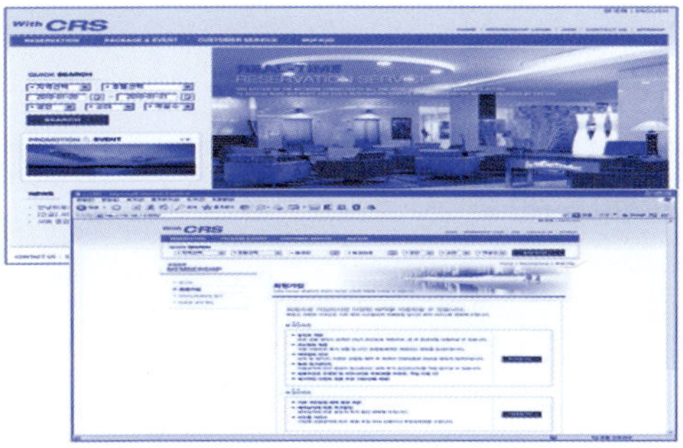

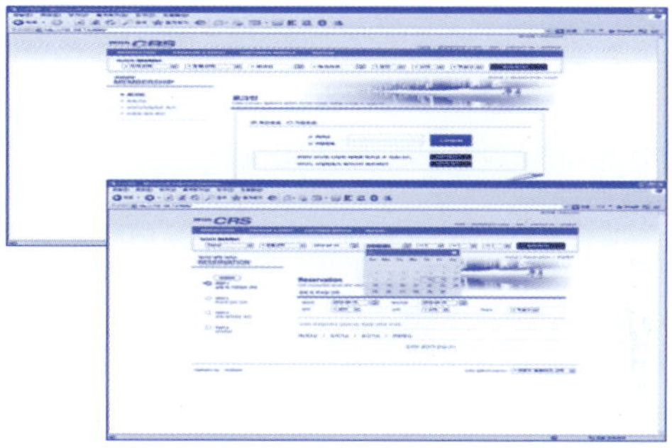

2) 부킹 엔진

호텔의 홈페이지 방문객이 증가하고 있어 고객이 홈페이지를 이용한 다이렉트(direct) 부킹 엔진(BE: Booking Engine)을 활용할 수 있다.

8 솔루션

1) 모바일 솔루션

모바일 솔루션(mobile solutions)은 개인 휴대 전화를 이용하여 네트워크에 접속하여 관련된 일을 손쉽게 처리할 수 있도록 한 기능이다.

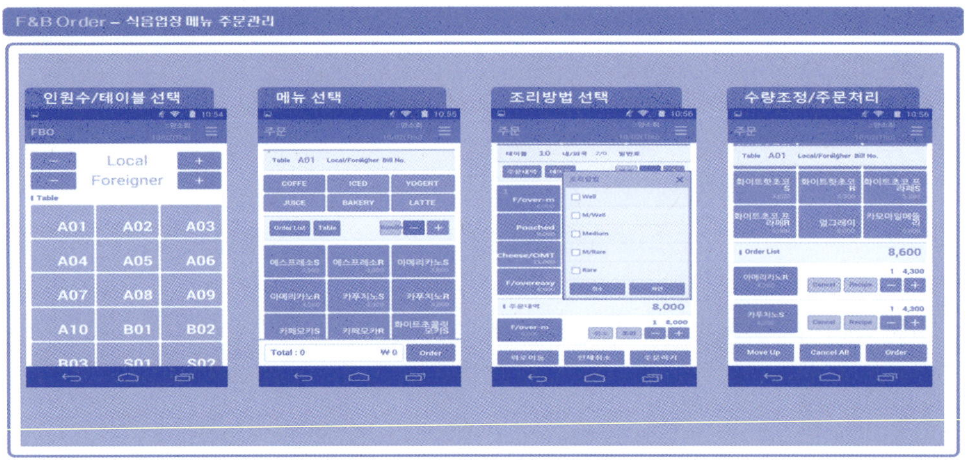

RMS(Room Maid System) – 객실정비관리 및 미니바 매출 등록

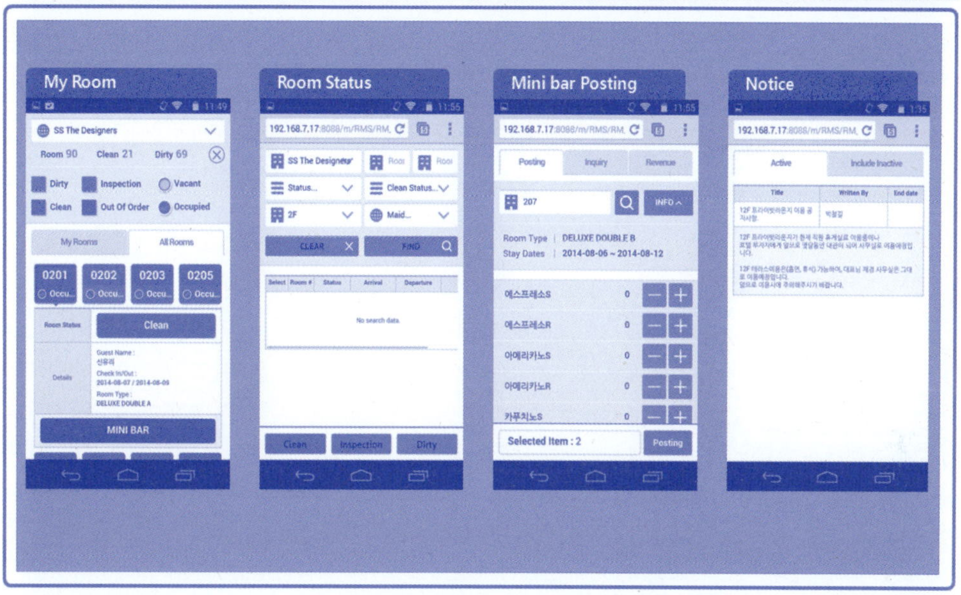

FMS(Facility Maintenance System) – 고객 오더관리, 시설작업일정 및 자산유지 이력관리

Sales Activity – 영업계획, 활동기록

EIS(Executive Information System) –실시간 경영정보

2) 키오스크 솔루션

호텔 운영환경 변화에 대처하기 위하여 키오스크 솔루션(kiosk solutions)을 활용하여 고객에게 신속한 서비스를 제공하고 있다.

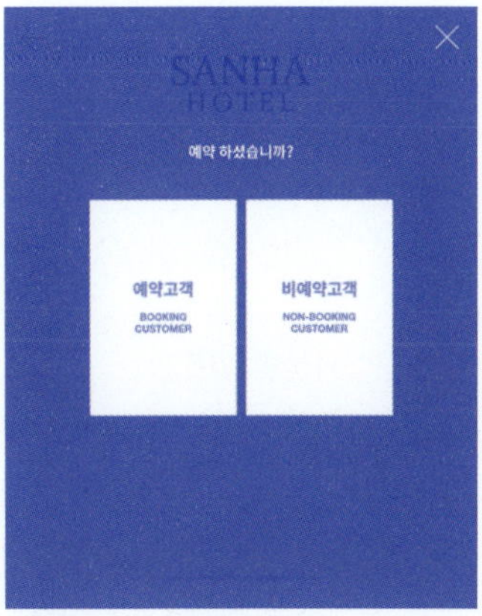

예약 확인

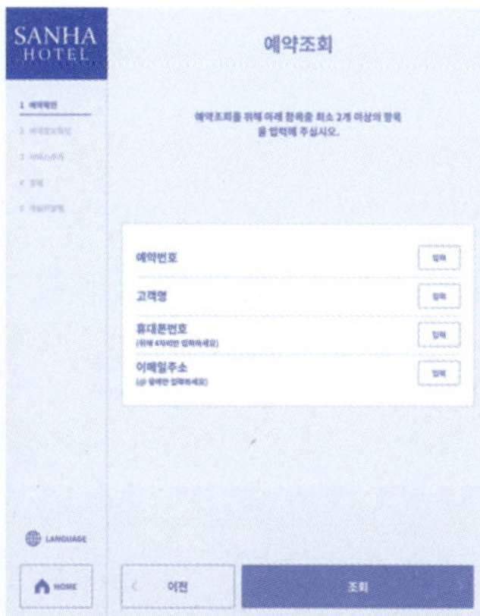

예약 조회(Reservation Search)

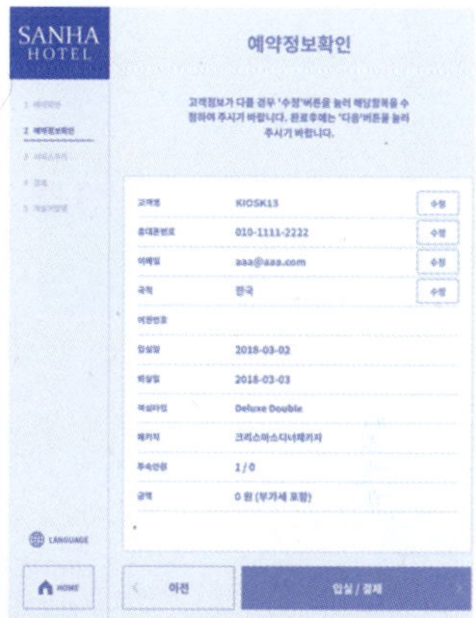

예약 확인(Reservation Info)

추가 서비스

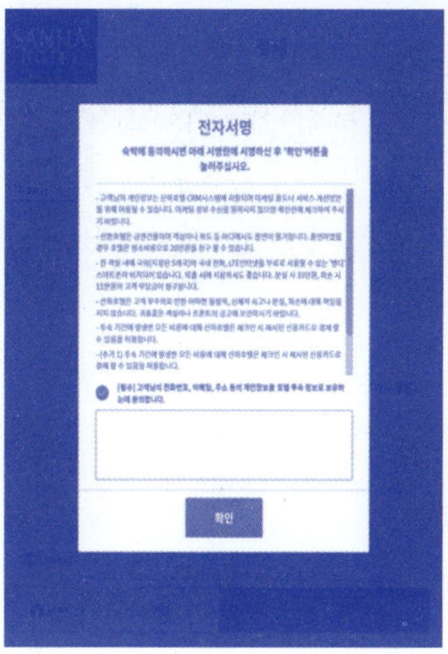

서명

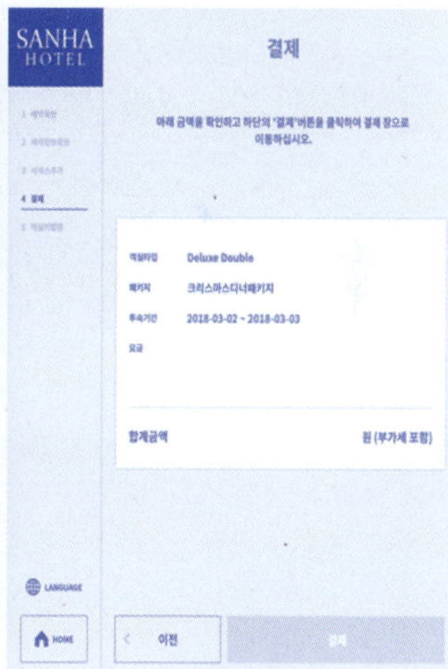

결제 정보

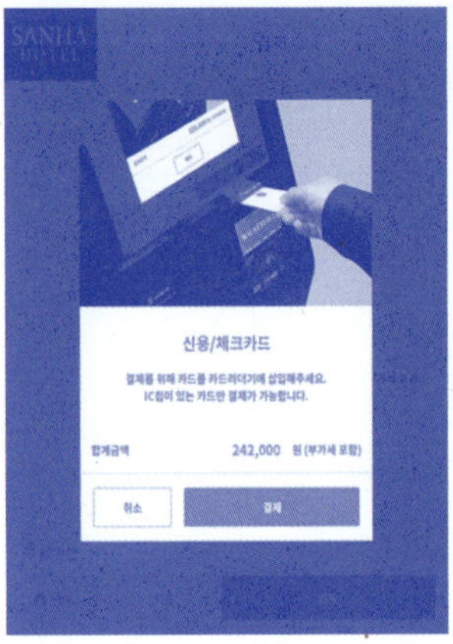

신용카드 결제

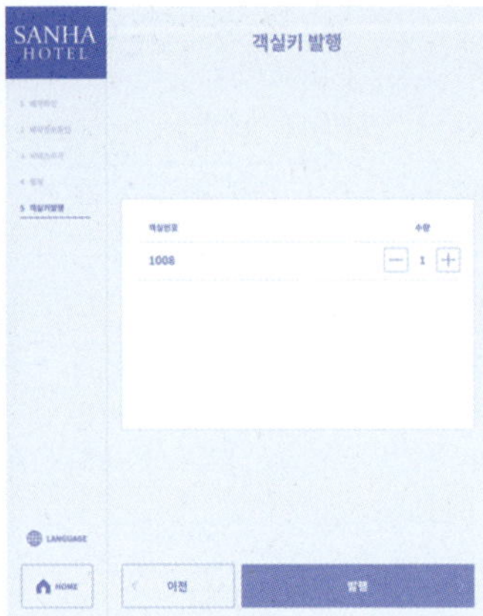

객실키 발행

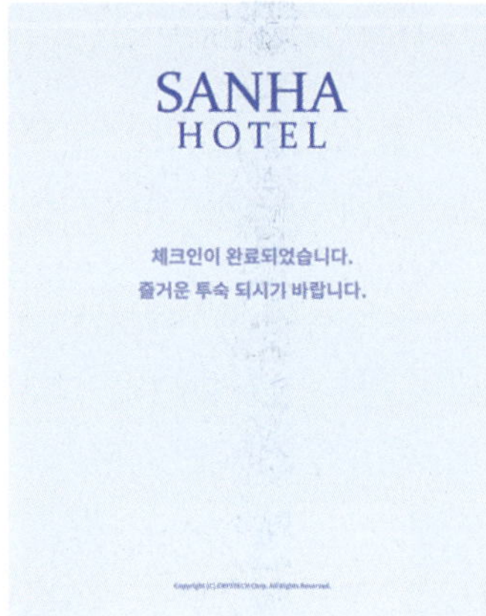

체크인 완료

객실키 수거

체크아웃 완료

제14장

백오피스 시스템 실무

호텔경영정보론

CHAPTER 14

백오피스 시스템 실무

제1절 백오피스 시스템의 의의와 분류

1 백오피스 시스템의 의의

일반적으로 백오피스(back office)란 고객을 직접 상대하지 않고 영업활동을 지원하기 위한 조직 또는 업무영역을 의미한다.

고객에게 서비스를 제공하기 위해서는 서비스의 주체인 인적자원의 관리는 물론, 필요한 물품을 구매하고 호텔을 상품화하여 판매하기 위해서는 시설을 유지해야 하는 비용 등을 관리하기 위한 조직이 필요하다.

기업이 조직 활동을 수행하는 기능에 따라서 생산, 재무, 회계, 마케팅, 인적자원 관리와 같은 직능(職能)으로 구분할 수 있으며,[1] 고객이 호텔 상품을 이용하거나 그에 대하여 지불하는 비용을 효율적으로 경영, 관리하기 위해서는 정보시스템을 활용하고 있다.[2]

1) 이재실, 기업경영, 산문출판, 2009. p.440.
2) 허정봉, 호텔정보시스템, 백산출판사, 2005, p.205.

조직이 목적 달성을 효과적으로 수행하도록 하기 위해서는 신속하고 정확한 정보를 수집해야 한다. 영업활동을 지원하기 위한 정보시스템의 종류는 다양하며, 명확히 구분하여 한정하는 것은 어려운 과제가 된다.

그러나 정보시스템은 호텔운영에 필요한 정보를 제공하고 관리하며 활용하고 있다는 것이며, 호텔업의 백오피스 시스템은 영업활동 지원이라는 상호관계에서 중요한 관리적 기능 역할을 한다. 이러한 관점에서 시스템의 활용에 대해서 이해할 필요성이 있다.

2 백오피스 시스템의 분류

호텔의 백오피스 시스템[3]은 경영관리의 주요한 기능을 수행한다. 본 내용에서는 인사·급여 관리, 경리회계, 구매·자재, 예산 원가관리, 비유동자산 관리, 경영정보시스템으로 분류하여 그 개괄적 현황을 살펴보고자 한다.

3) 본 자료는 산하정보기술의 승인하에 인용되었음.

제2절 백오피스 운영 실무

1 인사 · 급여 관리

1) 조직도

현재의 조직현황을 트리(tree)구조 형식으로 표현되며, 조직별 구성원 현황을 간단히 조회하기 위한 화면이다. 해당 조직을 선택하면 구성원이 표기되고 선택하면 인사 마스터(master)의 화면으로 이동할 수 있다.

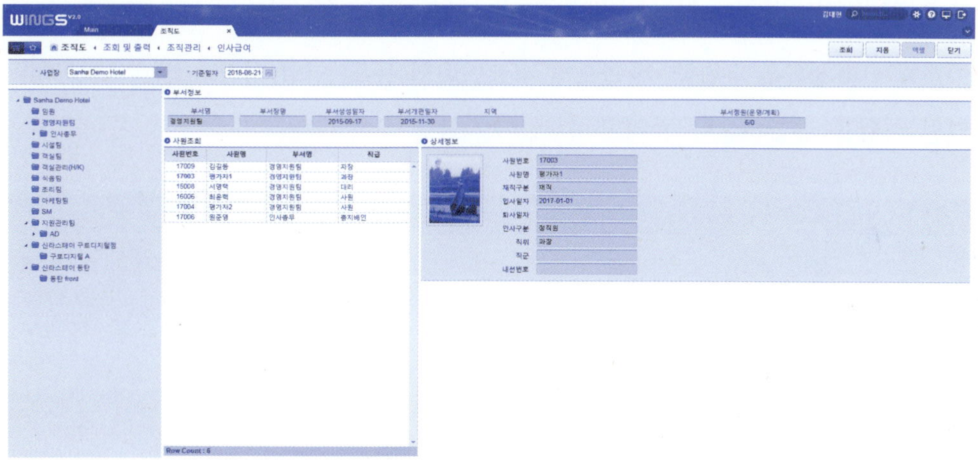

2) 인사 마스터

임직원의 기본 인사 사항을 등록, 수정, 삭제할 수 있으며 필수적인 인사 사항을 조회할 수 있다. 인사 발령, 가족관계, 교육 등의 인사 관련 사항과 연계하여 상세 내역을 확인할 수 있으며, 인사카드상의 개인 종합정보를 취합하여 관리할 수 있다.

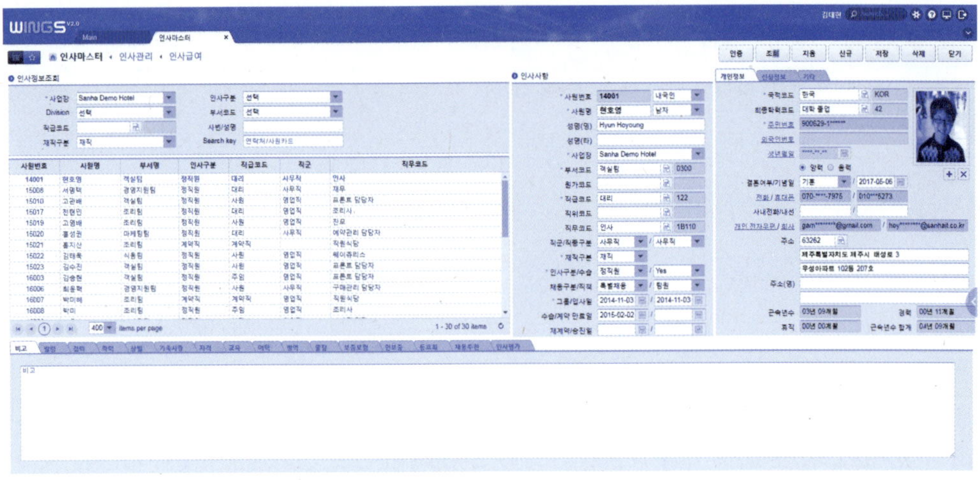

3) 인력 현황 관리

호텔 인력계획을 수립할 수 있으며 필요인력의 등록, 영업 시점(時點)별 예상 대비 인원 현황을 종합적으로 관리할 수 있다.

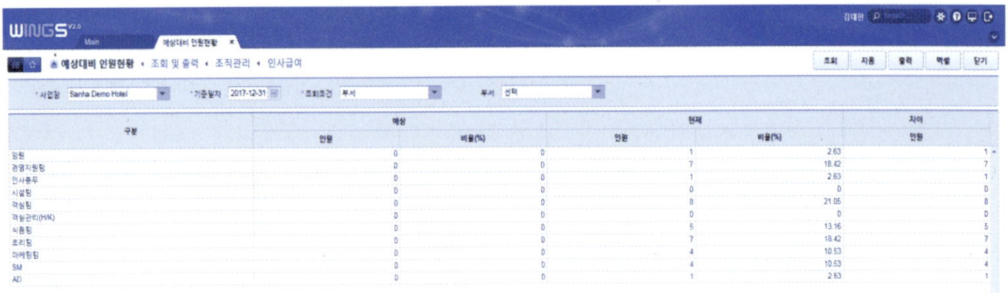

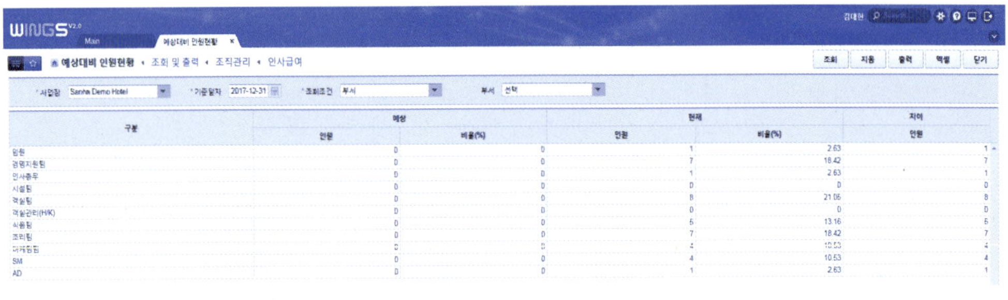

4) 채용 관리

홈페이지와 연계하여 입사지원자의 신상 등록을 관리하며, 정규 직원 채용 시 지원 자료를 등록 처리할 수 있다. 지원자의 이력(history) 내역을 관리할 수 있어 향후 추가 채용 시 활용 가능하다.

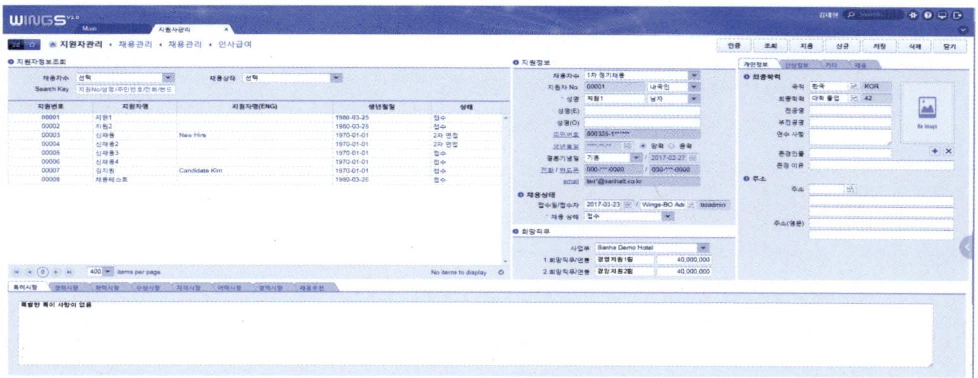

5) 교육 관리

교육 관리는 직원의 교육 현황에 대한 조회와 종합적인 관리가 가능하며, 회사 내·외의 교육 과정 개발 및 강사 현황, 교육 진행, 교육 수료와 같은 내역을 등록하고 관리할 수 있다.

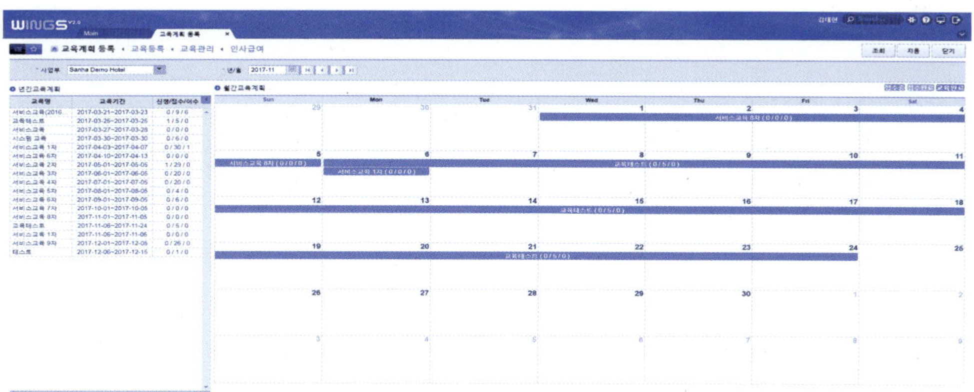

6) 근태 관리

근태(勤怠) 관리는 근무 계획(schedule)을 작성, 등록할 수 있으며, 실질 근무 통계(dater)를 취합하여 직원의 근태를 관리한다. 연장 근무, 야간 근무와 같은 근무시간을 자동으로 산출하여 급여 계산에 반영하도록 하고 있다.

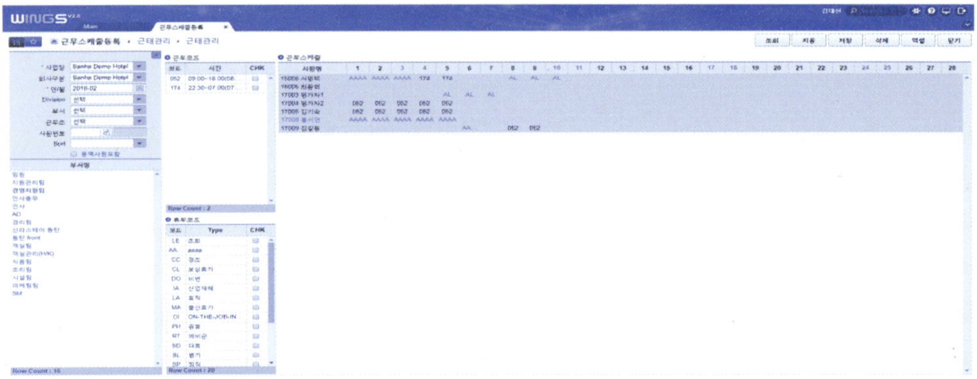

7) 복리후생

복리후생(welfare)은 종사원들의 다양한 대출(학자금 등)을 비롯하여 상조회, 경조사 등의 세부 명세(內譯)를 관리하며, 급여 관리와 연동되어 자동으로 지급·공제 처리되도록 하고 있다.

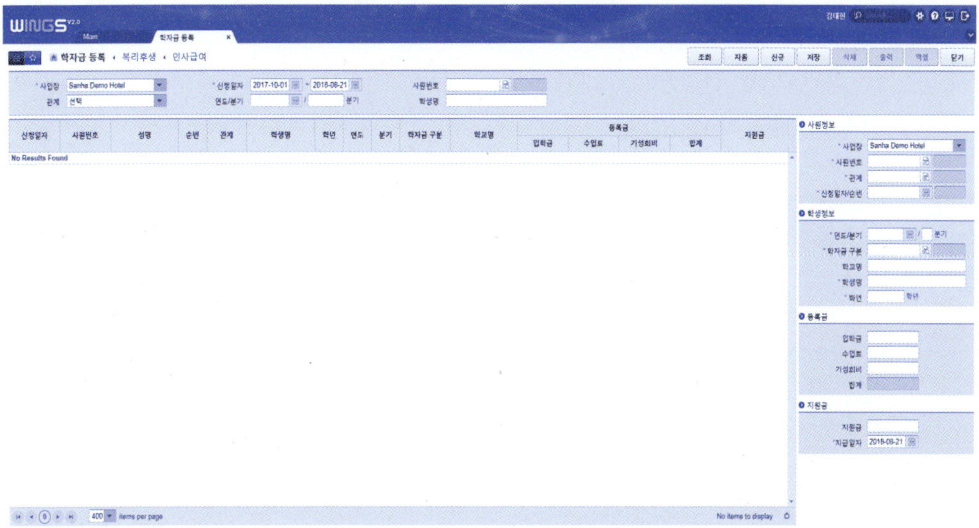

8) 급여 관리

급여 관리는 급여와 관련된 명세(内譯)를 항목별로 관리하는 것이며, 급여 지급 · 공제항목의 코드를 관리한다. 코드의 항목추가 및 삭제, 조정이 가능하도록 구성되었으며, 급여명세는 E-mail로 전송할 수 있다.

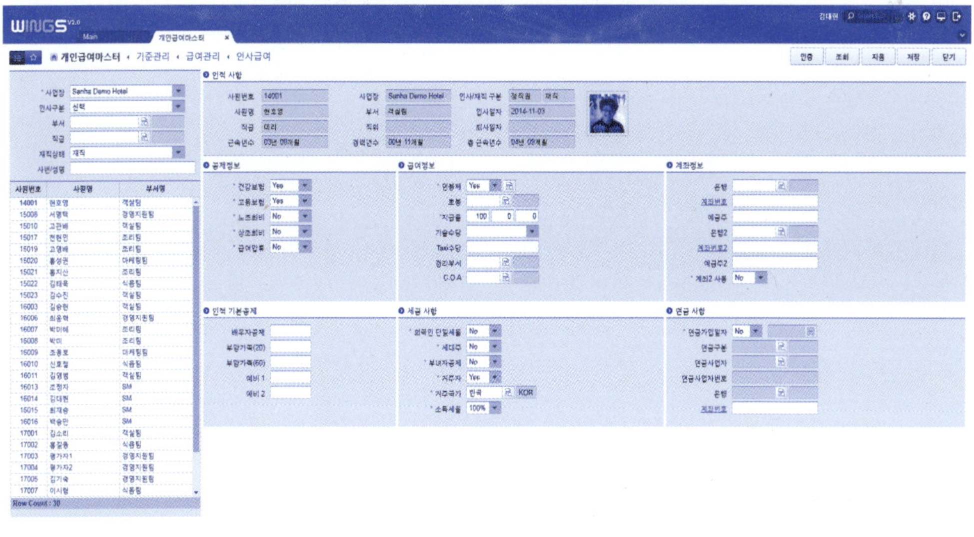

급여 마스터(master)를 활용하여 개인별로 급여 지급 형태 및 지급률 등을 지정하여 급여를 관리한다. 되도록 수(手)작업을 지양하고 각 시스템을 연계하여 자동으로 급여에 반영되도록 하고 있다.

9) 인건비 분석

인건비는 부서별 · 직급별 · 원가별 · 직무별 · 매출 대비(對比) 인건비 현황과 관련된 자료를 다양한 형태로 분석할 수 있다.

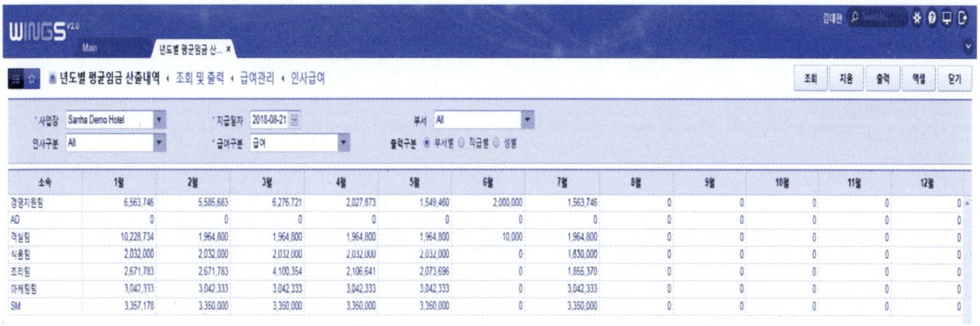

10) 정산 관리

정산(精算) 관리는 퇴직, 중도(中途) 퇴직 및 연말정산 등의 업무를 처리할 수 있고, 국민연금, 의료보험 공단(公團)과 연계하여 각종 신고 자료를 제출할 수 있도록 하고 있다.

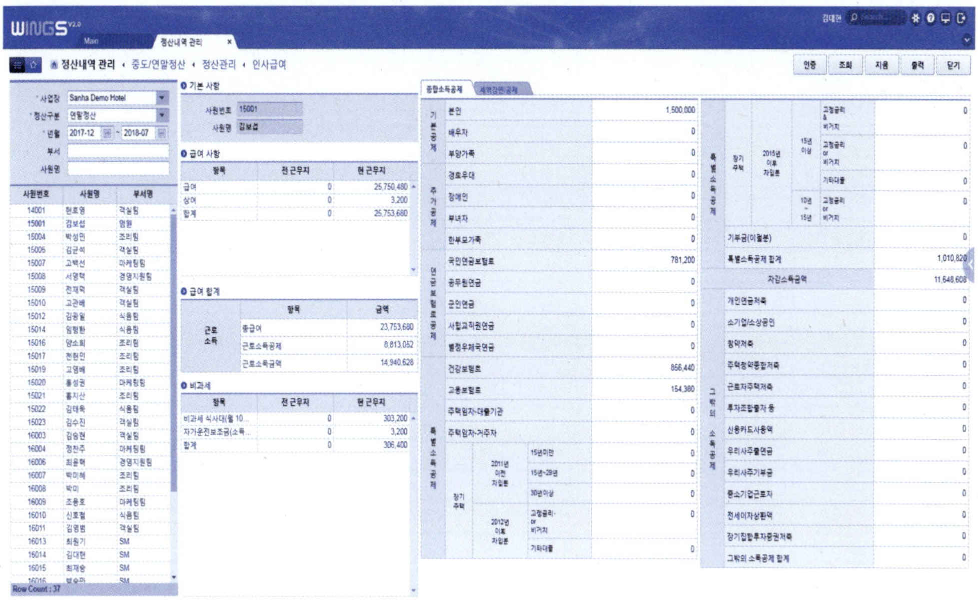

근로소득 원천징수영수증

관리번호: 17010

([ ]소득자 보관용 [ ]발행자 보관용 [V]발행자 보고용)

거주구분		거주자	
거주지국	한국	거주지국코드	KR
내외국인		내국인	
외국인단일세율적용			2
국적	한국	국적코드	KR
세대주 여부		세대원	
연말정산 구분		중도정산	

징 수 의무자	(1) 법인명(상 호)	(주)산하정보기술	(2) 대표자(성 명)	손학기1
	(3) 사업자등록번호	214-81-79819	(4) 주 민 등 록 번 호	110111-1104481
	(5) 소 재 지(주소)	서울특별시 금천구 가산동 60-3		
소득자	(6) 성 명	김철수	(7) 주 민 등 록 번 호	900101-1******
	(8) 주 소			

	구 분		주(현)	종(전)	종(전)	(16)-1 납세조합	합계
I 근무처별소득명세	(9) 근 무 처 명		(주)산하정보기술				
	(10) 사업자등록번호		214-81-79819				
	(11) 근무기간		2017-11-01~2017-12-15				
	(12) 감면기간						
	(13) 급 여		3,577,037	0	0		3,577,037
	(14) 상 여		0	0	0		0
	(15) 인 정 상 여		0	0	0		0
	(15)-1주식매수선택권 행사이익		0	0	0		0
	(15)-2우리사주조합인출금		0	0	0		0
	(15)-3임원퇴직소득금액한도초과		0	0	0		0
	(16) 계		3,577,037	0	0		3,577,037
II 비과세및감면소득명세	(18) 국외근로	MOX	0	0	0		0
	(18)-1야간근로수당	OOX	0	0	0		0
	(18)-2출산보육수당	QOX	0	0	0		0
	(18)-4연구보조비	HOX	0	0	0		0
	(18)-5						
	(18)-6						
	-						
	(18)-27						
	(19) 수련보조수당	Y22	0	0	0		0
	(20) 비과세소득 계		0	0	0		0
	(20)-1감면소득 계						

	구 분	(79) 소 득 세	(80) 지방소득세	(81) 농어촌특별세
	(73) 결 정 세 액	0	0	0

② 경리 · 회계 관리

경리 · 회계는 경영관리의 핵심이 되는 재무 정보를 통합하여 일반회계, 자금관리, 세무 관리, 결산(決算) 관리, 손익(損益) 관리 등의 업무를 지원한다. 다른 시스템과의 연계를 통한 전표의 발행 및 관리를 포함하여 거래 내역을 신속, 정확하게 처리하며 실시간으로 재무(財務) 상태와 경영성과를 측정, 보고할 수 있다. 매출목표 및 인원 계획 등의 자료와 비용예산 편성을 통하여 각 영업장의 목표 손익을 추정할 수 있다.

1) 자동 전표 발행

업무 수행과정에서 발생한 자료는 자동 취합되어 회계처리가 가능하다. 매출, 후불(後拂), 선수금, 매입, 급여, 상각(償却) 전표 관리 등을 할 수 있다.

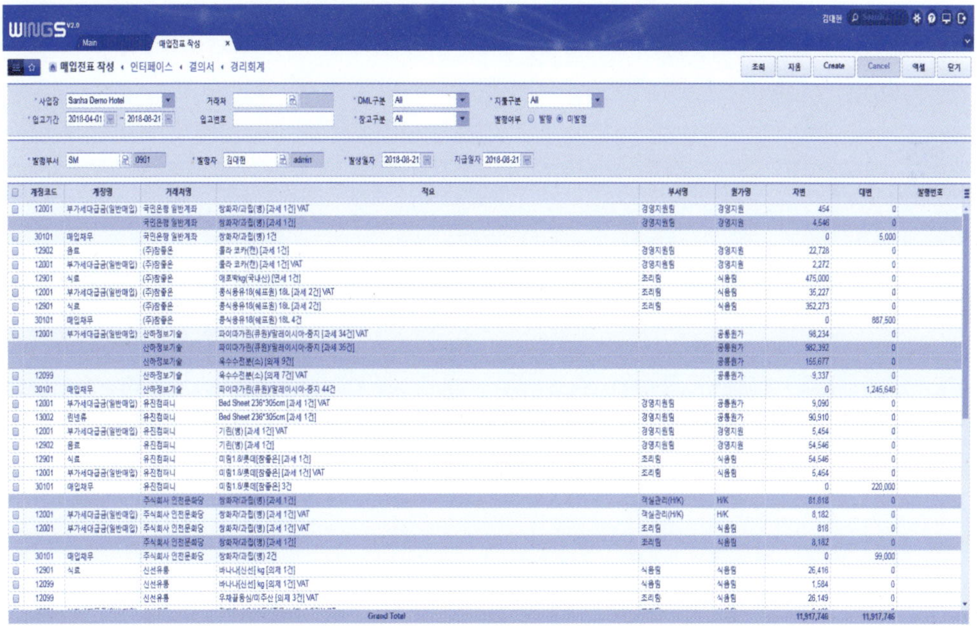

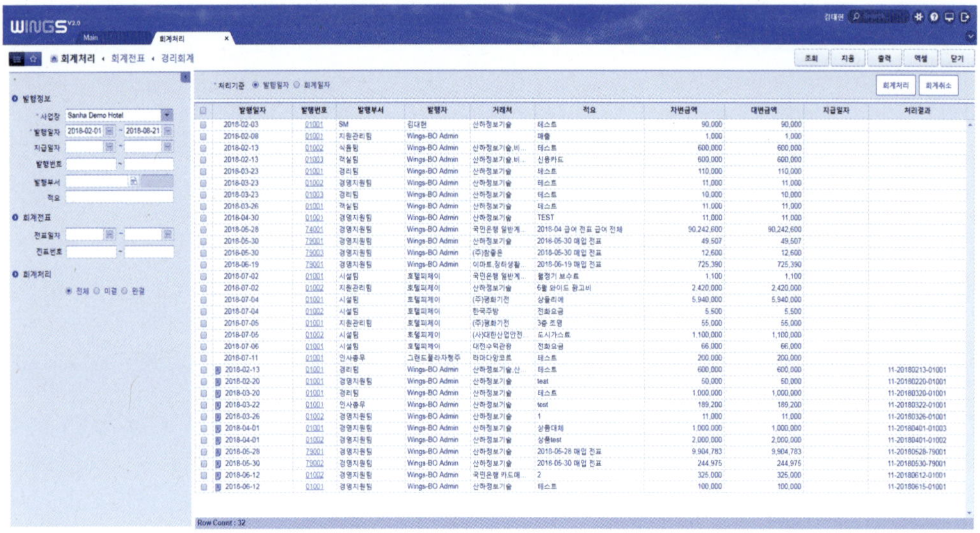

2) 회계 전표 관리

업무 수행과정에서 발생한 자료를 자동 취합하여 회계처리가 가능하며, 회계 전표는 현금, 예금 · 적금, 어음, 유가증권 등의 자료와 연동되어 자금을 원활하게 관리할 수 있다.

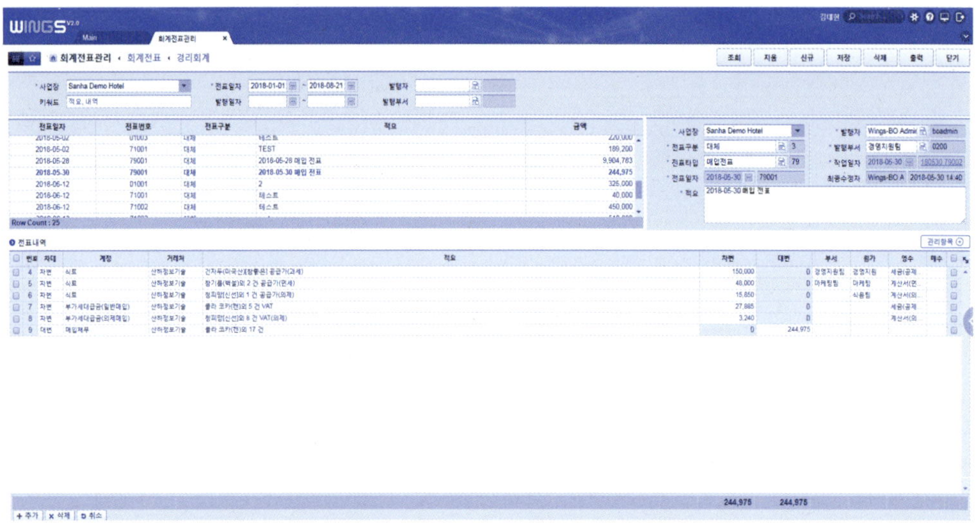

3) 결산 관리

결산 관리는 회계 전표의 처리와 같은 별도의 마감 작업이 없어도 보조장부, 재무제표에 실시간 반영되어 결산 처리가 된다. 재무제표, 보조원장, 전표도 자동으로 연계 처리되어 결산업무를 신속하게 수행할 수 있다.

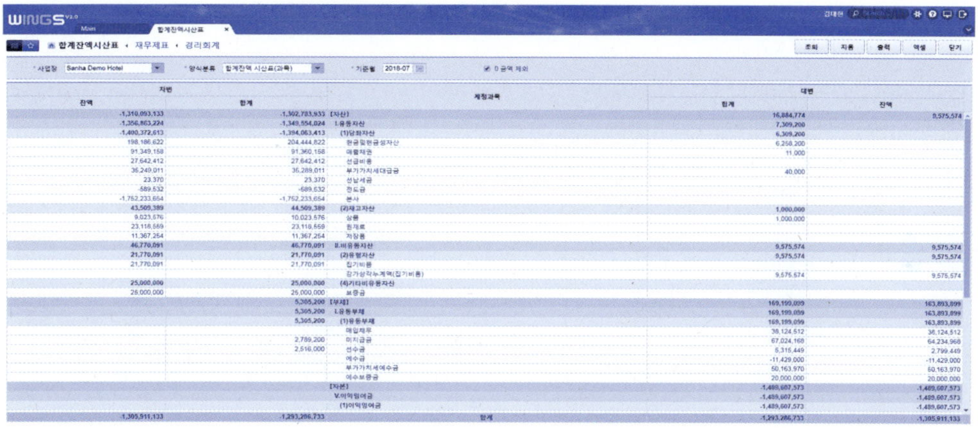

4) 통합 재무제표 관리

각종 결산 자료는 사업부별, 기간별 등의 기준을 설정하여 개별 및 통합관리가 가능하다.

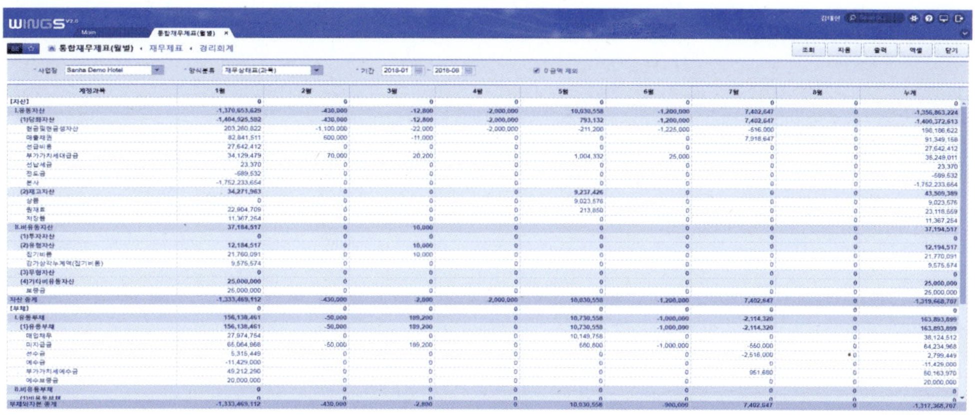

5) 원천징수세 신고

인사관리 및 급여 관리, 전표 등의 자료를 기준으로 원천징수세(源泉徵收稅) 신고, 처리가 가능하다.

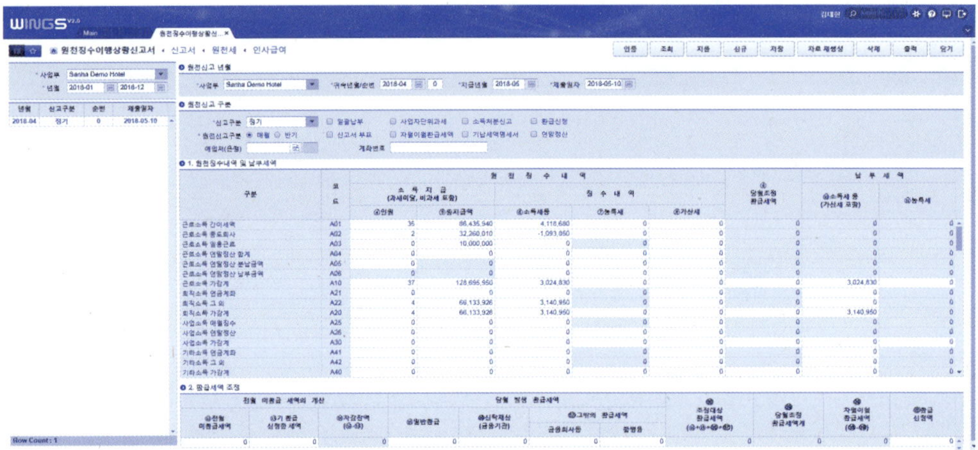

6) 부가가치세 신고

매출 · 매입의 자료를 기준으로 부가가치세(附加價值稅)를 자동 집계하여 신고, 처리가 가능하다.

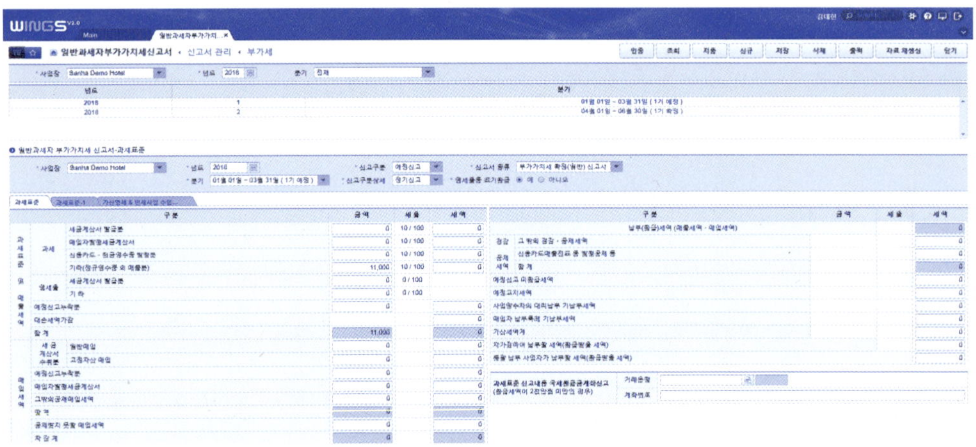

③ 구매 자재 · 재료비

견적(見積) 계약, 구매발주, 검수 등의 구매 과정과 자재의 수불(受拂) 처리 및 입출고와 관련된 재고자산을 관리하는 시스템이다. 사용 목적에 따라 자재의 소모량, 이동량을 파악하여 산출하며, 실질 재료비를 계산하여 원가관리의 기초자료로 제공할 수 있다.

1) 견적 관리

호텔 운영에 필요한 다양한 자재 및 재료비의 견적을 거래처에 의뢰 시 견적품목들을 디자인하여 활용할 수 있다.

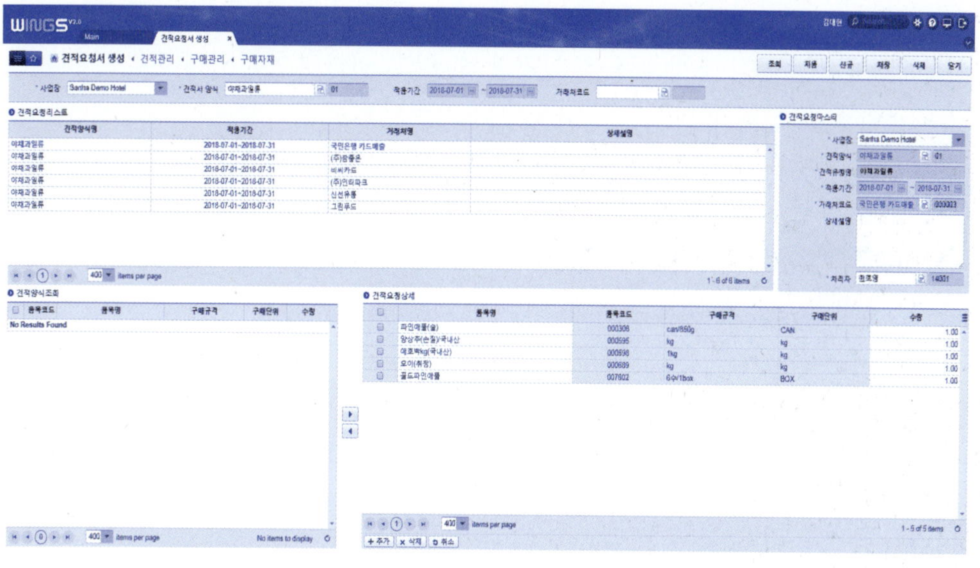

2) 웹 발주

홈페이지를 통하여 웹(web) 발주가 가능하고, 내부시스템과 연동하여 관리할 수 있다.

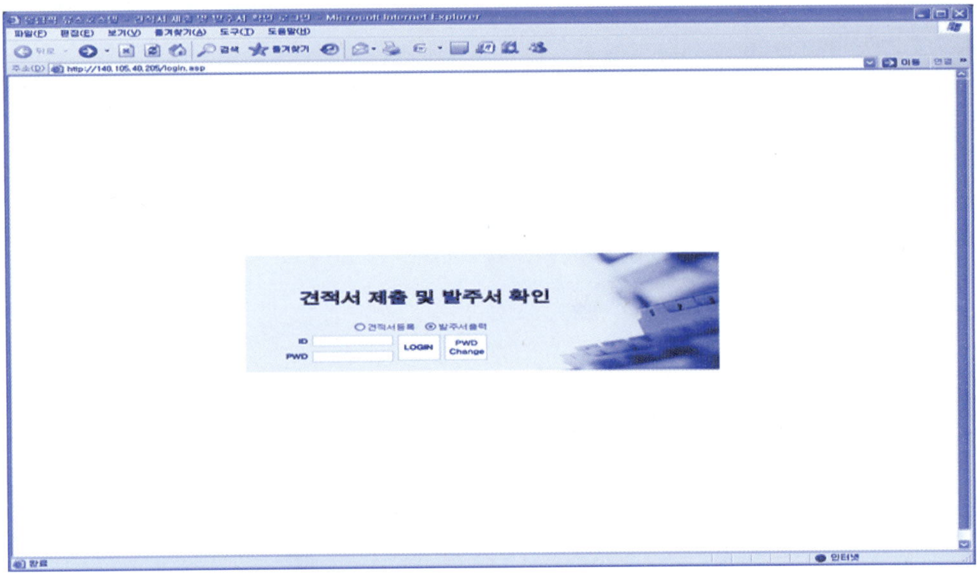

거래처에서는 견적 요청 내용을 확인할 수 있고 인터넷으로 입력하여 즉시 견적서를 제출할 수 있으며, 발주 처리된 명세(明細) 품목들을 실시간 확인하여 해당 품목에 대해 납품 처리할 수 있도록 하고 있다.

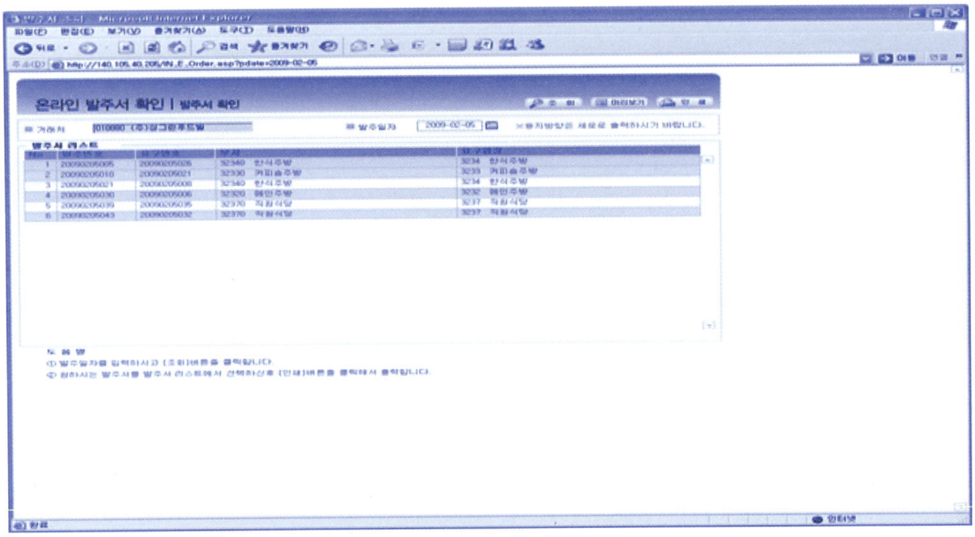

3) 구매요청

해당 부서에서 필요한 품목에 대해 구매를 요청하여 등록하면 그룹웨어(group ware)와 연동되어 결재과정을 거쳐 품의(稟議)가 진행된다.

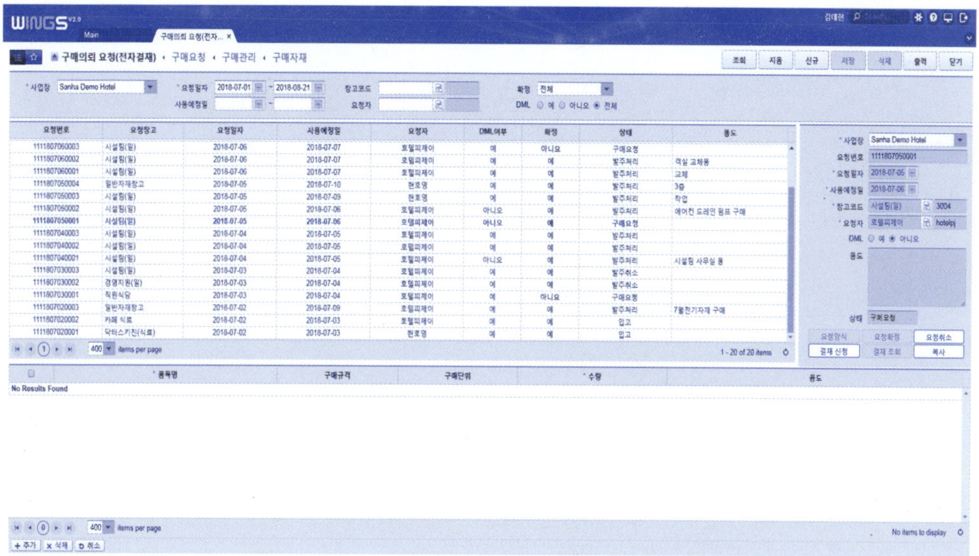

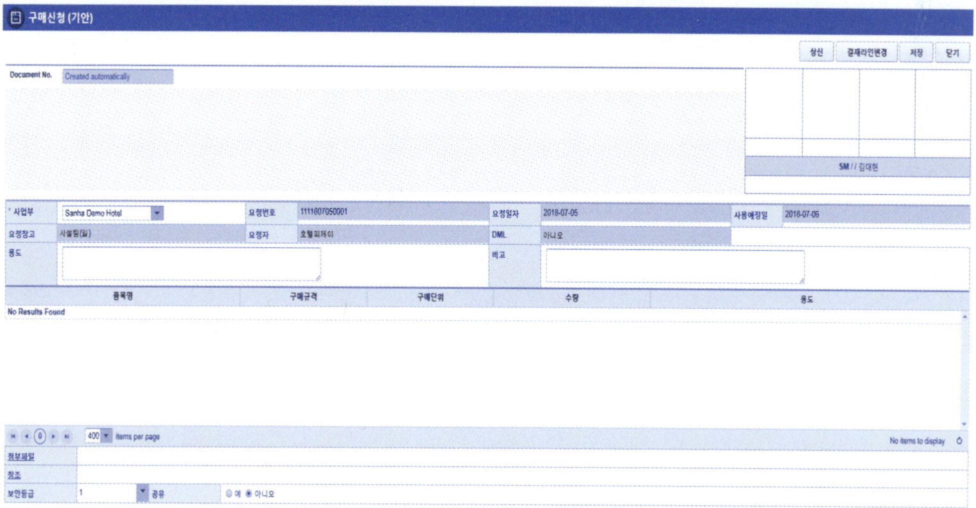

4) 구매발주

결재 처리된 구매요청 명세(明細) 품목들은 그룹웨어(group ware)를 통하여 발주(發注) 처리가 된다.

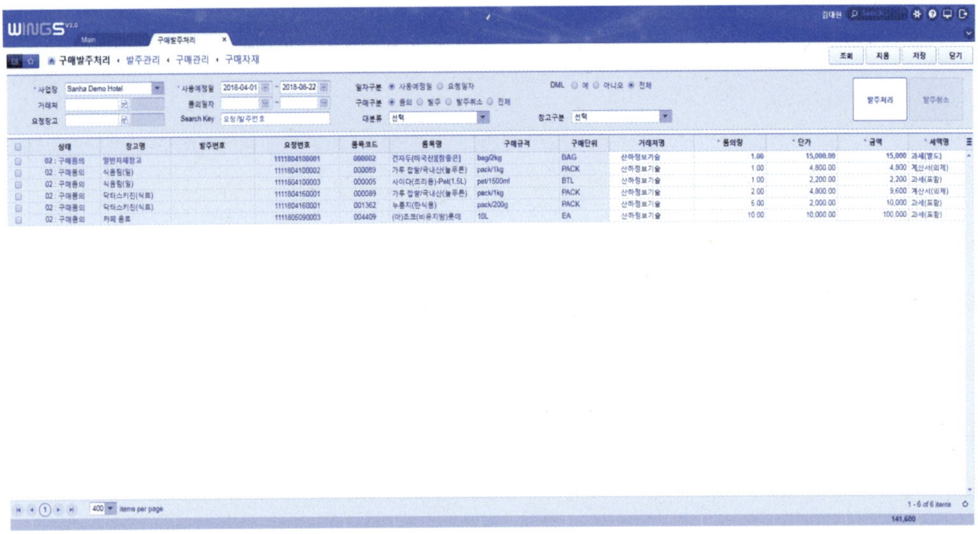

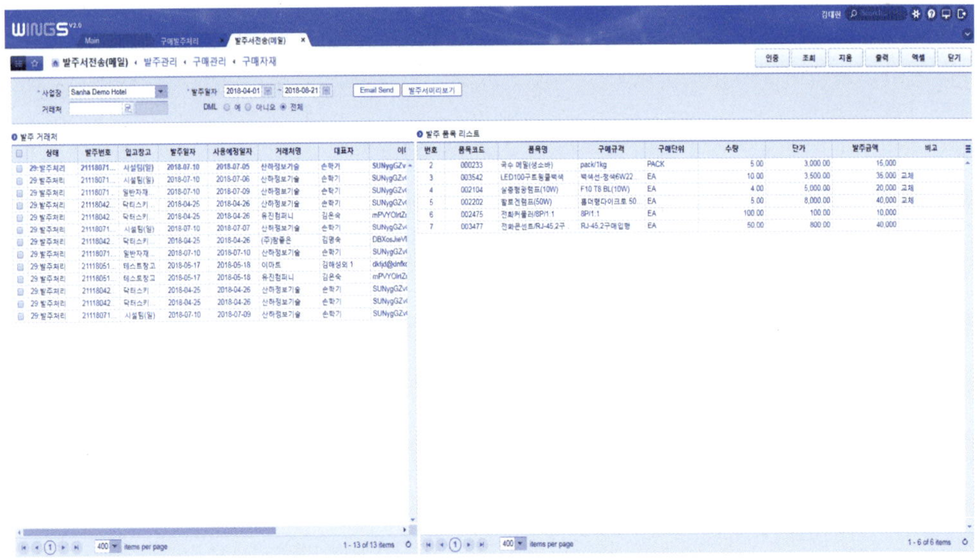

5) 입고 처리

발주 처리된 명세(明細) 품목들은 검수(檢水) 과정을 거쳐서 입고(入庫) 처리가 된다.

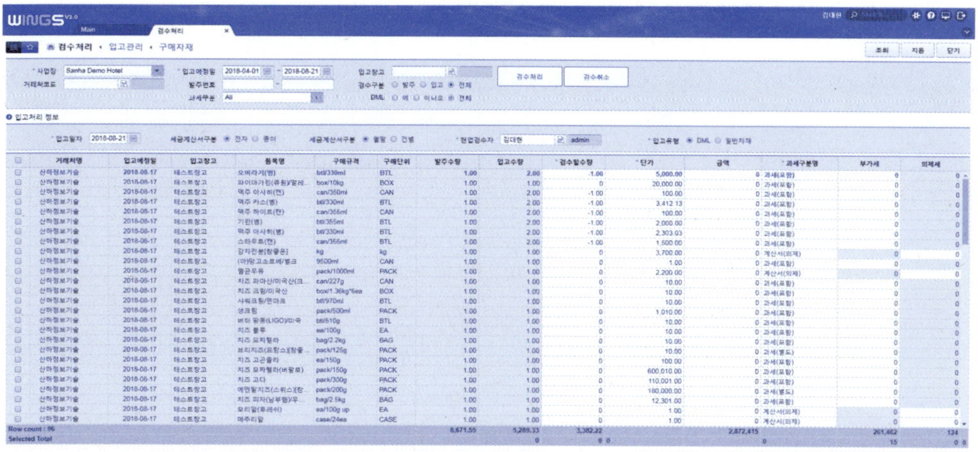

6) 불출 처리

입고된 품목을 부서에서 요청하면 불출(拂出)하여 사용하도록 하며, 창고별 · 부서별 · 품목별로 비용처리를 할 수 있다.

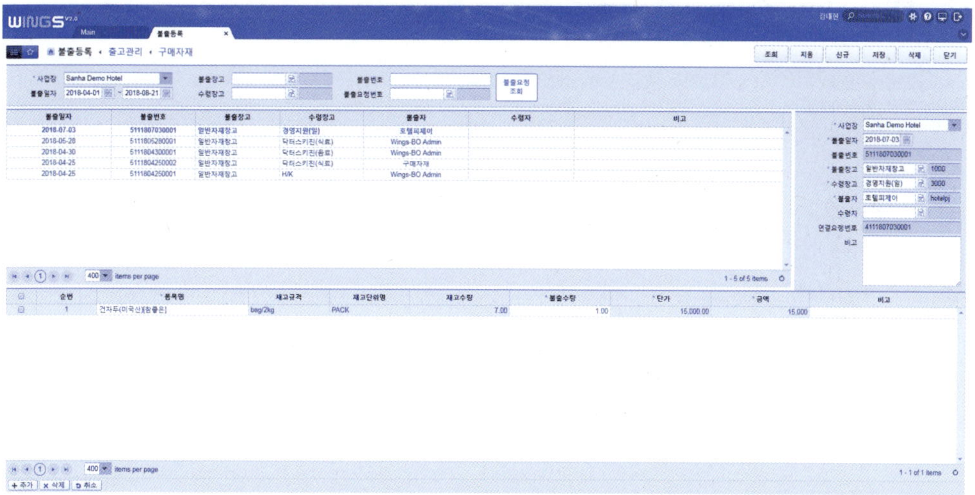

7) 수불 관리

호텔에서 필요한 물품에 대한 사용 내역을 창고별로 월말에 마감하면, 수불(受拂) 현황을 집계하여 운영관리의 자료로 활용할 수 있다.

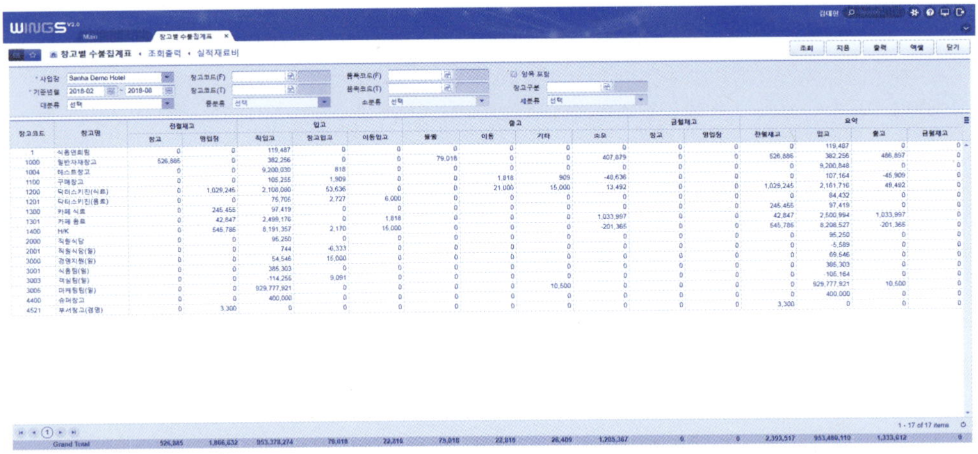

8) 실적재료비 산출

주방과 매출이 발생하는 영업장과의 연계를 통해서 매출 발생에 대한 실적(實積)을 확인하여 재료비가 들어간 원가를 산출할 수 있다.

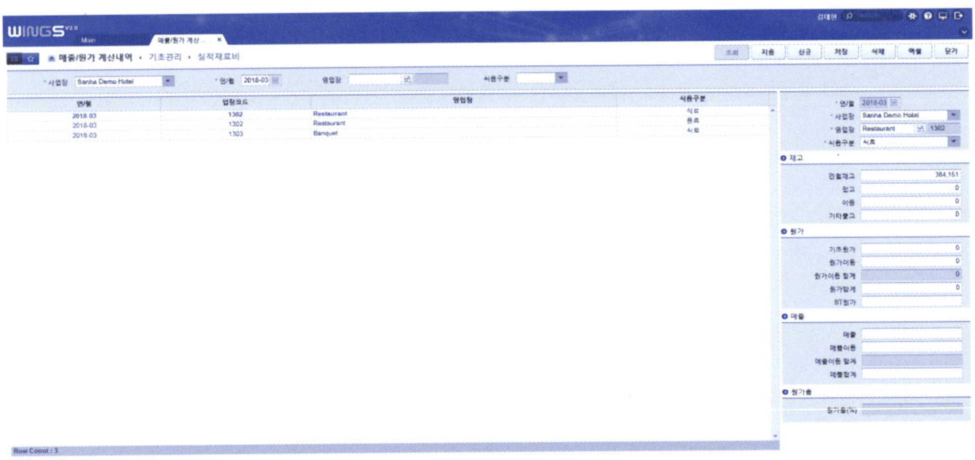

9) 실적재료비 현황

매출과 대비(對比)하여 실적(實積) 현황과 재료비 투입에 대한 원가 현황을 창고별 · 부서별 · 품목별, 월별 분석이 가능하다.

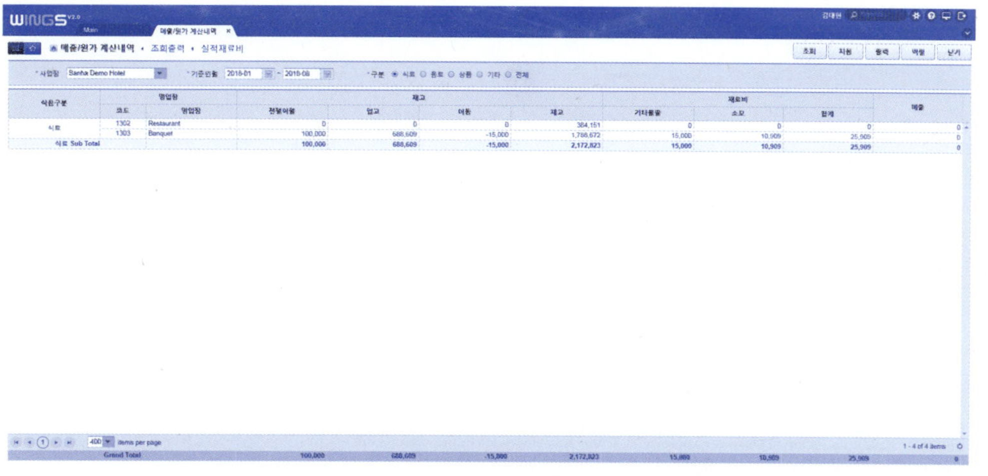

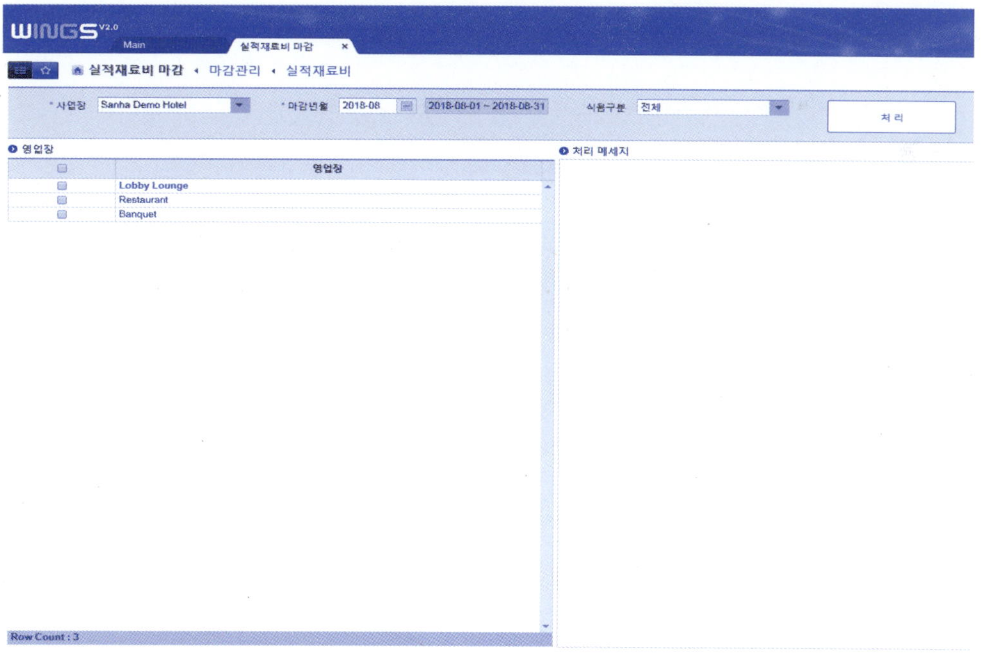

10) 양목표 관리

영업장에서 판매할 메뉴를 음식 테스트(test)를 거쳐 양목표(量目標, recipe)를 구성하고 관리할 수 있다.

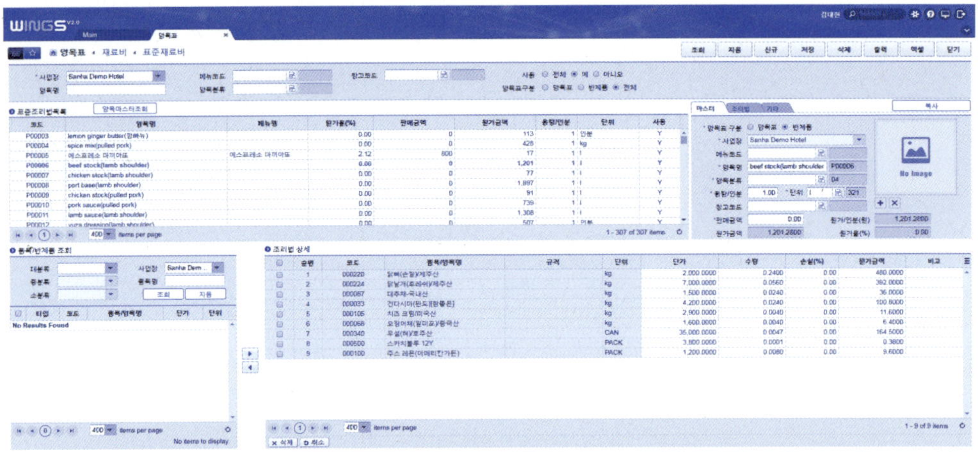

11) 표준재료비 원가 조회

양목표(量目標)를 기준으로 표준재료비의 원가와 실제원가와 대비(對比)한 분석이 가능하고, 판매하는 수량에 대한 일별(日別) 재료비 분석도 가능하다.

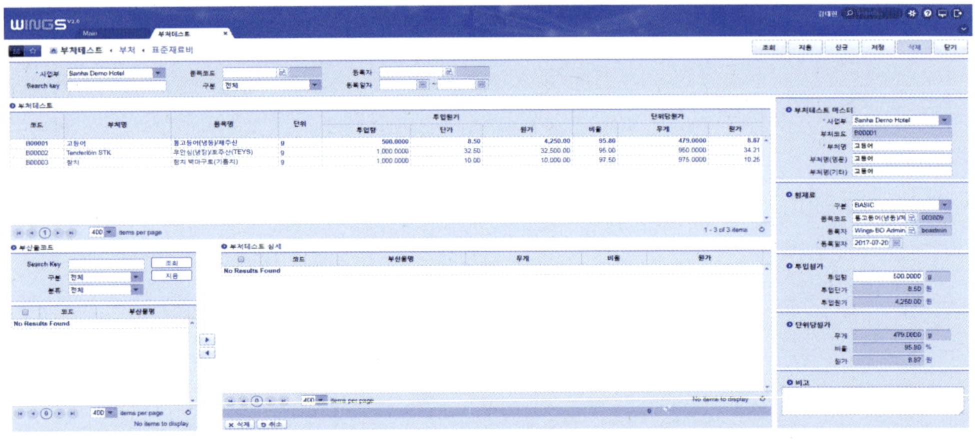

12) 표준재료비 원가 분석

표준재료비(standard recipe)의 원가 현황을 다양한 형태의 표(graph)를 이용하여 분석, 관리할 수 있다.

4 예산 · 원가관리

예산 · 원가관리는 매출목표 및 인원 계획 등의 자료와 비용(費用) 예산 편성을 통해 영업장별 목표 손익에 대한 목표, 실적, 평가를 관리하기 위한 시스템이다.

예산 · 원가관리는 필요한 소요 재원을 합리적으로 산출하여 각 조직 및 사업 단위별로 배분하고, 효율적으로 집행하여 수행하기 위한 활동이다.

1) 예산등록

조직의 팀별 · 계정별 예산을 등록하고 관리하며, 수립 예산을 기준으로 지출결의가 발생하면 자동으로 통제하게 된다.

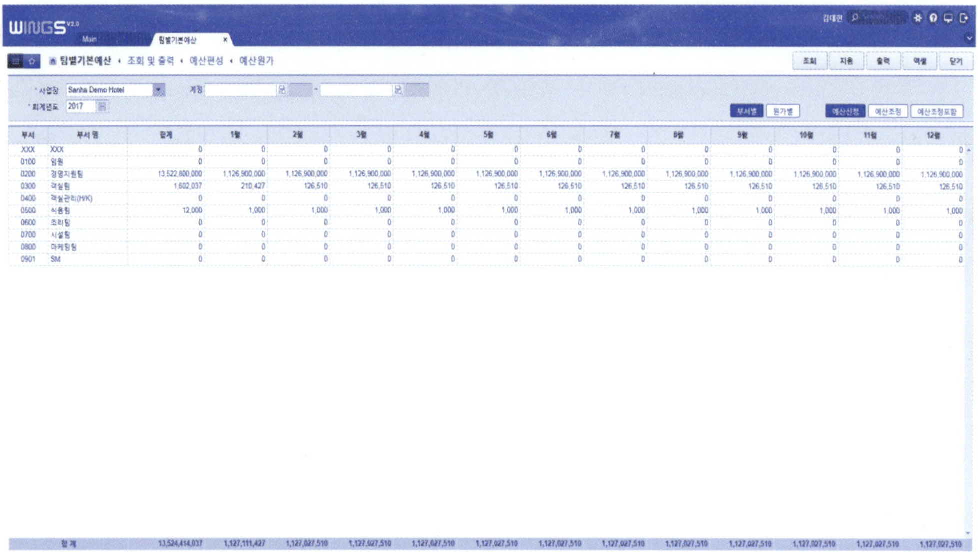

2) 예산통제

예산통제는 조직의 부서별 실적과 사용 비용을 설정하고 예산계획과 비교하여 분석하고 관리하는 기능이다.

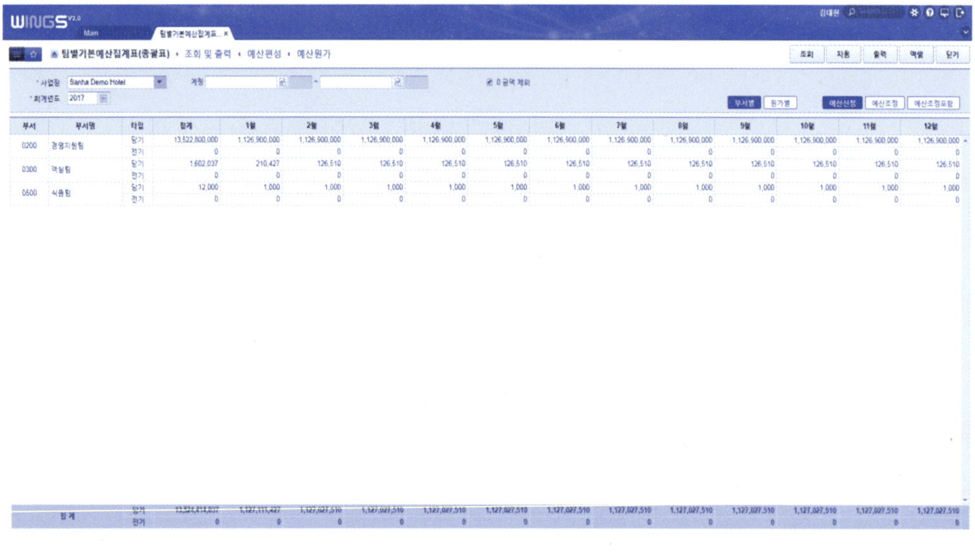

3) 손익 예산원가

원가의 기준을 산출하기 위해서는 비용에 대한 부분을 고려해야 하고 원가에서 직접비와 간접비를 배분하는 기준설정이 필요하며, 기준에 근거하여 손익에 대한 예산원가를 산출할 수 있다.

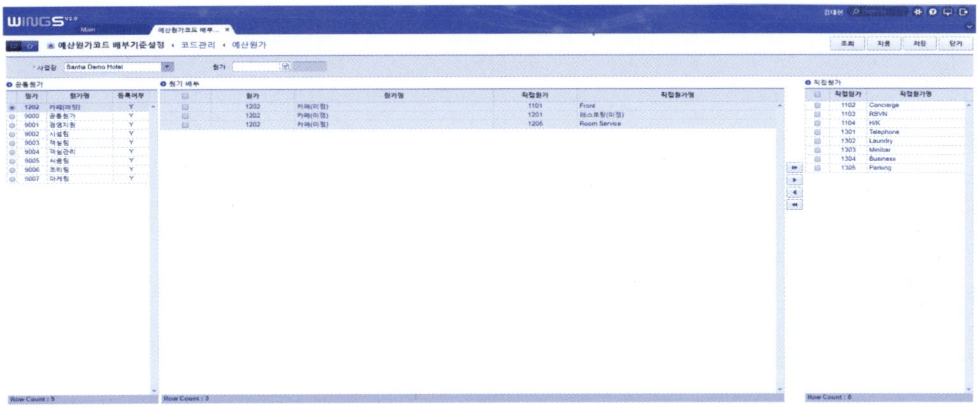

4) 예산 분석관리

수립한 예산을 기준으로 예산 대비 손익현황을 부문별 · 사업부별 · 기능별로 구분하여 분석, 관리할 수 있다.

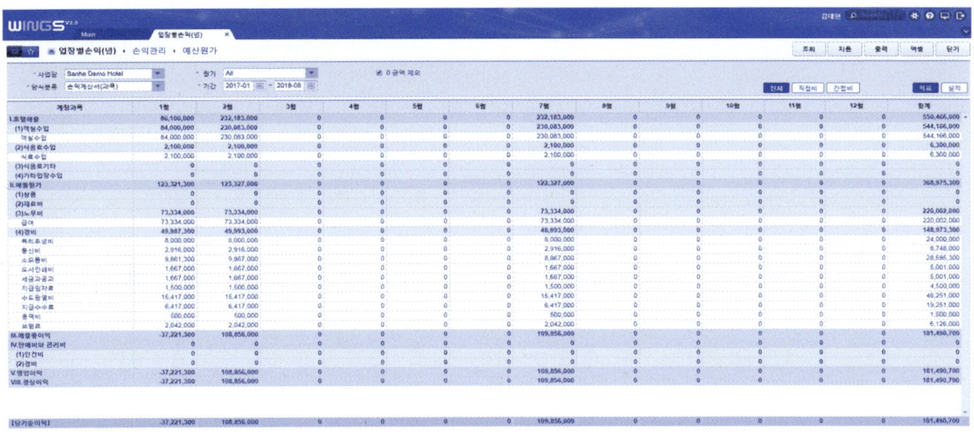

⑤ 자산관리

자산의 분류 기준에 따른 유형 및 무형 자산의 등록 · 매각 · 재평가 · 이동과 관련된 정보와 감가상각 정보를 제공한다.

자산 통합에 의한 정보는 경리 · 회계, 관리회계, 시설 · 장비 시스템과 연계하여 처리해야 하며, 감가상각(減價償却) 비용에 대한 정보를 제공하여 자산관리의 효율성을 높일 수 있다.

1) 비유동자산 관리

자산관리의 가장 기초가 되는 자료로 신규 취득한 자산의 취득 일자, 내구(耐久) 연수, 상각률과 같은 기초 정보를 관리한다.

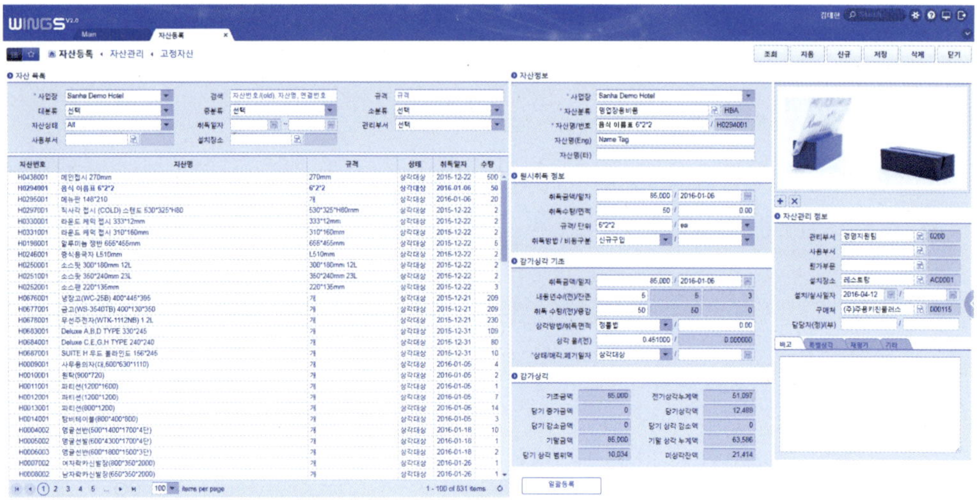

2) 자산별 상각 내역

자산의 감가상각을 산정하고 개별 자산에 대한 감가상각 현황을 조회하고 관리할 수 있다.

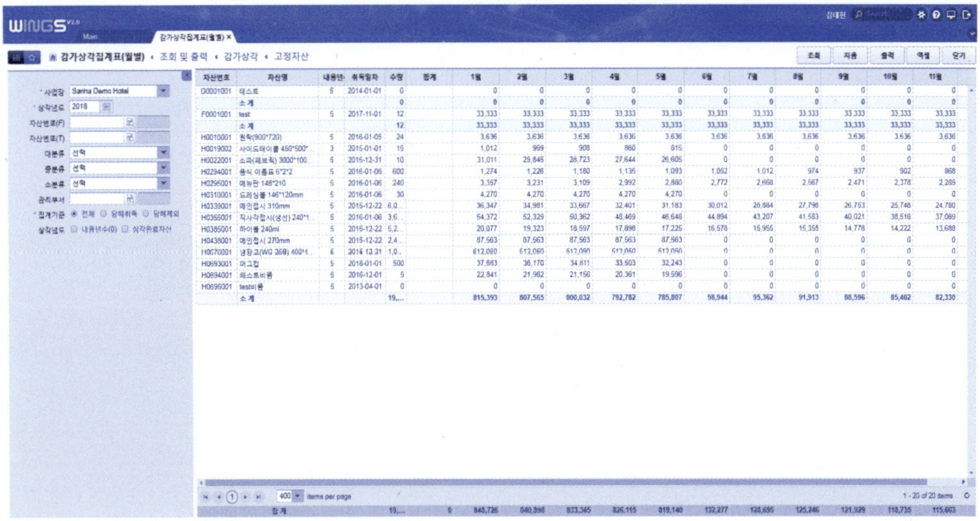

⑥ 경영정보시스템

경영정보시스템(MIS: Management Information System)이란 경영자에게 의사결정을 지원해주기 위한 시스템으로 기업경영과 관련된 내·외부의 정보를 수집, 저장, 이용할 수 있도록 한 시스템이다.

최고 경영자 또는 임원은 기업을 성공적으로 경영하기 위하여 조직 내·외의 정보를 조속히 취합하여 의사결정을 지원할 수 있는 정보시스템의 필요성을 느껴, 사용자 인터페이스 등을 고려한 시스템을 구축하였다.

경영정보시스템은 최고 경영자를 위해 컴퓨터 기반의 정보를 전달하며, 운영에 따른 관리시스템이라고 할 수 있으며, 중역정보시스템(EIS: Executive Information System)은 경영자의 의사결정을 지원하는 시스템이다.

호텔업도 일반기업과 마찬가지로 객실, 식음료 및 부대시설 업장의 영업 현황과 관리 부문의 현황을 조회하고 경영자가 의사결정을 하여 경영에 반영할 수 있도록 하고 있다.

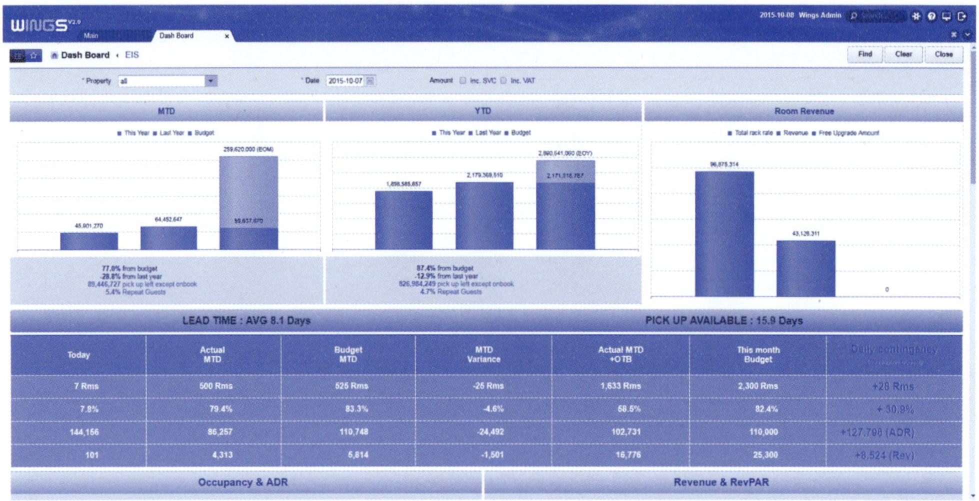
Dash Board
EIS
MTD
YTD
Room Revenue
LEAD TIME : AVG 8.1 Days
PICK UP AVAILABLE : 15.9 Days
Today
Actual MTD
Budget MTD
MTD Variance
Actual MTD +OTB
This month Budget
7 Rms
500 Rms
525 Rms
-25 Rms
1,633 Rms
2,300 Rms
7.8%
79.4%
83.3%
-4.6%
58.5%
82.4%
144,156
86,257
110,748
-24,492
102,731
110,000
101
4,313
5,814
-1,501
16,776
25,300
Occupancy & ADR
Revenue & RevPAR

제15장

영업장 관리시스템 실무

호텔경영정보론

CHAPTER 15

영업장 관리시스템 실무

제1절 영업장의 의의와 관리

1 영업장의 의의

영업장은 호텔 내의 객실을 비롯하여 식음료, 부대사업과 관련된 장소적 개념이다. 호텔업은 영업장의 활동을 효율적으로 관리하고 업무에 시스템을 도입, 활용함으로써 영업 자료를 통합적으로 관리하며, 신속하고 정확한 영업 정보를 제공하여 분석하는 기반 시스템을 구축하려고 하고 있다.

호텔을 이용한 고객에 대해 다양한 결제 수단의 활용과 쿠폰(coupon) 관리, 고객에 대한 보상(incentive)을 제공하고 생산성 분석과 상품의 폐기 · 손실(loss)과 같은 통계자료를 분석하기 위해서는 영업장과의 인터페이스 구축이 필요하게 되었다.

영업장 운영과 관련하여 메뉴 관리, 판매관리, 정산관리, 마감 관리와 같은 업무를 지원하게 되었고, 영업회계시스템을 비롯하여, 구매 · 자재관리시스템 등의 호텔 시스템들과 연동성을 구축하는 인터페이스의 역할과 기능이 더욱 중요해지고 있다.

영업장 관리의 핵심은 자료(data)의 실시간 공유를 위한 자동화 구축으로 실시간 영업 현황에 대한 자료를 집계할 수 있어 영업 분석은 물론 영업장 통제 관리에도 활용하게 되었다.

〈표 15-1〉 기능별 처리 내역

기능	세부 기능	내용
메뉴관리	메뉴 · 상품관리	• 영업장 메뉴를 등록, 수정, 삭제 등의 관리
판매관리	판매관리	• 경영정보의 기초자료 • 메뉴 · 상품 분류별 매출 현황 • 업장별 매출 분석 기능 • 입금 형태별 매출 현황 • 실시간 매출 조회 • 시간대별 매출 현황 • 매출 일보(日報) 출력
	감사 관리	• 영수증 번호, 빌 번호, 표(ticket) 번호별 판매 내역 조회 • 보이드(void) 처리, 반품, 환불(還拂)처리 조회
인터페이스	내부 조회	• 객실 후불, 직원 후불 등의 조회 및 결제전송 • 접대 · 무료(Comp.) 처리, 각종 우대할인 조회처리 • 행사 내역에 대한 조회 인터페이스 • 매출 내역 수신 및 판매메뉴 · 상품전송
	외부 조회	• 신용카드 및 제휴카드 승인처리

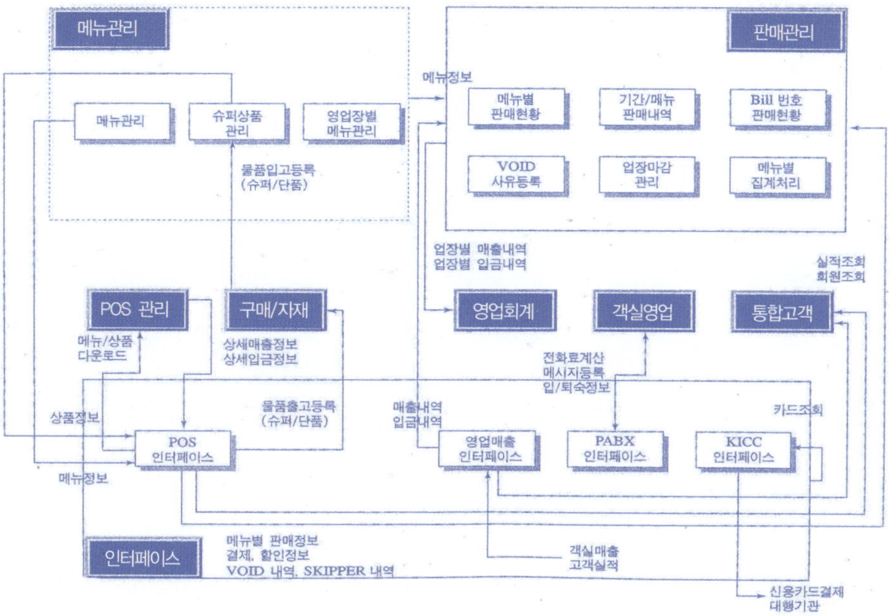

〈그림 15-1〉 영업장 관리 구성도

② 영업장의 관리

영업장 관리는 식음료 고객에 대한 회원 관리, 식음료 예약, 영업장 관리(TMS: Table Management Service), 주류(酒類)의 보관, 고객 분실물 · 습득물의 관리 업무를 수행할 수 있다.

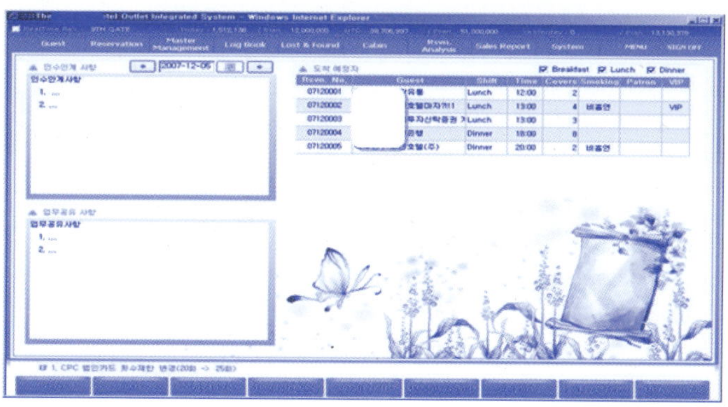

1) 식음료 회원 관리

호텔의 식음료 회원 관리(F&B membership)는 회원과 관련된 정보를 해당 영업장에서 조회하거나 공유할 수 있다.

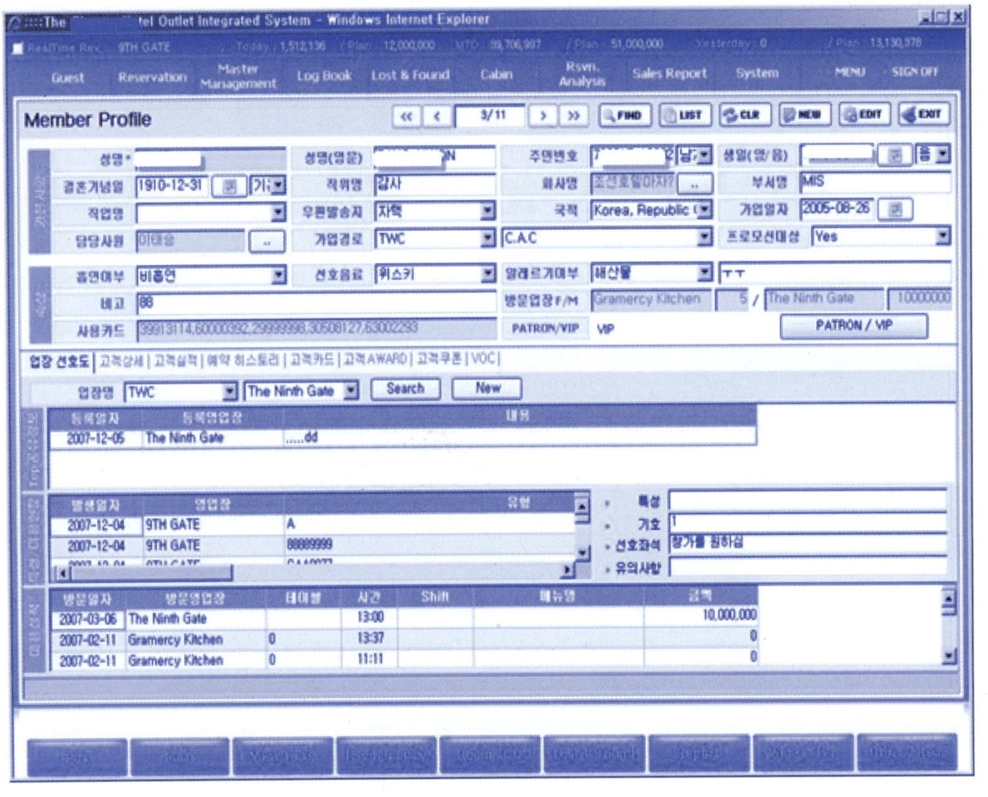

2) 식음료 예약

식음료 예약(F&B reservation)은 영업장의 공간을 효과적으로 운영하기 위한 것이며, 테이블의 위치와 공간을 기준으로 예약 진행이 가능하고, 충성고객을 배려할 수 있으며, 전체적인 예약상황에 대한 관리를 할 수 있다.

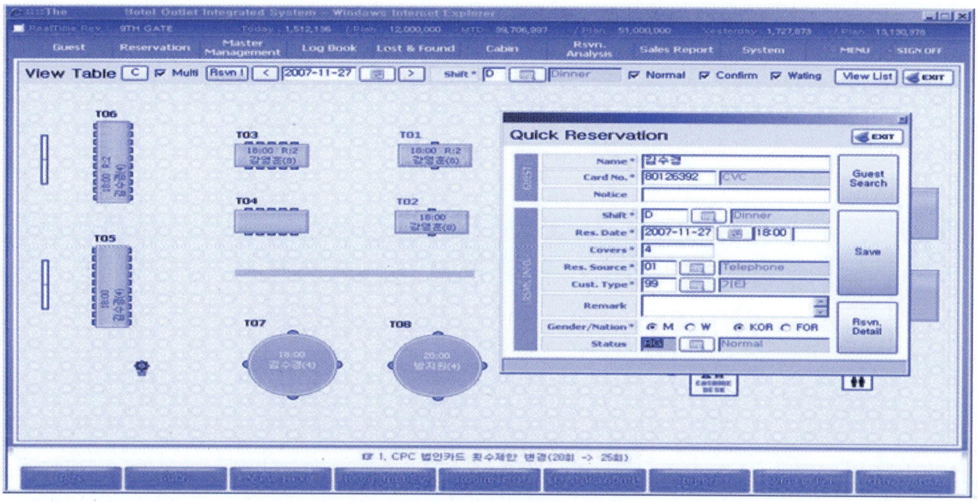

3) 테이블 관리시스템

테이블 관리(table management) 시스템은 영업장의 현황을 기준으로 예약현황과 실적을 기준으로 취합할 수 있으며, 조회 및 관리도 가능하다.

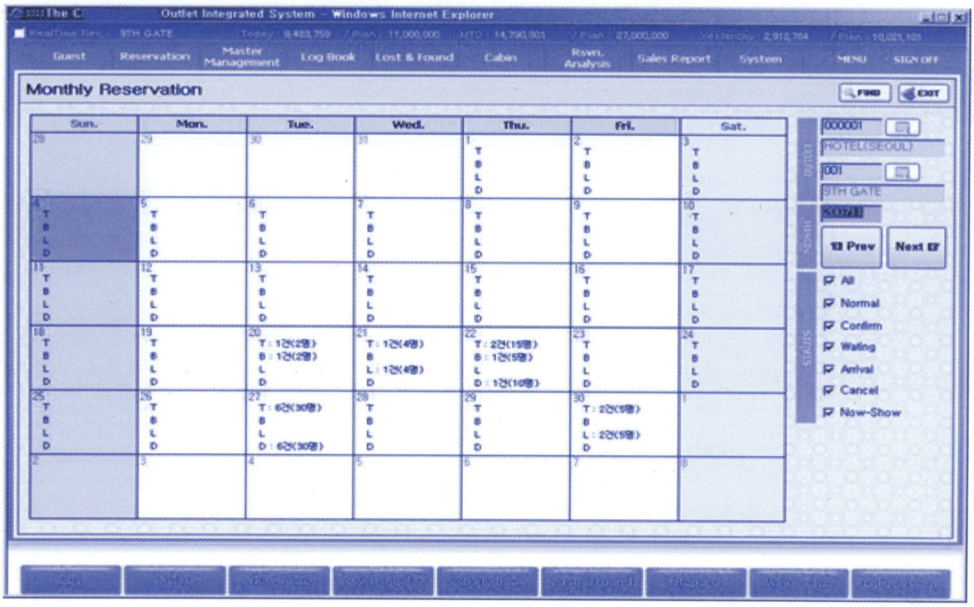

4) 보관 & 분실물 · 습득물 관리

고객이 요청한 주류(酒類)의 보관 · 관리를 비롯하여 고객의 분실 · 습득물(lost and found)을 등록하고 처리할 수 있는 기능이다.

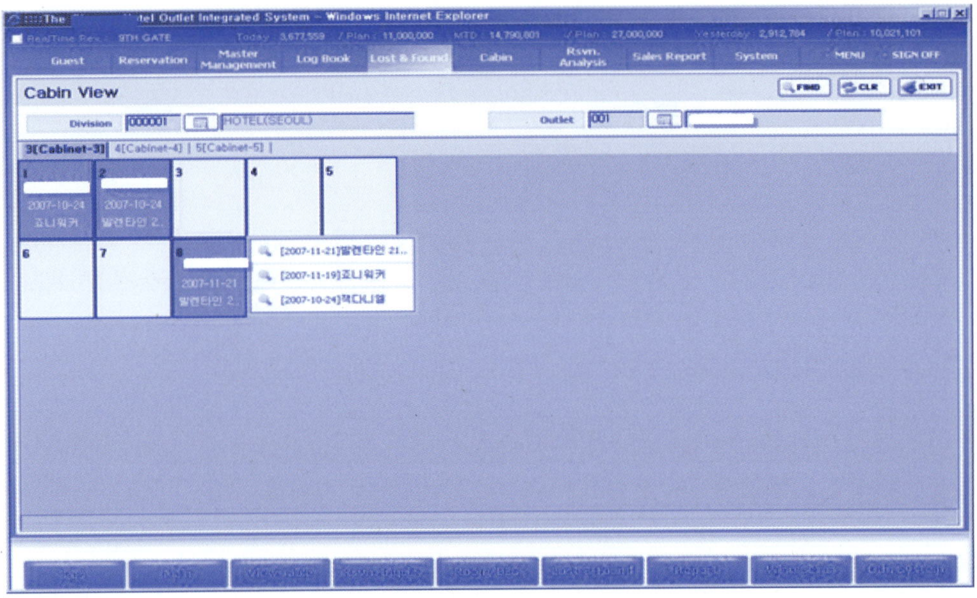

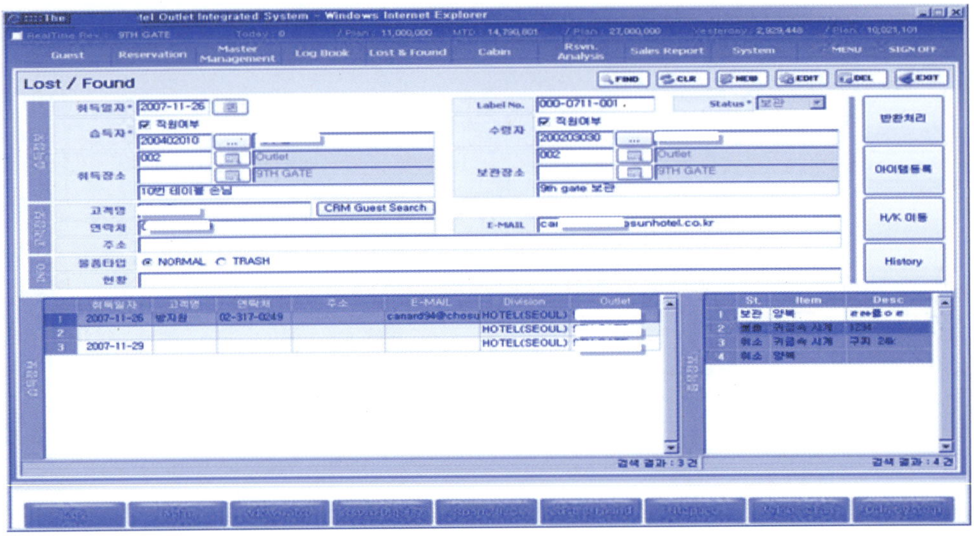

제2절 판매시점 관리의 의의와 운영

① 판매시점 관리의 의의

판매시점 관리(POS: Point Of Sales)란 호텔의 영업장에서 판매된 상품에 대한 시점(時點)을 관리하는 시스템이다. 고객의 주문에서부터 결제까지의 과정을 일률적으로 관리하며, 이용고객의 정보를 수집하고 기업 이미지를 높일 수 있는 시스템이라고 할 수 있다.

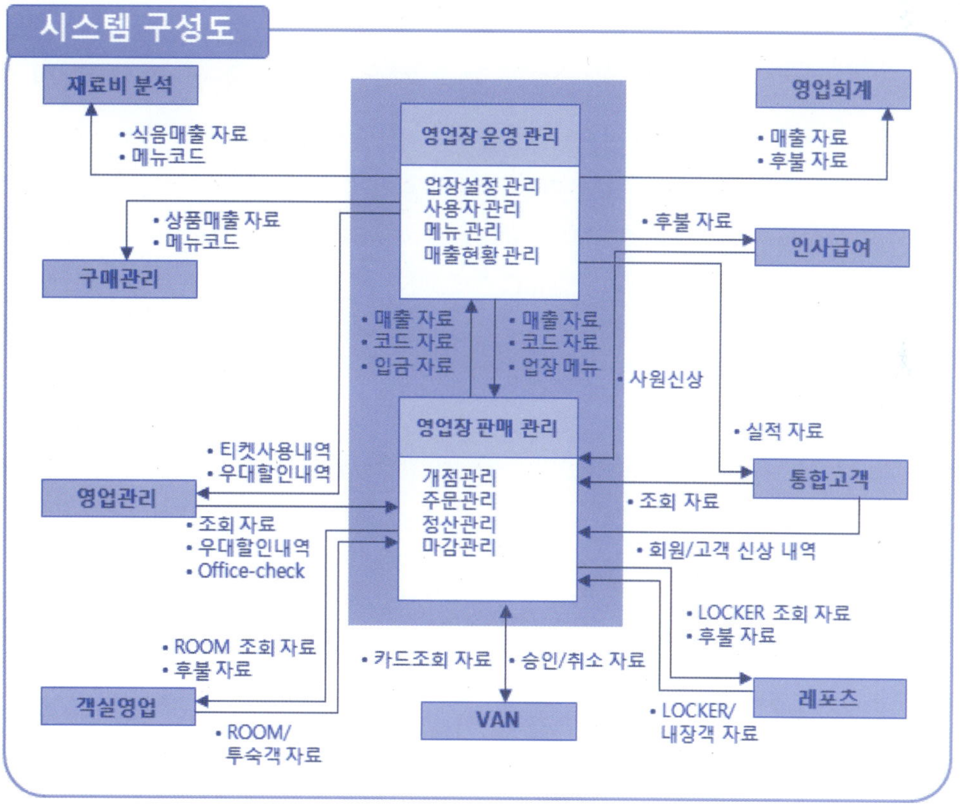

〈그림 15-2〉 판매시점 관리시스템의 구성도

판매시점 관리는 영업장에서 고객 접점(encounter)의 중심이 되는 업무이며, 시스템을 활용한 판매 및 정산, 마감 업무처리와 종업원들의 순환 배치가 가능하여 호텔 운영에 필수적인 시스템이 되었다.

판매시점 관리시스템을 도입하여 고객에게 다양한 서비스를 제공하여 만족도를 높일 수 있으며, 다른 시스템과 연계를 통해서 매출 내역의 실시간 확인, 신용카드의 결제 조회와 같은 인터페이스(interface)가 가능해졌고 통합 고객관리를 지원하는 시스템으로 발전하였다.

2 판매시점 관리의 기능

판매시점 관리는 현금관리, 카드 관리, 쿠폰 관리, 회원의 등급별 할인과 같은 다양한 결제 수단 처리를 위한 기능을 제공한다. 객실을 이용하는 고객에 대해서는 우대(優待)할인 조치, 후불(後拂) 결제, 카드 결제와 같은 다양한 업무를 처리하기도 한다.

영업장 근무자들을 순환 배치하고 성수기에 임시 인력을 고용배치할 수 있으며, 영업장의 인력 변화에 대처할 수 있다.

1) 식음료 관리

식음료 기능은 개점 관리, 주문관리(서비스 영업장), 정산관리, 마감 관리로 분류할 수 있다.

(1) 개점 관리

개점 관리는 영업장의 일일 영업을 개시하는 것이며, 주요 업무는 다음과 같다.

- 신규메뉴 및 사용자 정보(비밀번호 등), 연회행사 정보 조회
- 영업준비금 등록, 캐셔 등록, 빌(bill) 번호 등록
- 중간 입금 및 교대(shift closing)
- 독립적 시스템(stand alone)으로 운영 가능
- On · Off line 변환 운영

(2) 주문관리

주문관리는 고객이 주문한 내역을 등록하고 수정하고 취소할 수 있으며, 주요 업무는 다음과 같다.

- 주문 명세(明細) 품목 등록, 수정, 취소 등록(요리 전후 구분)
- 주문 내역 인쇄 및 주방 프린터 출력(실시간 주문 내역 확인 등)
- 주방 주문(order)의 무선 처리 지원(PDA, handy terminal 등)
- 메뉴 설정 및 수용인원 설정 기능

PDA(Personal Digital Assistant)

개인용 정보 단말기(個人用情報端末機)를 의미한다.

(3) 정산(精算)관리

고객이 주문한 품목에 대한 빌(bill) 처리를 마감하는 것이며, 신용카드 결제, 숙박객 후불(後拂), 직원 후불 등 다양한 결제과정을 처리할 수 있다.

- 1/n, 합산, 품목별 선택 결제
- 신용카드 및 수표조회, 제휴카드, 직불카드 결제처리
- 현금 및 카드 결제, 결제 수단을 이용한 혼합(混合) 거래 결제
- 빌(bill) 분리, 테이블 통합처리
- 객실 후불(後拂), 직원 후불, 대외 후불 등의 실시간 조회 및 결제처리
- 접대 · 무료(Comp.) 처리, 각종 우대(優待) 할인, 품목 할인, 할인처리
- 쿠폰 관리(상품권, 패키지(package) 처리)
- 업장별, 기간별, 고객별, 주중 · 주말별로 할인율, 할인 한도, 할인사항 조회
- 정산, 중간 정산, 재정산 처리
- 신속 정확한 고객 조회를 통한 스키퍼(skipper) 방지
- 스키퍼(skipper) 고객 처리, 보이드(void) 처리
- 빌(bill) 재(再)발행

(4) 마감 관리

마감 관리는 해당 영업장 전체를 마감하는 것으로 다음과 같은 기능을 수행하고 있다.

- 마감, 중간마감, 재(再)마감 업무
- 마감 후 즉시 익일(翌日) 영업개시
- 영업장의 일일 영업 마감 업무
- 매출 자료(data)의 저장 및 실시간 전송
- 주기별 데이터 백업 및 삭제 처리
- Off-line 매출 자료(data)의 저장 및 통신망(network) 복구 후 서버에 전송
- 영업장 현금 확인 및 매출 확인(출력 등)
- 영업장 판매 내역 확인 및 매출 내역 전송(출력 등)

2) 표 발권 관리

표(ticket) 발권 기능은 개점 관리, 검표 · 회수관리, 판매 · 정산관리, 마감 관리로 구분할 수 있다.

(1) 개점 관리

영업장의 일일 영업개시 업무와 관련되며, 주요 업무는 다음과 같다.

- 신규메뉴 정보 및 사용자 정보(비밀번호 등), 연회정보 확인
- 영업준비금 등록, 캐셔 등록
- 표(ticket) 등록 및 관리
- 독립적 시스템(stand alone)으로 운영 가능
- On · Off line 변환 운영
- 원거리 영업장을 위한 무선 환경지원

(2) 검표 · 회수관리

호텔에서 발행한 표(ticket)에 대한 점검, 확인 및 회수를 위한 업무이다.

- 식별이 가능한 디자인, 글자 크기 조절(멀리서도 확인 가능한 인쇄)
- 단독 및 통합검표 구성의 다양성

(3) 판매 · 정산관리

표(ticket) 발권의 처리(사우나 표, 강습 표 등)와 재발행을 관리한다.

- 출입(gate) 관리시스템 지원(발권, 회수, 검표 등)
- 위 · 변조 방지(다양한 재질 인쇄로 견고성, 식별성 보장)
- 회원권(수영장 등)의 발행 및 사용 관리(이용자, 이용 시간, 이용 한도 등)
- 메뉴 설정 및 수용인원 설정(영업장 인원 확인 가능)
- 현금 및 카드 결제, 결제 수단을 이용한 혼합(混合) 거래 결제
- 객실 후불(後拂), 직원 후불, 대외 후불 등의 실시간 조회 및 결제처리
- 접대 · 무료(Comp.) 처리, 각종 우대(優待) 할인, 품목 할인, 할인(割引)처리
- 쿠폰 관리(상품권, 패키지(package) 처리)
- 업장별, 기간별, 고객별, 주중 · 주말 할인율, 할인 한도, 할인 사항조회
- 선불(先拂) 구입 카드 정산

(4) 마감 관리

영업장의 일일 영업 마감 업무를 처리할 수 있다.

- 마감 기능(POS별), 영업장 전체 마감
- 영업장의 현금(現金) 확인 및 매출 확인(출력 등)
- 영업장 판매 내역 확인 및 매출 내역 전송(출력 등)
- 마감 후 즉시 익일(翌日) 영업개시
- 음료 자판의 매출 입력
- 매출 자료(data)의 저장 및 실시간 전송
- 주기별 데이터 백업 및 삭제 처리
- Off-line 매출 자료(data)의 저장 및 통신망(network) 복구 후 서버에 전송

③ 판매시점 관리시스템 실무

영업장 운영의 특성에 따라 장비별로 환경설정이 가능하며, 영업장의 특성 및 기능에 따라 장비를 설정할 수 있다.

1) 매출 등록

영업장의 테이블 형태, 판매되는 메뉴, 매출 등록으로 단품 기준의 매출(賣出) 등록처리가 가능하다.

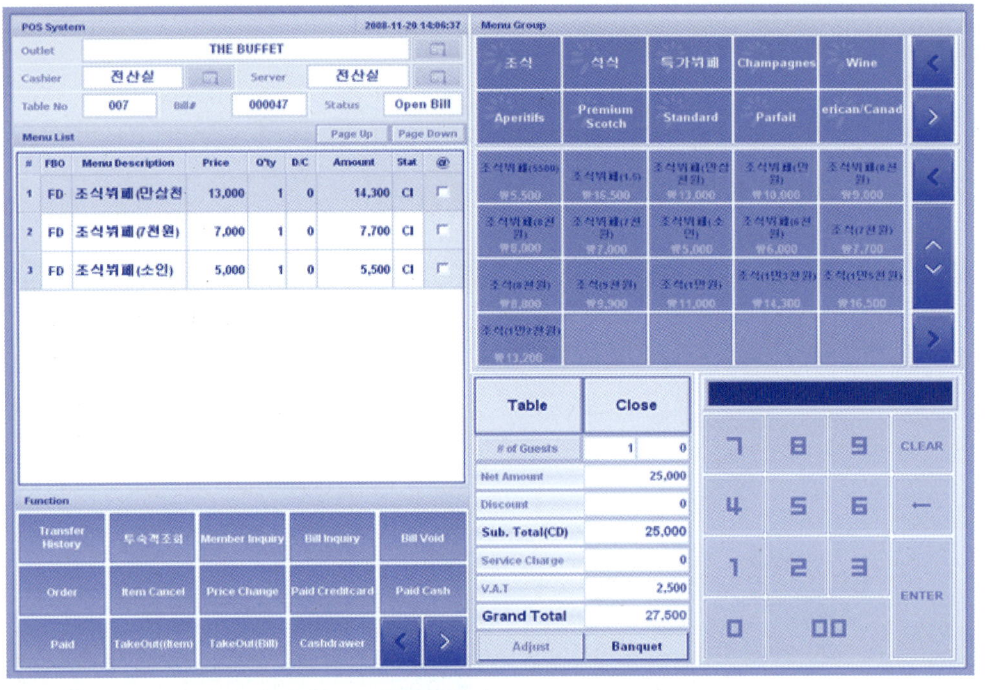

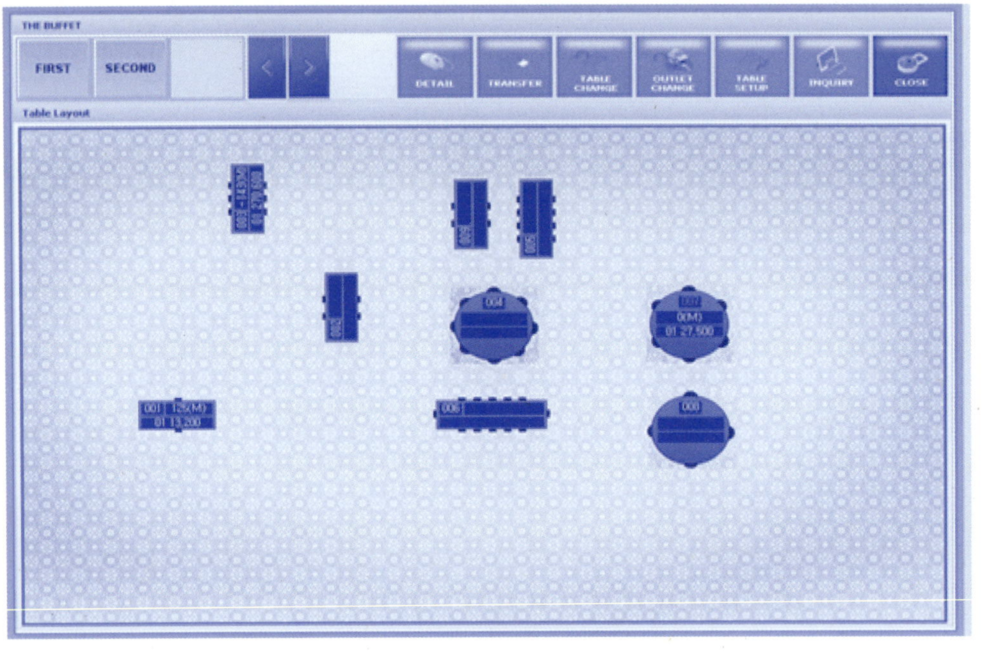

2) 자산관리시스템과 정보공유

영업장에서 자산관리시스템(PMS: Property Management System)과의 정보공유는 중요한 의미가 있다. 호텔에 숙박(room)하고 있는 고객 정보와 회원 정보를 영업장 현장에서 실시간으로 조회하여 숙박객 후불 및 할인처리 등의 업무처리가 가능하다.

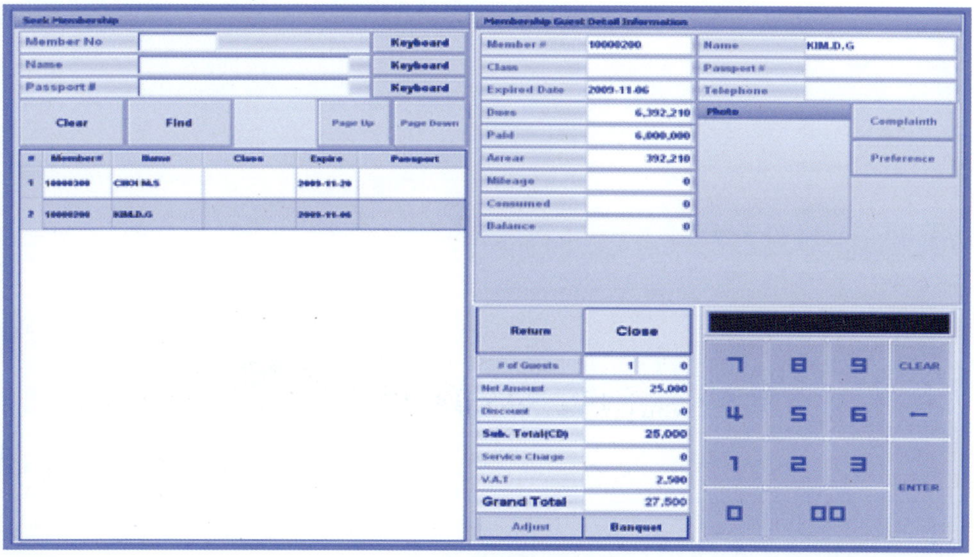

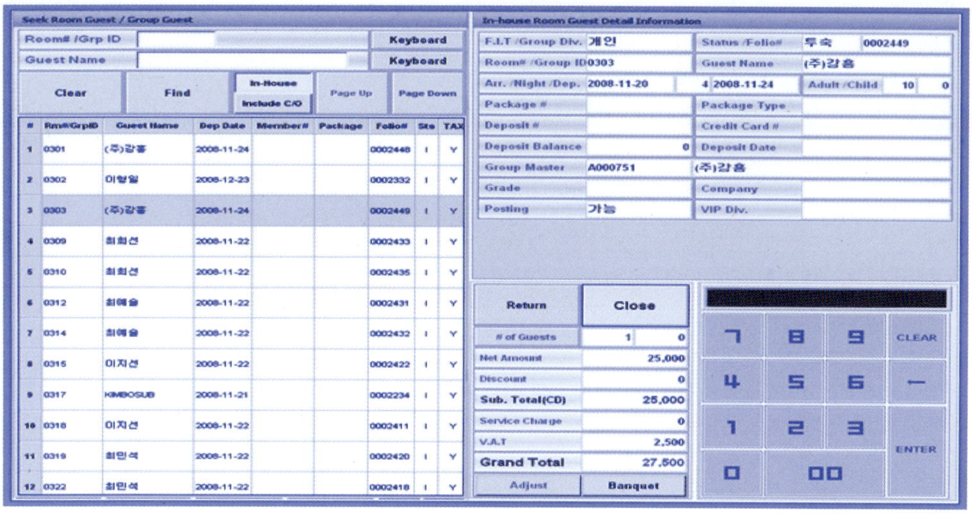

3) 매출 등록 및 할인처리

영업장에서 매출 등록을 하는 경우 주문한 메뉴는 주방으로 전송이 가능하며, 호텔에서 시행하는 할인 정책을 적용할 수 있다.

4) 정산처리

영업장을 이용한 고객의 정산(精算)처리는 판매시점관리의 중요한 기능이며, 정부의 관광객 유치정책에 의한 영세율(零稅率) 적용도 가능하다. 정산처리는 다양한 지불형태를 기능적으로 처리하기 위한 것이다.

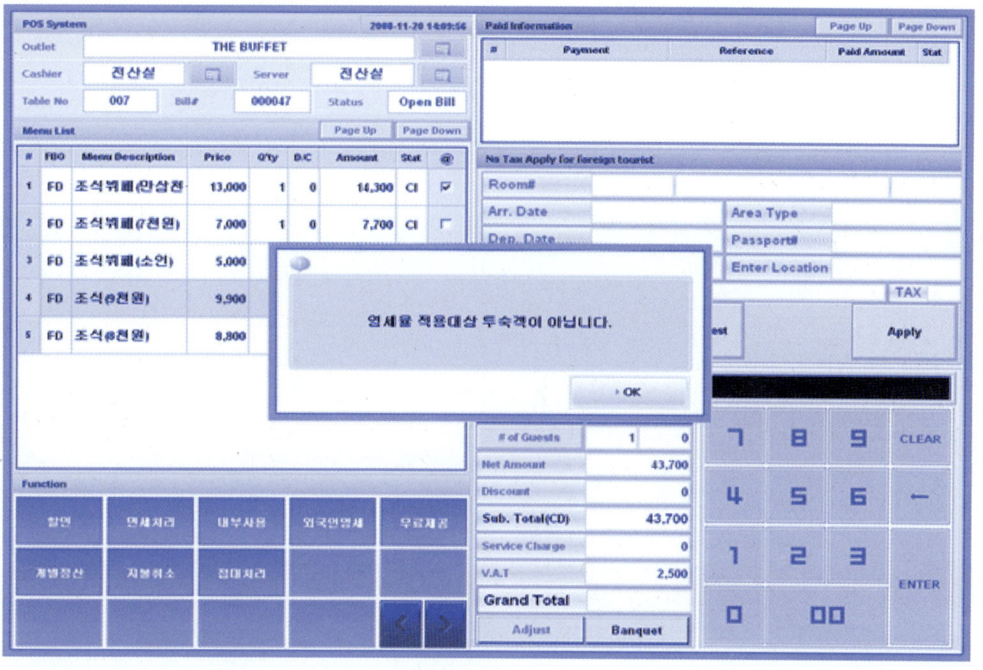

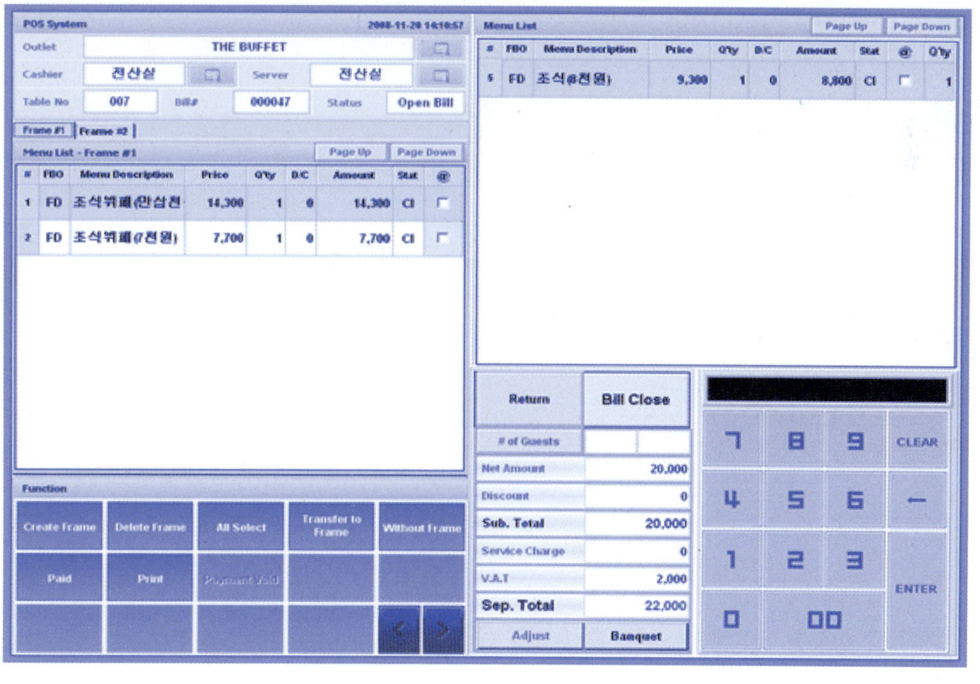

5) 매출 분석

영업장의 매출 현황을 메뉴 · 시간대 · 요일 · 주간 · 판매자 · 주문자 등에 따라 다양한 형태로 분석할 수 있다.

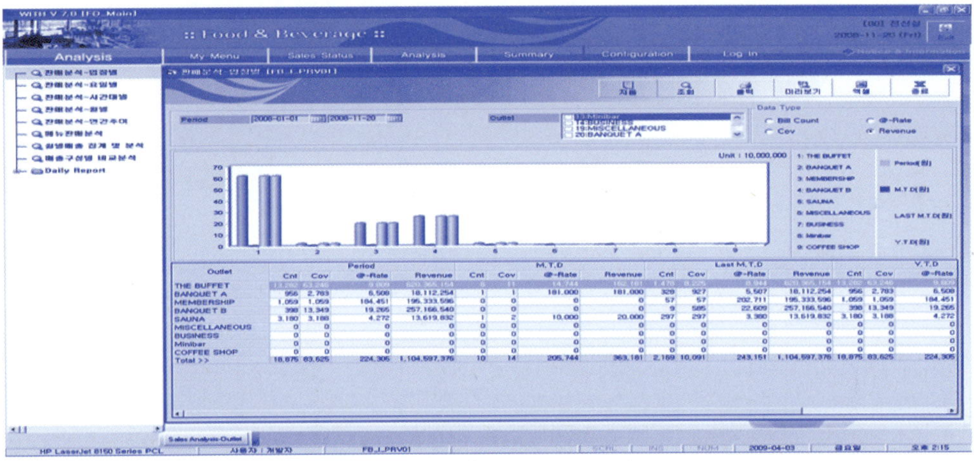

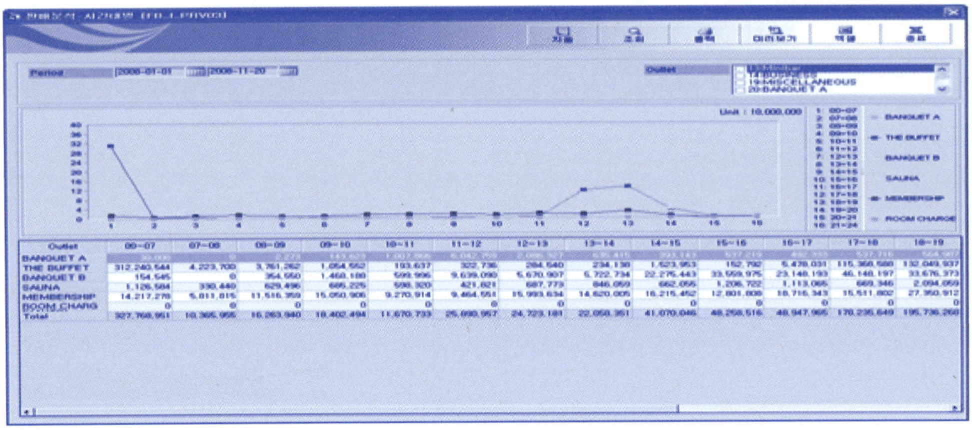

참고문헌

REFERENCE

• 서적

강길환 · 김재문 · 서진욱 · 이상근, 현대경영학의 이해, 대왕사, 2002.

고석면, 호텔경영론, 기문사, 2010.

고석면, 한국관광호텔의 내부관리에 관한 연구, 관광경영학연구, 관광경영학회, 1997.

고석면 · 이재곤, 관광호텔의 관리환경에 대한 연구, 관광품질시스템학회, 1996.

권익현 · 임병훈 · 안광호, 마케팅(관리적 접근), 경문사, 1999.

김근종 · 박철호 · 박희석, 호텔정보시스템, 기문사, 1995.

김동식, 피델리오시스템, 백산출판사, 2005.

김봉규, 한국관광호텔의 인사고과제고 평가에 관한 실증적 연구, 한국관광학회, 1993.

김성혁, 서비스경영론, 대왕사, 1992.

김창원, 인터넷마케팅, 학문사, 2000.

김천중, 관광정보론, 대왕사, 2000.

김천중, 관광정보시스템, 대왕사, 2000.

김충호, 호텔경영관리론, 형설출판사, 1982.

김현주, 관광호텔 등급평가체계 및 관련법 개정방안, 한국문화관광연구원, 2010.

김현주, 관광호텔 등급평가제도 실효성 확보방안, 한국문화관광연구원, 2009.

나승훈 · 서지한 · 김형준, ERP 구축을 위한 경영정보시스템, 형설출판사, 2001.

나정기, 호텔식음료 원가관리, 백산출판사, 1994.

남상오, 회계원리, 다산출판사, 2000.

남태희, 컴퓨터과학총론, 21세기사, 2001.

문화체육관광부, 관광호텔 경영분석 및 경영활성화 지원방안에 의한 조사, 2004.

문화체육관광부 · 한국관광협회중앙회, 호텔업 등급결정 자료, 2021.
박수형, 호텔정보시스템 실무, 대왕사, 2001.
박재희, 경영의 동양철학적 의미, 인천상의(1월호), 2010.
산하정보기술, WINGS, 2018.
삼일회계법인, 서비스기업의 성공조건, 1993.
서범석, 관광경영전략론(이론과 사례), 기문사, 1998.
손병모, 관광정보시스템의 사용자 만족에 관한 연구, 경기대학교 석사학위 논문, 2000.
스테판 가릴라 지음 · 서소을 옮김, 경쟁의 역설, (사)한국물가정보, 2008.
안영진, 경영패러다임의 변화, 박영사, 2004.
양영근 · 한광종 · 문성종, 관광호텔조직관리론, 백산출판사, 1994.
오정환, 호텔관광사연구, 가산출판사, 2002.
오정환, 호텔 마케팅 전략, 기문사, 1996.
오정환, 호텔경영학원론, 기문사, 1994.
오정환 · 이철호 편저, 국제호텔경영전략, 가산출판사, 2000.
원융희, 호텔사업경영론, 대왕사, 1987.
유정남, 호텔경영론, 기문사, 1998.
이갑조 역, 숙박시설, 화영사, 1993.
이선희, 관광마케팅개론, 대왕사, 1998.
이선희, 호텔서비스 마케팅론, 기문사, 1990.
이성태, 관광호텔 등급제도 개선방안, 한국문화관광연구원, 2003.
이영재, 관광호텔객실경영의 효율성 제고방안에 관한 연구, 관광경영학회, 1998.
이윤구, 호텔회계정보의 유용성 제고방안, 관광경영학회, 2000.
이재실, 기업경영, 산문출판, 2009.
이항구, 관광학서설, 백산출판사, 1995.
임경인, 최신 호텔마케팅, 백산출판사, 1998.
임익순 · 소령일, 경영관리론, 박영사, 1998.
조소윤, 호텔관리회계론, 기문사, 1997.
조희영, 경영학원론, 민영사, 1998.
주장건, 관광정보시스템(Hotel Information System), 일신사, 1992.
주종대, 호텔객실업무론, 대왕사, 1993.

차길수 · 윤세목, 호텔경영학원론, 현학사, 2006.
천면중 · 이민화 · 남기찬, 경영정보시스템, 대영사, 2002.
최동렬, 호텔연회관리, 백산출판사, 1995.
최승이, 국제관광론, 대왕사, 1993.
최승이 · 한광종, 관광광고홍보론, 대왕사, 1993.
표성수, 전략적 관광품질계획에 관한 연구, 호텔경영논총(제2호), 경기대학교 호텔경영 연구소, 1993.
허정봉, 호텔정보시스템, 백산출판사, 2005.
홍성용, 스페이스 마케팅, 삼성경제연구소, 2008.
홍일유, 디지털기업을 위한 경영정보시스템, 법문사, 2005.

한국관광공사, 조직개편-restructuring과 조직혁신-reengineering의 올바른 이해와 발상법, 호텔경영정보, 1995.
한국관광공사, 이윤증대를 위한 수익률 관리기법, 1994.
한국관광공사, 코넬 계간지 5월호, 1990.
한국관광협회중앙회, 국제호텔산업의 신경영정책, 월간 관협(1월호), 1998.
한국관광협회중앙회, 스웨덴의 관광산업, 월간관협(9월호), 1994.
한국관광협회중앙회, 관광호텔 경영분석(1991-1992), 1993.
한국관광호텔업협회, 관광호텔서비스편람(식음료분야), 1997.
한국환경산업기술원, 환경표지 인증신청 매뉴얼(호텔 서비스), 2011.

Eddystone C. Nebel, Managing Hotels Effectively(Lesson From Outstanding General Manager), Van Nostrand Reinhold, 1991.
Gary K. vallen and Jerome J. Vallen, Check-in Check-out, Times Mirror Higher Education Group, 1996.
IHA · UNEP, Environment Action Pack, 1996.
Jay Barney, "Looking Inside for Competitive Advantage," Academy of Management Executive, 1995.
W.A. Rutes and R.H. Penner, Hotel Planning and Design, Waston-Guptill Publication, 1985.

原勉 · 岡本伸之, ホテル·旅館業界, 교육사, 1984.
作古貞義, ホテル 運營管理論, 紫田書店, 1990.

• 기업

(주)산하정보기술, WINGS 프로그램.
(주)오라클 서울 사무소.

• 사이트

http://www.benikea.co.kr
http://www.micros-fidelio.co.kr

저자약력

고석면

[학력 사항]

- 경기대학교 관광경영학과(경영학 학사)
- 경희대학교 경영대학원 관광경영학과(경영학 석사)
- 경기대학교 대학원 관광경영학과(경영학 박사)

[경력 사항]

- 한국관광협회중앙회 호텔 및 기획조사부
- 인천광역시 관광진흥위원회 위원
- 서울시 여행업 안전/청렴 협력업체 인증 심사위원
- 인천관광공사 청렴 옴부즈만 위원
- 현) 인하공업전문대학 관광경영학과 교수
  호텔업 등급 결정 평가위원
  인천관광공사 연구업무 심의위원
  관광산업 전문위원단 위원

[학회 활동]

- 한국관광학회 평생회원
- 한국호텔외식경영학회 평생회원

[저서]

- 호텔경영론(기문사, 2019)
- 호텔회계(대왕사, 공저, 2019)
- 식음료관리(대왕사, 공저, 2019)
- 관광정책론(대왕사, 공저, 2018)
- 관광사업론(백산출판사, 공저, 2020)
- 관광학개론(양림출판사, 2020)

[논문]

- 한국관광호텔업의 투자환경에 관한 연구
- 관광호텔종사원의 서비스지향성이 조직성과에 미치는 영향 외 다수

봉미희

[학력 사항]

- 경희대학교 호텔관광대학 호텔경영학(경영학 학사)
- 경희대학교 대학원 호텔관광경영학(관광학 석사)
- 경희대학교 대학원 호텔경영학(관광학 박사)

[경력 사항]

- 그랜드힐튼 서울호텔 객실부
- 현) 인하공업전문대학 호텔경영학과 교수
  서울관광재단 자문위원
  호텔업 등급평가위원
  복합리조트 관광연구소 감사

[학회 활동]

- 한국관광학회 정책포럼위원회 선임이사
- 대한관광경영학회 평생회원
- 한국관광연구학회 정회원

[논문]

- 포스트 코로나 시대, 호텔산업 ESG 활동에 관한 연구
- 호텔산업의 비대면 서비스기술에 대한 인적서비스 필요성 인식 고찰에 관한 연구
- 가치기반 모델을 적용한 호텔 비대면 서비스의 지속적인 이용 의도에 관한 연구
- 호텔산업 주기 분석에 관한 연구 외 다수

황성식

[학력 사항]

- 한국방송통신대학교 경영학과(경영학 학사)
- 경희대학교 경영대학원 관광경영학과(경영학 석사)
- 안양대학교 대학원 관광경영학과(관광경영학 박사)

[경력 사항]

- 쉐라톤 서울 팔래스 강남호텔 부 총지배인, 더리버사이드호텔 총지배인
- 호원대학교 겸임교수, 안양대학교, 청운대학교 강사
- 서울시 Seoul MICE Alliance 유니크 베뉴 분과 대표
- 현) 안양대학교 관광경영학과 겸임교수
  HM 플레이스 마케팅 & 컨설팅사 대표
  고용노동부 국가직무능력표준(NCS) 기업 활용 컨설팅 책임연구원

[학회 활동]

- 한국호텔관광학회 산학 부회장
- 한국관광레저학회 회원
- 한국무역학회 회원

[논문]

- 호텔레스토랑 메뉴의 효율적인 운영에 관한 연구
- BTL 마케팅 요소를 통한 호텔 웨딩 연회상품의 구매의도에 관한 연구 외 다수

호텔경영정보론

2023년 1월 25일 초판 1쇄 인쇄
2023년 1월 30일 초판 1쇄 발행

지은이 고석면 · 봉미희 · 황성식
펴낸이 진욱상
펴낸곳 백산출판사
교　정 박시내
본문디자인 오행복
표지디자인 오정은

등　록 1974년 1월 9일 제406-1974-000001호
주　소 경기도 파주시 회동길 370(백산빌딩 3층)
전　화 02-914-1621(代)
팩　스 031-955-9911
이메일 edit@ibaeksan.kr
홈페이지 www.ibaeksan.kr

ISBN 979-11-6639-290-0　93320
값 29,000원